KB137782

메소드연기로 가는 길 3
셰익스피어 연기

지은이 김준삼

고려대학교 영문학과 및 동대학원 졸업(문학석사)
뉴욕 The Lee Strasberg Theater & Film Institute 메소드연기과정 수료
뉴욕 The Actors Studio Drama School 연기전공 석사(MFA)
현, 극단 블루 바이씨클 프러덕션 대표 및 예술감독
현, 메소드연기워크샵 대표
현, 한국예술종합학교 연극원 연기과 강사
현, 세종대학교 영화예술학과 강사
경희대학교 연극영화학과, 고려대학교 영어영문학과와 미디어학부, 국민대학교 연극영화학
과, 서강대학교 영상대학원, 성균관대학교 연기예술학과, 세종대학교 무용학과, 한양대학교
영어영문학과 강사 및 객원·겸임교수 역임

출연작   <인피니트 에이크>, <정글>, <의자 고치는 여인>, <이혈>, <벤트>, <비극의
           일인자> 외
연출작   <5필리어>, <스탑 키스>, <꽃샘추위>, <실비아> 외
논 문   「이미지, 상상, 그리고 반응」, 『한국연극학』(2012, 신진우수논문상 수상)
저 서   『메소드연기로 가는 길』(2008), 『배우, 시간여행자』(2018), 『배우적 상상력으로
           희곡 읽기』(2018), 『연기와 예술 그리고 인생』(2022)

셰익스피어 연기

발행일 • 2024년 2월 29일
지은이 • 김준삼 / 발행인 • 이성모 / 발행처 • 도서출판 동인
서울시 종로구 혜화로3길 5, 301동 118호 / 등록 • 제1-1599호
TEL • (02) 765-7145 / FAX • (02) 765-7165
E-mail • donginpub@naver.com / Homepage • www.donginbook.co.kr

ISBN 978-89-5506-962-4   정가 26,000원

메소드연기로 가는 길 3

셰익스피어 연기

김준삼 지음

도서출판 ┃동인

햄릿

만지지 못해도 들을 수만 있다면, 보지 못해도 더듬을 수만 있다면, 손과 눈이 없어도 들을 수만 있다면, 오직 냄새만이라도 맡을 수 있다면, 아니 아무리 병든 감각이라도 단 하나만 살아 있다면 이렇게 엉뚱한 길로 들어서진 않을 겁니다.

— 〈햄릿〉(*Hamlet*) 3막 4장

극은 관객·시청자의 '보기'를 바꾸기 위해 만들어진다. 연기의 모든 순간은 배우+캐릭터가 보는 것을 관객·시청자가 그대로 보게 하기 위해, 단지 눈과 귀로만 보고 듣는 게 아니라 마음의 눈과 심장으로 보고 듣게 하기 위해 창조된다. 보기의 변화가 도달하게 하는 정서적 인식은 관객·시청자의 앎과 삶에 근본적 변화를 낳는다. 보기의 변화를 통해 관객·시청자의 생각과 마음을 설득력 있게 움직이는 존재, 인간과 삶에 대한 바다같이 깊고 하늘같이 드높은 통찰을 온몸과 마음으로 구현하며 관객·시청자의 영혼에 호소하는 예술가, 그가 배우이다.

— 영화 〈셰익스피어 인 러브〉(*Shakespeare in Love*) 화면 캡처

도약을 향한 꿈

상상은 우리 자신을 우주적 존재로 무한 확장하는 생명의 활동이다. 현실 속에서 우리는 그 모든 제약에도 불구하고 상상을 통해서 끊임없이 현실을 초월하고자 한다. 그런데 현실 속의 상상은 실행에 옮길 수 없기 때문에 오직 머릿속으로만 이루어질 수밖에 없다. 그러나 메소드연기의 배우훈련과 연기훈련은 우리의 몸도 상상의 세계를 거침없이 살아갈 수 있게 한다. 메소드배우에게 극과 무대는 매우 안전한 상상의 놀이터이자 현실보다 더 생생한 인간 경험의 장이다. 그 상상과 경험의 장에서 메소드배우는 도약을 꿈꾸며 모든 것을 몸으로 부딪쳐 간다. 그리고 마침내 더 뛰어난 존재로 우뚝 서게 된다.

상상은 또한 믿음이다. 진정으로 믿는 것, 그래서 그것을 세상 무엇보다 중요하게 여기는 것만을 우리는 배우의 상상이라고 부를 수 있다. 배우에게는 많은 믿음이 요구된다. 자기 자신이 캐릭터라는 믿음, 상대 배우가 상대 캐릭터라는 믿음, 극적 시공간이 '지금 여기'라는 믿음 등등. 그 많은 믿음 중에서도 가장 중요한 믿음은 자기 자신이 '소우주'라는 믿음, 무한한 가능성을 가진 존재라는 믿음, 모든 것을 가능하게 만들 존재라는 믿음이다. 그 믿음이 배우가 내딛는 모든 걸음을 경쾌하고 거침없게 하면서 또한 단단하고 굳건하게 한다. 그런 믿음을 가진 배우만이 자신의 길을 걸어간다. 달려간다.

캐릭터가 된다는 것은 현실 속의 위축된 나, 제약과 한계에 갇힌 나를 '잊어버리는 것'이다. 그 **잊어버림이 나를 가장 나답게 한다.** 미친 오필리어가 노래할 때처럼, 빌리 엘리어트가 춤을 출 때처럼, <나의 아저씨>의 이지안이 달리기를 할 때처럼 말이다. 그것이 연기의 마력이다.

캐릭터들은 자신을 막아서는 장애(obstacle & handicap)를 뛰어넘고 벽을 부수며 어떠한 신체적·정신적 한계도 초월하고자 한다. 그래서 캐릭터와의 합일을 추구하는 연기는 인간을 해방시키고 자유로운 존재가 되게 한다. 자신을 잊어버림으로써 모든 틀에서 벗어날 수 있게 해준다. 틀을 벗어난 인간은 빛나는 존재가 된다. 참다운 나에 도달하는 것이다. 그 빛이 배우를 진정 배우이게 한다. 배우는 그 빛을 나누어주는 존재이기 때문이다.

인간의 모든 한계와 경계를 시험하는 셰익스피어의 극과 캐릭터들은 배우를 가장 빛나고 멋지고 아름다운 나, 무엇이든 가능한 나로 이끈다. 셰익스피어 연기는 배우로 하여금 캐릭터가 겪는 모든 것을 다 겪어내고 (go through) 캐릭터가 사는 삶을 다 살아냄(live through)으로써 벽과 틀과 한계를 부수고 뛰어넘어(break through) 더 뛰어난 존재로 거듭나게 한다(go beyond). 절대 꺼지지 않는 도약에의 꿈, 햄릿이 말한 "열정의 꿈"(a dream of passion), 셰익스피어 연기는 배우를 그 꿈을 향해 나아가는 '불꽃'이 되게 한다. 그것이 메소드배우들이 셰익스피어를 사랑하는 이유이다.

셰익스피어는 역사상 무수한 학자와 연극인들이 끊임없이 연구하고 공연해 왔다. 그 많은 연구와 공연의 성과를 다 아우르는 연기의 경전(經典)이나 비서(祕書)를 쓴다는 것은 애초에 불가능하다. 다만 그 많은 연구와 공연에도 불구하고 셰익스피어를 연기하고자 하는 배우들을 위한 실질적 안내서가 거의 부재한 상황에서, 배우의 눈으로 셰익스피어를 어떻게 만나고 읽고 상상하고 실천할 수 있는지에 대한 길을 조심스레 제시하고 싶은 마음에서 이 책을 저술하게 되었다.

그렇게 많은 학자와 연극인들이 끊임없이 셰익스피어와 고대 그리스극을 연구하고 공연해 온 이유는 역사상 '실제로' 존재했던 **위대한 연극의 시대, 위대한 연기의 시대**가 다시 도래하기를 꿈꾸는 뜨거운 마음에서였을 것이다. 필자 또한 **위대한 배우의 시대**를 꿈꾸고 있기에 『자유와 상상 그리고 사랑』, 『연기와 예술 그리고 인생』에 이어지는 "메소드연기로 가는 길"의 마지막 여정을 『셰익스피어 연기』로 삼았음을 고백한다.

책에 인용된 작품 번역은 다음 선생님들의 역작을 사용하였다. <햄릿>은 신정옥 선생님과 강태경 선생님, <줄리어스 시이저>, <맥베스>, <리처드 3세>, <로미오와 줄리엣>, <뜻대로 하세요>, <헛소동>, <십이야>는 신정옥 선생님, <리처드 2세>는 강태경 선생님, <한여름 밤의 꿈>은 최종철 선생님, <리어왕>은 김재남 선생님의 번역을 사용하였고, 외람되게도 필자의 필요에 의해 몇 군데 수정을 가하여 사용하였음을 밝힌다.

『셰익스피어 연기』는 2018년부터 한국예술종합학교 연극원 연기과 '연기실습5'를 수강한 3학년 배우들, 그리고 메소드연기워크샵과 셰익스피어연기워크샵에서 만난 배우들과의 실질적 작업을 통해서 탄생할 수 있었다. 이 책의 영감이 되어준 모든 젊은 배우에게 감사의 말을 전한다.

2023년 5월의 어느 봄날

한국예술종합학교 연극원 캠퍼스에서

올곧은 의지와 맑은 기운 그리고 정직한 노력으로

단단함과 꼿꼿함과 아름다움을 거쳐

영광과 뿌듯함에 이르는 길,

그것이 배우의 길이다.

차 례

1

셰익스피어를 만나다

▌동시대 작가로서의 셰익스피어

얀 코트(Jan Kott)의 유명한 저서 *Shakespeare, Our Contemporary*의 제목처럼, 셰익스피어 연기를 함에 있어서 우리가 견지해야 하는 태도는 셰익스피어를 **우리와 동시대를 살아가는** 작가로 생각하는 것이다. 셰익스피어 작품이 외국을 배경으로 한 외국인들의 옛날이야기가 아니라, 지금 여기를 함께 살아가는 작가의 이야기인 것처럼 생각해야 한다. 셰익스피어가 다루는 모든 소재와 주제를 우리에게 '리얼'한 것으로 인식할 수 있어야 한다. 셰익스피어가 극에서 이야기하는 모든 것이 우리와 정말 상관없다면 셰익스피어를 굳이 공연하거나 연기할 필요가 없다. 셰익스피어가 시대와 국가를 초월해서 계속 공연되는 것은 바로 **오늘 여기를 살아가는 우리들의 이야기**이기 때문이다. 그렇지 않다면 셰익스피어도 다른 많은 고전처럼 사장(死藏)될 운명이었을 것이다. 셰익스피어의 작품이 우리에게 리얼한 이야기이자 우리의 정직한 거울이기에 셰익스피어는 계속 공연되고 연기되고 있다. 번역극과 번역 뮤지컬에서 죽은 연기, 인위적인 연기, 상투적이고 진부한 연기가 판을 치는 것은 모두 이와 같은 태도를 견지하지 못하기 때문이다.

셰익스피어 연기가 어떠해야 하는지는 셰익스피어 자신이 햄릿의 입을 빌려 다 말해주고 있다.

햄릿

대사는 내가 해 보인 것처럼 제발 가볍고 **자연스럽게** 해야 해. 요즘 많은 배우들이 그러는 것처럼 과장된 억양을 쓴다면 차라리 장터의 채소 장수에게 대사를 맡기는 게 나아. 손동작을 할 때도 허공에 톱질을 하는 것처럼 하지 말고 부드럽게 해야 해. 감정이 격앙되는, 그래, 열정의 격류와 폭풍에 휩싸이는 순간조차도 **절제를 잃지 말고 자연스러움을 유지해야 해.** 정말 참을 수 없는 건 분장도 연기도 엉망인 배우가 그저 화려한 볼거리나 요란한 음악이나 좋아하는 삼등석 구경꾼이 귀가 찢어져라 소리를 지르는 바람에 대사에 담긴 열정을 갈가리 찢어 넝마 조각으로 만들어 버리는 거야. 무대 위에서 이교도 폭군보다 더 난폭하고 미친 헤롯왕보다 더 미친 짓거리를 벌이는 자들은 채찍질을 당해도 싸. 그러니 **과장된 연기는 제발 피해주게.**

그렇다고 너무 약해져서도 안 되지. 각자 신중한 판단을 따라 하라는 거야. **대사에 동작을 맞추고 동작에 대사를 맞추되, 특히 명심할 것은 자연의 절제된 법칙을 따라야 한다는 거야.** 자연의 법칙을 넘어서는 것은 연극의 본질을 벗어나는 일이니까. **연극의 목적은 예나 지금이나 거울을 들어 자연을 비추는 것,** 미덕의 아름다움과 악덕의 추함을 있는 그대로 선명하게 비춰주고, 한 시대의 참된 모습을 큰 윤곽과 작은 결들을 통해 정직하게 보여주는 것이지. 그러니 이것이 지나치거나 미흡하면, 잘 모르는 자들은 재미있다고 웃어대겠지만, 생각 있는 사람들은 실망할 거야. 생각 깊은 사람들의 판단이야말로 극장을 가득 메운 아무 생각 없는 관객들 전부를 합친 것보다 더 중요하지 않겠나. 언젠가 시중에 인기가 아주 높다는 배우들의 공연을 하나 보러 간 적이 있어. 그런데 이게 웬일인가, 발성도 동작도 차마 사람의 것이라곤 할 수 없는 배우들이 무대 위에서 그저 으스대며 멋만 부리고 고래고래 소리만 지르고 있었어. 인간을 자연이라는 뛰어난 장인이 아니라 서툴기 짝이 없는 품팔이 일꾼이 만들었다고 생각한 걸까? 그처럼 형편없는 인간의 모습을 무대 위에 빚어놓다니 말이야.

— 〈햄릿〉 3막 2장

햄릿은 놀랍게도 과장된 연기를 경계하고 자연스러운 연기를 하라고 조언하고 있다. 햄릿의 조언은 "열정의 꿈"(a dream of passion)과 더불어 메소드연기의 목적과 방향 그리고 원리를 뒷받침하는 중요한 근거로 쓰인다.

햄릿이 말하는 "자연"은 요즘 식으로 말한다면 '리얼리티'(reality)의 다른 이름이다. "연극의 목적은 예나 지금이나 거울을 들어 자연을 비추는 것, 미덕의 아름다움과 악덕의 추함을 있는 그대로 선명하게 비춰주고, 한 시대의 참된 모습을 큰 윤곽과 작은 결들을 통해 정직하게 보여주는 것"이라는 햄릿의 말은 '리얼리티를 구현하는 것', 그래서 '극이 구현하는 모든 것이 지금 여기를 살아가는 우리의 참된 거울이 되게 하는 것'이 연극의 목적임을 분명히 하고 있다. 그래서 햄릿이 말하는 자연스러운 연기는 리얼한 연기를 의미한다.

그렇다면 "무엇이 리얼한 것인가?", "무엇이 진짜 리얼리티인가?"라는 질문이 따를 수밖에 없다. 현대 예술에 수많은 문예사조가 존재해 온 것은 바로 리얼리티를 보는 관점이 달랐기 때문이다. 가짜·거짓·허구에 반대되는 리얼리티를 바라보는 관점은 다음의 세 가지로 구분해 볼 수 있다. 리얼리티를 정의하는 첫 번째 관점은 **드러난 리얼리티**와 **숨겨진 리얼리티**이다. 드러난 리얼리티는 '사실'이고 숨겨진 리얼리티는 '진실'이다. 두 번째 관점은 **실현된 리얼리티**와 **아직 실현되지 않은 리얼리티**이다. 실현된 리얼리티는 '현실'이 되고 실현되지 않은 리얼리티는 '가능성'이 된다. 세 번째 관점은 **현실의 리얼리티**와 **상상의 리얼리티**이다. 전자에는 **이성적·합리적·의식적 리얼리티**가, 후자에는 **본능적·초월적·무의식적 리얼리티**가 포함된다. 인간은 현실과 상상의 세계를 동시에 살아가고 있고, 현실에서 리얼하다고 인식하는 것과 상상에서 리얼하다고 인식하는 것이 다르다. 우리의 감각과 몸은 현실의 자극과 상상의 자극을 구분하지 않기에 둘 다 리얼하다. 한쪽만 리얼한 게 아니다.

우리는 늘 앞에서 말한 두 리얼리티의 충돌 속에서 생각하고 행동한다. 캐릭터들도 마찬가지이다. 리얼한 연기는, 리얼리티를 어떻게 해석하느냐에 따라 달라지겠지만, 여전히 리얼리티를 구현하는 연기이다. 리얼리티를 구현하는 연기를 일반적으로는 "진정성 있는 연기"라고 부르며 메소드연기에서는 "진실한 연기"라고 칭한다. 그리고 "진실한 연기"는 기계적이고 인위적이고 암기된 죽은 연기에 대한 반대말로 "살아있는 연기"를 의미한다.

기원전 5세기 서양 연극과 연기의 시작점이자 연극의 첫 번째 전성기에 울려 퍼진 "아, 신이여! 아, 신이여! 결국 이것이 **진실**이었구나!"라는 오이디푸스의 처절한 외침 이래로, 진실 추구가 자기 파멸과 극도의 수치를 가져온다고 할지라도, 최고의 인간에서 추악한 짐승으로 추락할지

라도, 모든 것이 명명백백하게 드러날 때까지 진실 규명의 의지를 굽히지 않고 끝까지 나아갔던 오이디푸스의 노력 이래로, 극은 그리고 극을 구현하는 배우는 보이지 않는 **진실**을 백일하에 드러나게 할 운명을 타고났다. 그리고 **진실**을 은폐하고 리얼리티를 가리는 모든 것에 **저항**할 운명을 타고났다. 역사상 연극의 두 번째 전성기를 관통한 셰익스피어의 극들도 마찬가지로 거짓과 허위를 뚫고 나아가 진실과 리얼리티에 닿고자 했다. 셰익스피어의 중요 캐릭터들은 모두 자신을 희생하면서까지 진실을 추구했던 오이디푸스와 홀로 부당한 국가 권력에 결연히 대항했던 안티고네의 후예들이다.

극과 배우가 진실과 리얼리티를 추구하고 구현하는 목적은 인간이 인간이기 위해서, 인간이 아닌 존재가 되지 않기 위해서, 우리가 살아가는 세상이 인간의 세상이 되게 하기 위해서 무엇이 필요한지를 관객이 보고 알게 하기 위함이다. 그리하여 '인간이란 어떤 존재인가?', '삶의 목적은 무엇인가?'라는 본질적 질문을 던지고 그에 대해 사고하고 필요한 행동을 함으로써 정서적 인식에 도달하게 하기 위함이다. 다음에서 햄릿이 하고 있듯이 말이다.

햄릿

인간이란 무엇인가? 일생을 먹고 자는 데만 허비한다면 인간이라는 게 도대체 뭐란 말이냐? 짐승보다 나을 게 하나도 없어. 인간을 빚어내고 또 그 인간에게 **앞과 뒤를 함께 돌아볼 줄 아는 놀라운 능력**을 준 신은 그 재능, 신과도 같은 이성을 쓰지도 않은 채 곰팡이가 슬도록 묵혀 두라고 준 것은 아니다. 그런데 나는 짐승처럼 그것을 잊고 만 것인가? 아니면 결과에 집착하여 이것저것 따지는 망설임 끝에 아무것도 못 하게 된 것인가? 생각이라는 게 네 조각으로 나누면 지혜는 한 조각뿐, 나머지 세 개는 비겁함이라 했던가? (중략) 오, **지금부터 내 생각은 핏빛처럼 잔혹해지리라.** 그렇지 않다면, 생각 따윈 아무 소용 없는 것이다.

— 〈햄릿〉 4막 4장

햄릿은 '인간이란 무엇인가?'라는 극이 던지는 본질적 질문을 던지면서 치밀하게 사고한다. 햄릿은 인간을 인간이게 하는 것은 "앞과 뒤를 함께 돌아볼 줄 아는 놀라운 능력"을 발휘할 때라고 생각한다. **앞과 뒤를 함께 보는 능력이 곧 진실과 리얼리티를 보는 능력이 된다.** 현상(혹은 결과)과 실체(혹은 근원), 둘 다를 볼 수 있고 시간의 간극에도 불구하고 그 연관관계와 인과관계를 볼 수 있는 자가 진실과 리얼리티를 보는 자이기 때문이다. 햄릿은 진실과 리얼리티를 보기 위해 자신의 합리적 이성을 사용하지 않는다면 인간은 짐승에 불과하다고 말한다.

또한 햄릿은 인간이 짐승이 되지 않기 위해서 인간은 앞과 뒤를 볼 줄 아는 능력이 가져다주는 지혜를 발휘해서 행동해야 한다고 생각한다. 보기와 앎과 삶이 하나로 연결되어야 한다고 생각하는 것이다. 그런데 인간이 하는 생각의 4분의 3은 **두려움**이 불러일으키는 생각이 차지하고 있고, 그 두려움이 **행동**하지 못하게 묶어둠으로써 비겁함에 인간을 가둔다고 생각한다.

햄릿이 지금부터 자기 생각을 겁에 질린 파란빛이 아니라 "핏빛"(bloody)이 되게 하겠다는 것은 "핏빛"이 피가 흐르는 살아있는 생명체의 빛이기 때문이며, 생각과 행동이 하나가 될 때 인간은 진정 살아있기 때문이다. 햄릿은 치밀한 사고로부터 자기 자신이 빠질 수 있는 존재의 함정을 경계하고 합리적 사고에 따라 주체적으로 행동하는 인간이 되기로 결심한다. <햄릿>이 비극이 되는 이유는 이런 생각과 그 생각의 실천을 도모하는 자가 오직 햄릿밖에 없다는 데에 있다.

주인공 캐릭터가 가지는 비극적 과오/결함(*hamartia*)에서 비극이 발생한다고 생각한 아리스토텔레스와 20세기 초반 비평가 브래들리(A. C. Bradley)의 영향으로 <햄릿>의 비극성은 햄릿이 가지는 성격적 결함(우유부단)에서 발생한다는 생각이 널리 퍼져있지만, <햄릿>의 진정한 비극성은 햄릿과 호레이쇼를 제외하고 <햄릿>의 모든 캐릭터가 앞과 뒤를 함께 돌아볼 줄 모르고 두려움이 지배하는 비겁함에 사로잡혀 있다는 데에 있다. 모르는 것이 문제이기도 하지만, 두려움으로 인해 보려고/알려고 하지 않는 것이 더 큰 문제이다. 햄릿은 어떻게든—공석에서든 사석에서든—사리에 어두워 진실을 가리지 못하고 헤매는 미망(迷妄)에 빠진 사람들이 앞과 뒤를 함께 돌아보게 하려고 하며, 급기야 연극(극중극)을 활용하기도 한다. **연극만이 진실과 리얼리티를 보게 하는 예술**이라는 것을 햄릿은 알고 있다. 즉 햄릿은 예술을 통해 사람들의 관점과 인식을 깨뜨리고 변화시키기 위해 사력을 다해 고군분투하는 것이다. 그것이 햄릿의 극적 행동(action)이자 초목표(super-objective)이며, 주인공인 햄릿의 남다른 노력, 즉 다른 인간이 하지 않는 노력이 비극을 낳는다. 아무도 그런 노력을 하지 않아 비극 자체가 발생하지 않는다면, 그게 과연 바람직할까? 만약 그렇다면 인간은 한낱 미욱한 존재에 지나지 않지 않을까? 콘크리트처럼 견고한 인식이 바뀌지 않는다면, 인간도, 인간이 살아가는 세상도, 그 세상을 살아가는 인간의 삶도 결코 바뀌지 않을 것이다. 서구 문명을 대표하는 최고의 인간—생각하는 인간—인 햄릿이 겪고 초래하는 비극이 우유부단함 때문이라고 보는 것은 비극이라는 장르 자체와 <햄릿>에 대한 몰이해에 지나지 않는다.

'인간이란 무엇인가?'라는 질문을 통해 진실과 리얼리티를 보게 하려는 극의 목적을 추구하고 달성하기 위해, 장르와 스타일에 상관없이, 배우가 최우선으로 해야 할 일은 무대와 스크린 앞에 **생생하게 역동적으로 살아있는 인간**을 창조하는 것이다. 배우가 창조한 살아있는 인간을 통해서만 관객은 인간과 삶에 관한 진실과 리얼리티를 볼 수 있기 때문이다. 살아있는 인간은 영혼과 정신과 마음과 정서와 몸을 가지고 있으며, 감각·인지·인식하고 경험하고 사고하고 상상하고 움직이고 행동하고 반응한다. 그리고 햄릿이 말하는 "생각 깊은 사람들"의 기준과 기대를 충족하는 3차원적인 존재로서 그에 걸맞은 폭과 깊이와 크기를 가지고 있는 인간이다. 예전에는 배우가 그와 같이 벅찬 요구를 받지 않았지만, 메소드연기가 출현한 이후로 극과 연기를 바라보는 관객의 눈은 완전히 달라졌다.

연기 같은 연기, 껍데기뿐인 연기는 관객에게 아무런 호소력도 가질 수 없는 시대가 되었다.

▌ 살아있는 연기의 원리

셰익스피어 연기도 살아있는 연기의 모든 원리가 그대로 적용되어야 한다. 죽은 연기를 할 것이라면 연기를 아예 하지 않는 편이 낫다. 그것이 모두를 위해 좋은 일이다. 전문적인 훈련을 통해 살아있는 연기를 할 수 있는 연기력을 기른 배우들만이 셰익스피어 연기를 시도하고 셰익스피어 연기를 통해 배우로서의 성장을 완성해 가는 것이 바람직하다.

　　요즘 배우들은 TV의 영향으로 현실 속의 보통 사람들과 비슷한 친숙하고 평범한 캐릭터를 연기하는 것이 '자연스러운 연기'를 터득하는 길이라고 여기는 성향이 있지만, 그런 연기는 배우를 연기 잘하는 큰 존재가 되는 길로 이끌지 못한다. 전 세계적으로 연기를 잘하는 배우들은 모두 연극배우 출신이라는 점은 시사하는 바가 크다. 긴 호흡으로 관객들 앞에서 라이브로 공연하면서 극한적 상황에 놓인 인간을 강렬하면서도 역동적으로 창조하고 극이 겪게 하는 모든 것을 기꺼이 다 겪어 낸 배우만이 뛰어난 배우가 될 수 있고, 영화와 TV에서도 남다른 아우라와 바이브로 강렬한 존재감을 드러낼 수 있다. <셰익스피어 인 러브>에 단 6분만 출연한 주디 덴치가 아카데미 여우조연상을 수상할 수 있었던 것도 그녀가 영국이 자랑하는 셰익스피어 배우로서 오랜 세월 무대에서 셰익스피어 캐릭터를 강렬하고 우아하게 연기하면서 길러진 아우라와 연기력 덕분이다.

　　셰익스피어 연기는 오이디푸스를 그 효시로 하는 '만인 위에 뛰어난 인간'인 영웅적 캐릭터, 기존에 우리가 가진 인간과 삶에 관한 모든 시각을 뒤흔드는 문제적 캐릭터, 한없는 깊이와 열의를 가진 캐릭터 등을 통해 배우를 놀랍도록 확장시켜준다.

살아있는 연기의 모든 원리는 필자가 쓴 '메소드연기로 가는 길' 두 번째 여정인 『연기와 예술 그리고 인생』(2022)에 담겨있다. 도표로 간단하게 정리하면 다음과 같다.

연기에 문제가 생기는 경우는 모두 도표가 지시하는 방향과 흐름에서 어딘가가 막혀있기 때문이다. 어디가 막혀있는지를 정확히 진단해 낼수 있고 또 그로부터 문제를 해결할 수 있는 능력을 가진 자가 전문적인

훈련과 교육을 받은 배우이다.

연기는 시간·공간·인간이 만들어 내는 모든 사이·관계·연관에 관한 것이다. 특히 현실과 극 사이의 연관은 모든 극이 만들어지고 존재하는 목적이자 이유이다. 그렇기에 모든 극은 현실의 거울이고 극에 등장하는 모든 캐릭터는 우리들의 자화상이다. 고전극 중에서 오늘날까지 읽히고 공연되는 작품들은 모두 우리가 그 속에서 '지금 여기 우리의 삶'을 발견하기 때문이다. 그렇지 못한 고전 작품들은 모두 사장(死藏)되었다. 인류 역사상 최고의 작가인 셰익스피어 작품에는 시대와 세대 그리고 국가를 뛰어넘고 아우르며 영원히 꺼지지 않는 삶의 불꽃이 담겨있다. 셰익스피어는 가장 절실한 삶의 이야기들을 가장 생생한 캐릭터들을 통해서 구현하도록 요구한다. 셰익스피어 극 어디에도 죽음·정지·고정·부동·상투·진부가 발붙일 곳은 없다. 살아있는 연기를 할 수 있는 배우들에 의해 셰익스피어 극은 명작이 되고 죽은 연기를 하는 배우들에 의해 셰익스피어 극은 구닥다리가 되어버린다.

물론 번역 투로 되어 있는 셰익스피어의 대본을 읽고 그것을 살아있는 인간의 말로 살려내는 일이 쉽다는 건 아니다. 셰익스피어 극의 번역 대본 안에는 낯설고 모호한 말과 표현들 그리고 어색한 말투가 즐비하지만, 어떤 대본을 받아 들더라도 살아있는 인간의 소리와 말 그리고 진짜 행동으로 살려내는 것이 배우의 일이고 그것을 뛰어나게 할 수 있을 때만 배우의 전문성과 예술성이 인정받는다. 번역극이라는 핑계로 인위적인 소리와 말을 늘어놓는 배우는 전혀 전문적이지 않다.

셰익스피어 극은 현대 연출가들에 의해 다양하게 각색되어 공연되고 있다. 때로는 원작을 알아볼 수 없을 정도로 개작이 되기도 하고 그와 같은 작업은 때로는 논란을 낳기도 한다. 어떤 연출가가 어떠한 식으로 셰익스피어 극을 해석하고 어떠한 식으로 연출할지 배우는 알 수 없다. 뛰어난 연출가들은 모두 독보적인 예술가이기 때문에 배우에게 요구하는 연기가 다 제각각이다. 배우는 특정 연출에 맞추어서 자기 연기를 연습할 수 없다. 배우훈련과 연기훈련을 위해 배우는 우선 셰익스피어 극과 캐릭터들을 원전 그대로 연습해야 한다. 원전에 대한 연습을 충분히 하고 나서 배우는 자신만의 연기적 실험을 마음껏 하는 방향으로 나아가면 된다. 진정한 실험과 혁신은 항상 정통(正統)에 통달한 예술가에 의해서 이루어져야 한다. 정통(正統)에 정통(精通)하지 못하는 자들이 하는 실험은 치기 어린 재주 부리기에 지나지 않을 위험이 있다. 예술가라면 당연히 예술적 실험에 정진하고 예술적 혁신을 향한 길로 거침없이 나아가야 한다. 그러나 그 길을 걷게 하는 원동력은 정통(正統)에 대한 깊은 이해와 사랑으로부터 나와야 한다.

배우는 셰익스피어의 대본을 클래식 음악가들에게 주어진 클래식 악보와 같다고 여길 필요가 있다. 클래식 음악은 확고한 형태를 가지고 있고 클래식 음악 연주자들은 그 음악을 훼손하지 않고 자신만의 음악으로 연주해 낸다. 임윤찬이나 조성진의 피아노 연주를 생각해 보라. 악보에 확고한 형태로 존재하는 고전음악이 이 연주자들에 의해 변형이나 훼손 없이 전혀 다른 음악으로 살아나는 원리를 생각해 보라. 배우는 셰익스피어의 모든 말을 고전음악 악보에 있는 음표들처럼 여겨야 한다. 고정되고 정지되어 있는 듯한 셰익스피어의 말들이 배우 자신만의 이미지로 생생하게 살아나게 해야 한다.

연기와 음악은 공통점을 가지고 있다. 창작자(creator/극작가/작곡가)는 자신의 극적/음악적 상상을 '기호'(문자/음표)에 압축 기록한다. 기호화된 창작물을 만난 플레이어(player/배우/연주자)는 자신의 개인적이고 고

유한 감각과 동시대적 상상력을 발휘해 창작물에 담긴 상상을 다시 압축 해제하고 펼쳐낸다. 그러면 그 상상의 이미지들이 플레이어의 몸과 마음을 동하게 하고 그 몸과 마음의 움직임이 일깨워진 상상을 배우의 소리와 악기의 소리로 변환하게 된다. 그리하여 플레이어는 기호화되어 고정되고 정지되고 죽은 채로 존재하는 창작자의 창작물을 살아있는 실체(리얼리티)가 되게 한다. 창작자가 창작 당시의 시대적 감수성과 역사적 상상력으로 빚어낸 상상의 결정체가 플레이어의 동시대적 감각과 역사적 상상력과 결합해서 유일무이한 실체로 되살아나는 것, 그것이 연기와 연주의 근본원리이다.

▌ 셰익스피어가 우리에게 주는 선물

배우가 캐릭터를 연기하는 게 아니라, 캐릭터가 배우를 만든다. 캐릭터가 배우를 확장시키고 완성시킨다. 어떤 작품의 어떤 캐릭터를 가지고 연기 훈련을 하느냐에 따라 완전히 다른 배우가 태어난다. 배우가 가장 공과 노력을 기울여 연습해야 하는 캐릭터는 **자신을 넓고 깊고 거대하고 아름답게 만들어 주는 캐릭터들**이다. 현실 속의 평범한 인간만을 연기하는 것은 자기 자신을 보통의 배우로 만들어 버리는 어리석은 일이다. 셰익스피어 캐릭터들은 배우에게 **강인한 생명력, 고귀한 정신, 드높은 기상, 넓고 깊은 마음, 뛰어난 감각, 치열한 사고(思考), 무한한 상상, 꺾을 수 없는 삶의 열의(熱意), 능동적이고 역동적인 행동, 음악성과 조형적 아름다움을 가진 소리와 몸, 강력하면서도 매력적인 호소력과 설득력**을 갖게 해 준다. 그것을 다 갖춘 배우는 가장 높은 수준의 예술적 연기를 하는 존재로 변모한다.

셰익스피어는 인생을 한 편의 연극에 비유한다. 너무나 유명한 다음 대사에서 셰익스피어는 인생을 7막으로 된 연극이라고 말한다.

제이퀴즈

이 세상 모두가 하나의 무대요, 남녀 모두는 한낱 배우에 지나지 않는다. 제각각 무대에 등장했다가는 퇴장해 버리기도 하지. 그리고 살아생전에 사람은 여러 가지 역할을 하는데, 연령에 따라 7막으로 나눌 수 있는 바... 우선 제1막은 아기 역, 유모 품에 안겨 울어 대며 침을 질질 흘리고 그러지. 제2막은 개구쟁이 학동, 가방을 들고, 아침 햇빛 속을 달팽이처럼 늑장 부리며 마지못해 학교에 간다나. 제3막은 사랑하는 젊은이, 강철도 녹이는 용광로처럼 한숨을 짓고는 애인의 이마에 두고 애타게 노래 부르노라. 제4막은 군인, 해괴한 맹세의 문구나 늘어놓고 표범처럼 수염을 기르고 명예욕에 타올라 걸핏하면 눈에 핏발을 세워 싸우려 들고 물거품 같은 명예를 위해선 대포 아가리 속이라도 서슴지 않고 뛰어들려고 한다. 제5막은 법관으로 뇌물인 거세된 수탉을 쑤셔 넣고 뱃가죽은 기름지고 눈초리는 매섭고 수염은 말쑥하게 깎고, 현명한 격언과 진부한 문구를 제법 능란하게 늘어놓고, 자기 역을 훌륭하게 해내지... 막이 바뀌면 제6막인데, 실내화를 신은 수척한 어릿광대 노인으로 변한다. 콧잔등에는 코안경을 걸치고 허리엔 돈주머니를 차고 젊었을 때 해질세라 아껴둔 긴 양말은 장다리가 말라빠져 헐렁하고 사내다웠던 굵은 목소리는 아이들 같은 높은 음성으로 되돌아가서 피리 같은 소릴 삑삑 낼 뿐이다... 파란 많고 기이한 인생살이의 마지막 제7막은 제2막의 어린아이랄까, 오직 망각이 있을 뿐, 이도 다 빠지고, 눈도 안 보이고, 입맛도 없고, 세상만사가 허무하다.

— 〈뜻대로 하세요〉(*As You Like It*) 2막 7장

"인생은 연극무대이고 우리 모두는 그 위에서 살아가는 배우다"라고

말하는 셰익스피어 극에는 인생과 인간이 집약되어 있다. 그의 작품에는 인생의 모든 문제와 모든 인간상이 압축되어 있다. 셰익스피어의 캐릭터들은 모두 제이퀴즈가 말한 제1막을 제외하고 나머지 막들에 나오는 모든 인간을 구현한 것이라고 해도 과언이 아니다. 인간의 모든 유형과 모습이 셰익스피어 캐릭터에 각인되어 있다. 또한 셰익스피어의 극에는 극의 모든 형식과 양식이 구현되어 있다. 심지어 현대극이라고 할 수 있는 부조리극, 서사극, 판타지극, 블랙코미디, 노래극, 신체극, 메타연극 등의 형식들도 그 원형(原型)을 셰익스피어 극에서 다 찾을 수 있다.

셰익스피어를 연기한다는 것은 삶의 모든 문제, 모든 인간상, 모든 극적 형식을 만나는 일이 된다. 그 만남은 배우가 연기를 함에 있어 어떤 작품을 만나든 부족하지 않은 상태로 배우를 준비시켜 준다. 그것이 셰익스피어가 배우들에게 주는 선물이다.

▌ 셰익스피어 연기훈련의 목적

셰익스피어 연기는 배우로 하여금 셰익스피어의 모든 극적 상상, 인간에 대한 상상, 언어적 상상, 정서적 상상, 신체적 상상과 마주하게 함으로써, 극에 대한 이해의 지평을 드넓게 해주며, 실제로 캐릭터를 연기하고 연기적 요구를 실행하면서 정신과 언어와 정서와 신체의 능력을 극대화시킨다. 그를 통해 셰익스피어를 연기하는 배우들은 매우 특별한 존재감과 우아함, 그리고 범접할 수 없는 연기력을 가진 존재로 성장하게 된다. '나이면서, 내가 아닌, 나보다 더 뛰어난 존재'로 거듭난다는 의미를 담고 있는 '배우'(俳優)라는 말이 셰익스피어를 통해 가장 잘 실현되는 것이다.

셰익스피어 연기훈련의 목적	
1	셰익스피어의 언어와 비유를 이해한다
2	상상으로서의 언어, 행동과 반응으로서의 언어의 원리를 이해한다
3	생각의 폭과 깊이를 소리적・신체적으로 구현함으로써 거대한 존재가 되기 위한 시도를 한다
4	셰익스피어의 극적 세계에 대한 상상을 읽어낸다
5	극적 세계 속에서 player로서의 인물의 역할을 이해한다
6	인물의 영혼에 어떤 일이 일어나고 있는지를 읽어낼 수 있다
7	관계에 따라 구체적이면서도 유연하게 달리 상상할 수 있는 능력을 기른다
8	극적 사건과 극적 행동을 파악하는 능력을 기른다

셰익스피어 연기
1. 극적 상상
2. 인간에 대한 상상
3. 신체적 상상
4. 언어적 상상
5. 정서적 상상

→ 극과 캐릭터에 대한 이해의 지평을 확대
정신・언어・정서・신체 능력의 극대화

배우 = 특별한 존재감, 우아함,
범접할 수 없는 연기력을 가진 존재

▌소란스러운 관객

셰익스피어 시대에 그의 연극은 대낮에 지붕이 뚫린 극장에서 그리고 매우 소란스러운 관객들 앞에서 진행이 되었다. 요즘 극장에 가면 관객에게 '엄숙'을 요구하지만, 이것은 참으로 바람직스럽지 않은 현상이다. 관객의 연극 경험에서 가장 중요한 부분은 무대 위의 극 자체만을 경험하는 게 아니라 자신이 극에 마음껏 반응하는 경험을 하는 것이며 또한 같은 시공간에서 함께 호흡하며 다른 관객들이 극과 배우들의 연기에 대해 어떻게 반응하는가를 경험하는 것이다. 엄숙에 대한 강요는 관객의 반응을 억압한다. 관객의 거침없는 반응은 배우들을 위해서도 아주 좋은 응원이 된다. 무대 위에 선 배우들이 연기하기 가장 힘들 때는 아무 반응이 없는 관객들 앞에서 벽에다 대고 연기하는 느낌이 들 때이다. 마음껏 반응하는 관객들 앞에서 공연할 때 배우들 역시 가장 살아있는 존재가 된다. 관객의 반응까지 통합하면서, 때로는 관객의 반응이 예상을 벗어날 정도로 엉뚱하거나 거친 것이라고 해도 그것을 감당해 내면서, 라이브 공연에서의 배우의 연기는 완성된다. 도대체 누구를 위해서 극장이 관객에게 엄숙을 요구하는지 이해하기 어렵다. 관객에게 교양을 요구하는 것만큼 연극의 목적에 반하는 것도 없다.

역사상 연극의 최전성기였던 엘리자베스 여왕 시대의 영국 관객들은 거침없이 반응하는 관객이었다. 배우＋캐릭터의 연기에 환호도 야유도 아낌없이 하는 관객들이었고, 극이 진행되는 동안 자신의 생각과 느낌을 마음껏 표현하는 관객들이었다. 관객이면서 목소리 큰 비평가였다. 셰익스피어 연기는 그런 관객들을 위한 것이었고 그런 관객들과 '함께'하는 것이 연극의 완성이었다. 연극은 관객과 함께 한바탕 노는 것이다. 배우들끼리만 노는 건 연기라고 할 수 없다. 그래서 연극과 연기는 '놀이'(play)다. 배우들은 실제 관객을 만나기 전에 연습 과정에서도 서로가 서로에게 소란스러운 관객이 되어 서로의 연기에 마음껏 '호응'해 주어야 한다. 그것이 라이브한 연극과 라이브한 연기를 향해 가는 길이다.

배우의 연기력을 측정할 수 있는 척도는 배우가 이렇게 '소란스러운 관객을 연기로 잠재울 수 있는가'이다. 5시간 반의 긴 공연 시간 동안 관객들이 무대와 객석의 구분 없이 자유롭게 이동하면서 사진과 동영상을 마음껏 찍고 심지어 먹고 마시는 것까지 허용된 <로마 비극>(이보 반 호프 연출) 공연에서 배우들이 실제로 그렇게 관객을 잠재웠던 것처럼 말이다. <로마 비극>은 가장 셰익스피어다운 셰익스피어 공연이었다. 과연 무엇이 배우에게 소란스러운 관객을 잠재울 수 있는 힘을 갖게 해 주는 것일까?

▌배우는 관객을 위해 존재한다

관객의 존재 없이 연기는 존재하지 않는다. 배우는 자신의 연기를 바라보는 관객들의 관점을 변화시키고 생각과 마음을 크고 깊게 움직이는 존재이다. 그리고 극장에서의 관극 경험이 어떤 식으로든 관객의 삶을 바꾸어 놓기를 꿈꾸는 존재이다. 그렇기에 배우는 진정한 의미의 '인플루언서' (influencer)이다.

　관객의 관점·생각·마음을 크고 깊게 움직일 수 있으려면, 배우는 혼자서 모든 관객을 거뜬히 상대해 낼 수 있는 기운·아우라·카리스마·포스·바이브를 가져야 한다. 우주의 물리적 법칙은 분명하다. 중력(끄는 힘, 즉 매력)이 큰 존재에게 작은 존재가 끌리게 되어 있다. 배우는 자신의 행성들을 아우르는 태양과 같이 눈부시게 거대한 힘을 가진 존재이어야 한다.

　배우가 가진 빛과 에너지의 크기는 배우 자신이 가진 생명력과 예술적 열정의 크기에 비례한다. 햇빛처럼 차별하지 않는 인간애, 하늘과 같이 광대하고 푸른 꿈(상상)과 비전, 바다와 같이 넓고 깊은 마음, 쉴 새 없이 쇄도하는 파도처럼 역동적인 생각의 흐름, 활화산과 같이 솟구치는 예술적 열정, 웅장한 산맥처럼 흔들림 없는 꼿꼿한 기상·기개·지조, 태풍과 같이 고요한 중심에서부터 휘몰아치는 강력한 추진력, 열대의 밀림과 같이 건강한 생명력, 만년설처럼 지워지지 않는 깨끗한 순수함, 장맛비처럼 온 세상을 적실 수 있는 정서적 영향력 등이 모두 합쳐져 배우의 크기를 결정한다. 큰 배우는 하늘과 바다를 품은 본연의 인간으로서 온 세상과 그 속에서 삶을 살아가는 모든 사람을 포용한다.

▌연기의 기본: 상대를 상대하기

연기의 모든 순간은 관객을 위해 존재하기에 배우가 하는 연기의 모든 순간은 관객을 상대하는 것이 된다. 배우가 관객을 상대하는 방식은 두 가지로 나뉘는데, 바로 독백 연기와 장면 연기이다. 독백 연기와 장면 연기에는 사뭇 다른 원리가 작용한다. 셰익스피어는 독백을 통해 배우로 하여금 관객을 '독대'하면서 관객의 생각과 마음을 움직이게 한다. 이때 배우는 혼자서 모든 관객을 직접 상대하는 존재가 된다. 캐릭터가 극 중 다른 캐릭터들을 상대할 때는 배우가 '간접적으로' 관객을 상대하게 된다. 상대 캐릭터를 상대하는 것이 간접적으로 관객을 상대하는 것이 되는 셈이다.

셰익스피어는 자주 광장과 같은 넓은 공간에서 캐릭터들이 군중이나 시민들을 '홀로' 상대하게 하는데, 영화라면 수천 명의 엑스트라를 동원해서 그리고 컴퓨터 그래픽의 힘을 빌려 거대한 군중을 그대로 구현할 수 있을 것이다. 그러나 연극에서는 어떠한 공연에서도 그와 같은 수의 군중을 무대 위에 세울 수 없다. 그래서 그와 같은 광장의 군중 장면에서는 배우＋캐릭터가 극장에 있는 모든 관객을 군중인 것처럼 상대하면서 공

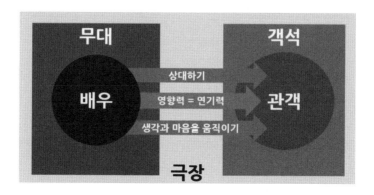

연을 진행하게 된다. 이때 해당 캐릭터를 연기하는 배우에게는 극장에 존재하는 모든 사람을 혼자서 상대할 수 있는, 그리고 그들의 생각과 마음을 움직일 수 있는 능력이 요구된다.

셰익스피어는 <줄리어스 시이저> 3막 2장에서 브루터스와 앤토니로 하여금 광장을 가득 메운 로마 시민들을 상대하게 한다. 두 캐릭터의 다음 독백은 배우＋캐릭터가 관객을 상대하는 원리를 깨닫게 해주고 또 상대할 수 있는 능력을 비약적으로 키워준다. 브루터스와 앤토니는 혼자서 이 모든 시민을 상대하고 있을 뿐만 아니라 그들을 자신이 원하는 방향으로 바꾸어 놓는다. 브루터스와 앤토니의 독백 다음에 이어지는 로마 시민들이 '변화된' 반응은 브루터스와 앤토니가 '시이저의 살해'라는 역사적 사건이 몰고 온 엄청난 파장 속에서 혼란스럽고 성난 시민들을 상대하면서 어떻게 그들을 자신들이 원하는 방향으로 바꾸어 놓는가를 여실히 볼 수 있게 한다. 브루터스가 포문을 열면서 승기를 잡은 이 용호상박(龍虎相搏)의 정치적 시합은 앤토니의 한 수 위의 정치적인 연설과 쇼(show)로 인해 판세가 완전히 뒤집힌다. 참으로 놀라운 정치적 역량이 아닐 수 없다.

셰익스피어의 극에서 고수의 정치인 캐릭터들(주로 악역의 캐릭터들)은 가장 뛰어난 연기력을 가진 배우나 다름없다. 셰익스피어가 "인생은 연극이고 삶을 살아가는 인간은 배우다"라고 말한 것이 그의 정치인 캐릭터들에 여실히 구현되어 있다.

먼저 연단에 선 브루터스는 매우 불가능한 임무를 성공해 내야 한다. 시이저를 살해한 자신에게 매우 적대적인 시민들을 자신에게 우호적인 시민으로 바꾸어 놓아야 하는 것이다. 그런데 브루터스는 놀랍게도 단 한 번의 연설 끝에, 앤토니의 연설과 비교하면 매우 짧은 연설 한 번에 그것을 해낸다.

브루터스

끝까지 참고 들어주십시오. 로마시민이여, 동포여, 사랑하는 친구들이여! 내가 사유를 밝히겠소이다. 조용히들 하시고 내 말을 들어 주시오. 내 명예를 걸고 말할 것이니 내 말을 믿어 주시오. 이 사람을 믿겠거든 내 명예1)를 존중해 주시오. 현명하게 날 판단해 주시고 더욱 현명한 판단을 위해 여러분의 이성을 일깨워 주시오. 만일 여러분 가운데 시이저의 절친한 친구가 있다면 그분에게 말하겠소이다. 시이저에 대한 브루터스의 우정도 그분 못지않다고. 그렇다면 아마 그 친구는 나에게 물을 것이오. 브루터스는 왜 시이저에게 역모를 했느냐고. 내 답변은 이렇소. 내가 시이저를 사랑하지 않은 것이 아니라 로마를 더 사랑했기 때문이오. 여러분은 시이저가 죽고 만인이 자유롭게 사는 것보다 시이저가 살고 만인이 노예로 죽는 것을 원하십니까? 시이저가 날 사랑했기에 그를 위해 울었고, 그가 영광스러웠기에 그를 위해 기뻐했고, 그가 용감하였기에 그를 존경했습니다. 그

---

1) 브루터스는 영광스러운 명예를 획득하고 있다. 그 명예는 그가 살아오면서 흐트러짐 없이 해낸 실천적 행동들로부터 나온 것이다. 허울뿐인 명예가 아니라 진정한 명예를 브루터스는 가지고 있다.

러나 시이저가 야심가였기에 난 그를 죽였소2) 시이저의 사랑에 대해서는 눈물을, 영광에 대해서는 기쁨이 있을 뿐이오. 여기 누가 노예가 되길 원하는 비열한 사람이 있겠소이까? 있다면 말하시오, 난 그분에겐 잘못을 저지른 셈이오. 로마인이 되고 싶지 않은 미련한 사람이 어디 있겠소이까? 있다면 썩 나서시오. 난 그분에게 잘못을 저지른 셈이오. 제 조국을 사랑하지 않을 비열한 사람이 어디 있겠소? 있다면 말하시오. 그분에게 또한 잘못을 저지른 셈이오. 자, 대답을 기다리겠소.

브루터스의 질문에 시민들은 노예가 되고 싶은 사람은, 조국을 사랑하지 않는 사람은 아무도 없다고 답한다.

브루터스

그렇다면 내겐 잘못이 없소. 내가 시이저에게 한 일은 그대로 여러분이 브루터스에게도 할 수 있는 일이오. 시이저를 죽인 경위는 의사당에 기록해 두겠소3) 물론 그것은 그가 받아 마땅한 그의 영광을 훼손하는 것도 아니며, 죽음을 면치 못했던 죄과를 결코 과장하는 것도 아니오.

시민들은 환호하기 시작한다. 브루터스는 자신을 적대시하는 시민들을 "만세, 브루터스! 만세, 만세!"라고 외치는 시민으로 바꾸어 놓은 것이다.

상대적으로 그리 길지 않은 연설 한 번으로 시민들의 마음을 돌릴 수 있었던 비결은 무엇일까? 브루터스는 시민들의 이성에 호소하고 있다.

---

2) 인간 시이저는 심판할 수 없지만 그가 한 행동(황제를 향한 행보)만은 우리가 심판할 수 있다고 브루터스는 말하고 있다.
3) 진실을 은폐하지 않고 명명백백히 기록하는 것, 그것이 정의로운 인간의 행보이다.

감정에 눈이 멀어 사리 판단을 흐리지 않기를 바라기 때문이다. 그래서 브루터스는 매우 논리적으로 자신의 감정을 극도로 절제하면서 말한다. 그러나 과연 시민들이 그의 논리에 설복된 것일까? 그것이 전부일까? 시민들이 "브루터스 만세!"를 외치는 것을 보면 논리만 획득한 결과일 수 없다.

브루터스는 시민들의 애국심에 호소한다. 시민들이 로마에 애국심을 가지고 있다면 그것은 로마가 황제가 지배하는 절대국가여서가 아니라 자유와 민주의 나라이기 때문이다. 브루터스는 시이저가 조국의 역사를 공화정에서 1인 황제가 군림하는 전제군주국가로 되돌리려고 했기에 국가의 영웅적 인물을 '비난받을 각오를 하고' 제거할 수밖에 없었다고 호소한다. 브루터스의 연설에는 전 생애에 걸친 '행동과 실천'을 통해 쌓고 다져온 '자유와 민주에 대한 신념' 그리고 '조국과 시민들에 대한 깊은 사랑'이 진하게 배어있다. 브루터스의 실천적 삶이 그가 이 연설을 할 수 있게 하는 선제적 자격을 부여한다. 그의 삶이 시민들에게 존경과 사랑을 한 몸에 받을 수 있게 하였고 브루터스는 지금 로마에서 어느 누구도 부정할 수 없이 '가장 존경받는 인간'으로서 연단에 선 것이다. 그래서 시민들은 겉으로는 몹시 흥분해 있지만 브루터스가 자신들이 납득할 수 있는 정당한 명분과 이유를 제시해 주기를 애타게 기다리고 있다.

브루터스의 신념과 사랑이 그가 하는 모든 말에 강력한 설득력과 긴 여운을 부여한다. 그것을 우리는 '**진정성**'이라고 부를 수 있다. **사람의 생각은 논리로 움직일 수 있을지 모르나 사람의 마음은 진정성만이 움직일 수 있다.** 배우가 브루터스 연설을 연습한다면 바로 진정성으로 사람들의 생각과 마음을 움직이는 연습이 되어야 한다.

브루터스의 진정성이 브루터스를 극의 주인공(protagonist)이 되게 한다.4) 그런데 브루터스에 이어서 연단에 올라선 앤토니는 진정성이 아닌 다른 무언가가 사람들의 마음을 움직일 수 있다는 것을 입증해 낸다. 앤토니는 매우 불리한 상황에 놓여있다. 앞선 브루터스의 연설로 시민들의 마음이 완전히 브루터스 쪽으로 기울어 있다. 시민들은 조국애와 자유와 민주에 대한 열의로 가득 차 있다. 이를 어떻게 뒤집을 수 있단 말인가? 더구나 브루터스와 거사에 참여한 인사들에 대한 어떠한 비난도 하지 않겠다는 조건으로 연설을 승낙받은 상태에서 말이다.

앤토니

친구여, 로마인이여, 동포 여러분, 귀를 빌려주십시오. 난 시이저를 장사지내러 온 것이지 칭찬하러 온 건 아니외다.5) 인간의 악행은 죽은 후에도 남지만 인간의 선행은 뼈와 함께 땅에 묻히게 마련이오. 시이저 역시 그럴 것이오...6) 고결한 브루터스는 시이저가 야심에 불탔다고 말하였소. 만일

---

4) 셰익스피어 극에서 사람의 이름이 작품명인 경우 전부 그 이름을 가진 자가 극의 주인공이 되는데, <줄리어스 시이저>에서만큼은 시이저가 아니라 브루터스가 주인공이다. 매우 흥미로운 부분이다. 왜일까? 왜 브루터스가 주인공인데 작품의 제목은 "줄리어스 시이저"일까? 그것은 아마도 우리의 현대사에서 박정희가 그러한 것처럼, 시이저가 사후에도 로마인들의 정신과 삶에 지대한 영향력을 행사하는 존재였기 때문일 것이다. <줄리어스 시이저>에서 일어나는 모든 일에는 시이저의 그림자가 짙게 느리워져 있다. 시이서는 극 초반에 숙지만 그의 강력한 영향력은 그대로 남아 사람들을 움직인다. 브루터스에게 맞서는 앤토니(antagonist)는 리틀 시이저라고 불러도 과언이 아닐 정도로 시이저의 추종자이다.

5) 앤토니는 정치 연설이 아니라 그저 추도사를 하러 왔다고 대중과 브루터스 일당을 안심시키는 것으로 시작한다.

6) 앤토니의 말은 교묘하게 아이러니하다. 시이저의 선행이 뼈와 함께 땅에 묻혀버려서는 안 된다고 역으로 말하고 있다. 역사에 반해 절대권력을 꿈꾸었기에 제거되어야 했던 자로만 보고 있는 대중들의 마음에 시이저가 한 선행을 떠오르게 하는 고도의 화술이다.

그게 사실이라면 확실히 슬픈 결점이며 가슴 아프게도 시이저는 그 값을 치렀소..7) 나는 브루터스와 그 밖의 분들의 허락을 받아 말씀드리는 겁니다.8) 브루터스는 고매한 분, 그 밖의 분들도 고매하지요.9) 난 시이저에게 추도사를 하러 이곳에 온 것이오..10) 시이저는 내 친구이며, 내게 성실하고, 공정하셨소.11) 그러나 브루터스는 그가 야심가2)라는 거요. 브루터스는 고매한 분이시오... 시이저는 많은 포로를 로마로 데려왔으며 포로들의 몸값은 모두 국고에 들여놓았소. 어찌 이것이 시이저의 야심이란 말이오? 가난한 사람들이 배고파 울부짖을 땐 시이저도 함께 울었소.13) 야심이란

---

7) 시이저에 대해 비난할 것이 있다면 이미 죽음으로 시이저는 그 값을 치렀다는 점을 부각시킨다. 죽음으로 대가를 치른 시이저를 비난하는 말은 더 이상 필요 없다고 말하는 것이다.

8) 앤토니는 자신의 추도사와 연설이 브루터스와의 합의하에 이뤄졌다는 것을 청중들에게 강조함으로써 브루터스 일당이 자신의 연설을 중간에 저지하지 못하도록 미리 포석을 둔다.

9) 아이러니한 말이다. 앤토니의 속마음은 그가 입으로 내뱉는 말과는 반대이다. 지금 사람들의 절대적 추앙을 받는 브루터스를 공개석상에서 직접적으로 비난할 수 없다. 그리고 이어질 말(시이저에 대한 추앙)을 위한 사전 포석으로써 브루터스 일당을 안심시키고 시이저와 자신을 향한 대중들의 적대적 태도를 누그러뜨리려 한다.
   앤토니는 시이저를 옹호함으로써 결과적으로 브루터스를 비난하는 말들을 이어간다. 그리고 중간중간에 브루터스가 고매하다고 되풀이하면서 겉으로는 브루터스에 반대하지 않는 것처럼 구는 정치적 노련함을 보인다.

10) 거듭 자신은 추도사를 하러 온 것뿐이라고 거짓 포장하면서 자신의 저의를 숨긴다.

11) 앤토니는 하나씩 하나씩 시이저의 좋은 점을 부각시키며 브루터스를 반박한다.

12) 앤토니는 매우 교묘하게 단어를 선택한다. 노예이기를 거부하고 로마가 자유와 민주의 사회가 되어야 한다는 브루터스의 논리에 따르면 시이저는 "야심가"가 아니라 군주제로의 회귀를 꿈꾸는 독재자이어야 하지만, 앤토니는 시민들의 뇌리에 그와 같은 이미지를 지우고 자신의 사리사욕을 채우려는 야심이란 이미지로 대체하려고 한다. 그리고 사리사욕을 쫓는 야심가라는 이미지를 시이저에게서 떼어내어 브루터스에게 역으로 뒤집어씌우려는 교묘한 화술을 구사하고 있다.

이보다 더 냉혹한 마음에서 생기는 법. 그런데도 브루터스는 그를 야심가라 하오.14) 어쨌든 브루터스는 고매한 분이오.15) 여러분은 보셨을 거요. 루퍼커스 제전 때 내가 세 번씩이나 시이저에게 왕관을 바쳤지만 세 번다 거절한 것을. 이게 야심이오?16) 그런데도 브루터스는 시이저가 야심을 품었다고 말했소. 분명 브루터스는 고매한 분이시오.17) 내가 브루터스의 말씀에 대항하는 건 아니오.18) 다만 아는 바를 말하기 위해 여기 있는 것이오.19) 여러분은 한때 시이저를 분명 사랑했소.20) 물론 이유가 있어서요. 그런데도 왜 여러분은 그를 애도하기를 꺼리는 겁니까? 오, 분별력이여! 그대는 금수에게 도망쳐 버리고 사람들의 이성이 눈이 멀었는가...21) 날

---

13) 앤토니는 가난에 대한 기억을 떠오르게 하고 시이저가 시민들의 가난을 어떻게 해결했는가를 기억하게 한다. 배고픔에 대한 기억이 순식간에 시민들의 마음을 사로잡는다. 앤토니는 자유와 민주보다도 먼저 시이저가 배고픔을 해결주었음을 상기시킨다. 타인의 배고픔에 공감하고 그것을 해결해 주는 자는 절대 야심가일 수 없으며, 그런 시이저를 비난하는 자야말로 야심가라고 역으로 공격한다.

14) 시민들의 배고픔을 진정 공감하고 그것을 해결한 시이저는 절대 나라에 해가 될 일을 할 사람이 아님을 강조한다.

15) 이제 앤토니의 브루터스를 향한 이 '찬사'는 "그런데도 브루터스가 과연 고매한가요?"라는 반어법적인 뉘앙스를 풍기기 시작한다.

16) 앤토니는 시이저가 대중 앞에서 했던 정치적 쇼(show)를 하나의 '사실'로 제시하며, 시이저에게는 왕이 되고자 하는 마음이 전혀 없었다고 말한다. "여러분 눈으로 직접 목격하지 않았습니까?"라는 식이다.

17) "왕관을 세 번이나 거절한 시이저가 야심을 품었다고 말하는 브루터스야말로 진짜 야심가가 아닙니까?"라고 강력하게 돌려서 말하고 있다.

18) 강력한 공격 뒤에 앤토니는 자신을 방어하는 전략을 구사한다. 엄청난 의도를 가지고 있지만, 전혀 의도가 없는 것처럼 자신을 포장한다. 시이저뿐만 아니라 자기 자신에 대한 이미지 메이킹을 끊임없이 하면서 앤토니는 이 연설을 이어간다.

19) 어떠한 거짓도 없이 자신은 사실만을 말하고 있다고 강조한다.

20) 앤토니는 매우 교묘하게 이제 감정적으로 호소하기 시작한다. 브루터스가 이성적으로 시민들을 움직였다면 앤토니는 감정적으로 시민들을 동요시키기 시작한다. 그러면서 자기 자신도 매우 감정적이 되는 뛰어난 연기력을 보인다.

용서하시오.22) 내 심장은 시이저와 함께 관 속에 들어갔소이다. 심장이 내게로 되돌아올 때까지 기다려 주시오.

　　(운다)23)

그러나 어제까지 시이저의 말 한마디면 전 세계를 떨게 하였소. 지금은 저기 쓰러져 어느 누구도 경의를 표하는 사람이 없소.24) 오, 여러분, 만일 내가 여러분들의 마음을 선동해서 폭동과 분노를 일으킬 심사였다면25) 브루터스에게도 캐시어스에게도 욕이 될 것이오. 여러분도 아시다시피 고매한 브루터스에게 말이오. 난 욕되게 않겠소. 차라리 고인을 욕되게 하고 나와 여러분을 욕되게 할망정, 그렇게 고매한 그분들을 욕되게 할 수는 없는 일이오.26) 여기 시이저의 도장이 찍힌 문서가 있소. 그분의 서재에서

---

21) 브루터스가 조국과 자유와 민주에 대한 사랑을 '이성적으로' 호소함으로써 시민들이 개인적인 감정에 내몰리지 않게 하였다면, 앤토니는 시민들의 죄의식을 자극하고 그들을 감정적으로 동요하게 하려는 전략과 술수를 구사한다.

22) 앞의 말을 과격하게 격정적으로 쏟아 낸 앤토니는 다시 페이스 조절을 한다. 그의 페이스 조절은 시민들과 브루터스 일당을 놓고 벌이는 고수의 밀당 같다.

23) 앤토니는 악어의 눈물과도 같은 눈물을 흘린다. 매우 경악할 만하다. 그러나 거짓된 위정자들은 생각보다 자주 대중들 앞에서 거짓된 감정을 연기한다. 셰익스피어극에서 정치적 고수들은 거의 메소드배우와 같은 연기력을 가지고 있다.

　　물론 앤토니는 시이저에 대해 개인적으로 깊은 정서적 유대감을 가지고 있을 것이다. 시이저가 그의 우상이었기 때문이다. 그로 인해 앤토니가 운다고 할 수도 있지만, 그는 분명히 안다. 그가 공적인 자리에서 절체절명의 임무를 수행하고 있다는 것을. 시이저를 위해서라도 반드시 시민들의 마음을 뒤집어 브루터스 일당을 응징해야 한다는 것을. 그의 모든 행동은 선동과 기만을 위한 정치적 쇼일 뿐이다.

24) 시이저의 죽음을 애도하지 않는 시민들을 애도하는 시민들로, 시이저에게 경의를 표하지 않는 시민들을 경의를 표하는 시민들로 바꾸어 놓는다면 승리는 앤토니의 것이 될 것이다.

25) 앤토니는 분명 폭동과 분노를 일으키려고 하고 있다. "폭동과 분노"를 언급하는 것 자체로 이미 시민들의 뇌리에 그 가능성을 심는 것이다. 고도의 정치적 전략이다.

발견한 것이오. 그의 유언장이오.27) 시민 여러분이 이 유언의 내용을 듣게 되면 ― 용서하시오, 난 읽을 생각이 없지만28) ― 여러분은 필경 시이저에게 달려가 상처에 입을 맞추고 손수건을 그 거룩한 피에 적실 거요. 아니, 그분의 머리칼 한 올을 유품으로 간직하고 여러분의 죽음에 임해서는 유언장에 적어 가보로서 후손에게 물려줄 것이오.29)

(시민들, 유언을 읽어줄 것을 요구한다)30)

진정하시오, 친애하는 친구 여러분. 난 읽을 수가 없소.31) 시이저가 얼마나 여러분을 사랑했는가를 여러분은 모르는 편이 좋습니다.32) 여러분은 목석이 아니라 인간이오. 인간인 이상 시이저의 유언을 들으면 여러분은

---

26) 욕되게 하지 않겠다고 공적으로 선언하고 있지만, 사실 앤토니가 하는 모든 언행이 브루터스와 브루터스가 상징하는 자유, 민주, 조국애를 욕되게 하는 것이다. 앤토니는 철저하게 계산된 행보를 보인다.

27) 앤토니는 앞서 브루터스가 시민들에게 한 말은 모두 잊어버릴 정도로 강력한 '궁금증'을 유발함으로써 시민들의 정신을 완전히 딴 데로 돌린다. 바로 시이저의 유언장이다. 유언장을 언급만 하고 내용을 밝히지 않음으로써 앤토니는 시민들이 오직 시이저의 유언장에만 집중하게 만든다. 경악할 만한 정치적 묘수이다.

이 유언장은 실제 시이저가 작성한 것이라고 보기 어렵다. 조작되었을 가능성이 크다. 유언장은 자신이 죽을 것을 아는 자만이 작성하는 것이다. 갑자기 시해된 시이저가 사전에 유언장을 작성했을 리 만무하다.

28) 앤토니는 밀당을 한다. 어마어마한 내용이 유언장에 있다고 하면서 내용을 공개하지 않겠다고 함으로써 시민들의 궁금증과 상상력에 불을 붙인다.

29) 유언장 내용에 대해 온갖 상상을 불러일으키게 함으로써 시민들은 브루터스가 한 말은 완전히 잊게 된다.

30) 앤토니가 의도한 대로 시민들은 시이저의 유언장의 내용을 알고 싶어 안달이다.

31) 시민들의 요구에 바로 읽어주지 않고 앤토니는 계속 시간을 끈다. 시간을 끌수록 시민들의 궁금증과 상상력은 커져만 간다.

32) 앤토니는 유언장의 내용이 시이저가 시민들을 사랑한 증거라고 말함으로써 시이저를 사랑하지 않는 시민들을 시이저를 다시 사랑하는 시민으로 바꾸고자 한다. 시이저의 죽음에 분노하고 시이저를 위해 일어서는 시민으로 바꾸고자 한다.

필시 격분해서 정신이 홱 돌아버릴 것이오.33) 여러분은 모르는 게 좋겠소 그의 상속자라는 걸.34) 만일 그걸 알게 되면, 오, 어떤 사태가 벌어질는지!

　　(시민, 다시 유언장을 읽으라고 요구한다)35)

진정해 주시오. 잠깐 기다려 주시오. 내가 해선 안 될 말을 여러분께 한 것 같소이다. 시이저를 칼로 찌른 고매한 분들에게 욕이 될까 두렵소.36) 그게 두렵소이다.

　　(시민들, 브루터스와 캐시어스가 반역자라고 말한다.37) 그리고 모두
　　유언장을 듣고자 한다)

그럼 유언장을 꼭 읽어야 합니까? 그렇다면 시이저의 유해에 삥 둘러서시오. 그 유언장을 만든 장본인을 보여드리겠소.38) 연단에서 내려가도 좋겠소? 허락해 주겠소?39)

---

33) 시민들의 정신이 홱 돌아버리는 것이 앤토니가 의도하는 바이다. 시이저 외에는 눈에 보이는 것이 없게 만들고자 하는 것이다.

34) 앤토니는 은근슬쩍 시이저가 시민들에게 돈이나 재산을 남겼다고 암시한다. 시민들은 이제 시이저가 얼마만큼의 돈을 그들에게 남겼는지를 알고 싶어 안달이 난다. 자유와 민주를 믿는 것이 아니라 이제 돈에 눈이 멀게 되는 것이다.

35) 유언장 공개에 대한 요구가 거세진다.

36) "시이저를 칼로 찌른"이라는 표현을 씀으로써, 즉 시이저를 칼로 죽였다는 것을 직접적으로 언급함으로써 시민들의 거센 기세가 브루터스와 캐시어스를 향하게 한다. 시민들의 기세를 등에 업고 잔뜩 움츠렸던 앤토니는 이제 기를 펴기 시작한다. "두렵다"라는 말을 입 밖으로 내뱉고 있지만, 앤토니는 더 이상 브루터스와 캐시어스를 두려워할 필요가 없어졌다. 유언장 내용을 궁금해하는 시민들이 그를 지켜줄 것이다. 이제 두려워해야 하는 것은 브루터스와 캐시어스이다.

37) 이제 전세가 완전히 역전되었다. 앤토니가 승기를 잡은 것이다.

38) 유언장 내용을 공개하기 전에 앤토니는 시민들이 시이저의 유해를 둘러싸게 한다. 그래야 시이저의 시신을 브루터스와 캐시어스에게 빼앗기지 않을 수 있으며, 동시에 시이저가 살해된 흔적을 직접 보게 함으로써 시민들의 눈을 더욱 돌아가게 할 수 있기 때문이다.

39) 연단에 있는 동안 앤토니는 브루터스와 캐시어스의 포로나 다름없었는데, 이제 시

(시민들, 앤토니가 내려오게 물러난다)

만약 여러분들께 눈물이 있다면 지금이야말로 눈물을 흘릴 때요. 여러분은 이 외투를 아실 거요. 나는 시이저가 이 외투를 처음 입었던 날을 기억하오. 어느 여름날 저녁 군막 속에서 너어비족을 정복하던 바로 그날이었소. 보시오.[40] 캐시어스의 칼이 여길 찌르고 들어갔소. 캐스카의 원한의 칼이 찌른 이 자국을 보시오. 여긴 총애를 받던 브루터스가 찌른 자국이오. 저주받은 칼을 브루터스가 뽑아 들었을 때, 자 보시오, 시이저의 피가 얼마나 쏟아졌나.[41] 마치 문밖으로 뛰어나가서 브루터스가 정말 그처럼 잔인한 짓을 했는지 확인하려는 듯이 말이오. 알다시피 브루터스는 시이저의 총애를 받아왔소. 오, 천지신명은 살피소서, 시이저가 그를 얼마나 사랑했나! 브루터스가 찌른 이 상처는 가장 잔인무도했소. 고귀한 시이저는 브루터스가 찌르는 걸 보았을 때 반역자들의 칼보다 훨씬 강한 그 배신에 완전히 압도당하였고, 그 위대한 심장은 터지고 말았소.[42] 그러고는 외투로 얼굴을 감싸고 바로 폼페이상 밑에 마치 그 상이 쏟아내는 핏속에 묻히듯 위대한 시이저는 쓰러졌소. 나의 동포여, 이런 처참한 파멸이 어디 있겠소? 여러분이나 나 우리 모두가 허물어지고 말았소.[43] 피비린내 나는

민들의 힘으로 거기서 벗어날 수 있게 된다. "허락해 주겠소?"는 시민들을 향한 질문 같지만 사실 브루터스와 캐시어스를 향한 질문이다. 브루터스와 캐시어스는 안 된다고 말할 수 없는 상황에 놓였다. 앤토니는 보란 듯이 연단을 내려간다.

40) 앤토니는 시민들에게 시이저가 어떻게 칼로 베어졌는지 두 눈으로 정확하게 확인하게 한다. 시민들은 브루터스가 시이저를 죽인 이유를 완전히 잊어버렸다. 앤토니가 가리키는 대로 눈앞에서 살해의 명백한 증거만 직접 보게 된다.

41) 앤토니는 캐시어스보다 브루터스가 휘두른 칼에 시이저가 훨씬 더 많은 피를 흘렸다는 생각을 시민들의 머릿속에 심는다. 그리고 이제 시이저가 브루터스를 얼마나 사랑했는지를 상기시키면서 시민들이 브루터스를 천하에 배은망덕한 인간으로 보게 만든다.

42) 시이저를 죽게 한 유일한 원인이 브루터스의 배신임을 각인시킨다.

43) 시이저의 파멸이 로마 시민들의 파멸이라고 말한다.

역모[44]가 승리의 칼을 휘두를 때 말이오. 이제 여러분은 눈물을 흘리는 모양이오. 한 가닥 동정을 느낀 모양이구려. 그 눈물이야말로 경건한 눈물이오.[45] 선량한 분들이여, 시이저의 빨간 옷만 보고도 운단 말이오? 여길 보시오. 반역자들에게 난도질당한 시이저가 여기 있소이다.

(외투를 벗긴다. 시민들 끔찍한 시이저의 모습에 경악하며 "복수다!", "태워라! 불질러라! 죽여라! 때려잡자!"를 외친다)[46]

친구 여러분, 친애하는 친구 여러분, 제 말에 격분해서 갑자기 폭동의 불길을 일으켜선 안 됩니다.[47] 이번 거사를 한 분들은 고매한 사람들이오.[48] 무슨 개인적인 원한이 있어 이런 일을 했는지 나는 모르오.[49] 그분들은 현명하고 고매한 분들이오. 틀림없이 그 이유를 여러분들에게 설명해 줄 것이오.[50] 친구 여러분, 나는 여러분의 마음을 도둑질하러 여기 온

---

44) 마침내 앤토니는 브루터스의 거사를 "역모"라고 선포한다. 시이저를 파멸시킨 것은 곧 우리 모두를 파멸시킨 것이니 브루터스가 우리 모두를 배신한 것이라고 선언한다.

45) 시민들이 눈물까지 흘리게 한다. 하지만 이것이 앤토니가 연설의 처음부터 치밀하게 의도해 온 것이다. 참으로 경악스러운 악인이 아닌가!?

46) 앤토니가 시이저를 진정 존경한다면 시이저의 맨몸이 시민들에게 까발려지는 것만은 막았어야 할 텐데, 오히려 그는 그것을 자신의 정치적 입신을 위해 악랄하게 이용한다. 시민들은 이제 완전히 눈이 멀었다. 폭동이 일어나기 일보 직전이다.

47) 앤토니는 폭동이 훨씬 더 폭발적으로 일어날 수 있도록 압력을 증가시킨다. 시민들의 걷잡을 수 없는 기세를 등에 업고 앤토니는 이제 승자로서 브루터스와 캐시어스에게 거만하게 말한다. 입 밖으로 내뱉는 말들은 여전히 숙이고 들어가는 말인 듯하지만 말하는 그의 태도는 완전 반대이다. 말의 내용은 말하는 태도에 따라 전혀 다른 의미가 된다.

48) 전혀 고매하지 않다는 태도로 말한다.

49) 앤토니는 브루터스가 개인적인 원한에서 시이저를 죽였다고 선언함으로써 브루터스의 대의를 완전히 지워버린다.

50) 시민들 앞에서 해명하라고 요구한다. 해명하려는 브루터스의 어떠한 시도도 시민들의 폭동에 불을 붙일 것이라는 점을 앤토니는 안다. 그렇게 되면 앤토니 자신은

게 아니오. 그러나 여러분이 알다시피 나는 평범하고 무뚝뚝한 사나이요. 내 친구를 사랑할 뿐이오. 그분들도 그걸 잘 알기 때문에 추도사를 승인한 것이 아니겠소[51] 나는 슬기도 말주변도 품격도 몸짓도 언변도 사람의 피를 끓게 하는 설득력도 없는 사람이오. 그저 솔직하게 말할 뿐이오.[52] 여러분 자신도 알고 있는 걸 얘기할 뿐이오.[53] 여러분께 시이저의 상처를, 저 불쌍한 말 없는 상처를 보여드려 그 상처 대신 말할 뿐이오. 만일 내가 브루터스이고, 브루터스가 앤토니라면 앤토니는 여러분의 마음에 불을 질러 시이저의 상처마다 혀를 주어 로마의 돌까지도 선동하여 폭동을 일으키게 했을 것이오.[54]

> (시민들, "폭동을 일으키자", "브루터스의 집을 불지르자"라고 외친다)

아 친구 여러분, 왜 터무니없이 소동을 벌이려 합니까? 도대체 시이저의 어떤 점이 여러분의 사랑을 받을 만하오? 여러분은 내가 말한 유언장을

아무것도 하지 않아도 시민들이 브루터스와 캐시어스를 때려잡을 것이다. 브루터스와 캐시어스가 앤토니의 제안에 아무 대꾸도 하지 않고 침묵하는 것도 이런 점을 알기 때문이다.

51) 자신에게는 아무런 사심이 없으며 그저 시이저를 사랑하기 때문이라고 시민들에게 주지시킴으로써, 자신이 어떠한 정치적 의도도 갖지 않은 '결백한 인간'이라는 이미지 메이킹을 한다. 브루터스가 앤토니에게 추도사를 허락한 것이 바로 그 증거임을 내세운다.

52) 철저하게 자신을 숨긴다. 앤토니가 말하는 모든 것의 반대가 바로 앤토니의 실체이다. 앤토니는 이미지 메이킹의 천재이다.

53) 가난의 설움과 시이저가 가져다준 부를 기억하고, 그리고 이제 곧 유언장을 통해 가져다줄 부를 상상하게 함으로써 앤토니는 시민들을 완전히 자기편으로 돌려세운다.

54) 브루터스로부터 아무런 반응이 없자 이제 앤토니는 브루터스가 자신이었다면 "시민들에게 폭동을 일으키게 했을 것"이라고 말함으로써 폭동의 불을 지른다. 이제 기름을 붓기만 하면 된다. 유언장의 내용을 공개할 시점이 도래한 것이다. 브루터스 일행은 여기 어느 시점에 이곳을 빠져나갔을 것이다.

잊고 있습니다.55)

　　(시민들, 유언을 들어보자고 한다)

이것이 유언장이오. 시이저의 도장이 찍혀 있소.56) 모든 로마 시민에게 각각 75드라크마씩 기증한다는 거요.57)

　　(시민들, "오 고귀한 시이저!"를 외친다)58)

게다가 시이저는 여러분에게 그의 정원의 모든 것과 별장과 새로 가꿔놓은 정원과 타이버강의 이쪽 기슭을 기증하셨소. 그리고 여러분의 후손들에게 영원히 그들 마음대로 거닐고 쉴 수 있는 공원을 주시었소.59) 시이저는 그런 분이오! 그런 분이 다시 헌신하시겠소?60)

　　(시민들, 시이저의 유해를 화장하고 나서 반역자들의 집을 불태우러
　　몰려간다)61)

이젠 될 대로 돼라. 재앙아, 일은 벌어졌으니 네가 가고 싶은 대로 가거라.62)

---

55) 폭동이 일어날 일촉즉발의 상황 속에서 앤토니는 유언장의 내용을 언급함으로써 불에 기름을 붓고자 한다.

56) 도장은 위조되었을 수도 있고 앤토니가 시이저의 도장을 손에 넣은 것일 수도 있다. 도장이 찍혀있다고 해서 그 도장을 시이저가 직접 찍은 것이라고 할 수는 없다.

57) 앤토니는 마침내 시이저가 시민들에게 거액의 돈을 남겼다고 선언한다. 시이저의 어마어마한 재산을 절체절명의 위기에서 자신을 구하고 자신을 일으켜 세우는 데에 써버리는 것이다.

58) 돈을 받고 돈에 완전히 눈이 멀기에 "고귀한 시이저"라고 외치게 된다. 좀비와 다름없는 세뇌된 존재들이 되어버린다.

59) 시이저가 가진 토지와 부동산을 시민들을 위한 공원으로 선포한다. 사유화하지 않기에 언제든 앤토니 자신이 되찾을 수 있도록 말이다.

60) 부은 기름에 성냥을 켜서 던지는 듯하는 말이다.

61) 앤토니는 시민들을 자신의 군대로 만들어 버린다. 홀로 손 하나 까딱하지 않고 전세를 뒤집는다.

62) 마침내 앤토니는 자신의 실체를 드러낸다. 시이저를 살해함으로써 브루터스가 연

앤토니가 자신의 실체를 드러내는 독백이 끝나자마자 브루터스와 캐시어스가 미친 듯이 로마 성문을 빠져나갔다는 하인의 전갈이 도착한다.

브루터스는 겉과 속이 같은 캐릭터이고 앤토니는 겉과 속이 다른 캐릭터이다. 브루터스는 그가 가진 자유와 정의에 대한 신념, 조국에 대한 사랑이 몸과 소리에 깊이 배어있는 캐릭터이어야 하며, 그의 올곧은 정신과 의지로부터 나오는 진정성이 사람들의 마음을 움직이는 힘을 가져야 한다. 반면에 앤토니는 자신의 속내와 의도를 철저히 숨긴 채 관객과 시민들 앞에서 완벽하게 하나의 캐릭터/페르소나를 연기해야 한다. 연기 속에서 또 다른 연기를 해야 하는 것이다. 캐릭터로서 또 다른 캐릭터를 연기해야 한다.

앤토니는 연설하는 동안 하나의 캐릭터 혹은 페르소나를 완벽하게 연기해 낸다. 시민들을 완벽하게 속이는 것이다. 그렇기 때문에 앤토니를 연기하는 배우는 이 연설을 하는 동안 앤토니가 아니라 마치 다른 캐릭터를 연기하는 듯이 연기해야 한다. 앤토니의 연설이 거짓임은 연설하는 동안 거짓처럼 보여서가 아니라 연설이 끝난 다음에 그가 하는 말과 행동을 통해서 보일 뿐이다. 시민들이 폭동을 일으킨 다음에야 앤토니는 자신의 정체와 실체를 드러낸다.

셰익스피어는 앤토니처럼 캐릭터의 실체를 극의 중반(3막)에 드러내는 경우가 많다. <햄릿>에서도 클로디어스왕이 기도하며 자신의 죄를 실토하는 장면이 3막에 위치하고 있다. 캐릭터가 스스로 온전히 정체를 밝히기 전까지 배우는 캐릭터의 정체를 관객에게 다 드러내서는 안 된다. 관객이 보자마자 악역 캐릭터의 정체를 알아버린다면 극적 긴장도 살지

세상을 일일천하로 만들어 버린 것이다. 브루터스조차도 앤토니의 이런 실체를 보지 못해 "혼자서 뭘 할 수 있겠어?"라는 식으로 방심함으로써 자신의 거사를 물거품이 되게 한다.

않을뿐더러, 그렇게 되면 캐릭터는 고수가 아닌 하수의 캐릭터로 전락한다. 가장 고수의 악역들은 거부할 수 없는 매력과 카리스마를 가지고 있고 절대 악인처럼 보이지 않는다.

어쨌거나 이상의 논의에서 잊지 말아야 하는 것은 배우＋캐릭터는 극 중 상대 캐릭터들뿐만 아니라 관객들까지 자신이 하는 생각을 그대로 하게 해야 한다는 점이다. 관객의 생각과 마음을 움직일 수 있는 능력, 그것이 연기력의 핵심이다.

▌상대를 상대하면서 일어나는 모든 것, 그것이 극이다

연기는 관객을 상대하는 것으로 시작된다. 배우는 애초에 왜 관객 앞에 나서고자 했는지를 잊지 않아야 한다. 스스로 관객 앞에 나서기로 선택해 놓고 관객 앞에서 위축된다면 배우라고 할 수 없다. 무대와 카메라 앞에 존재하는 모든 순간에 관객에게 넓고 깊은 영향을 주기 위해 배우는 존재한다. 그래서 배우라면 마땅히 혼자서 수백 명의 관객을 거뜬히 상대해 내고 또 관객을 압도할 수 있는 기운과 존재감을 가져야 한다.

관객을 상대하고자 하는 배우의 노력은 그대로 캐릭터로 연결된다. 극 속에 존재하는 캐릭터가 하려는 일도 결국 상대를 상대하는 것이기 때문이다. **관객을 상대하려는 배우의 노력과 상대 캐릭터들을 상대하려는 캐릭터의 노력이 하나로 포개져야 한다. 연기의 모든 순간에 배우와 캐릭터는 하나이어야 한다.** 그렇게 배우와 캐릭터가 하나로 포개어지면서 연기는 시작되고 연기의 기본은 배우＋캐릭터가 눈앞에 보이는 상대를 상대하는 것이 된다.

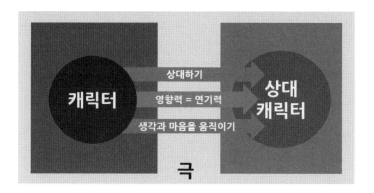

이때 배우＋캐릭터의 눈앞에 보이는 상대는 둘로 나뉘는데, 바로 ①
관객의 눈에도 보이는 상대와 ② 배우＋캐릭터에게만 보이고 관객에게는
직접 보이지 않는 상대가 그것이다.

배우+캐릭터가 상대해야 하는 상대들	
관객 눈에도 보이는 상대	관객이 그 존재를 직접 눈으로 확인할 수 있는 존재 존재 자체로 배우+캐릭터와 관객 모두에게 강력한 영향을 주는 존재
관객 눈에는 보이지 않는 상대	배우+캐릭터가 '상상'하는 존재로서 배우+캐릭터에게는 훨씬 더 생생하고 심신에 더 강력한 영향을 주는 상대
	관객이 직접 눈으로 볼 수 없기 때문에 배우+캐릭터의 행동과 반응으로부터 '상상'해야 하는 존재

배우＋캐릭터의 입장에서는 상대의 몸이 실제로 현존하느냐 안 하느
냐가 중요하지도 않고 큰 차이도 없다. 오히려 몸이 실제로 현존하지 않
아서 마음의 눈으로 보고 있는, 즉 상상하는 상대가 훨씬 더 생생하고 배
우＋캐릭터의 몸과 마음을 완전히 사로잡고 있을 가능성이 크다.

물리적인 공간에 부재하는 상대를 상대하는 배우＋캐릭터를 보면서 관객도 그 상대를 함께 상상하게 된다. 그리고 상대를 상대하면서 배우＋캐릭터가 어떤 인간인지가 드러나고 캐릭터와 상대 캐릭터의 사이가 밝혀진다.

<리어왕> 1막 2장을 여는 에드먼드의 독백을 예로 들여다보자.

에드먼드

대자연이여, 그대는 내가 숭배하는 여신! 나는 그대의 법칙에 순종하고 있다. 그런데 무엇 때문에 나는 가증스러운 관습에 희생되고 세상의 괴팍스러운 잔소리에 구속되어, 형보다 그저 일 년 남짓 늦게 태어났다고 해서 자신의 상속권을 빼앗기고도 가만히 있어야 한단 말인가? 왜, 내가 서자라서? 천한 출신이어서? 나에게도 준수한 품골이, 멋들어지게 균형 잡힌 육체와 고상한 심성이 있지 않은가. 큰마누라가 낳은 자식보다 뒤질 게 뭐가 있는가? 그런데 왜 세상 사람들은 우리에게 낙인을 찍지? 못나서? 천해서? 사생아라서? 서출, 서출하고 말이야. 자연의 본능이 남의 눈을 속여 가며 야성적인 욕정에 못 이겨 생겨난 우리가 재미없고 김빠진 피곤에 절은 잠자리에서 비몽사몽간에 생긴 바보들의 무리보다 종자도 좋고 양기도 더 세찰 것이 아니겠는가? 자, 그럼 적자이신 에드가 형님, 난 너의 토지를 차지해야만 되겠다. 아버지의 사랑은 적자에 못지않게 서자 에드먼드에게도 있다. '적자'라, 참 멋진 말이군! 그런데 적자 형님, 이 편지가 성공하고 내 계획이 잘만 되면 서자 에드먼드는 적자 형을 짓누르게 될 것이다. 그러면 난 가지를 뻗어나갈 것이고 꽃도 피우게 될 것이다. 그러니까 여러 신들이여! 서자들 편을 들어주소서!

이 독백을 하는 동안 에드먼드는 관객 눈에는 보이지 않는 여러 상대를 상대하고 있다. 에드먼드는 대자연의 여신, 서자를 차별하는 현실의 인간들(= 관객들), 형 에드거, 그리고 세상의 모든 신을 상대한다. 그리고 에드먼드는 혼자서 이 모든 강력한 상대들을 상대하는 거대한 존재가 된다.

먼저 에드먼드는 대자연의 여신을 불러내어 상대하는 것으로 독백을 시작한다. 마치 자신이 불러내면 언제든 고분고분 불려 나올 수밖에 없는 상대인 것처럼 불러낸다. "대자연이여, 그대는 나의 여신, 나는 그대의 법칙에 순종하고 있다." "순종하고 있다"라는 언급은 '이제 더 이상 숭배하지 않겠다'는 뉘앙스를 풍긴다. 바로 이어 그가 제기하는 문제를 해결해 주지 못한다면 더 이상 숭배할 이유가 없다고 말하는 듯하다. "그런데 무엇 때문에 나는 가증스러운 관습에 희생되고 세상의 괴팍스러운 잔소리에 구속되어, 형보다 그저 일 년 남짓 늦게 태어났다고 해서 자신의 상속권을 빼앗기고도 가만히 있어야 한단 말인가?"라는 에드먼드의 문제 제기는 어째서 인간 세상에는 대자연의 법칙이 닿지 않느냐고 따지는 것 같다. '인간 세상에 대자연의 법칙이 미치지 않는다면 대자연을 숭배해서 무엇하겠는가?'라고 말하는 듯하다. 에드먼드의 눈에는 대자연의 여신이 더 이상 숭배의 대상으로 보이지 않고 아무것도 해결해 주지 못하는 무능한 존재로 보인다.

지금껏 에드먼드가 대자연의 여신을 숭배했다면 그것은 타고난 최고의 몸과 외모 때문이다. "나에게도 준수한 품골이, 멋들어지게 균형 잡힌 육체와 고상한 심성이 있지 않은가. 큰마누라가 낳은 자식보다 뒤질 게 뭐가 있는가?"라며 매우 오만할 정도로 자랑스럽게 에드먼드는 자기 자신이 '최고의 인간'이라고 여기고 있다. 근거 없는 믿음은 아니다. 에드먼드가 그와 같은 몸과 외모를 가지고 태어났다는 것은 거너릴과 리건이 둘 다 그에게 반하게 되고 그를 차지하기 위해 사투를 벌이는 사실로 반증된다.

에드먼드가 상대해야 하는 상대들	
자연의 여신	나를 최고의 인간으로 낳아준 고마운 존재 하지만 현실(인간사회)에서는 나를 위해서 아무것도 할 수 없는 무능한 존재
서자를 차별하는 인간들 관객들	맞서 싸워 이겨내야 할 존재
적자 에드거	내 것을 부당하게 차지하고 있는 존재 나의 정당한 위치와 권리를 찾기 위해서 이 세상에서 없어져야 하는 존재
세상의 모든 신들	도움이 필요한 존재 내가 무작정 따를 것이 아니라 호령해야 하는 존재

에드먼드가 그 정도의 외적 매력을 갖지 못한다면 극은 성립하지 않는다. <리어왕>에서 벌어지는 크나큰 비극의 한 원인은 에드먼드가 너무나 잘난 인간이라는 데 있다. 자연적으로는 그렇게 뛰어난 인간으로 태어난 자신이 왜 인간 세상에서는 너무나 부당한 대우를 받고 있는지 에드먼드는 따진다. 아무리 생각해 봐도 이유는 딱 한 가지밖에 없다. 자신이 서자라는 것, 정실부인에게서 태어나지 못했다는 것, 아버지는 똑같은데 어머니가 다르다는 것뿐이다. 에드먼드는 능력만 있으면 남자가 얼마든지 여러 여자를 취할 수 있다고 믿는 듯하다. 그래서 아무런 죄책감도 없이 거너릴과 리건을 동시에 농락하는지도 모른다.

그리고 그 따짐은 자연의 여신에게서 세상 사람들을 향한다. 당시 거의 모든 사람은 서자 제도를 받아들이고 있거나 별문제가 없다고 여기고 있었을 것이기 때문에, 에드먼드가 상대하면서 맞서고 있는 상대는 지금 이 자리에 있는 모든 관객이 된다. 그러면서 관객의 눈앞에 자기 자신을 과시해 보이면서 이렇게 뛰어난 몸과 외모를 가진 존재가 차별받아도 되는지를 묻는다.

에드먼드는 대자연의 여신을 자신에게 아무런 도움을 주지 못하는 쓸모없는 존재로 판단하고 이제 자신이 직접 문제를 해결하기로 나선다.

자연의 법칙을 따른다는 것은 인간이 만든 모든 법칙과 규칙을 인위적인 것으로 간주한다는 뜻이 된다. 언뜻 타당해 보이는 입장이다. 그러나 자연의 법칙은 약육강식(弱肉强食)의 세계를 지탱하는 법칙이다. 그것이 그대로 인간의 세계에 적용될 수 없다. 인간이 사는 세상을 동물의 세상과 구분하는 것은 인간적 가치, 인간이 짐승이 되지 않게 하는 가치에 대한 지향에 있기 때문이다. 인간에게 주어진 과제는 어떻게 하면 인위적인 것들에게서 벗어나 자연적인 법칙에 따르면서도 모든 인간이 안전하게 자신의 자유와 행복을 추구하고 향유하며 인간적 존엄을 지킬 수 있느냐이다.

똑같은 서자이지만 차별과 혐오가 없는 정의롭고 인간적인 사회를 구현하기 위해서 싸운 홍길동과는 달리 에드먼드는 자기 자신만의 이익을 위해서 움직인다. 그래서 에드먼드의 모든 행동은 선(善)이 되지 못하고 악(惡)이 되어버린다. 선은 자기 자신에 관한 것이 아니라 타인과의 사이에 관한 것이다. 그것이 매우 타당한 이유에도 불구하고 에드먼드를 비극의 주인공이 되지 못하게 한다.

배우+캐릭터가 상대를 상대하기 위해서 그리고 실제로 상대하면서 하게 되는 모든 것이 **극적 행동(action)**이 된다. 그리고 극적 행동은 배우+캐릭터가 어떤 사람인지를 드러낸다. 극적 행동에 대해서는 『자유와 상상 그리고 사랑』, 『연기와 예술 그리고 인생』에서도 상세하게 다루고 있지만, 3부 「셰익스피어를 하다」에서 다시 한번 자세히 다루고자 한다. 극적 행동에 대한 이해와 그것을 행할 수 있는 능력이 연기의 기본이기 때문이다.

▌ 첫 등장부터 관객을 사로잡아야 한다

앞에 나온 에드먼드의 독백은 거의 모든 캐릭터가 등장하는 <리어왕>의 첫 장면에 바로 이어진다. 극에서 이 독백의 위치가 매우 흥미롭다. 매우 요란했던 첫 장면에 바로 이어서 셰익스피어는 에드먼드라는 캐릭터에게 관객을 독대하게 한다. 셰익스피어는 <리어왕>의 첫 독백을 왜 하필 이 시점에 에드먼드라는 캐릭터에게 부여했을까?

앞서 어느 정도 이야기했지만, 셰익스피어는 이 시점에서 관객들이 에드먼드라는 캐릭터에게 반하고 사로잡혀야 이후에 벌어지는 모든 사건이 극적 호소력과 설득력을 갖게 된다는 것을 너무나 잘 알고 있다. 독백으로 관객을 독대하는 모든 배우+캐릭터는 그 독대의 시간을 통해서 관객을 사로잡아야 한다. 그것이 캐릭터의 첫 등장이거나 첫 독백인 경우에는 더욱 그러하다. 그렇지 못하면 극은 힘을 잃고 만다. 배우가 해야 할 일은 관객들이 캐릭터에게 완전히 매료될 수 있도록 가장 멋진 존재로서 캐릭터를 선보이는 것이다.

독백을 통해 배우는 관객이 캐릭터가 보는 것을 보게 하면서 관객을 '자기편'으로 만들어야 한다. 관객이 캐릭터가 생각하는 것을 그대로 생각하게 해야 한다. 그러면서 관객은 캐릭터에게 자신을 '이입'하게 된다. 관객은 자기 자신을 '이입'한 캐릭터의 행보를 추적하면서 극을 경험한다. 극은 여러 캐릭터가 관객을 자기편으로 만들기 위해 싸우게 한다. 대개 주인공 캐릭터에 관객은 쉽게 자신을 이입하지만, 반드시 그런 것만은 아니다. 독백을 통해 이입이 가장 쉽게 일어나는데, 셰익스피어는 매우 의도적으로 관객들이 독백을 통해 에드먼드나 <오셀로>의 이아고와 같은 악역의 캐릭터들에게 이입하게 만든다.63) 악역 캐릭터들이 하는 '나쁜' 혹은 '불순한' 생각을 관객도 같이 하게 만든다. 그리고 일련의 극적 사건과 상황들을 거치면서 그와 같은 나쁜/불순한 생각이 결국 어떠한 끔찍한 결과를 초래하게 만드는지 관객이 확인하게 한다. 그러면 관객은 자신이 품었던 나쁜/불순한 생각과 마음들에 대해 다시 사고하게 된다. 그것이 극이 관객의 관점에 깊이 영향을 주고 관점을 변화시키는 방식이다.

어쨌거나 배우는 자신이 연기하는 캐릭터를 첫 등장부터 관객을 사로잡을 수 있는 거대하고 아름답고 매력적인 존재로 구현해 내어야 한다. <맥베스>의 맥베스 부인도 마찬가지이다. 맥베스 부인도 에드먼드처럼 요란스러운 오프닝 장면들 끝에 홀로 무대에 등장한다. 더구나 첫 '여성' 캐릭터로서 관객 앞에 나선다. 마녀들이 있었지만, 마녀들은 남자인지 여자인지 정확히 구분할 수 없는 존재들이다. 남자들의 세계에 홀로 등장한 이 여성 캐릭터에 관객의 이목이 집중된다. 마녀들이 맥베스를 홀리게 한 것 이상으로 맥베스 부인은 첫 등장과 첫 독백을 통해 관객을 사로잡아야 한다.

로미오와 줄리엣처럼 캐릭터들은 거의 첫눈에 상대 캐릭터에게 사로잡힌다. 이때 관객들도 캐릭터와 상대 캐릭터에게 사로잡히지 않는다면, 극은 시작부터 설득력을 잃는다. 그 때문에 캐스팅이 너무 중요하고, 연기에서 가장 중요하면서도 어려운 부분이 캐릭터로서 무대에 처음 등장하는 순간이 된다. 극과 연기의 성패가 첫 등장에 결정된다는 것을 잊지 말자.

---

63) 때로는 <리처드 3세>의 글로스터처럼 주인공 캐릭터 자체를 악역 캐릭터로 설정하기도 한다.

▍ 말과 캐릭터

캐릭터는 대본에 문자로만 존재한다. 우리가 '대사'라고 부르는 모든 것은 문자로 기록되어 있지만 모두 사람의 '말'이다. 그렇기에 말이 곧 캐릭터가 된다. 대본의 있는 모든 말은 캐릭터의 심장박동과 호흡의 리듬을 담고 있다. 또한 대본에 있는 모든 말은 캐릭터가 보고 생각·기억·상상하는 것들, 그리고 그 보기·생각·기억·상상이 만들어 내고 불러일으키는 마음의 움직임과 느낌과 감정에서 나온 것들이다. 그래서 말(언어)이 곧 캐릭터이다. 캐릭터가 되기 위해 배우는 그 모든 것을 알아보아야 한다. 보이지 않는 그 모든 것을 볼 수 있어야 한다.

말은 곧 캐릭터의 정체성이자 정체성을 지키는 무기이다. 말을 제대로 할 때 캐릭터는 자기 자신에 대해 확신을 갖게 되며 말을 잃어버릴 때 자기 자신을 잃어버린 것처럼 느끼게 된다. 셰익스피어 극에서는 운율을 가진 시(verse)로 말을 하는 중요 캐릭터들이 산문(prose)으로 말하거나 노래할 때가 있는데, 이는 정상성과 평정심을 잃어버린 채 캐릭터의 영혼과 정신에 극도의 혼란이 일어나고 있음을 나타낸다.

그리고 말은 타인들에 대항해서 자신의 영혼과 정신을 지키는 무기이다. 그래서 셰익스피어의 캐릭터들은 매우 발달된 언어로 자기 자신을 무장하고 있다. 요즘으로 치면, 힙합 래퍼들의 랩 배틀처럼 캐릭터들은 말싸움에서 절대 지지 않는 '말발'을 가지고 있다. 대표적인 캐릭터들이 <헛소동>(*Much Ado about Nothing*)에 나오는 베네디크와 베아트리체이다.[64]

---

64) <말괄량이 길들이기>의 캐서리나와 페트루치오도 비슷한 예가 되겠다.

베네디크

설령 시뇨르 레오나토께서 아버지가 되시고, 아가씨가 아버지를 영락없이 닮았다 칩시다. 그래도 아버지의 저런 머리통을 그대로 어깨 위에 달고 다니고 싶지는 않을걸요. 메시나를 송두리째 준다고 해도.

베아트리체

참 이상하시네. 언제까지 지껄이실 거예요, 베네디크 씨? 아무도 듣고 있지 않은데.

베네디크

난 또 누구라구? 콧대 센 아가씨 아뇨? 아직 살아 계시군?

베아트리체

베네디크 씨 같은 군침 도는 음식이 푸짐한데 이 콧대가 죽다뇨. 당신의 얼굴만 보면 정숙함이 오만함으로 변한단 말예요.

베네디크

그렇다면 그 정숙함은 갈대와 같은 것이겠군. 그건 그렇다 치고 모든 여성이 내게 반하고 있소. 당신만 빼고 말이오. 아, 내 가슴 속에 따뜻한 정을 가졌다면 얼마나 좋을까. 난 아무도 사랑할 수 없으니 말이오.

베아트리체

참, 여자들에게 다행한 일이군요. 그렇지 않으면 짓궂게 지분거리는 바람에 골치깨나 앓을 게 아녜요? 하나님 덕택인지 난 태어날 때부터 마음이 얼음 같지 뭐예요. 그 짐에선 당신과 같군요. 난 "당신을 사랑합니냐"라고 남자가 맹세하는 소리를 듣느니 차라리 까마귀 보고 짖는 개소리를 듣는 게 훨씬 낫거든요.

베네디크

제발 그런 마음 영원토록 간직하시지. 그래야 어떤 신사의 얼굴에도 할퀸 상처가 나지 않을 게 아뇨.

베아트리체

당신의 얼굴이라면 아무리 상처를 입어도 더 흉해질 게 없겠네요.

베네디크

당신이야말로 앵무새에게 말을 가르치는 선생으로선 안성맞춤이겠소이다.

베아트리체

내 흉내를 내는 앵무새가 당신 흉내를 내는 짐승보다는 나을 거예요.

베네디크

내 말이 당신의 혓바닥처럼 빠르고 오래 달려준다면 오죽이나 좋을까. 어서 실컷 달려가 보시지. 난 이제 그만 하겠소

베아트리체

당신은 늘 끝장에 가서는 심술궂은 말65) 같군요. 그야 제 버릇 개 주겠어요?

캐릭터들은 서로를 반박하는 것이 이 세상에 태어난 이유처럼 끊임없이 상대에 반발하고, 상대의 말을 반박하면서 존재한다. 상대가 없이는 존재할 수 없을 것처럼 말이다. 물론 상대를 이렇게까지 말로써 이기려고 하는 캐릭터는 결국 상대 캐릭터를 다른 어떤 캐릭터보다 남다르게 보고 있다는 뜻이 된다. 절대 결합할 수 없을 것 같던 둘은 결국 이와 같은 아웅다웅 끝에 많은 경우 사랑에 빠지거나 결혼하면서 '하나'가 된다. **자신을 지키는 무기였던 '말'은 결국 치열한 반발·반박·반응의 상호작용 끝에 자신을 '변화'시키는 또한 '새로운 나'로 재탄생하게 하는 매개체이자 원동력이 되는 것이다.**

말은 이미지에서 나온다. 말(언어)이 곧 캐릭터가 된다는 것은 결국 배우+캐릭터가 무엇을 보는가에 달려있다는 뜻이 된다. 여기서 '본다'66)

---

65) 말이 달리다가 느닷없이 탁 멈춰서 사람을 꼬꾸라뜨린다는 뜻이다.

는 단지 현실에 있는 것만을 보는 데 국한되지 않고 상상의 눈, 마음의 눈으로 보는 것을 포함한다. 인간이 현실 세계 속에서 육안으로 보는 모든 것은 항상 '이미지들의 흐름'으로 된 생각·기억·상상을 마음의 창에 떠오르게 한다. 모든 인간은 그가 가진 이미지들67)로 구성되어 있고, 마찬가지로 캐릭터들도 마찬가지다. 이미지들이, 그리고 이미지들로 구성된 말이 곧 캐릭터 자체가 된다.68) 대본은 작가가 이미지를 고도로 압축·저장한 말들을 통해 캐릭터를 구축해 놓은 것이다.

캐릭터가 되고 캐릭터의 변화를 구현하는 일은 캐릭터가 위치한 현실 세계와 상상 세계에 존재하는 모든 것에 쉽고 크게 영향받고 즉각 반응하는 몸·마음·소리를 가졌을 때 가능하다. 영향을 받지 않는다면, 그로 인해 이미지들(생각·기억·상상)이 떠오르지 않는다면, 캐릭터의 말과 행동은 전혀 발생하지 않기 때문이다.

또한 궁극적으로 배우는 캐릭터가 행하는 극적 행동(action)을 행하면서 캐릭터가 되어 가는데, 그와 같은 영향과 반응의 상태(vulnerability)가 전제되었을 때만 진정한 극적 행동이 비로소 가능해진다. 왜냐하면 **"생각한다, 기억한다, 상상한다"**(이미지의 흐름)는 캐릭터가 극에 존재하

---

66) 시각에만 국한된 말이 아니라, 모든 감각을 대표하는 말이다. '감각하다'의 의미이다. 모든 감각으로 감지·인지·인식·지각하는 것을 뜻한다. 인간은 한순간도 멈추지 않는, 그리고 빛의 속도로 진행되는 감지·인지·인식·지각의 작용으로 삶을 경험한다.

67) 한 사람이 가지고 있는 이미지들의 총합을 '기억'이라고 부른다. 기억이 지워지면 사람은 자신이 누군지 모르게 된다. 즉 한 사람 안에 형성된 이미지들이 그 사람 자체가 된다.

68) 타인의 기억을 가질 수 없기에 모든 배우는 자신이 가진 이미지만을 사용해서 상상하게 된다. 이미지가 곧 자기 자신이기에 상상은 자기 자신을 무한 변형하고 확장하는 활동이 된다.

는 내내 한순간도 멈추지 않고 무의식적으로 행하는 극적 행동이기 때문이다. 이미지를 보는 것은 살아있는 인간의 멈추지 않는 생명 활동이자 자신을 무한 확장하는 활동이다.

▌ 극적 행동(action)으로서의 말

말한다는 것은 내가 마음속에 떠올리고 있는 것과 생각하는 것을 상대 캐릭터의 마음속에, 그리고 관객의 마음속에 떠오르게 하고 내가 하는 생각을 상대와 관객도 함께 생각하게 하려는 노력이다. 그래서 스타니슬라프스키가 말한 대로 배우는 상대 캐릭터와 관객의 눈에 대고 말해야 한다.

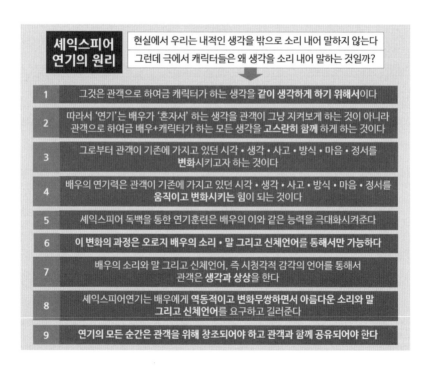

셰익스피어 연기의 원리	현실에서 우리는 내적인 생각을 밖으로 소리 내어 말하지 않는다 그런데 극에서 캐릭터들은 왜 생각을 소리 내어 말하는 것일까?

1	그것은 관객으로 하여금 캐릭터가 하는 생각을 **같이 생각하게** 하기 위해서이다
2	따라서 '연기'는 배우가 '혼자서' 하는 생각을 관객이 그냥 지켜보게 하는 것이 아니라 관객으로 하여금 배우+캐릭터가 하는 모든 생각을 **고스란히** 함께 하게 하는 것이다
3	그로부터 관객이 기존에 가지고 있던 시각·생각·사고·방식·마음·정서를 **변화시키고자** 하는 것이다
4	배우의 연기력은 관객이 기존에 가지고 있던 시각·생각·사고·방식·마음·정서를 **움직이고 변화시키는 힘이** 되는 것이다
5	셰익스피어 독백을 통한 연기훈련은 배우의 이와 같은 능력을 극대화시켜준다
6	이 변화의 과정은 오로지 배우의 소리·말 그리고 신체언어를 통해서만 가능하다
7	배우의 소리와 말 그리고 신체언어, 즉 시청각적 감각의 언어를 통해서 관객은 **생각과 상상**을 한다
8	셰익스피어연기는 배우에게 **역동적이고 변화무쌍**하면서 아름다운 소리와 말 그리고 신체언어를 요구하고 길러준다
9	연기의 모든 순간은 관객을 위해 창조되어야 하고 관객과 함께 공유되어야 한다

극적 행동으로서 말한다는 것은 항상 **상대를 변화시키려는 최선의 노력**이다. 최선의 노력을 기울이면서 내 말에 대한 상대의 반응에 반응하면서 말하는 것이다. 그와 같은 노력의 와중에 나도 변화한다(자신이 하리라고는 생각하지도 못한 말과 행동까지 하게 된다). 나와 상대에게 일어나는 그와 같은 변화가 극의 주요 캐릭터를 연기함에 있어서 가장 본질적인 부분이다. 장면 시작의 두 캐릭터와 장면이 끝났을 때의 두 캐릭터는 다른 캐릭터다. 그리고 달라진 새로운 관계 속에 놓인다.

▌ '해보다'와 '해내다'의 원리 그리고 '더'와 '다'

많은 배우는 셰익스피어를 해보기도 전에 "어렵다"라는 두려움을 가지고 있다. 연기의 어떤 것도 쉽지 않다. 여러모로 어려운 것이 당연하다. 그러니 "어렵다"라는 말을 핑계로 삼는 일은 그만하도록 하자. 배우가 연기를 함에 있어 필요한 것은 오직 **'해보려는 나'**와 **'해내려는 나'**이다. 셰익스피어 연기도 마찬가지이다.

'해보다'라는 말을 살펴보면, **'하다'**와 **'보다'**가 하나로 합쳐진 말로 되어있다. 그런데 재미있는 것은 <u>'하다'가 '보다'보다 먼저</u>라는 점이다. 그리고 '보다'는 '**알다'**로 직결된다. 따라서 **'해보다'**라는 말은 **'하다'**가 **'보다'**로, 이어서 **'알다'**로 연결된다는 뜻을 담고 있다. 즉, 알아서 하는 것이 아니라, 해야 볼 수 있고 볼 수 있으면 알게 되는 원리인 것이다. 그래서 '해보다'는 늘 발견과 깨달음을 낳는다. 볼 수 없기에 알 수 없고 알 수 없기에 두려운 것은 맞으나, 모든 것은 '하다'를 통해서만 해결될 수 있다. 해보지 않으면 아무것도 해결되지 않는다. 그러니 잘하려고 하지 말고 셰익스피어 연기에 마음껏 열정적으로 도전하기를 독려한다. 시도하고 실패하다 보면, 모든 것을 볼 수 있게 되고 알 수 있게 되고 그래서 지금 하는 것과는 완전히 다른 차원의 것을 할 수 있는 수준으로 도약하게 될 것이다.

'해내다'는 '하다'와 '내다'가 결합된 말이다. '내다'는 (어떤 감정이나 기운을) 일으켜 생기게 하다, (일의 상태나 결과를) 드러나게 하거나 맺어지게 하다, 생기게 하다, 일정한 기준이나 정도보다 더하게 하다, 제시하다, 새로 만들다, 좋아지게 만들다, 밖으로 알려지게 드러내다, 세상에 배출하다 등의 좋은 의미만 가지고 있는 동사이다. 이 모든 뜻을 연기적으로 종합해 보면, '창조적 기운을 일으켜 긍정적인 변화나 새로운 결과를 도출함으로써 세상이 보고 알 수 있게 한다'는 의미가 된다. 이를 '하다'와 결합시키면, '해내다'는 적당히 하거나 중도에 포기하지 않고 변화와 새로운 결과를 낳을 때까지 끝까지 밀고 나아가 '성취'하는 것이다. 그래서 '해내다'를 통해 배우는 질적 변화와 성장에 도달한다.

연기에서 행동이 중요하다 보니 많은 배우는 단지 '하다'만 생각하는 경향이 있지만, 중요한 것은 '하다'가 아니라 '해보다'와 '해내다'이다. 그리고 '해보다'와 '해내다'에 '더'와 '다'의 태도를 결합하면 더할 나위 없이 좋은 연기를 할 수 있는 배우가 된다. 좋은 배우는 늘 덜 하려고 하지 않고 '더' 하려고 하며, 적당히 하지 않고 '다' 하려고 한다. 끝 간 데 없이 멈추지 않고 나아간다. 중요한 캐릭터들도 마찬가지이다. 그래서 배우 + 캐릭터가 된다는 것은 '더 해보려고 하고 다 해내려고 하는 나'가 되고자 하는 것이다.

그런 관점에서 좋은 배우가 되는 데 필요한 것은 재능이 아니라 **삶과 예술을 향한 남다른 의지와 열정**이다. 불굴의 의지와 열정이 배우를

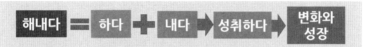

'해보다'와 '해내다'의 원리 그리고 '더'와 '다'

더 해보려고 하고 다 해내려고 하는 배우

해보다 = **하다** + **보다** ➡ **알다** ➡ **발견과 깨달음**

'하다'가 '보다'보다 먼저이다
'보다'라는 것은 오감으로 '감각하다', 즉 '인지 · 인식 · 지각하다'라는 뜻이다
그래서 '보다'는 '안다' (발견과 깨달음)로 이어지게 되는 것이다
해보기 전에는 알 수 없다

해내다 = **하다** + **내다** ➡ **성취하다** ➡ **변화와 성장**

'하다'가 아니라 '해내다'가 중요하다
'해낸다'는 것은 창조적 에너지를 일으켜 긍정적인 변화나 새로운 결과를 도출할 때까지 끝까지 밀고 나아감으로써 '성취한다'는 것을 의미한다
해내고 성취함으로써 배우는 변화하고 성장해간다

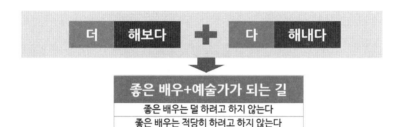

더 해보다 + **다 해내다**

⬇

좋은 배우+예술가가 되는 길

좋은 배우는 덜 하려고 하지 않는다
좋은 배우는 적당히 하려고 하지 않는다

노력하게 하고 모든 어려움과 힘겨움을 뚫고 나아가게 한다. 불타는 의지와 열정의 원천은 **인간과 예술에 대한 사랑**이다. 삶과 인간에 관한 것은 무엇이든 다 기꺼이 겪어내고자 하고 그것을 아낌없이 사람들과 나누는 존재, 그것이 배우이다.

2

셰익스피어를 읽다

▌생각의 차이 = 소리 + 말의 차이

생각의 차이 ➡ 소리와 말의 차이

    셰익스피어 연기는 셰익스피어 대본을 읽는 것에서 시작된다. 배우가 대본을 읽는다는 것은 작가가 상상의 문자로 기록해 놓은 암호들을 해석해서 작가가 그리고 있는 세상을 읽어내고 그 속에 깃든 사람의 진짜 생각, 진짜 마음, 진짜 소리, 진짜 행동을 읽어내는 것이다.

    셰익스피어의 대본은 오로지 등·퇴장에 대한 지시와 캐릭터들의 말로만 되어 있다. 학자들이 독자의 이해를 돕기 위해 캐릭터의 등·퇴장 및 간단한 지시문을 곁들이기는 하지만, 원작에는 오로지 캐릭터들의 말만 적혀 있다. 지시문이 없다는 것은 어떠한 작가적·연출적 제약도 없이 배우가 자유롭게 대본을 상상할 수 있게 허락한다. 지시문이 없어서 막연해하고 어려워할 수도 있지만, 셰익스피어를 상상하고 연기하는 즐거움이 여기에 있다.

셰익스피어의 대본이 말로만 되어 있다는 점은 배우에게 셰익스피어 연기가 전적으로 말에 관한 것처럼 착각하게 할 위험을 안고 있다. 배우들은 언어적 특성에 대한 이해를 바탕으로 셰익스피어의 대사를 온전한 폭과 깊이, 그리고 다양한 색채를 가진 것으로 멋지고 우아하게 구사해야 함은 물론, 셰익스피어의 대사들로부터 극적 사건과 극적 행동, 그리고 자세와 몸짓과 움직임, 시선과 동선 등 신체적인 모든 것을 읽어내고 그 역시 온전한 폭과 깊이로 연기해야 한다. 언어에 대한 이해와 상상 못지않게 극 자체에 대한 이해와 신체적 상상이 병행되어야 하는 것이다.

셰익스피어의 대본에는 어떤 생각과 마음과 소리와 행동이 담겨 있는지 살펴보자.

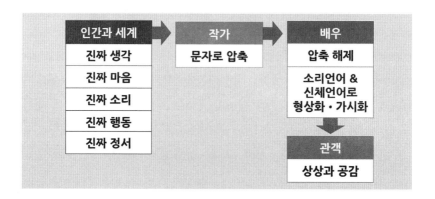

셰익스피어의 대본을 읽으면서 많은 배우는 "캐릭터들이 말을 왜 이렇게 하지?"라며 의아해한다. 요즘에는 이런 식으로 말하면서 사는 사람

들이 거의 없기 때문이다. 셰익스피어의 캐릭터들은 모두 하나같이 자신이 보고 듣고 생각하고 느끼는 모든 것을 '자신만의 특별한 언어'로 표현하려고 한다. 남들이 하는 표현을 빌려서 말하려고 하지 않고 자신만의 표현을 찾는다. 셰익스피어 작품에는 무수한 사랑 이야기가 들어있지만 "사랑해"라는 대사는 거의 나오지 않는다. 왜냐하면 셰익스피어의 캐릭터들은 누군가가 자신에게 "사랑해"라고 말한다면 그 사람이 자신을 사랑하고 있다고 전혀 생각하지 않는다. 누군가가 자신만을 정말로 사랑한다면 자신만의 사랑을 자신만의 언어로 표현해야만 진짜 사랑으로 여겼기 때문이다. 그래서 셰익스피어의 캐릭터들은 자신만의 사랑과 마음을 담아내고 표현할 수 있는 자신만의 말과 비유 그리고 표현을 끊임없이 찾는다.

그것이 캐릭터의 언어능력을 극대화한다. 말의 차이로 자신의 관점·생각·마음의 차이를 표현하기 때문에 그 모든 차이를 구현할 수 있는 소리와 언어구사력을 갖추는 것은 셰익스피어 연기를 위한 필수자격이다. 아니면 셰익스피어 연기를 통해서 차이를 구현하는 능력을 길러야 한다. 결국 관객은 배우가 구사하는 소리와 말의 '차이', 몸짓과 행동의 '차이'를 통해서만 무엇이든 알 수 있기 때문이다. 차이가 보이거나 들리지 않으면 관객은 알 수 없다.

물론 캐릭터들은 자신의 거짓을 숨기기 위해서 화려한 언어를 구사하면서 자신의 거짓과 실체를 숨기려고 하기도 한다. 그 결과 온갖 미사여구가 난무하는 거짓된 세상이 되어버리기도 한다. 셰익스피어는 거짓 언어의 세계 속에 주인공 캐릭터들을 위치시키고 고귀한 생각과 참마음을 진실하면서도 아름다운 언어로 소통할 수 있는 세상을 꿈꾸게 한다. <십이야>(*The Twelfth Night*)에는 사랑의 언어가 가득하지만 바이올라만이 참사랑을 하고 참사랑이 낳는 언어를 구사한다. 올리비아는 온통 겉만 번

지르르한 얇은 사랑의 말들이 판치는 세상 속에서 '세상에 괜찮은 남자는 다 죽었다'라는 식으로 상복을 입고 지낸다. 그러다가 남장을 한 바이올라를 만나는 순간 그녀가 꿈꾸던 이상적인 남자가 드디어 그녀 앞에 나타났다고 생각한다. 바이올라처럼 말하고 행동하는 남자는 '처음' 본다. 바이올라의 모든 언행이 올리비아를 깊이 매료시킨다. 바이올라의 참사랑과 올리비아의 참사랑에 대한 갈망이 만나 코미디를 낳는 것이다. 다른 캐릭터에게서는 전혀 찾을 수 없는 그 참사랑 없이 <십이야>는 좋은 코미디로 만들어지기 어렵다.

셰익스피어의 희극에서 남장을 한 여자 주인공 캐릭터들은 모두 가장 매력적인 인간, 가장 현명한 인간, 그리고 가장 능동적인 인간으로 설정된다. 여성성과 남성성을 둘 다 가진 디오니소스 신의 모습을 하고 있기 때문이다. 우리의 몸 안에는 남성호르몬과 여성호르몬이 둘 다 흐르고 있다. 신체적으로 성별이 구분되기는 하지만 우리 모두는 우리 안에 남성성과 여성성을 같이 가지고 있는 것이다. 그 둘이 조화를 이루었을 때 혹은 그 둘이 충돌하면서 찬란한 불꽃(spark)을 일으킬 때 가장 이상적인 인간이 탄생한다고 셰익스피어는 보았다. 그래서 남장한 여자 주인공 캐릭터들은 현명함과 재치의 극치를 보이는 아름답고 역동적인 언어를 구사하는 능력을 갖춘다.

셰익스피어 극에서 말이 발달할 수밖에 없는 또 한 가지 이유는, 말싸움이 극적 갈등의 주축을 이루기 때문에 말발이 가장 중요한 싸움의 무기이기 때문이다. 말발에서 밀리면 지는 것이다. 말이 화살과 창이고 또한 방패가 된다. 셰익스피어 캐릭터들은 선인이든 악인이든 하나같이 매우 뛰어난 두뇌를 가지고 있고 그 두뇌로 치열한 머리싸움을 한다. 그리고 그 머리싸움이 상대를 제압하려는 능수능란한 언변을 낳는다.

▌시(詩)와 blank verse 그리고 생명의 박동

셰익스피어의 원작 영어 대본에서 대사는 시(verse)와 산문(prose)으로 되어 있다. 기본적으로 주인공을 포함해서 상류층에 속하는 캐릭터들은 시로 말하고 하급 계층에 속한 캐릭터들은 산문으로 말한다. 그러나 주인공과 상류층 캐릭터들도 정신의 혼란을 겪으면서 이성이 무너지면 산문으로 말한다. 언어 자체가 캐릭터에게 일어나는 내적 변동을 구현하고 있는 것이다.

시어로 되어 있는 대사들은 'blank verse'라는 형식의 운율을 가지고 있다. blank verse는 약강으로 된 다섯 박자(약강오음보, *iambic pentameter*) 리듬의 운율이다. 즉 하나의 시행은 **약-강-약-강-약-강-약-강-약-강**의 기본 리듬을 가지고 있다.

약강오음보(*iambic pentameter*)				
약 강	약 강	약 강	약 강	약 강
da DUM	da DUM	da DUM	da DUM	da DUM

이 약강의 리듬은 인간의 심장박동과 흡사한 리듬으로 **생명의 박동**이다. 캐릭터들의 말은 쉴 새 없이 뛰는 강력한 심장박동과 하나로 연결되어 있다. **캐릭터들의 생각과 상상은 결코 멈추지 않는다. 심장이 멈추지 않듯이 말이다.** 그리고 극이 진행될수록 캐릭터들의 생각과 상상은 점점 더 활발해지고 강력해진다. 시간이 흐를수록 강력해지는 상상, 그것이 극이자 캐릭터이다. 말은 그와 같은 상상의 산물이다. 나약하고 늘어진 말하기로는 셰익스피어 캐릭터가 될 수 없다. 가장 역동적이고 변화무쌍하

고 다층적이고 다채롭고 아름다운 말하기를 구사하는 것이 셰익스피어 캐릭터에 다가가는 길이다. blank verse의 가장 쉽고 분명한 예는 셰익스피어의 소네트 12번 첫 라인에서 볼 수 있다.

When I do count the clock that tells the time.

셰익스피어의 시적 운율은 번역이 되는 과정에서 사라진다. 영어와 우리말은 다른 리듬과 운율을 가지고 있다. 셰익스피어의 운율과 영어의 동음이의어(pun)를 우리말로 번역하는 것은 불가능한 일이다. **강력한 심장박동에서 나오는 말하기**, 그것만이 번역된 우리말로 셰익스피어를 제대로 말할 수 있는 길이다.

번역으로 운율은 사라지지만 셰익스피어의 언어에 담긴 상상과 비유는 여전히 유효하다.

▌시(詩): 정제와 함축

셰익스피어의 대사가 시로 되어 있다는 점은 두 가지 중요한 작가+캐릭터의 노력이 안에 담겨 있음을 의미한다. 바로 ① '시로 **함축하다**'와 ② '시로 **승화하다**'이다. 시로 말하는 캐릭터들은 자신의 용솟음치는 거대한 생각·상상·마음·감정을 정제하고 함축하려는 피나는 노력을 기울인다. 시는 그 정제의 노력이 낳은 투명 결정체이다. 그렇기 때문에 셰익스피어 연기는 그냥 말하는 것이 아니라 그 말 안에 얼마나 많은 혹은 크고 넓고 깊은 생각·상상·마음·감정을 담아내느냐에 따라 연기력의 차이가 결정된다. 내뱉는 말이 전부인 듯한 느낌의 배우와 그 말 밑에 거대한 바다가

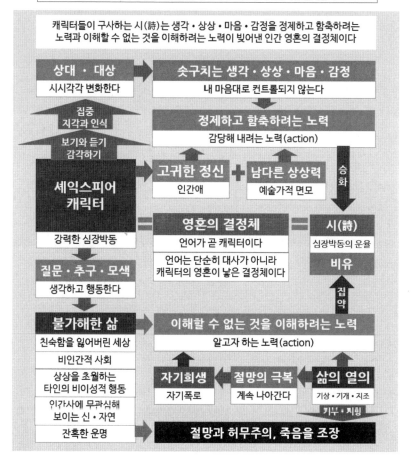

시(詩)	정제와 승화의 노력
언어가 곧 캐릭터이다. 시(詩)는 캐릭터가 어떤 캐릭터인지를 말해준다	

캐릭터들이 구사하는 시(詩)는 생각·상상·마음·감정을 정제하고 함축하려는
노력과 이해할 수 없는 것을 이해하려는 노력이 빚어낸 인간 영혼의 결정체이다

상대 · 대상
시시각각 변화한다

솟구치는 생각 · 상상 · 마음 · 감정
내 마음대로 컨트롤되지 않는다

집중
지각과 인식

보기와 듣기
감각하기

정제하고 함축하려는 노력
감당해 내려는 노력(action)

**셰익스피어
캐릭터**
강력한 심장박동

고귀한 정신
인간애
+
남다른 상상력
예술가적 면모

승화

질문 · 추구 · 모색
생각하고 행동한다

=
영혼의 결정체
언어가 곧 캐릭터이다
언어는 단순히 대사가 아니라
캐릭터의 영혼이 낳은 결정체이다
=
시(詩)
심장박동의 운율

비유

불가해한 삶
친숙함을 잃어버린 세상

비인간적 사회

상상을 초월하는
타인의 비이성적 행동

인간사에 무관심해
보이는 신 · 자연

잔혹한 운명

이해할 수 없는 것을 이해하려는 노력
알고자 하는 노력(action)

집약

자기희생
자기폭로
←
절망의 극복
계속 나아간다
←
삶의 열의
기상 · 기개 · 지조

기부 · 치힝

절망과 허무주의, 죽음을 조장

있는 듯한 배우의 연기는 근본적으로 다르다.

다시 원래의 이야기로 돌아가서, 셰익스피어의 주인공들은 그냥 생경
하게 말하지 않는다. 막말을 하지 않는다. 욕을 하지 않는다. 끝을 모르고

뻗어나가는 자신의 생각·상상·마음·감정을 아름다운 소리와 언어로 담아내려고 한다. 그것은 셰익스피어의 주인공들이 고귀한 정신과 풍부한 상상력을 가졌기 때문이다. **셰익스피어 언어는 곧 고귀한 정신과 풍부한 상상의 '세련된 결정체'인 셈이다.** 투박하고 소박한 캐릭터들은 산문으로 말한다. 그래서 시를 구사하는 셰익스피어의 캐릭터들은 한결같이 '세련된 캐릭터'들이며 셰익스피어 언어에 통달한 배우는 매우 '세련된 배우'가 된다.

매우 문제적 주인공인 맥베스라는 캐릭터는 그냥 악한이나 살인자일 수가 없다. 왜냐하면 맥베스는 셰익스피어의 주인공 중에서 가장 아름다운 시를 구사하기 때문이다. 그의 시는 그가 가진 영혼과 정신의 고결성과 남다른 상상을 나타내는 증거이다. <맥베스>(*Macbeth*) 공연들이 대개 실망스러운 것은 맥베스를 뻔한 악인으로 그리고 있기 때문이다. <맥베스>는 작품 안에서 바로 등장하지 않고, 다른 캐릭터들에 의해 맥베스에 대한 끝없는 찬사가 이어진 다음에 비로소 등장한다. 즉 관객이 과연 어떤 남자일지 잔뜩 설레는 마음으로 기대하게 만든 다음에 관객 눈앞에 등장한다. 첫 등장에서 맥베스는 앞서 관객이 들은 찬사에 부응하거나 상상을 뛰어넘을 정도로 거대하고 멋진 남자로 모습을 드러내야 한다. 그래야 극이 성립한다. 그런데 대부분의 <맥베스> 공연에서 맥베스를 연기한 배우들은 첫 등장에서부터 마치 이마에 '나쁜 놈'이라고 써 붙여 놓은 것처럼 군다. 매우 실망스러운 등장이고, 그 순간부터 극은 힘을 잃는다. 맥베스는 전장에서 적군을 벌벌 떨게 한 무적의 장군으로 무수한 적군들의 목숨을 거두었다. 거의 지구 최강의 남자라고 보아도 무방하다. 덩컨왕을 시해하고 왕이 되지만, 맥베스는 덩컨왕을 시해한 것 자체에는 양심의 가책을 느끼지 않는다. 맥베스가 보는 유령은 덩컨왕의 유령이 아니라 자신이 직접 죽이지도 않은 뱅코우의 유령이다. 왕을 시해하는 문제적 행동을 하는 캐릭터가 맞지만, 그 자체로 맥베스를 악인으로 못 박을 수 없다. 사실 덩컨왕을 포함해서 <맥베스>에 등장하는 많은 다른 캐릭터는 언뜻 아닌 듯이 보이지만 사실 알고 보면 맥베스와 맥베스 부인보다 더 악하다. 선과 악이 뚜렷이 구분되지 않는 세계 속에 맥베스와 맥베스 부인은 놓여 있다. **언어 자체가 캐릭터**인데 맥베스의 시를 제대로 살피지 않고 맥베스라는 캐릭터를 규정할 수 없다.

▌ 시(詩)와 비유

원작의 운율이 사라진 번역극으로 셰익스피어를 연기해야 하는 배우들에게 셰익스피어 대본에서 보다 중요한 부분은 캐릭터들이 구사하는 '비유'이다. 은유(메타포), 직유, 환유, 제유, 대구법을 통한 대비와 대조 등을 포함해서 비유는 언어로만 존재하는 셰익스피어 캐릭터를 규정하는 존재의 본질 같은 것이다. 그것을 이해하지 않고 셰익스피어의 캐릭터를 연기할 수 없다.

　주인공 캐릭터들은 극 안에서 불가해한 삶과 마주한다. 친숙하던 세상은 믿기지 않을 정도로 낯선 세상으로 바뀌고, 사회와 국가는 무서울 정도로 비인간적이며, 타인들의 행동은 상상을 초월한다. 신과 자연은 인간사에 무관심해 보이고, 운명은 인간에게 더없이 잔혹하다. 불가해한 삶은 인간에게 절망과 허무주의를 조장하고 캐릭터들을 죽음으로 내몬다. 하지만 극과 캐릭터는 절망과 허무주의에 맞선다. 강한 생명력과 삶의 열의는 주인공 캐릭터들로 하여금 멈추지 않고 계속 나아가게 한다. 불가해한 삶 앞에서 주인공 캐릭터들은 자신이 가진 상상력과 사고력을 총동원해서 이해할 수 없는 것을 이해하려고 노력한다. 이 노력이 '비유'를 낳는다. 영어로 figure out이 '이해하다', '(문제를) 풀다', '해결하다'의 의미를 갖는 것은 **이미지의 상상과 비유**로 우리가 무언가를 이해할 수 있게 됨을 뜻한다.

비유는 언뜻 상관이 없어 보이는 것들을 '연결'하면서 이해할 수 없는 것, 낯선 것, 새로운 것을 이해하려는 시도이다. 비유는 인간의 고차원적 상상이 가능하게 하는 사고방식이다. 비유할 수 있다는 것 자체가 캐릭터를 고차원적인 인간이 되게 한다. 시성(詩性)을 잃어버린 인간은 비유를 할 수 없다. 셰익스피어는 모든 작품에서 시성(詩性)이 가장 고귀한 인간성이라고 시종일관 말하는 듯하다.

비유의 가장 쉬운 예는 햄릿이 말하는 "죽는 건 잠자는 것"이다. 죽음을 경험해서 알고 있는 인간은 없다. 르네상스 최고의 인간인 햄릿이 유일하게 모르는 것이 있다면 그것은 죽음이다. 살아있는 인간이라면 도저히 알 수 없는 죽음을 이해하기 위해 햄릿은 비유하며 사고한다.

이해할 수 없는 것이 꼭 부정적인 것에만 관련되지는 않는다. 본 적도 없는 아름다움 앞에 섰을 때, 처음 느껴보는 사랑을 느낄 때, 캐릭터들은 그 아름다움과 사랑을 기존의 언어로 설명할 수 없다. 그래서 비유를 통해서 다른 것과 연결하면서 처음 경험하는 아름다움과 사랑을 이해하고자 한다. 쉬운 예로 발코니 장면에서 로미오가 줄리엣을 발견했을 때 사용하는 비유를 들 수 있다.

로미오

저쪽이 동쪽이라면 줄리엣은 태양이다.

비유는 마치 수학의 수식 같다. 로미오는 '저쪽 = 동쪽', '줄리엣 = 태양'이라는 등식을 처음 찾아낸 수학자 같다. 로미오는 이해되지 않는다. 줄리엣을 본 순간 한 인간이 어떻게 저렇게 환하게 빛날 수 있는지 도무지 이해가 가지 않는다. 어두운 밤이지만 줄리엣이라는 존재로 이 세상의 모든 어둠이 걷히는 것만 같은 느낌이다. 그래서 로미오는 줄리엣의 찬란한 아름다움을 도저히 설명할 수 없어서 이 세상에 존재하는 것 중 가장 밝은 태양에 줄리엣을 비유하며 이해하려고 시도하고 있다. 그리고 자신이 보는 그 찬란한 빛과 아름다움을 관객도 고스란히 보고 느낄 수 있게 하려고 한다. 로미오를 연기하는 배우는 "줄리엣이 태양이다"라고 말하기 전에 먼저 처음 보는 빛과 아름다움을 줄리엣에서 먼저 보아야 한다. 그리고 그것을 관객도 보게 해야 한다.

이해할 수 없는 삶 앞에서 캐릭터들은 삼라만상이 그 연결을 다 잃어버리고 무수한 점들로만 존재하는 듯한 인상을 받는다. 그래서 서로 떨어진 점들을 다시 연결하는 것이 삶과 세상을 다시 이해할 수 있는 길이라 믿는다. 생명과 삶은 '사이'와 '연결' 속에서만 존재하기 때문이다. 비유는 불가해한 세상 속에 놓인 인간 정신의 가장 고차원적인 활동이고, 비유를 통한 사유를 통해 셰익스피어 캐릭터들은 **인간적 고결함과 존엄성을 획득**한다.

비유를 통해 이해할 수 없는 것을 이해하려는 캐릭터의 노력은 <리처드 2세>의 마지막에 리처드가 행하는 "궁리"에 잘 나타나 있다.

리처드

내가 살고 있는 이 감옥을 세계에다 비교해 보려고 골똘히 생각하며 여러 모로 궁리해 봤다. 세상엔 많은 사람이 살고 있지만 이곳에는 나밖에 없으니 좋은 생각이 떠오르지 않는구나. 그러나 좀 더 궁리해 보자. 내 넋을 아버지로 치고 내 두뇌를 그의 아내로 치고 이 둘 사이에서 쉴 새 없이 사상이라는 자손이 태어나 자란다. 그래서 바로 그 사상이 작은 세계에서 우글댄다. 그것은 이 세상의 인간들처럼 변덕쟁이어서 좀체로 만족할 줄 모른다. 이 중에서 종교적인 사상은 상류계층을 형성한다. 이들은 의심과 피를 섞어 가지고 말을 낳고 또 말을 거역한다. 이를테면 하느님이 "나에게로 오라, 아이들아" 해놓고서는 천국으로 들어가는 것보다 낙타가 바늘 구멍을 통과하는 것이 더 쉽다고 한다... 야심에 빠진 이상은 이룰 수도 없는 기적을 운운한다. 나의 연약한 손톱으로 어떻게 하면 이 비정한 세계에서 돌의 늑골인 셈인 내가 갇힌 감옥의 돌벽을 뚫고 나갈까 하고 생각한다. 하나 그건 불가능하다. 그만 소담히 꽃 피었다가 이내 시들어 버린다. 자기 체념에 빠진 이상은 스스로에게 아첨하여 운명의 노예가 된 것은 자기가 최초도 아니고 최후도 아니라고 생각한다― 마치 어리석은 거지가 형틀에 매이고는 이렇게 된 자가 자기뿐이 아니라는 생각을 품음으로써 수치심에서 도망치는 격이다. 그래서 그들은 자신의 불행을 앞서 같은 운명을 겪은 다른 사람들의 등에 업혀 그것으로 마음속에 일종의 위안을 찾지 않던가... 나는 이렇듯 홀로 여러 사람의 역을 해보지만 만족한 적은 한 번도 없다. 때로는 왕이 되지만 모반을 당했을 땐 차라리 거지였으면 하고 생각한다. 그래서 거지가 된다. 그럼 무서운 가난 때문에 왕이던 때가 차라리 좋았다는 생각이 든다. 그러면 난 다시 왕이 된다. 그러나 얼마 안 가서 볼링브로크에게 보위를 찬탈당해 아무것도 아닌 존재가 되고 만다... 하지만 내가 뭐가 되는 건 아냐, 누구든 간에 인간인 이상 아무것에도 만족하지 못한다. 나 자신이 아무것도 아닌 존재가 되어 마음이 편해지기 전에는... 음악이 들리는구나. (음악) 으음! 박자가 맞지 않는다― 감미로운 음악도 박자가 틀리고 가락이 깨지면 불쾌한 소리에 지나지 않는다! 인생이라고 하는 음악도 마찬가지이다. 이 옥중에서 조율이 잘 안돼서 화음이 맞지 않는 것들을 가려낼 수 있는 섬세한 청각을 나는 가졌다. 그러

나 난 왕으로서 정치와 시의를 맞추지 못하였고 국정의 가락이 흐트러진
것을 인식할 만한 멋진 청각도 없었다. 나는 시간만 낭비했고 이젠 시간이
나의 여생을 낭비하고 있다. 시간은 이제 나를 시계로 만들어 시간을 헤아
리게 한다. 내 사상은 생각마다 일 분의 분침이 한숨짓게 하고 시간의 흐
름을 나의 눈에 알린다. 나의 눈이 시계판이요, 나의 손가락은 시계의 바
늘같이 그때그때 눈을 가리키며 눈물을 씻어낸다. 그래서 시간마다 시간
을 알리는 소리는 나의 요란한 신음소리요, 그건 나의 심장에 종을 치듯
울린다. 그리하여 한숨과 눈물과 신음소리는 분이 되고 시각이 되어 시간
을 알려준다. 하나 내가 셈하는 일 분 일각은 오만한 볼링브로크에게 오만
한 기쁨을 갖다주는 시간이며 나는 그저 멍청하게 시계종을 치며 서 있
다... 이 음악이 날 미치게 하는구나. 제발 더 이상 하지 말아다오 음악이
미친 사람을 제정신으로 돌려놓았다지만 내 경우에는 현명한 사람을 미치
게 만들 것 같다. 그렇지만 저 음악을 들려주는 사람의 마음에 축복이 있
으라! 그것은 사랑의 정표니까. 증오로 가득 찬 세계에서 이 리처드에게
사랑이란 소중한 보석이니라.

— 〈리처드 2세〉(*King Richard II*) 5막 5장

홀로 감옥에 갇힌 리처드는 지금의 현실을 도저히 이해할 수가 없다.
그래서 그것을 이해하기 위해 세상을 감옥에, 감옥을 세상에 비유하면서
"궁리"를 시작한다. "궁리"는 리처드라는 캐릭터가 어떤 인상인지를 드러
내는 극적 행동이다. 세상에는 사람들이 가득하지만 여기 감옥에는 자기
혼자이다. 오직 온갖 이미지와 생각만이 머릿속에 가득하다. 리처드는 계
속 궁리한다.

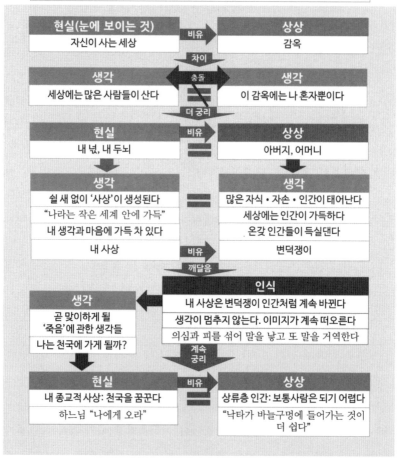

리처드2세 독백 분석: 비유(궁리)와 인식

리처드 2세는 도저히 이해할 수 없는 지금의 존재상황을 이해하기 위해 비유를 통해 '궁리'한다

현실(눈에 보이는 것)	비유	상상
자신이 사는 세상		감옥

차이

생각	충돌	생각
세상에는 많은 사람들이 산다		이 감옥에는 나 혼자뿐이다

더 궁리

현실	비유	상상
내 넋, 내 두뇌		아버지, 어머니

생각		생각
쉴 새 없이 '사상'이 생성된다		많은 자식·자손·인간이 태어난다
"나라는 작은 세계 안에 가득"		세상에는 인간이 가득하다
내 생각과 마음에 가득 차 있다		온갖 인간들이 득실댄다
내 사상		변덕쟁이

비유

깨달음

인식

내 사상은 변덕쟁이 인간처럼 계속 바뀐다

생각이 멈추지 않는다. 이미지가 계속 떠오른다

의심과 피를 섞어 말을 낳고 또 말을 거역한다

생각	
곧 맞이하게 될 '죽음'에 관한 생각들	
나는 천국에 가게 될까?	

계속 궁리

현실	비유	상상
내 종교적 사상: 천국을 꿈꾼다		상류층 인간: 보통사람은 되기 어렵다
하느님 "나에게 오라"		"낙타가 바늘구멍에 들어가는 것이 더 쉽다"

리처드 2세의 긴 "궁리"를 가능하게 하고 그의 의식을 지배하는 게 "수치심"이라는 것이 드러난다. 왕이었던 자신이 이렇게 홀로 감옥에 갇혀 있는 현실이 도저히 받아들여지지 않는 것이다. 그러나 감옥의 돌벽으

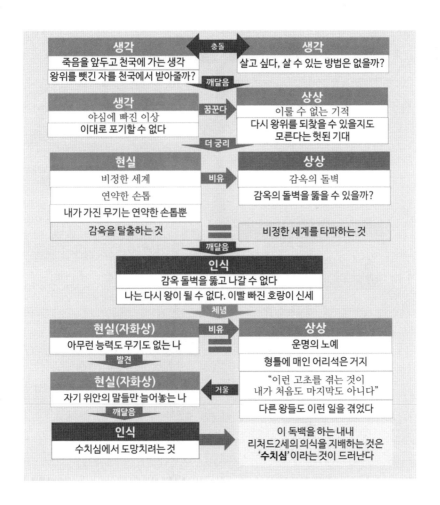

로 상징되는 비정한 세상을 타파할 아무런 힘도 무기도 사람도 가지고 있지 않은 자신을 발견한다. 다시 왕이 될 수 없다. 그래서 자기 자신을 여러 가지 다른 자신으로 상상해 보기 시작한다. 그러나 그 상상과 비유의 끝은 자기 자신이 "아무것도 아니다"라는 자기 인식에 이르게 한다. 이 인식은 비극의 주인공들이 도달하는 '나는 내가 알던 내가 아니다'에 해

당하는 비극적·정서적 인식이다.

리처드가 정서적 인식에 도달한 순간 음악 소리가 들리기 시작한다. 이 음악 소리는 실제 음악 소리인지 아니면 리처드가 환청으로 듣는 음악 소리인지 명확하지 않다. 음악의 리듬은 리처드에게 자기 심장박동의 리듬과 합쳐져서 시계 소리의 리듬을 생각나게 한다.

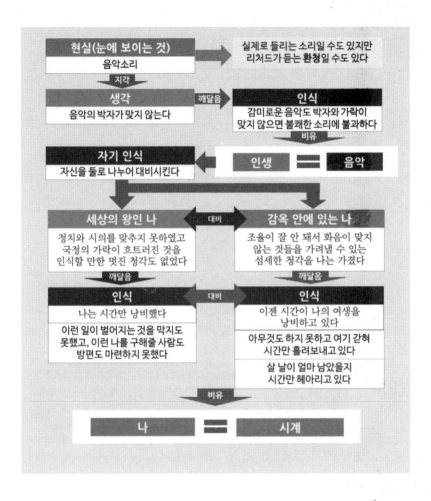

그리고 시간의 리듬과 흐름은 자기 자신이 주기적으로 되풀이하는 한숨·눈물·신음소리의 리듬과 겹친다. 리처드는 자신이 한숨·눈물·신음만 되풀이하면서 무기력과 무능에 휩싸여 있는 것이 볼링브로크에게는 매 순간 기쁨이 되고 그를 이롭게 한다고 생각한다.

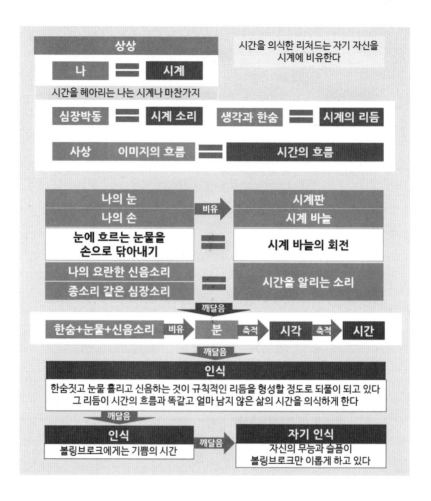

시간을 일깨우는 음악 소리, 죽음이 가까워지고 있다고 알리는 듯한 음악 소리를 리처드는 견딜 수가 없어 미칠 것 같은 심정이 된다. 그래서 음악 소리를 멈추려는 필사적인 행동을 한다. 그러나 음악 소리는 멈추지 않는다.

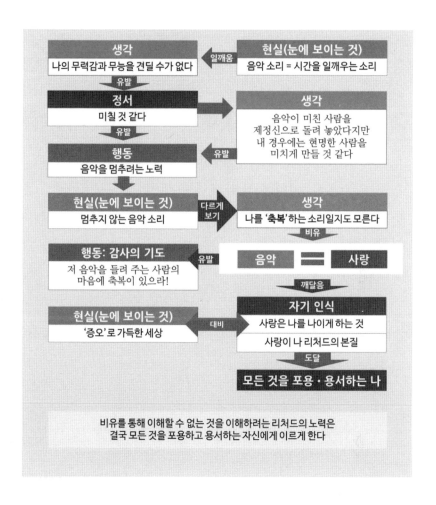

| 생각
나의 무력감과 무능을 견딜 수가 없다 | ←일깨움 | 현실(눈에 보이는 것)
음악 소리 = 시간을 일깨우는 소리 |

비유를 통해 이해할 수 없는 것을 이해하려는 리처드의 노력은
결국 모든 것을 포용하고 용서하는 자신에게 이르게 한다

그러다 갑자기 리처드는 음악 소리를 전혀 다른 소리로 인식하기 시작한다. 음악은 '사랑'이라는 것을 깨닫는다. 그리고 '사랑'은 '경멸'로 가득한 세상에서 자기 자신의 '본질'이라는 깨달음에 도달한다. 그러면서 음악을 들려준 자에게 축복을 보낸다. 그러면서 리처드는 모든 것을 포용하고 용서하는 인간이 된다. 그런 의미에서 이 음악 소리는 실제 소리이기

보다는 하늘에서 들려오는 소리, 사랑의 심장을 가진 리처드가 상상으로 듣는 소리일지도 모른다. '비유'를 통한 "궁리"를 통해서 리처드라는 캐릭터가 도달하는 곳은 자신의 '본질'에 대한 인식이다. 이 궁리와 인식이 리처드라는 캐릭터를 <리처드 2세>의 세계 속에 등장하는 다른 모든 인간과 구별하는 특성이 된다.

인생은 늘 세상에서 가장 풀기 어려운 수수께끼이다. 셰익스피어는 자주 인생을 연극에 비유하면서 알 수 없는 인생과 그 속에서의 인간 존재 양상을 규명하려고 한다. 대표적 예가 <맥베스>에서 맥베스가 맥베스 부인의 죽음을 전해 듣고 하는 독백이다.

맥베스

내일이 오고, 내일이 지나가고, 또 내일이 와서 또 지나가고, 시간은 하루하루를 한발 한발 거닐면서 역사의 마지막 순간까지 당도한다. 어제라는 날들은 모두 우매한 인간에게 티끌로 돌아가는 죽음의 길을 횃불처럼 밝혀준다. 꺼져라 꺼져, 짧은 촛불이여! 인생이란 걸어가는 그림자에 지나지 않는다. 잠시 동안 무대 위에서 흥에 겨워 뽐내지만 얼마 안 가서 잊히고 마는 처량한 배우에 불과해. 인생이란 바보천치들이 지껄이는 이야기에 지나지 않아. 아우성과 분노로 가득하지만 아무런 의미도 없어.

— 〈맥베스〉(*Macbeth*) 5막 5장

맥베스는 마지막 독백에서 인생을 짤막한(곧 다 타서 꺼질) 촛불에 비유하면서 삶의 모든 순간이 죽음을 향해 착실하게 나아가고 있다는 인식을 보인다. 그런 관점에서 인생이란 막이 내려지게 되어 있는 짧은 연극이나 마찬가지며, 인간은 끝나게 되어 있는 연극이 끝나지 않을 것처럼 요란을 떠는 불쌍한 배우에 지나지 않는다고 비유한다. 인생이란 "소음과

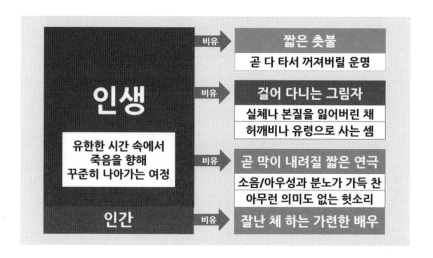

분노"가 가득하지만 아무런 의미도 없기에 바보들이 떠드는 이야기나 마찬가지다. 그래서 인생이란 "걸어 다니는 그림자"에 불과하다. 놀랍게도 현대의 부조리극에서나 볼 법한 관점과 인식이 맥베스의 독백에 가득하다.

맥베스의 관점이 조금 더 비관적이라면, 앞 장에서 언급했던 <뜻대로 하세요>에 나오는 제이퀴즈의 관점은 다소 낙관적이라고 할 수 있다. 제이퀴즈는 인간이 인생의 단계별로 각각의 역할을 해내느라 정신없지만, 결국 인간은 아이로 돌아간다는 서사적 관점을 제시한다. 이렇게 우리가 거시적으로 인생을 바라보면, 단계별로 인간이 그렇게까지 아웅다웅하면서 살 필요가 있느냐고 질문하게 된다. 제이퀴즈는 인생의 허무를 이야기하는 듯하지만, 그의 비유 안에는 인생 자체와 그 속을 살아가는 인간에 대한 따뜻한 연민이 스며들어 있는 듯이 보인다. 그리고 삶의 순환을 관조하는 제이퀴즈의 태도는 불교적 관점이라고 불러도 과언이 아닐 정도로 초연하다. <뜻대로 하세요>의 제이퀴즈는 어쩌면 셰익스피어 자신을 캐릭

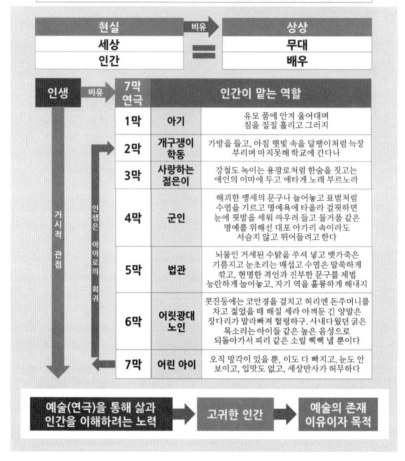

터화한 존재일지도 모른다.

7막의 연극을 통해서 삶과 인간을 이해하려는 제이퀴즈의 노력은 고귀한 인간이 되고자 하는 모든 인간이 기울여야 하는 노력을 대표한다.

인간을 고귀한 인간에 이르게 하는 것, 그것이 연극과 예술의 존재 이유
이자 목적이다.

▌ 여전히 대사가 아니라 '말'이다

거트루드
숨결에서 말이 나오고 생명에서 숨결이 나오는 것

— 〈햄릿〉 3막 4장

　시로 되어 있든 산문으로 되어 있든 셰익스피어의 대사들은 여전히
인간이 하는 '말'이다. 번역 때문에, 그리고 고어적 표현 때문에 말이 아
닌 것처럼 착각하기 쉽지만, 셰익스피어의 모든 대사는 여전히 인간의 말
이고, 이해할 수 없는 것을 이해하고자 하는 인간적 노력의 아름다운 소
산이다. 배우는 문자로 압축되어 기록된 인간의 말을 살아있는 말로 살려
내는 예술가이다. 안타깝게도 여전히 무대 위에서 죽은 말, 죽은 연기를
하는 배우들이 있다. 대사를 암기하고 암기된 대로 입 밖에 내뱉는 것은
전혀 연기가 아니다. 살아있는 사람들이 실제 삶에서 말할 때는 연습 없
이 말이 입에서 저절로 나온다. 캐릭터가 하는 모든 말도 같은 원리에서
나와야 한다. 배우는 연습 없이 말할 수 있는 원리를 깨쳐야 한다. 그래야
살아 있는 말을 하는 배우가 된다.

셰익스피어의 주요 캐릭터들은 우리가 평소에 하는 생각의 폭과 깊이, 우리가 느끼는 정서의 폭과 깊이보다 훨씬 더 넓고 깊이 생각하고 느끼기를 요구한다. 따라서 셰익스피어를 연기한다는 것은 항상 나의 전부를 가지고 온몸과 온 마음으로 연기하는 것이며, 나의 베스트인 상태에서 그런 나를 뛰어넘어서까지 생각하고 말하고 행동하기를 시도하는 것이다. 이와 같은 시도는 쌓이고 쌓여 배우를 큰 존재감을 가진 배우로 성장시킨다.

▍말은 이미지와 생각으로부터 나온다

모든 생각과 상상은 사실 빛의 속도로 진행되는 이미지의 흐름이다. 빛의 속도로 진행되기 때문에 우리는 생각과 상상을 할 때 우리가 이미지를 보고 있다는 것을 거의 의식하지 못한다. 이미지의 흐름이 생각의 과정이 되고 그것으로부터 말이 나온다. 이미지 없이 말은 생성될 수 없다. 배우들의 대사가 인위적인 말로 들리는 경우 그것은 배우들이 말과 이미지를 담지 않은 채로 기계적으로 대사를 뱉어내기 때문에 생기는 현상이다.

말은 호흡과 심장박동과 하나로 연결되어 있다. 그리고 이미지의 흐름은 호흡과 심장박동과 쉴 새 없이 영향을 주고받는다. 그 영향이 말의 리듬을 저절로 만들어 낸다. 그래서 이미지가 없다면 배우가 내뱉는 모든 소리는 사실 인간의 말이 아니다.

셰익스피어의 대사가 이미지의 흐름이라는 것을 세밀하게 분석해 보자. 한 번도 이런 분석을 해본 적이 없다면 셰익스피어 독백 하나를 고른 다음 이 분석을 참고해서 자신만의 이미지 분석을 반드시 해보아야 한다.

맥베스 부인

없어져라, 이 흉측한 흔적! 없어지래두! 하나. 둘. 아, 지금이 해치울 시간이다. 왜 이렇게 지옥은 깜깜할까! 폐하, 이게 무슨 작태이오니까! 장군답지 않게 무서워하시다니! 누가 알까 봐 염려할 게 뭐 있어요? 우리의 권력을 시비할 자는 이 천하에 없습니다. 하지만 그 늙은이 몸 안에 그렇게 많은 피가 들어있을 줄은 몰랐어요... 파이프 영주에게는 부인이 있었는데, 지금은 어디 있을까? 어쩌지, 이 손은 영영 깨끗해질 수 없단 말인가? 그만 해요. 제발 그만 하시래두요! 그렇게 겁먹고 부들부들 떠시면 모든 일이 헛일이 되고 말아요... 아직도 피비린내가 난다. 아라비아의 온갖 향료로도 이 작은 손의 악취를 없앨 수 없단 말인가. 아! 아! 아! 손을 씻고 잠옷으로 갈아입으세요. 그렇게 백지장 같은 얼굴을 하지 마시구요. 재삼 말씀드리지만 뱅코우는 이미 땅속에 파묻힌 사람이에요. 무덤에서 살아나올 린 없잖아요... 어서 침상으로 가세요. 침상으로. 누가 문을 두드립니다. 자, 자, 자, 손을 이리 주세요. 해치운 일은 이미 끝낸 일입니다. 침상으로 가세요. 침상으로. 침상으로요.

잠을 자는 와중에도 죄의식에 시달리는 맥베스 부인의 의식을 몽유병 형태로 보여주고 있는 유명한 셰익스피어의 장면이다. 앞의 맥베스 독백에서 인생은 "걸어 다니는 그림자"(Life's but a walking shadow)라고 했었는데, 그를 그대로 구현하고 있는 탁월한 장면이다. 어쩌면 우리는 맥베스 부인처럼 자신만의 이미지들에 둘러싸여 눈뜬장님의 상태로 삶을 살아가고 있는지도 모른다. 원래는 장면이고 중간중간에 의사와 시녀의 대화가 삽입되어 있으나, 맥베스 부인은 그들을 전혀 의식하지 못하기 때문에 맥베스 부인 입장에서는 독백처럼 진행되는 말이다. 맥베스 부인의 위대사는 캐릭터의 마음에 떠오르는 이미지가 얼마나 변화무쌍한지를 여실히 보여준다. 대사에 나타난 이미지들의 진전과 전환은 맥베스 부인을 연기하는 배우에게 큰 도전이 된다.

이 대사를 제대로 연기할 수 있는 힌트는 맥베스 부인이 겪고 있는 '몽유병' 자체에 있다. 몽유병은 의학적으로 정의한다면 "정신병의 하나로 잠을 자다가 무엇에 이끌린 듯 일어나서 돌아다니는 등 어떤 행동을 하다가 다시 잠이 든 뒤 아침에 깨어나서는 발작(發作) 중의 일을 전혀 기억하지 못하는 병"으로서 "몽중방황"이라고도 한다. 몽유병이 '병'이 되는 이유는 정상적인 사람은 몸을 움직이지 않고 꿈을 꾸는 반면, 몽유병에 걸린 사람은 꿈을 몸을 움직여 가며 직접 경험한다는 데 있다. 꿈은 가장 자유로운 상상이며 무의식의 발로(發露)이다. 꿈은 우리 안에 있는 모든 이미지를 가지고 상상력이 행하는 무한한 시뮬레이션이다. 이 시뮬레이션을 정상적인 사람은 몸을 움직이지 않고 경험하지만 몽유병에 걸린 사람은 '현실'의 일인 것처럼 몸소 체험하는 차이가 있을 뿐이다. 아침에 일어났을 때 꾸었던 꿈을 기억하지 못하는 것은 정상적인 사람이나 몽유병에 걸린 사람이나 마찬가지다. 꿈은, 특히 깊이 꾼 꿈은 생각이 나지 않는 것이 정상이다.

맥베스 부인을 연기하는 배우는 맥베스 부인의 상태를 병으로 규정하고 접근하면 안 된다. '병'이라는 것은 타자가 보았을 때의 판단이다. 캐릭터는 자신이 병에 걸렸다고 전혀 생각하지 않는다. 맥베스 부인은 그저 꿈을 꾸고 있을 뿐이다. 그리고 그 꿈을 현실인 것처럼 체험하고 있을 뿐이다.

꿈은 이미지의 흐름이다. 그리고 그 이미지의 흐름은 꿈의 법칙에 따라 진행된다. 전혀 논리적이지 않다. 변화는 갑작스럽고 전개는 예측 불가이다. 연기적 상상에서 논리적 흐름을 보이는 것은 극히 일부에 불과하다.

논리적으로 이해되는 것만을 연기하려는 배우는 사실 긴장과 두려움에서 벗어나지 못한 배우일 뿐이다. 맥베스 부인을 연기하는 배우는 이 이미지의 흐름을 창조하고 감각과 몸으로 경험해야 한다. 너무나 생생해서 꿈인지 현실인지 구분할 수 없을 정도로 말이다.

맥베스 부인 독백의 이미지 흐름	
이미지	이미지의 종류
자신의 손	시각적 관찰의 이미지
핏자국	시각적 촉각적 기억의 이미지
종소리	청각적 기억의 이미지
지옥의 어두움	시각적 기억+상상의 이미지
결행 직전에 떨고 있는 맥베스의 모습	시각적 기억의 이미지
살해된 덩컨 왕의 모습	시각적 기억의 이미지
파이프 영주(맥더프)와 부인(맥더프 부인)	시각적 기억+상상(암살)의 이미지
핏자국	시각적 촉각적 기억의 이미지
맥베스의 떨고 있는 모습	시각적 기억의 이미지
피 냄새	후각적 기억의 이미지
아라비아의 온갖 향료들	시각적+후각적 상상의 이미지
피가 묻은 맥베스의 손과 옷	시각적 기억의 이미지
피를 씻어낸 맥베스의 모습과 잠옷(새옷)으로 갈아입은 맥베스의 모습	시각적 기억+상상의 이미지
백지장 같은 맥베스의 얼굴	시각적 기억의 이미지
뱅코우	시각적 기억의 이미지
침상	시각적+촉각적 기억의 이미지
문 두드리는 소리	청각적 기억의 이미지
머뭇거리는 맥베스의 모습	시각적 기억의 이미지
살해현장과 살해된 자	시각적 기억의 이미지
침상으로 향하는 자신과 남편의 모습	시각적 기억의 이미지

대사에 나타난 이미지의 흐름을 살펴보자. 경험의 시작은 핏자국이나

종소리처럼 간단한(간단해 보이는) 감각적 이미지로 시작되고, 그것이 캐릭터의 내면 깊숙이 억눌려 있던 그녀의 죄의식을 자극하면서, 그와 관련된 이미지들이 물밀듯이 밀려오면서 맥베스 부인은 살해 당시의 상황을 현실인 것처럼 '재경험'하게 된다. 외부인이 보기에 맥베스 부인은 미친 상태이지만, 맥베스 부인의 입장에서는 '재경험'을 하고 있는 것이다.

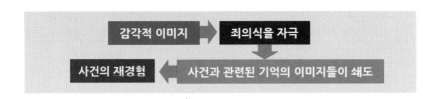

대사에 나타난 이미지만 열거해 보아도, 맥베스 부인이라는 캐릭터의 의식이 얼마나 복잡한지를 알 수 있다. 이미지의 전환은 쉴 새 없으며 변화무쌍하다. 이미지의 전환이 시간의 순차적 흐름에 따라 이루어지지 않고, 시간이 뒤섞여 있기 때문에 복잡하고 난해해 보인다. 시간은 항상 연기하기 가장 어려운 부분이다. 순식간에 각기 다른 시간대의 경험을 경험할 수 있는 능력은 가장 고난도의 연기력이다. 물론 셰익스피어는 서브텍스트 이전의 작가이지만, 여전히 대사에 나타나지 않은, 대사와 대사 사이 그리고 대사 밑에 놓인 이미지들이 있다. 배우는 대사에 생략된 이미지들을 찾아내고 모든 이미지의 흐름을 연결하면서 캐릭터의 의식의 흐름을 형성하게 된다.

앞에서 살펴본 맥베스 부인의 이미지는 관찰과 기억 그리고 상상으로부터 비롯되는 시각적, 청각적, 후각적 이미지들을 모두 담고 있다. 연기의 관점에서 봤을 때, 이 이미지들과 관련해 다음 두 가지 점에 유의하여야 한다.

기억이란 한 사람이 일생을 살아오면서 해온 경험을 바탕으로 생겨나고 비축된 이미지들이다. 캐릭터가 삶을 살아온 시간만큼 캐릭터로서 살아보지 않고 캐릭터의 기억을 완전하게 가지는 것은 불가능하다. 기억이 상상의 재료이자 상상 자체를 가능하게 한다면, 캐릭터의 기억 없이 캐릭터로서 상상하는 것도 불가능하다. 그렇다면 지면상으로만 존재하는 캐릭터의 기억을 어떻게 가질 수 있단 말인가?

바로 여기에 배우의 존재 이유가 있다. 연기하는 배우가 달라지면 창조되는 캐릭터도 달라지는 원리와 이유가 바로 여기에 있다. 지면으로 존재하는 캐릭터에게 생명을 불어넣는 것은 바로 배우 자신의 기억이다. 배우 자신의 기억에 저장된 이미지를 바탕으로 혹은 재료로 해서 배우의 상상력이 배우가 캐릭터로서 보고 듣고 느끼게 하고 배우로 하여금 위의 전 과정을 몸소 경험할 수 있게 해준다. 그리고 배우가 몸소 체험하는 그 경험이 배우가 캐릭터로 존재하고 캐릭터로 살아갈 수 있는 기점에 다다를 수 있게 해준다. 배우는 자신의 연기에 지금까지의 삶, 그 삶으로부터 형성된 이미지들이 늘 동행한다는 깊은 믿음을 가지고 연기하여야 한다. 배우 안에 저장된 이미지의 총합이 기억이고, 기억이 곧 '나'이다.

▌ 상상의 그림판/스크린

캐릭터가 하는 모든 생각·기억·상상은 상상의 그림판/스크린에 그려져야 한다. 생각·기억·상상은 모두 이미지의 흐름으로 구성되어 있는데, 연기는 배우들에게 이 모든 이미지를 머릿속으로만 생각하는 것이 아니라, '밖'으로, 즉 **관객이 있는 방향**으로 꺼내놓을 것을 요구한다. 그래서 생각·기억·상상하는 배우+캐릭터의 눈을 관객이 볼 수 있도록 말이다.

생각·기억·상상은 때론 상상의 스크린 전체를 차지하며 한편의 '영화'처럼 펼쳐지기도 하지만, 각각의 생각·기억·상상은 그림판의 다른 위치에 그려져야 한다.

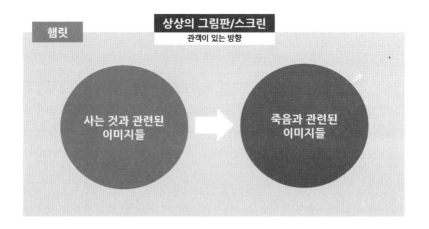

햄릿의 독백을 예로 들어보자. 먼저 상상의 그림판에는 사는 것과 관련된 이미지들과 죽는 것과 관련된 이미지들이 동등한 크기로, 하지만 서로 다른 위치에 그려져야 한다. 햄릿은 살아야 할지 아니면 죽어야 할지 고민하고 질문한다. 둘의 크기가 같기 때문에 한쪽으로 기울어지지 않아

답을 찾을 수가 없다. 이렇게 캐릭터는 하나만을 보는 것이 아니라 둘을 보는 상태에서 자유롭지 않고 그것이 캐릭터에게 내적 갈등을 낳는다.

삶과 죽음 사이에서 어느 한쪽으로 기울어지지 않자 햄릿의 생각은 삶과 관련된 두 가지 생각으로 나뉜다. 꾹 참고 살아가는 것과 관련된 이미지들과 맞서 싸우는 것과 관련된 이미지들이 각기 다른 위치에 그려진다. 그 둘을 보며 햄릿은 어떤 삶이 더 고귀한 삶일까를 질문한다. 이 두 가지 생각도 어느 한쪽으로 기울어지지 않아서 햄릿은 죽음을 상상하려고 한다. 죽음은 햄릿이 전혀 알지 못하는 것이기 때문에 햄릿은 죽음이 잠자는 것과 관련된 것일까 비유적으로 생각한다. 그래서 잠과 관련된 이미지들이 떠오르게 된다. 그리고 잠이 들어서 몸과 마음에 모든 고통이 사라지는 이미지들이 떠오른다.

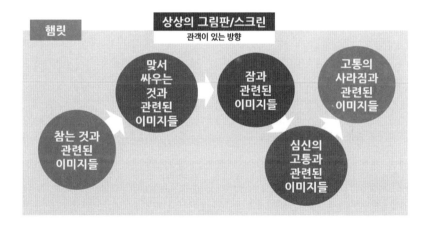

이렇게 생각이 변화함에 따라서 배우는 각각의 생각과 관련된 이미지들을 상상의 그림판에서 다른 위치에 그려야 한다. 한 곳만 응시하면서 독백하게 되면 '생각의 변화'가 관객에게 뚜렷이 보이지 않는다.

캐릭터는 상상의 그림판에 보이는 것을 말로 하고 있다. 말하는 것을 상상의 그림판에 그리는 것이 아니다. 상상의 그림판은 구체적인 상상을 통해서 배우의 소리와 말이 달라지게 하며, 무엇보다 중요하게, 관객이 배우＋캐릭터와 함께 생각하고 상상할 수 있게 한다. 관객이 캐릭터가 하는 생각을 그대로 하게 하는 것, 연기의 기본이다.

▌두 세계: 현실의 리얼리티 〈 상상의 리얼리티

모든 캐릭터는 특정한 시공간 속에서 살아가고 그 시공간에 존재하는 것(눈에 보이는 것)과 존재하지 않는 것(눈에 보이지 않는 것) 둘 다를 본다. 모든 정상적 인간은 현실의 세계와 상상의 세계, 두 세계 모두를 살아간다. 눈에 보이는 것이 현실의 세계를 구성한다면, 눈에 보이지 않는 것은 상상의 세계를 구성한다. 여기서 상상은 생각과 기억을 포함한다. 왜냐하면 상상·생각·기억은 전부 보이지 않는 이미지의 흐름이기 때문이다. 어느 한쪽만을 살아가는 인간은 비정상적인 인간이다. 현실과의 끈을 놓아버리면 상상의 세계에서만 살게 되고 그런 인간은 대개 밖에서 봤을 때 미친 인간이 된다. 바로 맥베스 부인이나 오필리어처럼 말이다. 반대로 상상의 세계를 잃어버리고 현실의 세계만을 살아가는 인간은 절망한 인간이다. 현실의 노예나 다름없는 존재로 전락한 인간이다. 두 발은 땅을 굳건히 밟고 있으면서도 두 눈을 들어 하늘을 자주 올려다보는 인간이 가장 정상적이고 바람직한 인간인 셈이다.

현실과 상상의 두 세계는 늘 한 개인 안에서 충돌한다. 두 세계가 우리를 둘로 갈라놓기 때문이다. '두 세계를 살아가는 분열된 자아의 충돌'은 극이 다루는 가장 보편적인 인간의 존재 상황이다. 이 충돌은 인간이 최후의 숨을 거두기 전까지 계속된다. 현실의 삶도 상상도 숨이 다할 때까지 멈추지 않기 때문이다. 두 세계에는 전혀 다른 물리적 법칙이 작용하고 시간의 흐름도 완전히 다르다. 캐릭터가 한순간도 쉬지 않고 경험하는 두 세계를 배우가 모두 이해하거나 경험할 때 진정 캐릭터가 되었다고 할 수 있다.

　<오셀로> 5막 2장에서 파국으로 치닫고 있는 상황에서 오셀로가 하는 다음 독백은 현실의 리얼리티와 상상의 리얼리티가 격렬하게 충돌하고 그로 인해 캐릭터가 분열되어 있음을 잘 보여준다.

오셀로

그것 때문이다. 진정 그것 때문이다. 나의 넋이여, 순결한 별들아, 다시는 그것을 입 밖에 내지 않게 해다오. 그것 때문이다. 그러나 아내의 피는 흘리지 말자. 눈보다 희고, 대리석보다 매끄러운 아내 살결에 상처는 낼 수 없다. 하지만 살려둘 수는 없는 일. 살려두면 또 다른 남자들을 배신할 터인즉. 우선 이 불을 끄고 다음에 생명의 불을 끄자. 타오르는 촛불아, 너는 껐다가도 뉘우치면 다시 켤 수 있다. 그러나 생명의 빛, 정교한 대자연이 창조한 아름다운 빛이여! 너는 한번 꺼지면 다시 불을 켤 수 있다는 저 프로메테우스의 불을 찾아 어디를 헤매야 한단 말인가. 장미는 한번 꺾이면 영영 살아날 길이 없다. 시들어 버리고 만다. 가지에 매달려 있을 때 향기를 맡아 보자. 아, 향기로운 입김! 정의의 신도 이 향기를 맡는다면 칼을 부러뜨리고 싶을 거다. 또 한 번, 한 번만 더 입을 맞추자! 죽은 다음에도 이대로 있어 다오. 널 죽일지언정 내 사랑이 변치 않게 말이다. 또 한 번만. 이게 마지막이다. 이처럼 아름다우면서 이처럼 죄 많은 여자가 또 있을까. 아, 눈물을 참을 수가 없구나! 그러나 이 눈물은 잔인한 눈물, 하늘의 슬픔이다. 사랑하기 때문에 벌을 주는 신의 채찍이다. 눈을 뜨는군.

현실의 리얼리티		상상의 리얼리티
감각으로 인식 · 지각하는 데스데모나	충돌	상상으로 인식 · 지각하는 데스데모나
믿기지 않을 정도로 아름다운 데스데모나		끔찍한 부정을 저지르는 데스데모나 남편을 조롱하고 경멸하는 데스데모나
생명의 빛, 정교한 대자연이 창조한 아름다운 빛이여!		살려두면 또 다른 남자들을 배신할 터인즉
정의의 신도 이 향기를 맡는다면 칼을 부러뜨리고 싶을 거다		

두 개의 리얼리티는 캐릭터(오셀로)를 둘로 분열시킨다

현실의 리얼리티를 보는 오셀로		상상의 리얼리티를 보는 오셀로
데스데모나를 사랑하는 오셀로	충돌	데스데모나를 죽여야 하는 오셀로

중요한 선택의 기로

정상적인 상태의 캐릭터라면 데스데모나를 사랑하는 나가 되려고 하고
데스데모나를 죽이는 나가 되지 않으려는 노력을 기울일 것이다

그러나 오셀로는 그것이 전도되어 있다

오셀로는 데스데모나를 기어이 죽이는 나가 되려고 하고
그녀의 아름다움 때문에 죽이지 못하는 나가 되지 않으려고 노력한다

두 리얼리티의 충돌로 인한 분열이 오셀로에게 주체할 수 없는 눈물이 흐르게 한다

이처럼 아름다우면서 이처럼 죄 많은 여자가 또 있을까.
아, 눈물을 참을 수가 없구나!
그러나 이 눈물은 잔인한 눈물, 하늘의 슬픔이다.
사랑하기 때문에 벌을 주는 신의 채찍이다

눈앞에 보이는 데스데모나는 현실의 리얼리티이고, 상상 속의 데스데모나는 상상의 리얼리티이다. 오셀로는 자신의 모든 '감각으로 인식 · 지각하는 데스데모나'와 자신의 '상상으로 인식 · 지각하는 데스데모나' 사이의 극심한 불일치로 자아가 둘로 분열된다. '데스데모나를 사랑하는 나'와 '데스데모나를 죽여야만 하는 나'로 나뉘는 것이다. 그리고 두 리얼리티 사이의 충돌이 분열된 오셀로 눈에서 뜨거운 눈물이 하염없이 흐르게

한다. 그의 눈에 흐르는 눈물은 데스데모나를 죽여서는 안 된다고 강력하게 말하고 있지만, 오셀로는 그 눈물의 의미를 깨닫지 못하거나 외면한다.

오셀로가 정상적인 상태의 캐릭터라면 데스데모나를 사랑하는 내가 되려고 하고 데스데모나를 의심하는 내가 되지 않으려는 노력을 기울일 텐데, 그것이 전도됨으로써 비정상적인 상태의 캐릭터로 바뀌어 있다. 그것은 이아고가 그의 마음을 완전히 사로잡아 현실을 있는 그대로 볼 수 없게 만드는 이미지를 그의 머릿속에 심어 놓았기 때문이다. 그래서 오셀로는 데스데모나를 끝내 죽이려는 내가 되려고 하고 데스데모나에 대한 사랑 때문에 살인을 실행하지 못하는 내가 되지 않으려고 한다.

극심한 개인적 갈등과 데스데모나의 하소연에도 불구하고 끝내 데스데모나를 목 졸라 죽이는 오셀로의 행동을 보면서 현실의 리얼리티보다 상상의 리얼리티가 인간을 움직이는 더 강력하고 결정적 동인이 된다는 것을 알 수 있다. 설령 그 이미지가 거짓된 것이라고 해도 말이다. 오셀로를 지배하는 상상의 리얼리티는 부정적이지만, 그것은 역으로 캐릭터들이 눈앞에 보이는 것보다 마음으로 보고 있는 것, 갈망하는 것, 상상하는 것에 의해서 움직인다는 점을 여실히 증명해 보인다. 연기가 상상의 예술이 되는 것은 허구의 세계 속에서 리얼리티를 창조해야 하기 때문이기도 하지만, 배우가 연기하는 캐릭터들 자체가 상상에 의해서 살아 움직이고 행동하기 때문이다.

▌ 서브텍스트, 아이러니(irony)와 말의 중의성

셰익스피어는 '서브텍스트'라는 개념이 존재하기 이전의 작가이다. 그래서 안톤 체홉의 작품처럼 복잡하고 깊이 있는 서브텍스트는 상대적으로 적다. 특히 셰익스피어의 독백은 캐릭터들이 어떻게든 자신의 생각과 마음을 말을 통해 겉으로 드러내려고 하기 때문에, 말하지 않음으로써 발생하는 서브텍스트는 거의 없다. 뮤지컬에서 캐릭터들이 솔로 노래를 하면서 자신의 진실한 생각과 마음을 어떻게든 드러내고 전하려고 하듯이 말이다. 뮤지컬의 노래는 거짓을 말하기 위해 불리지 않는다. 셰익스피어의 독백도 마찬가지다. 그런 관점에서 보면 셰익스피어의 독백 연기가 훨씬 더 쉽다. 말하지 않는 것이 있는 연기가 훨씬 더 어려운 연기이기 때문이다.

셰익스피어 독백연기에서 진정 어려운 점은 독백의 말을 낳은 생각·기억·상상을 구성하는 이미지들을 읽어내는 것이다. 인간의 모든 생각·기억·상상은 이미지를 언어로 해서 구성되고 전개된다. 어느 뇌과학자의 표현을 빌자면, 이미지는 생각·기억·상상의 "화폐"이다. 타인이 가진 이미지를 볼 수 없기 때문에, 배우는 자신 안에 존재하는 우주의 별만큼 많은 이미지를 활용해서 캐릭터의 생각·기억·상상을 구성해야 한다. 그 작업은 의식적인 작업과 무의식적인 작업이 병행되어야 한다. 진정한 상상은 이미지들이 빛의 속도로 이어지면서 전개되어야 하기 때문에 의식적인 노력은 무의식적인 상상을 향해 나아가기 위한 것이어야 한다. 또한 이미지가 감정을 낳기 때문에, 배우는 자신의 몸과 마음에 최대한의 영향을 주는 이미지들을 활용해서 생각·기억·상상을 구성하여야 한다. 왜냐하면 모든 캐릭터가 자신이 떠올리는 이미지들에 몸과 마음이 최대한 영향받는 상태로 극 속에 존재하기 때문이다. 이미지에 몸과 마음이 저절로 즉각 반응하지 않는다면 그 이미지는 캐릭터가 되는 데 아무 도움도 되지 않는 무용한 이미지이다. 이미지에 몸과 마음이 반응하지 않으면 배우는 감정을 거짓으로 꾸미게 된다.

독백에 비하면 셰익스피어 장면들에는 여전히 많은 서브텍스트가 담겨 있다. 많은 것이 겉으로 쉽게 드러나지 않는다. 모든 것이 겉으로 다 드러난다면 그 작품은 매우 단순한 작품이 될 것이다. 항상 좋은 극작품에는 겉으로 드러나지 않는 많은 것이 있다. 또한 장면 안에서 셰익스피어의 캐릭터들은 정체나 의도를 숨기는 경우가 많고 그래서 여전히 말로 다 하지 않는 중요한 것들이 존재하기 때문에 장면에서는 서브텍스트를 읽어내려는 노력이 중요하다. 좋은 연기는 서브텍스트를 읽어내는 능력과 불가분의 관계에 있다.

서브텍스트라는 개념이 존재하기 이전이었지만 셰익스피어는 천재적으로 대본의 층과 결을 촘촘하고 두텁게 구성하는 특별한 방법을 가지고 있었다. 셰익스피어 대본이 특별한 읽기를 요구한다면 바로 그 층과 결 때문일 것이다. 층과 결이 복합적일수록 소리와 말이 가지는 섬세함과 정교함이 커진다. 작가가 어떻게든 상상의 차이, 생각의 차이, 느낌의 차이를 말과 어감의 '차이'로 표현하고 전달하려고 하기 때문인데, 그중에서도 배우들이 놓치지 말고 읽어낼 수 있어야 하는 대표적인 것이 바로 '**아이러니**'와 말의 '**중의성**'(重義性)이다.

아이러니 irony	"어떤 한 가지 것을 말하면서 동시에 다른 의미를 지니는 것" "표면상의 의미와 반대되는 다른 의미를 지니는 것"
중의성 重義性	"하나의 단어 혹은 구에 이중적인 의미가 깃든 것" 말이 중의적 의미를 갖는다는 것은 말을 발화(發話)하게 하는 생각과 상상이 하나가 아니라 최소 두 가지라는 것을 의미한다

중요한 극적 순간에 작가가 아이러니와 중의성을 가진 표현을 쓰고 있다는 것은 극적 순간에서 두 가지 이상의 것을 보고 있다는 의미이다.

따라서 작가적 상상을 그대로 구현해야 하는 배우의 상상력이란 한 가지만을 상상하는 능력이 아니라 최소 두 가지를 상상할 수 있는 능력이 된다. 한 가지만을 보고 생각하고 상상하는 캐릭터는 단편적이고 판에 박힌 캐릭터다. 마찬가지로 대본에서 한 가지만을 읽어내고 생각하고 상상할 수 있는 배우는 단순한 배우에 지나지 않는다.

셰익스피어가 배우들에게 요구하는 능력	
비유를 이해할 수 있는 능력	말의 다중적 의미들을 이해할 수 있는 능력
상관이 없어 보이는 A와 B를 보고 상상하고 연결할 수 있는 능력	두 가지 이상의 것을 보고 상상할 수 있는 능력

<햄릿>의 시작 장면을 가지고 서브텍스트를 들여다보도록 하자. 그러면서 아이러니와 중의성을 살펴보자. 매우 춥고 어두운 자정 무렵에 일어나는 장면이다.

버나도

누구냐?

프란시스코

넌 누구냐. 정지. 이름을 대라.

버나도

국왕 폐하 만세!

프란시스코

버나도?

버나도

그래

프란시스코

딱 제시간에 맞춰 왔군.

버나도

방금 열두 점을 쳤어. 가서 자게, 프란시스코.69)

프란시스코

교대해 주어 고맙다. 어찌나 추운지 맥을 못 추겠어.

버나도

별 이상은 없었나?

프란시스코

쥐새끼 하나 얼씬 안 했어.

버나도

좋았어, 푹 쉬어.

호레이쇼와 마셀러스를 만나거든,

속히 오라고 일러 줘. 같이 보초 설 동료들이야.70)

　　　(호레이쇼와 마셀러스 등장)

프란시스코

(발소리를 듣고) 그들인가 보다. 정지, 누구냐?71)

---

69) 제시간에 맞춰 왔다는 것은 유령이 출현할 시간이 가까워졌음을 뜻하고 프란시스
　　코를 얼른 내려보내야 함을 뜻한다.

70) 프란시스코가 내려가다가 호레이쇼와 마셀러스를 만날지도 모른다는 생각에 버나
　　도는 떠나는 프란시스코 뒤에다 대고 급하게 말한다. 프란시스코는 혼자서 보초를
　　서는데, 세 남자가 회동하는 것을 이상하게 여기지 않도록 오늘밤 같이 보초를 서
　　주기로 했다고 미리 수를 써놓는다.

71) 이 순간 버나도는 발소리가 호레이쇼의 것이기를 바라고 기대하지만, 동시에 아무
　　것도 모르는 프란시스코와는 달리 만에 하나 유령의 출현을 나타내는 소리일 수도
　　있기에 심리적으로 긴장한다. 소리 나는 곳만 보고 있는 프란시스코와는 달리 버
　　나도는 다른 곳도 살피게 될지 모른다. 호레이쇼임을 확인한 순간 버나도는 안도
　　한다. 그리고 호레이쇼가 제때, 즉 유령이 나타나기 전에 도착했음을 다행스럽게

호레이쇼

이 나라의 백성.

마셀러스

덴마크 왕의 신하.

— 〈햄릿〉 1막 1장

    〈햄릿〉의 시작 장면에는 많은 서브텍스트가 담겨있다. 뒤에 나오지만, 병사들은 한 달 동안이나 진행된 전쟁 준비와 비상사태에 심신이 지칠 대로 지친 상태이다. 따라서 프란시스코가 극심한 추위와 피로 속에 정상적으로 보초를 서고 있었을 확률은 매우 낮다.

    보초를 서고 있는 프란시스코가 아니라 교대하러 오는 버나도가 "누구냐?"라고 하는 것은 매우 의미심장한 시작이다. 놀랍게도 "Who's there?"이라는 단 두 단어로 된 첫 대사에 셰익스피어는 〈햄릿〉이 어떤 세계이고 어떤 일들이 일어날지를 함축하고 있다. 역할의 뒤바뀜은 〈햄릿〉이라는 작품 전체에서 패턴으로 나타나는 현상이고, 〈햄릿〉의 세계 속에서는 어딘가에 정체 모를 존재가 도사리고 있다는 것을 훌륭하게 예고하고 있다.

    버나도는 분명 무엇인가 이상한 것을 감지했기 때문에 반사적으로 반응하고 있을 텐데, 그가 이렇게 예민한 이유는 이틀 동안이나 비슷한 시각에 선왕의 유령을 보았기 때문이다. 어둠 속에서 무엇인가 이상한 것을 보거나 듣거나 감지한 버나도는 놀라서 "누구냐?"라고 외친다. 버나도의 반응은 비정상적으로 보초를 서고 있던, 예를 들어 졸고 있다거나 오줌을 눈다거나 몸을 떤다거나 무언가를 뒤집어쓰고 있던, 프란시스코의 형상이나 동작을 오인한 결과일 수도 있고 아닐 수도 있다. 프란시스코가

여긴다.

비정상적으로 보초를 서고 있었다면, 버나도의 "누구냐?"라는 소리에 프란시스코는 깜짝 놀라서 반사적으로 "넌 누구냐. 정지. 이름을 대라"라고 했을 것이다. 무기를 손에서 내려놓고 있었다면 급하게 무기를 찾으며 허둥지둥 외치는 말이 될 것이다.

버나도의 "국왕 폐하 만세"나 이후에 등장하는 마셀러스의 "덴마크 왕의 신하"는 시야가 확보되지 않는 상황에서 군대에서 아군과 적군을 구분하기 위해 사용하는 암구어이다. 어둠으로 인해서 시각적으로 어둠 속 존재의 실체를 알 수 없기 때문에 사용하는 약속된 말이다. 아무 의미 없이 내뱉을 수도 있지만, 병사들이 국왕, 즉 덴마크 왕에 대해 어떤 태도를 갖고 있느냐에 따라 다르게 혹은 아이러니하게 말할 수도 있다. 더구나 죽은 선왕의 유령을 본 버나도가 내뱉은 "국왕폐하 만세"는 매우 아이러니할 수 있다. 호레이쇼가 내뱉는 "이 나라 백성"은 언뜻 보기에 암구어 같지만, 호레이쇼는 군인이 아니라는 점에서 누구냐고 묻는 말에 아이러니하게 답한 말일 수도 있다. 그래서 급하게 마셀러스가 올바른 암구어로 고쳐서 말하는 것일지도 모른다.

날씨가 몹시 추운 상황에서 프란시스코가 교대 시간에 정확히 맞춰서 왔다고 하는 말은 '제때 와줘서 고맙다'는 뜻으로 하는 말일 수도 있지만, '이렇게 추운 날 교대 시간에 딱 맞춰 오다니 참 야속하다'는 중의적 의미로 말해질 수 있다.

"어찌나 추운지 맥을 못 추겠어"(sick at heart)라는 프란시스코의 말에 버나도는 혹시나 프란시스코가 보초를 서는 중에 유령이 나타났을지도 모른다는 생각을 갖게 되고, 그래서 떠보는 말로 "별 이상은 없었나?"라고 묻는다. 절대 그냥 궁금해서 묻는 말이 아니다. 버나도의 질문에 대한 프란시스코의 대답은 그가 어떻게 보초를 서고 있었느냐에 따라 달라지기 마련이다. 보초를 제대로 서지 않았다면 "쥐새끼 하나 얼씬 안 했어"는 분명 허언이자 허풍이며 자신의 잘못을 감추기 위해 하는 말이 되기 때문이다. 그리고 그런 경우 뒤에 마셀러스와 호레이쇼가 오는 소리를 들었을 때 프란시스코가 "정지, 누구냐?"를 훨씬 호들갑스럽게 할 가능성이 커진다. 서브텍스트를 어떻게 읽어내느냐에 따라서 캐릭터의 말과 행동이 크게 달라진다.

감각적 지각과 신체 상태에 대한 상상	
한 달간 지속된 전쟁준비와 비상 태세	극도의 피로와 심리적 긴장 상태
가슴이 시릴 정도로 살을 에는 추위	추위를 이겨내려는 신체 행동
형체/정체를 알아보지 못하게 하는 어둠	소리에 더 예민해짐
이틀 연속 유령을 본 버나도 곧 유령이 출몰할 시간	감각이 극도로 예민해지고 심리적으로 불안과 긴장 상태 상상이 날뛰는 상태

셰익스피어는 서브텍스트 이전의 작가이지만, 동음이의어(pun)의 빈번한 사용에서 알 수 있듯이, 대사의 표면적 의미와 심층적 혹은 다중적 의미에 큰 비중을 두었다. 삶과 삶의 순간들이 그리고 캐릭터의 생각과 느낌들이 단순하지 않고 복합적이기 때문이다. 아이러니는 말이든 극적 상황이든 상대 캐릭터가 그 뜻과 진의를 알아채지 못하지만 관객들은 알게 될 때 생겨나는 극작가의 매우 고차원적인 말하기 방식이다. 배우들이 아이러니를 관객에게 전달하지 못한다면, 셰익스피어를 관객에게 알게 해줄 수 없다. 배우 벤 킹슬리는 배우가 아이러니를 해석할 수 있는 능력을 강조하였는데, "인쇄된 단어는 당신이 뜻하고자 하는 바를 완전히 전해주지 않습니다. 글로는 아이러니하게 표현할 수 없고, 배우가 아이러니하게

해석해야만 합니다"라고 하였다. 여석기는 아이러니를 "말하고자 하는 내용과 반대되는 진술의 한 형태이며 비유적 표현 또는 사고의 양태에 속하나, 단순한 수사를 뛰어넘어 하나의 관점, 삶의 관점을 나타내기도 한다"라고 하였다. 또한 존 바튼은 아이러니가 "생각과 느낌의 중간에 있기 때문"에 매우 어려운 것이 된다고 하였는데, 배우는 희곡을 읽으면서 표면적으로 적혀있는 말에만 집착하지 말고 말의 중의적 의미와 어감을 파악하고 생각하려는 노력을 기울여야 한다.

서브텍스트, 아이러니, 중의성은 모두 배우로 하여금 대본에 적혀있는 그대로의 의미가 아니라 다른 의미를 대사에서 끊임없이 찾게 한다. 의미를 찾는 노력이 지속될 때 배우는 비로소 소리와 언어의 마술사와 같은 경지에 오를 수 있게 된다. 대사가 없는 연극을 한다면 신체의 사용이 절대적으로 중요하지만, 대사가 있는 연극에서 상상하는 것을 소리로 낼 수 있고 제대로 말할 수 있는 배우의 능력은 관객의 공연 경험을 근본적으로 좌지우지한다.

▍변화의 움직임

모든 극에는 극적 사건이 일어나고 사건의 회오리 속에서 캐릭터들은 끊임없이 반응하고 행동하며, 행동과 반응을 통해 캐릭터 자체에도, 관계에도 변화가 일어난다. 극 속 모든 장면에는 '변화의 움직임'이 담겨있고, 배우는 그와 같은 변화의 움직임―의식의 흐름, 생각의 움직임, 마음의 움직임, 심리적 움직임, 정서적 움직임, 신체적 움직임 등―을 온전히 파악할 수 있을 때 그 시작과 중간과 끝을 제대로 연기할 수 있다.

변화의 움직임

의식의 흐름	생각의 움직임	마음의 움직임
심리적 움직임	정서적 움직임	신체적 움직임

그와 같은 변화의 움직임은 독백만으로 구성된 장면에서도 마찬가지로 일어난다. 다음은 에드거의 독백만으로 구성된 <리어왕>(*King Lear*) 2막 3장이다.

에드거

나를 잡는 포고령을 들었다.
그런데 때마침 나무에 구멍이 있어서
추적을 피했다. 항구는 다 막혔고
어디서나 나를 체포하려고 지키며
유별난 경계를 펴고 있다. 피할 수 있는 한
몸을 보전하리라. 그래서 여태껏
가난이 인간이 경멸하여 동물로 전락시킨
최고로 천하고 최고로 볼품없는 형상을
취하리라 생각했다. 얼굴엔 똥칠하고
허리엔 담요를 두르고, 쑥대머리에다
맨살을 다 보이도록 드러낸 채
바람과 하늘의 박해에 대항하리.
그 증거와 선례로 미치광이 거지들이
이 나라에 있으니, 그들은 고함을 지르며
쇠침과 나무 대못, 못과 찔레 가지를
마비되어 감각 없는 맨 팔뚝에 찔러 넣고

그 끔찍한 모습으로 누추한 농가와
가난한 촌 동네, 움막과 물방앗간에서
때로는 미치광이 저주로, 때로는 기도로
동냥을 강요한다. 불쌍한 걸신! 불쌍한 톰!
그런 건 있어도 나 에드거는 없는 거다.

　에드거의 독백만으로 구성된 이 장면에서 극적 행동은 무엇이며 그로 인해서 일어난 캐릭터의 변화는 무엇일까? 캐릭터의 말은 캐릭터의 생각의 흐름을 보여주며 생각의 결과로 일어난 캐릭터의 변화를 담고 있다. 말의 흐름에 따른 캐릭터의 변화와 말이 수반하는 혹은 말과 병행하는 캐릭터의 행동을 파악하는 것은 배우로서 희곡 읽기의 중심 부분을 차지한다. 다시 강조하지만, 배우가 연기하는 모든 것은 오로지 배우의 신체와 소리를 통해서만 관객에게 전해진다. 보다 정확하게 말하자면, 신체의 변화와 차이, 소리의 변화와 차이를 통해서만 관객은 캐릭터를 인식하고 이해하며, 배우들 간의 몸과 몸의 관계와 변화, 소리와 소리의 관계와 변화를 통해서만 극을 이해할 수 있다.
　에드거는 장면에 등장할 때는 모습이 많이 흐트러지기는 했으나 귀족의 자제다운 모습을 하고 있다. 하지만 독백이 끝날 때는 상거지나 노숙자와 다름없는 비참한 모습을 하고 있다. 독백이 진행되는 동안 에드거는 지금의 상황에서 일단 살아남는 것이 중요하다고 판단하고, 자신이 본 적이 있는 미치광이 거지 톰의 형상을 샘플로 삼아 자신이 에드거임을 알아볼 수 있는 모든 흔적을 지운다. 자신을 철저하게 부정하는, 그래서 기존에 자신이 가진 모든 것을 벗어 던지는 '무'(無, nothing)의 상태로 추락하는 극적 행동을 보이는 것이다. 마지막에는 자신의 목소리와 말투까지 완전히 바꾸는 에드거의 처절한 생존 투쟁을 통해 관객은 눈앞에서 한 캐릭터가 완전히 다른 캐릭터로 변화하는 추락의 과정을 시각적으로 그리고 청각적으로 지켜보게 된다. 생각·기억·상상과 소리·말 그리고 몸·행동은 항상 서로에게 상응하는 것이다. 말로만 되어 있는 대본을 읽으면서 배우는 항상 감각과 몸으로 생각·기억·상상하며 그것에 걸맞은 소리와 몸짓과 행동을 찾아야 한다.

에드거의 경우처럼 관객이 캐릭터의 변화를 시청각적으로 뚜렷이 보고 들을 수 있는 장면도 있지만, 많은 장면에서 그 변화는 보다 섬세하고 점진적인 경우가 많다. 그래서 배우들이 대본을 읽으면서 그 변화를 감지하기가 쉽지 않다. 하지만 분명 모든 장면에는 어떤 식이든 극적 의미를 가지는 변화가 있고, 배우는 대본을 읽으며 시시각각 일어나는 캐릭터의 생각과 정서의 변화, 마음의 변화, 몸과 행동의 변화를 그리고 변화의 흐름을 읽고 상상하여야 한다.

▌표면적으로 일어나는 사건 vs 진짜 사건

텍스트와 서브텍스트의 관계처럼, 많은 극에는 텍스트상에 표면적으로 일어나는 사건 외에도 서브텍스트처럼 근저에서 진짜로 일어나는 사건들이 있다. 배우가 표면적으로 일어나는 사건만을 읽어낸다면 그의 연기는 극과 캐릭터에 대한 어떠한 통찰도 보여주지 못하는 얕은 재주로 전락할 위험이 있다. 캐릭터의 행동은, 행동의 동인은 텍스트상에 직접적으로 명시되지 않은 진짜 사건에 근거하기 때문이다. 다음은 앞서 이미지의 흐름을 분석했던 맥베스 부인의 몽유병 장면이다. 논의의 편의를 위해 중간에 나오는 전의와 시녀의 대사를 빼고 하나로 연결해 보았다.

맥베스 부인

없어져라, 이 흉측한 흔적! 없어지래두! 하나. 둘. 아, 지금이 해치울 시간이다. 왜 이렇게 지옥은 깜깜할까! 폐하, 이게 무슨 작태이옵니까! 장군답지 않게 무서워하시다니! 누가 알까 봐 염려할 게 뭐 있어요? 우리의 권력을 시비할 자는 이 천하에 없습니다. 하지만 그 늙은이 몸 안에 그렇게 많은 피가 들어있을 줄은 몰랐어요... 파이프 영주에게는 부인이 있었는데, 지금은 어디 있을까? 어쩌지, 이 손은 영영 깨끗해질 수 없단 말인가? 그만 해요. 제발 그만 하시래두요! 그렇게 겁먹고 부들부들 떠시면 모든 일이 헛일이 되고 말아요... 아직도 피비린내가 난다. 아라비아의 온갖 향료로도 이 작은 손의 악취를 없앨 수 없단 말인가. 아! 아! 아! 손을 씻고 잠옷으로 갈아입으세요. 그렇게 백지장 같은 얼굴을 하지 마시구요. 재삼 말씀드리지만 뱅코우는 이미 땅속에 파묻힌 사람이에요. 무덤에서 살아나올 린 없잖아요... 어서 침상으로 가세요. 침상으로. 누가 문을 두드립니다. 자, 자, 자, 자, 손을 이리 주세요. 해치운 일은 이미 끝낸 일입니다. 침상으로 가세요. 침상으로. 침상으로요.

이 장면은 일반적으로 맥베스 부인이 잠을 자면서까지 죄의식으로 고통받는 장면으로 해석되고 또 그렇게 알려져 있다. 하지만 과연 그것이 전부일까에 대해서 의문을 갖게 되는 건 남편에 대한 이미지가 유독 많고, 셰익스피어가 자주 사용하는 언어적 패턴에서 벗어난 부분이 꽤 의미심장하게 다가오기 때문이다. 셰익스피어는 많은 경우 같은 말을 3회 반복하는 패턴을 자주 보이는데, 이 맥베스 부인 독백에서는 "자, 자, 자, 자"(Come, come, come, come)를 '4회' 반복하는 흥미로운 변칙을 보인다. 그리고 이어서 "내 손 잡아요"(Give me your hand)라는 대사와 함께 다시 "침상으로"(To bed)라는 표현을 3회 반복으로 끝맺고 있다. 독백 안에 남편 맥베스에 대한 이미지가 많다는 것은 남편에 대해서 그만큼 많이 생각하고 있다는 것을 의미할 수 있다.

남편 생각을 많이 한다는 것은 맥베스 부인이 극의 이 시점에 이르러 지독한 외로움을 느끼고 있으며 남편에 대한 그리움이 커져 있음을 말해준다. 실제로 3막 이후 맥베스와 맥베스 부인은 더 이상 같은 장면에 등장하지 않는다. 맥베스를 왕으로 만드는 과정에서 긴밀하게 함께 했던 두 사람이 더 이상 함께 하는 장면이 없다는 것은 두 사람 사이가 요원해 졌음을 의미한다. "자, 자, 자, 자, 내 손을 잡아요"라는 맥베스 부인의 대사는 이 순간 남편이 자신이 손을 잡아주기를 간절히 바라는 마음이 담겨 있다. 그래서 "침대로, 침대로, 침대로"라는 대사는 매우 의미심장해진다. 원래는 성문을 두드리는 소리에 급하게 침실로 돌아가 피 묻은 손을 닦고 아무 일 없는 듯 행동하자는 뜻이지만, 지금 이 몽유병 상태에서 남편을 그리워하는 맥베스 부인이 침대로 가자고 하는 것은 부부간의 사랑을 갈 망하는 듯한 뉘앙스를 갖게 된다.

이 독백으로부터 맥베스 부인의 죄의식만을 읽어낸다면, 배우는 그 죄의식이 낳는 고통을 연기하기에 급급할 것이다. 하지만 죄의식보다 깊은 곳에 남편에 대한 그리움과 사랑을 읽어낸다면, 이 독백은 맥베스 부인이 죄의식에 떨고 있는 자신을 남편이 와서 손을 꼭 잡아주고 다시 자신을 사랑해 주기를 갈구하는 독백이 될 것이다. 2막 2장에서 자신이 정확하게 남편에게 그렇게 했던 것처럼 말이다. 단검을 두고 돌아와서 떨고 있는 남편을 위해 피 묻은 손으로 남편의 손을 잡아 어루만지며 "이제 내 손도 당신 손과 같은 색이 되었어요"라고 말했던 것처럼 말이다. 하지만 끝끝내 맥베스 부인의 손은 아무도 잡아주지 않는다. 그녀가 결국 자살하 게 되는 것은 그토록 사랑했던 남편이 그녀를 버렸기 때문이다. 몽유병 자체가 맥베스의 '부재'에 그 원인을 찾을 수 있는 것이다. 맥베스가 침대에서 그녀를 꼭 안고 있어 주었다면 맥베스 부인은 이렇게 몽유병을 겪으며 남편을 찾아 돌아다니지 않았을 것이다. 어쩌면 맥베스 부인이 애초에 이리로 오는 것도 침대에 없는 남편을 찾아 헤매면서 비롯된 일인지도 모른다. 그렇게 해석한다면 맥베스 부인의 등장은 사뭇 달라진다. 마치 절대 잃어버려서는 안 되는 무언가를 잃어버린 인간이 그것을 필사적으로 찾으려고 하면서 등장하게 될 것이다. 등장의 순간부터 아니 등장 직전부터 캐릭터는 이미 극적 행동을 한다. 0의 상태에서 이루어지는 등장은 없다.

<맥베스> 2막 2장에서 맥베스와 맥베스 부인 사이에는 어떤 사건들이 일어나고 그에 따라 캐릭터들이 어떤 행동을 취하고자 하는지를 파악하는 것이 장면 연기의 열쇠이다. <맥베스> 2막 2장은 맥베스가 덩컨왕을 시해한 이후에 벌어지는 사건에 관한 장면이고, 이 사건은 두 부부의 관계에 영향을 주는 사건이 된다. 흔히들 착각하듯이, 2막 2장은 덩컨왕 살해에 관한 장면이 아니다. 맥베스는 장면 끝 퇴장 직전에 덩컨왕의 이름을 잠시 언급할 뿐이다. 장면 내내 덩컨왕에 대한 언급은 없다. 덩컨왕의 살해가 장면의 사건이 아니라면, 2막 2장의 극적 사건은 무엇인가?

장면은 두 캐릭터 사이에서 일어나는 일에 관한 것이고 그것은 시작 시점에서의 두 캐릭터의 사이와 관계가 변화를 거쳐 새로운 사이와 관계에 도달하게 된다는 것을 뜻한다. <맥베스> 2막 2장은 시해 이후 맥베스에게 일어나는 불안정을 보여주기 위한 장면이라고만 생각하기 쉽다. 그러나 장면은 맥베스와 맥베스 부인 두 사람 사이에서 일어나는 일에 관한 것이다. 먼저 순간에서 순간으로 이어지며 장면에서 어떤 일들이 일어나고 있는지를 정밀하게 살펴보자.

맥베스

해치웠소.. 무슨 소리 듣지 못했소?

가슴 졸이며 기다리던 소식에 맥베스 부인은 기쁨을 금치 못한다. 남편이 드디어 왕이 될 수 있는 토대를 마련한 것이다. 일을 성공시킨 남편이 너무나 멋지고 사랑스럽다. 남편에게 달려가 벅찬 기쁨과 사랑을 표현한다. 혼자 있던 맥베스 부인이 맥베스와 하나로 결합되는 순간이다. <맥베스> 전체에서 맥베스 부인이 가장 큰 기쁨과 행복을 느끼는 순간이 될 것이다.

맥베스 부인이 기쁨에 차 맥베스를 끌어안고 사랑을 나누는 사이 맥베스는 무슨 소리를 듣는다. 무슨 소리인지 불분명한 소리이다. 이 소리는 맥베스가 환청처럼 듣는 소리일 수도 있고, 실제로 들린 소리이지만 맥베스만 듣고 맥베스 부인은 듣지 못한 소리일 수도 있다. 맥베스는 지금 소리에 몹시 예민한 상태이다.

맥베스 부인

부엉이와 귀뚜라미 우는 소리밖에 못 들었어요. 무슨 말씀 안 하셨어요?

맥베스 부인은 방금 난 소리를 듣지 못했기 때문에 남편이 들어오기 전에 난 소리를 묻고 있다고 생각한다. 부엉이와 귀뚜라미 소리는 일이 성공한 시점에서 자신들이 아니라 덩컨왕을 향한 불길한 소리였다고 더욱 확신하게 된다. 부엉이와 귀뚜라미 소리 말고 남편이 들어오기 직전에 들었던 소리가 생각이 나서 맥베스 부인이 되묻는다. 왜 남편이 그런 소리를 냈는지 알고 싶다.

맥베스

언제?

맥베스 부인은 남편이 낸 소리라고 확신하고 있다. 그러나 맥베스는 자신이 그런 소리를 냈다는 것을 전혀 의식하지 못한다. 등장 전이라 어떤 일이 정말로 있었는지 아무도 알 수 없다. 배우와 연출의 해석과 선택이 필요할 뿐이다.

맥베스 부인

방금.

맥베스

내려올 때 말이오?

맥베스 부인

예.

맥베스 부인은 남편이 낸 소리가 틀림없다고 생각한다. 맥베스는 "그럴 리가 없는데"라는 식으로 생각하는 듯하다. 얼떨결에 무심코 낸 소리이거나, 아니면 맥베스가 낸 소리가 아닌데 맥베스의 소리처럼 들린 정체불명의 소리일 수도 있다.

맥베스

들어 봐! 옆방에서 자는 자가 누구지?

맥베스 부인

도널베인이에요.

이 순간 맥베스는 또 다른 소리를 듣는다. 이번에도 맥베스 부인의 귀에는 들리지 않는 소리이다. 예민해진 맥베스의 귀에만 들리는 소리이 든가 아니면 맥베스가 환청처럼 듣는 소리일 것이다. 맥베스는 그가 방금 들은 소리가 옆방이 있는 방향에서 들린 것 같다고 생각한다.

아무 소리도 듣지 못한 맥베스 부인은 어리둥절할 뿐이다. 맥베스 부 인의 말이 채 끝나기도 전에 맥베스는 발소리를 죽이고 신속하게 옆방 쪽 으로 다가가 소리를 확인한다. 소리에 대한 언급이 더 이상 없는 것으로 보아, 옆방에서 아무 소리도 안 들렸거나 맥베스가 안심해도 되는 소리가 들린 것으로 보인다. 옆방에 실제로 도널베인이 있었다면 도널베인이 낸 어떤 소리일 수도 있다. 환락을 즐긴 도널베인이 깊이 잠이 들어 아무 소 리도 내지 않았을 수 있고, 깨어 있다면 자신의 방에서 여전히 환락을 즐 기느라 어떤 소리를 냈을 수도 있다.

맥베스

이 무슨 비참한 꼴인가.

맥베스 부인

무슨 소리예요. 비참하다니.

한숨을 돌린 맥베스는 비로소 지금 자기 상태를 인식하게 된다. 맥베 스의 손에 피가 이렇게 많이 묻어 있다는 것 자체가 이상하다. 맥베스는 천하무적의 장군으로 칼을 세상에서 가장 잘 쓰는 자이다. 잠든 보초병들 과 덩컨왕을 아주 간단하게 흔적도 없이 해치울 수 있었을 텐데 왜 그렇 게 피를 많이 묻히게 된 걸까? 한칼에 해치우는 것과 난도질하는 것은 완 전히 다른 정신 상태에서 살인 행위가 이루어졌음을 나타내는 증거이다. 무언가가 맥베스의 침착성을 잃어버리게 했기 때문일 것이다. 그것이 맥베스가 과도하게 칼을 휘두르게 했을 가능성이 있다. 맥베스를 연기하기 위해 배우는 그에 대한 본인만의 상상을 발휘해야 한다. 맥베스를 연기하기 위해서는 풀어야 할 미스터리가 많다.

맥베스 부인에게는 피투성이인 맥베스의 모습이 승리의 훈장처럼 보인다. 비참하기는커녕 영광스러운 모습이다.

맥베스

한 놈은 자면서 웃고 있었고, 또 한 놈은 "살인이야!"하고 외쳤소. 그러고선 두 놈이 눈을 뜨더군. 난 그 자리에 못 박혀 서서 듣고 있었더니, 두 사람은 기도를 올리고선 다시 잠들고 말았소.

맥베스 부인

거기에 두 사람이 같이 자고 있었을 텐데.

맥베스는 술과 약에 취한 보초병들이 마치 자신에게 어떤 일들이 일어날지 꿈에서 미리 안 것처럼 "살인이야"를 외치고 "기도를 올리고 다시 잠이 들었다"라고 말한다. 이 일은 무대 밖에서 일어난 일이기 때문에 우리는 오로지 맥베스의 진술에 의지할 수밖에 없지만, 이것이 실제로 일어난 일이라고 믿기 어려운 부분이 있다. 잠든 자가 어떻게 자신이 살해될 것을 알 수 있단 말인가? 완전히 잠들지 못하고 술과 약의 힘으로 인해 몸을 가눌 수 없는 상태에서 칼을 든 맥베스를 보고 한 행동이라고 해석할 수 있는 것이 최선이다. 하지만 그보다 더 신빙성 있는 해석은 실제로 일어난 일이 아니라 맥베스의 상상 속에서 일어난 일로 간주하는 것이다. 그와 같은 해석의 열쇠는 맥베스가 이전 장면에서 살인을 저지르러 갈 때 보여 준 모습들이다.

맥베스는 살인을 저지르러 가는 길에 이미 환영(단검)을 본다. 환영은 맥베스라는 캐릭터가 예민하고 남다른 감각과 상상력 그리고 양심과 죄의식을 가지고 있음을 나타낸다. 정신 이상을 나타내는 것이 아니다.

맥베스와 달리 맥베스 부인은 자신이 탄 술을 마시고 완전히 잠이 들었을 보초병들이 중간에 깨어나 그런 소리를 했을 거라는 생각이 전혀 들지 않는다.

맥베스
한 놈이 "하느님 우리에게 자비를!"하고 기도하자 또 한 놈은 "아멘"이라고 하더군. 놈들이 이 자객의 손을 보았던 게지. 그런데 "하느님 우리에게 자비를"하고 웅얼거리는 소리를 듣고도 난 "아멘"이라는 소리가 입에서 떨어지지 않았소

맥베스 부인
너무 심각하게 생각하지 마세요.

맥베스
왜 난 "아멘"이라고 말하지 못했을까? 나야말로 하느님의 구원이 필요했는데. "아멘" 소리가 목에 걸려 나오질 않다니.

보초병이 기도를 올리고 다시 잠들었다고 했던 맥베스는 다시 보초병이 했다는(혹은 했다고 생각하는) 기도소리와 "아멘"에 대해 말하기 시작한다. "하느님 우리에게 자비를!"이라는 말은 실제 보초병이 한 말일 수도 있지만, "하느님 저희의 죄를 용서해 주소서"라는 말처럼 맥베스가 살인 직전에 속으로 했던 말일 수도 있다. 그런데 그 기도의 끝에 맥베스는 차마 "아멘"이라고 말할 수 없었다. 엄청난 죄의식이 몰려온 것이다. 맥베스는 자신이 절대 구원받지 못할 행동을 하고 있음을 안다.

이 시점부터 맥베스는 급격하게 자신만이 듣는 소리에 휩싸이기 시

작한다. 그리고 이때부터 맥베스 부인도 남편이 하는 말이 사실이 아닐지도 모른다고 생각하기 시작하는 듯이 보인다. 대수롭지 않게 여겼지만, 이제 걱정이 되기 시작한다.

맥베스 부인
이런 일은 그런 식으로 생각해서는 안 돼요. 그러다간 미치게 돼요.

맥베스 부인은 남편이 혼자 보고 듣고 있는 것에서 깨어나 자신을 보게 하려고 노력한다. 현실과의 끈을 놓아버리면 미친 사람이 되는 것이다. 계획이 성공한 이상 남편의 일시적인 불안증세는 궁극적으로 가라앉을 거라고 맥베스 부인은 생각한다. 많은 경우 맥베스 부인이 맥베스를 나무라듯이 연기하는데 이는 큰 잘못이다.

맥베스 부인도 맥베스가 말하는 죄의식이 얼마나 큰지 알고 있는 듯하다. 자신도 그런 죄의식에서 자유롭지 않기 때문일 것이다. 다만 맥베스 부인은 그 죄의식에 절대 굴복해서는 안 된다고 다짐하고 있을지도 모른다. 특히 남편이 이렇게 불안정해지는 상태에서 자신만큼은 정신을 바짝 차리고자 한다.

맥베스
어디에선지 외쳐 대는 소리가 들려오는 것 같았소. "더 이상 잠을 못 잔다! 맥베스는 잠을 죽였다"라고.. 저 맑고 깨끗한 잠, 엉클어진 심로의 실타래를 풀어주는 잠, 그날그날의 생명의 죽음, 노고를 풀어주는 목욕, 마음의 상처를 치유해 주는 영약, 대자연이 베풀어 주는 제2의 생명, 생명의 향연에 중요한 자양물인 잠을—

맥베스가 말하는 소리들은 지금도 맥베스의 귀에 생생하게 들리는 소리이다. 단순히 들었던 말을 되뇌는 것이 아니라, 지금 이 순간에도 사방팔방에서 선명하게 들려오는 소리이자, 점점 더 크게 들려오는 소리이다. 이 소리들은 어디에서 시작해서 어디로 향해 가는 소리일까? 맥베스 내면의 소리라고 해석한다면 맥베스 안에서부터 화산 폭발처럼 솟구쳐 나와 세상을 뒤덮는 소리이어야 할 것이다. 맥베스를 꼼짝할 수 없게 포위해서 사방에서 무작위로 들려오는 소리라고 해석한다면 소리가 들려오는 각기 다른 방향으로 눈과 귀를 계속 돌려야 한다.

맥베스는 자신이 저지른 짓으로 인해 절대 잠을 잘 수 없게 될 것임을 안다. 그리고 잠이 생명의 치유임을 안다. 잠 없이 생명이 살 수 없음을 안다. 잠을 잘 수 없다는 것은 자신이 이미 죽은 것이나 다름없다는 것임을 안다. 잠에 대한 맥베스의 묘사는 맥베스가 뛰어난 시적 상상력을 가졌음을 말해준다. 맥베스의 언어는 아름답다. 격렬하고 격정적인 순간들에도 배우는 언어의 아름다움을 관객에게 그대로 전달할 수 있어야 한다. 훈련된 배우의 차이는 그럴 때 드러난다.

맥베스 부인

무슨 말씀을 하시는 거예요?

맥베스

온 집안을 향해 외치고 있었소 더 이상 잠잘 수가 없다! 글래미스는 잠을 죽였다. 그러니까 코오더는 더 이상 잠잘 수가 없다. 맥베스는 더 이상 잠을 잘 수 없다!

맥베스 부인이 달래려고 하지만, 맥베스는 신들린 사람들처럼 걷잡을 수 없는 상태에 빠져든다. 이 고요한 시공간에 맥베스의 외침이 메아리쳐럼 울려 퍼질지도 모른다. 맥베스의 외침은 나약한 소리가 아니라 자신이 저지른 죄를 실토하면서도 운명에 저항하는 거대한 소리가 되어야 한다. 맥베스 부인은 그런 맥베스를 진정시키기 위해 필사적인 노력을 기울인다. 힘으로 도저히 당할 수 없는 남편을 온몸을 던져 꼭 끌어안고 진정될 때까지 버텨내려고 한다.

맥베스 부인

누가 그따위 소릴 했어요? 이것 보세요, 여보, 기왕 저지른 일 그런 식으로 어리석게 생각하시면 당신의 훌륭한 담력을 잃게 돼요. 어서 물로 더러운 손의 핏자국을 씻어 증거를 지워버리세요. 왜 이 단도들을 가지고 오셨어요? 거기 놔두지 않고 어서 도로 가지고 가서 잠자는 호위병들에게 피를 뭉개 놓으세요.

그렇게 꼭 버텨준 결과 맥베스 부인은 가까스로 맥베스를 진정시킨다. 맥베스 부인은 가장 부드럽고 따스하게 맥베스를 위로하고 안심시키려고 한다. 이 모든 일은 남편이 왕이 되고 나면 다 아무 문제가 되지 않을 것이라고, 핏자국을 말끔히 씻어내고 나면 없던 일이 될 것이라고 말한다.

그런데 예상치 못한 위기가 찾아온다. 맥베스가 살해에 쓴 단도를 가지고 온 것이다. 지금까지는 거사가 성공했다는 전제하에 남편을 위로하려고 했지만, 상황이 180도 달라졌다. 단도를 가져왔다는 것은 거사가 아직 성공하지 못했다는 걸 의미한다. 거사가 실패한다면 맥베스는 왕이 되는 게 아니라 역적이 된다.

맥베스가 가져온 단검과 관련해서 배우는 두 가지 수수께끼를 해결해야 한다. ① 애초에 왜 단검을 두고 오지 못했는가? 그리고 ② 맥베스 부인은 왜 이 시점까지 단검을 발견하지 못했는가? 정답이 있는 문제가 아니기에 해석에 따라 다른 답을 얻게 된다.

단검을 두고 오지 못한 문제는 맥베스는 장군으로서 칼을 쓰고 나면 항상 자신의 칼을 칼집에 넣는 버릇이 있기 때문일지도 모른다. 늘 당당하게 칼을 휘둘러 왔고 칼을 휘두르고 나면 늘 칼집에 칼을 늠름하게 넣어왔던 몸의 습관이 그렇게 하게 했으리라 생각된다. 아니면 입 밖으로 "아멘"이라는 소리를 말하지 못했던 죄의식으로 인해 맥베스가 자신이 저지른 죄를 숨기듯이 단검도 무의식중에 숨겼기 때문일지도 모른다. 후자의 해석이 맥베스 부인이 이 시점까지 단검을 발견하지 못하는 근거를 제공해 줄 수 있다. 맥베스를 위로하고 안심시키기 위해 터치를 하다가 맥베스 부인이 맥베스의 옷 속 어딘가에 숨겨진 단검을 발견하게 될 수 있다. 두 가지 수수께끼에 대해 배우는 얼마든지 더 나은 해석을 발견해 내고 그를 연기로 실행할 수 있다.

단검을 발견하고 소스라치게 놀랐지만, 위기의 상황에 맥베스 부인은 정신이 번쩍 든다. 더 늦기 전에 단검을 보초병들 손에 쥐어 두어야 완전범죄가 가능해진다. 맥베스 부인은 처음으로 맥베스를 질타하면서 서둘러 남편에게 단검을 도로 갖다 두고 오라고 요구한다. 단순히 말만 하는 것이 아니라 실제로 가지 않으려는 맥베스의 몸을 떠밀며 가게 하려고 한다.

맥베스
난 더는 못 가오. 내가 저지른 일을 생각하니 소름이 끼치오. 난 두 번 다시 볼 순 없소. 진저리가 나오.

맥베스 필사적으로 가지 않으려고 한다. 조금 전까지 눈에 보이고 귀

에 들리던 것들에게서 겨우 벗어났는데, 다시 가게 된다면, 영영 그 광경
과 소리들로부터 자유로울 수 없을 것 같기 때문이다. 자신이 저지른 죄
의 생생한 증거들을 도저히 다시 마주할 수 없다.

맥베스 부인

원, 그렇게 속내가 약해서야! 단도를 이리 주세요. 잠자는 사람이나 죽은
사람은 화상과 매한가지예요. 어린애나 그림에 그린 악귀를 보고 무서워
하는 거예요. 아직도 피를 흘리고 있으면 경호원들 얼굴에 피범벅을 해주
겠어요. 죄를 뒤집어씌울 수 있게요.

(퇴장)

이대로 주저앉을 수 없기에 맥베스 부인은 자신이 직접 행동하기로
결정한다. 맥베스 손에서 단검을 넘겨받는다. 남편이 주지 않으면 낚아채
게 될 것이다. 손과 코로 피의 끔찍한 촉감과 역겨운 냄새가 선명하게 느
껴지지만, 그것에 사로잡힐 시간적 여유가 없다. 하지만 맥베스 부인은 가
기 전에 자신이 없는 동안 맥베스가 다른 사고를 치지 않고 가만히 있도
록 단단히 일러두어야 한다. 남편에게 대범함을 보임으로써 남편이 두려
워하지 않기를 바란다. 긴급할수록 맥베스 부인은 더 치밀해진다.

맥베스

이게 어디서 나는 소리지? 웬일일까, 자라 보고 놀란 가슴 솥뚜껑 보고 놀
란다고, 무슨 소리인지 저 소리에 나도 깜짝깜짝 놀라게 되지 않은가? 이
손이 무슨 꼴이람! 아! 눈동자가 튀어나올 것 같구나! 바다의 신 넵튠이
다스리는 망망대해의 바닷물인들 이 손에 묻은 피를 씻어버릴 수 있을까?
못 한다. 오히려 넓고 한없는 바닷물을 빨갛게 하여 푸른 대양을 붉게 물

들게 할 것이다.

맥베스가 홀로 남겨진다. 셰익스피어는 왜 맥베스가 혼자 있는 모습을 보게 할까? 작가는 절대 아무 캐릭터나 무대 위에 혼자 두지 않는다. 아마도 맥베스 부인이 옆에 있을 때와 없을 때의 차이를 관객이 보게 하기 위함일 것이다.

아니나 다를까, 맥베스 부인이 퇴장하자마자 맥베스는 다시 소리를 듣기 시작한다. 이 소리는 맥베스 귀에만 들리는 소리일 확률이 높다. 방향도 불분명하고 정체도 알 수 없는 소리가 혼자 있는 맥베스를 엄습해 온다. 연출이 이 소리를 음향적으로 구현해 줄 수도 있지만, 배우는 맥베스가 듣는 소리를 구체적으로 상상해야 한다. 그렇지 못하면 막연한 연기를 하게 된다.

소리에 쫓겨 다니다 맥베스는 몸을 움츠리거나 공간 어딘가에 몸을 숨기게 될 것이다. 그러다가 자신의 피 묻은 손을 보게 된다. 눈알이 튀어나올 것처럼 끔찍한 이미지로 다가온다. 그러면서 맥베스는 상상의 스크린에 펼쳐지는 이미지들에 사로잡힌다. 망망대해의 푸른 바닷물이 보인다. 푸른 바다를 보며 저 바닷물이 자신의 손을 씻어줄 수 있을까 묻는다. 그러나 그 질문이 채 끝나기도 전에 자신의 손에 묻은 피로 인해 거대한 바다가 온통 빨갛게 물드는 이미지를 보게 된다. 그러면서 자신이 영원히 씻어낼 수 없는 죄를 지었음을 깨닫는다.

맥베스 부인이 없는 상태에서 맥베스는 자신의 상상에 홀리듯 사로잡히고 죄의식에 완전히 물들게 된다. 이 시점에 맥베스는 아마도 주저앉을 것이다. 이때 맥베스 부인이 돌아온다.

(맥베스 부인, 재등장)

맥베스 부인은 호위병들의 손에 단검만 두고 오면 됐지만, 죽은 덩컨왕의 모습을 확인하고 온 듯이 보인다. 지금은 아무 말 없지만, 앞서 분석했던 5막 독백에서 맥베스 부인이 "하지만 그 늙은이(덩컨왕) 몸 안에 그렇게 많은 피가 들어있을 줄은 몰랐어요..."라고 말하기 때문이다. 덩컨왕의 얼굴이 아버지를 닮아서 자신이 직접 죽일 수 없다고 말했던 맥베스 부인은 왜 굳이 덩컨왕의 얼굴을 보고 왔을까? 앞의 대사를 보면 단지 보고만 온 게 아니라, 죽은 덩컨왕의 몸에 손을 대본 듯이 보인다. 그것은 아마도 남편이 혹시 다른 실수를 하지 않았을지 빈틈없이 확인하기 위해서였을 것이다.

재등장한 맥베스 부인은 아마도 주저앉아 있는 맥베스를 보고 남편에게로 다가갈 것이다. 남편에게 자신이 필요하기도 하지만 지금 이 순간만큼은 자신도 남편이 필요하다.

맥베스 부인

제 손도 같은 빛이 됐어요. 그러나 저의 심장은 당신처럼 파리하게 질려 있진 않아요. 남쪽 문을 두드리는 소리예요. 어서 우리 방으로 돌아갑시다. 물만 조금 있으면 핏자국도 그 일도 말끔히 씻어 버릴 수 있을 거예요. 아주 쉽지 뭐예요! 용기를 잃고 주눅이 드셨군요. 아, 저 소리! 또 두들겨요. 어서 가운으로 갈아입으세요. 혹시 우리가 불려 나갈 경우 깨어 있었다는 의심을 받아서는 안 돼요. 넋 나간 사람처럼 멍하니 서 계시지 마세요.

맥베스 부인은 피 묻은 자신의 손과 남편의 손을 하나로 연결한다. 피 묻은 두 손의 신체적 대화가 시작된다. 맥베스 부인은 맥베스에게 그가 절대 혼자가 아님을, 언제까지나 자신이 그와 함께 할 것임을, 그러니까 절대 두려워할 필요가 없음을 손과 입으로 함께 말한다. 그 말은 동시에 자기 자신을 위한 말이기도 하다. 남편이 함께하는 한, 절대 두려워할 필요가 없다고 스스로에게 말하는 것이기도 하다.

피 묻은 손으로 하는 두 캐릭터의 신체적 대화는 끔찍하면서도 아름다운 신체언어이다. 하지만 둘이 가까스로 다시 하나가 된 그 순간 또 다른 위기가 찾아온다. 성문을 두드리는 소리가 온 성에 울려 퍼진다. 이 소리는 방향도 분명하고 잠들어 있는 모든 이를 깨울 수 있는 크기의 소리이다. 시간이 별로 없다. 완전 범죄가 되기 위해서는 범죄의 모든 흔적을 최대한 빨리 깨끗이 다 지워야 한다. 남편을 방으로 급히 데려가려고 한다. 그런데 맥베스가 움직이지 못한다. 그러자 맥베스 부인은 다시 남편을 위로한다. 조금의 물만 있으면 핏자국도 그 일도 말끔히 씻어 버릴 수 있을 거라고 말한다. 이 말은 아이러니한 말이 된다. 5막에서 몽유병에 걸린 상태에서 그녀가 "아라비아의 온갖 향료로도 이 작은 손의 악취를 없앨 수 없단 말인가"라며 긴 고통의 소리를 토해내게 되기 때문이다.

또다시 성문을 두드리는 소리가 들려오고 남편을 데리고 나가려 하지만, 맥베스는 여전히 꼼짝하지 않는다. 그래서 남편을 다그친다.

맥베스

저지른 일을 생각하니 차라리 나 자신을 잊어버리고 싶다. 저 소리가 덩컨을 깨워 주려무나! 제발 그렇게 해다오!

맥베스는 이 모든 일이 꿈이었기를, 실제로는 일어난 일이 아니기를 바라면서 퇴장한다. 덩컨왕을 되살릴 수만 있다면 모든 일을 되돌리고 싶다고 말한다.

두 캐릭터의 퇴장과 관련해서 이전까지는 보이지 않던 통로가 열리면서 두 캐릭터가 퇴장하게 된다면 이 공간이 두 캐릭터만의 비밀스러운 공간임이 밝혀질 것이다.

이상에서 <맥베스> 2막 2장의 극적 순간들을 세밀하게 상상해 보았다. 이제 장면의 중추가 되는 극적 행동에 대해서 살펴보자. 극적 행동(action)은 '싸움'과 '노력'에서 나오는 말과 행동으로 장면에 등장하는 캐릭터들의 사이와 관계에 변화를 가져와야 한다. 맥베스 부부는 무엇에 대항해 싸우면서 어떤 노력을 장면 내내 한 것일까?

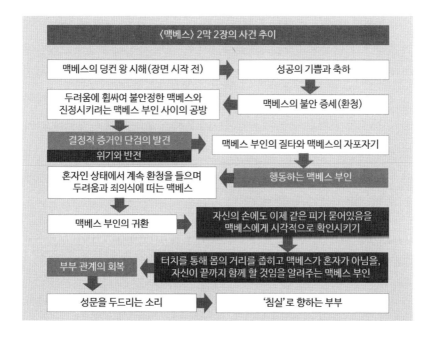

소리의 형태로 이 시공간을 계속 침범해 오는 보이지 않는 힘에 맞서 맥베스 부부는 하나가 되고자 노력한다. 정체를 알 수 있는 소리와 정

체를 알 수 없는 소리, 맥베스의 귀에만 들리는 소리 등이 이 '고요한' 시공간에 끊임없이 울려 퍼지며 두 캐릭터를 갈라놓으려고 한다. 그러나 맥베스 부부는 서로의 몸을 떼어놓으려는 모든 것에 저항하면서 계속해서 몸의 연결을 시도한다. 누구도 갈라놓을 수 없는 부부가 되려고 한다. **몸의 연결은 곧 마음의 연결이다.** 분리시키려는 힘에 맞서 하나로 연결되고자 하는 몸은 하나로 연결되고자 하는 마음을 형상화하고 시각화한다. 이와 같은 극적 행동은 캐릭터가 직접적인 말(대사)로 거의 하지 않기 때문에 소리(울림·음색·뉘앙스 등)와 태도 그리고 신체와 행동을 통해서 구현되어야 한다.

계획의 성공을 충분히 기뻐할 틈도 없이 찾아온 무산의 위기를 대담한 행동으로 극복하고 **부부관계를 회복하는 것이** <맥베스> 2막 2장의 극적 행동이고 이 행동은 맥베스 부인이 주도한다. 발코니라는 공간이 서로를 갈라놓지만 그것을 거역하고 서로에게 가 닿으려는 로미오와 줄리엣처럼, 맥베스와 맥베스 부인은 둘을 갈라놓으려는 모든 것에도 불구하고 어떻게든 하나가 되고자 한다. 따라서 <맥베스> 2막 2장에서 배우가 구현해야 하는 가장 중요한 시각적 언어는 두 캐릭터 사이에 시시각각 변화하는 몸의 거리와 터치와 컨택트이다.

<맥베스>를 단순한 선악의 흑백논리 속에서 욕망에 지배된 악한 인간들이 벌이는 악한 행동들이 초래하는 파멸적 결말에 관한 것으로 전락시키지 않으려면, 배우는 남다른 눈으로 극과 시공간과 캐릭터를 볼 수 있어야 한다. 관점이 바뀌지 않으면 대본에서 보이지 않는 형태로 존재하는 '서브텍스트'를 읽어 낼 수 없다. 읽어낼 수 없으면 연기할 수 없다. 『메소드연기』의 저자 에드워드 이스티는 "연기예술의 깊이는 배우의 지각능력에 크게 의존한다"라고 했다. 시각과 관점 그리고 안목의 차이가 연

기의 차이를 낳는다. 차이를 보고 차이를 구현하고 차이를 낳는 예술가가 되고자 하자.

▌ 셰익스피어의 캐릭터

배우 : 극장 = 캐릭터 : 극세계 = 인간 : 세상

셰익스피어의 캐릭터들은 '영웅'(hero/heroine)이다. 즉, '거대한 인간'이다. 일상에 함몰되어 있는 소시민이 아니라, 인간의 대표선수와도 같은 존재들이다. 햄릿은 르네상스 시대 최고의 인간상이다. 지식, 예술에 대한 조예, 그리고 신체의 사용에 있어서 타의 추종을 불허한다. 그와 같은 셰익스피어 캐릭터를 연기할 수 있기 위해서 배우는 '최고'의 자신이 되고자 해야 한다. 자신의 몸이 낼 수 있는 가장 좋은 소리와 가장 멋지고 아름답고 역동적인 몸을 자유자재로 사용해서 연기해야 하고, 무엇보다 자신이 가진 거대한 생명의 에너지가 연습실과 극장을 꽉 채우는 것에서 더 나아가 세상을 향해 뻗어나가게 해야 한다. 셰익스피어 연기가 배우를 대배우로 만들어 주는 것은 배우가 연기하는 캐릭터 자체가 거대하고 강력하고 아름다운 존재들이기 때문이다.

셰익스피어의 주인공 캐릭터들은 뛰어난 감각과 상상력을 가진 시인이며 예술가이자, 예리하고 치밀한 철학자·사상가·지식인이며, 쉴 새 없이 움직이는 활동가이자 행동주의자이다. 이해할 수 없는 것을 이해하려고 하고, 감당할 수 없는 것을 감당해 내려고 하며, 이길 수 없는 상대와 맞서 싸워 이기려고 하고, 주저나 물러섬 없이 모든 것을 몸으로 부딪쳐 돌파하고자 한다.

▌ 저항

셰익스피어의 캐릭터들은 저항하기에 존재하는 것처럼 막아서는 게 있으면 무엇이든 어떻게든 넘어서려고 한다. 그러면서 캐릭터는 더욱 강해진다. 장애와 난관, 시련과 고난이 캐릭터를 성장시킨다.

중요한 캐릭터들은 특히 기존의 질서에 반기를 든다. 현 사회를 유지하는 구조와 체제/체계(시스템) 신분구조, 분배구조, 가치체계, 신념체계에 의문을 제기하고 기존의 질서를 뒤흔드는 행보를 보인다. 이들의 저항은 기존의 체제와 체계에 균열과 붕괴를 초래하고 질서의 붕괴는 그 질서 속에서 살아가던 모든 인간에게 정신적 혼란을 야기한다. 대부분의 극은 기존의 질서가 무너지고 충돌을 통해 새로운 질서가 다시 세워지는 과정을 다룬다.

클로디어스는 형인 왕을 살해하고 왕이 되어 형수를 왕비로 맞이한다. 권력체제와 도덕체계를 전복하는 행동이다. 그리고 그렇게 전복된 체제 위에 자신만의 통치체제를 확립한다. 클로디어스의 체제는 감시와 공포정치, 이미지정치, 공작정치로 유지되고 강화된다. 햄릿은 이렇게 클로디어스에 의해 새로 구축된 체제와 질서에 저항한다.

에드먼드는 서자라는 신분 구조가 지탱하고 있는 분배구조에 대한 불만이 극에 달했다. 그래서 그는 <리어왕>의 세계 전체를 뒤흔드는 행보를 거침없이 이어간다. 맥베스 부인은 지상 최고의 남자인 남편 맥베스가 아니라 무능하고 타락한 자가 왕위를 차지하고 있는 것이 납득이 되지 않는다. 남편을 정당한 지위에 이르게 하기 위해 그녀는 기존의 질서가 규정하는 여성성 따위는 얼마든지 벗어던지고자 한다.

질서와 체제에 반하는 주인공 캐릭터들의 저항으로부터 관객들도 주인공에게 동조해서 그 질서와 체제가 부당하다고 생각하게 된다. 그러나 악역 캐릭터들이 저항하는 질서와 체제는 주인공 캐릭터들과 관객들이 믿고 신봉하는 질서와 체제이다. 악역 캐릭터에 의해 관객들도 주인공들만큼이나 정신적 혼란에 빠진다. 그리고 혼란 끝에 기존의 질서를 새로운 시각에서 보게 된다.

▌ 인식 · 상상력의 한계

모든 캐릭터는 또한 인식과 상상력에 있어 한계를 가지고 있다. 무한한 상상력을 가진 듯한 캐릭터조차도 인간인 이상 우리 모두와 마찬가지로 유한한 상상력을 가지고 있다. 가장 뛰어난 인간이지만 정작 자기 자신에 대해서는 아무것도 몰랐던 오이디푸스왕의 경우에서 잘 알 수 있듯이, 캐릭터는 신(神)이 아니다. 상상력의 유한성, 그로 인한 인식의 한계성은 우수한 드라마와 코미디의 아이러니를 가져오는 중요한 근간이다.

비극이든 희극이든, 모두 인간이 가진 지적 능력의 유한성과 한계가 얼마나 큰 파국을 몰고 올 수 있는지, 아니면 한 발짝 떨어져서 본다면, 그것이 얼마나 어리석고 우스꽝스러울 수 있는지를 우리에게 일깨워 주기 위해 존재한다. 셰익스피어는 리어왕과 오셀로의 비극을 통해 인간의 인식과 상상력이 제아무리 뛰어난들, 얼마나 유한한 것인지를 보여준다. 위대한 왕인 리어왕과 불패의 장군 오셀로는 가장 가까이에 있는 자기 가족에 대해서는 아무것도 제대로 보고 알지 못하는 인식과 상상력의 한계를 가진 캐릭터로서 부지불식으로부터 비롯되는 극심한 고통을 경험하며 결국 파멸한다.

셰익스피어는 '보지 못해 알지 못하는 인간'을 자신의 비극과 희극의 근간을 이루는 캐릭터로 삼았다. <오셀로>(*Othello*)의 이아고는 설령 거짓된 악의적인 정보에 근거한 것일지라도 상상이 인간의 마음을 얼마나 현혹하고 흔들 수 있는지, 그래서 헤어 나올 수 없는 파멸의 구덩이로 어떻게 인간을 내몰아 갈 수 있는지를 여실히 보여주는 캐릭터이다. 오셀로도 애초에 맥베스만큼이나 존경받는 인간이었지만, 이아고가 불러일으키는 상상이 몰고 오는 질투심에 눈이 멀고 만다. 맹목적인 인간으로 전락해서 오직 한 가지만을 상상한다. 이아고 같은 캐릭터는 인간과 인간성에 대한 믿음이 확고해지던 시대에 인간의 불완전성과 맹목성의 위험을 경각시키는 캐릭터다. 배우는 캐릭터가 가진 상상력의 한계를 알고 캐릭터가 보고 듣고 상상하고 아는 정도만 연기해야 한다. 그리고 캐릭터에 따라 이를 달리할 수 있어야 한다.

배우가 자신의 상대역이나 다른 캐릭터들에 대해 지나치게 많이 알려고 드는 경우를 적지 않게 볼 수 있는데, 그 경우 배우의 시도는 오히려 캐릭터가 되는 것을 방해할 수도 있다. 캐릭터는 일절 알지도 못하고 하지도 않는 생각을 배우가 하고 고민하는 것은 캐릭터가 되는 데 전혀 도움이 되지 않는다. 또한 배우는 대본 전체를 읽고 모든 정보를 미리 알고 있는 상태에서 연기하기 때문에, 극적 순간순간에 충실하지 않고 결말을 아는 것처럼 연기하는 함정에 빠질 위험에 놓여 있다는 점을 명심하여야 한다. 캐릭터는 자신의 말과 행동이 어떤 결과를 낳을지 알지 못하기 때문에 매 순간 최선을 다해 예측하고 모든 노력을 기울이는데, 결과를 미리 아는 그리고 상대 배우가 어떻게 반응할지 정확히 아는 배우는 예측하려는 노력을 게을리하기 때문이다. 그리고 본인도 모르는 사이에 뒤를 알고 있다는 것을 나타내는 예비 동작을 하게 될 수도 있다. 캐릭터는 매 순간 모르는 것을 알려고 하고 이해할 수 없는 것을 이해하려는 필사적인 '노력'을 기울이는 극적 행동(action)을 한다. 관객이 보아야 하는 것은 배우＋캐릭터의 노력이다. 노력이 멈추는 건 심장이 멈추는 것과 같다. 극적 행동(action)은 극이 막을 내릴 때까지 멈추지 않는다.

햄릿은 아버지의 죽음과 관련된 일체의 사실을 알고 싶어 하지만, 확인하려는 시도를 할 수 있을 뿐 절대 자신이 모든 것을 보고 듣고 알 수 있는 것처럼 굴지 않는다. 그것이 햄릿과 다른 캐릭터들을 구별 짓는 점이다. 다른 캐릭터들은 보지 않고 듣지 않고 알지 않으려고 하는 반면, 햄릿은 정말로 보고 듣고 알고 싶어 한다. 그래서 그는 연극(예술)을 이용한다. 예술만이 진실을 말한다. 진실의 거울인 극중극을 통해서, 그리고 극중극에 대한 클로디어스의 반응으로부터 햄릿은 직접 볼 수 없었던 것을 보고, 자신의 상상과 사건의 전말에 대한 확신을 갖는다. 극중극을 통해 자신이 무슨 짓을 한 것인지 생생하게 보게 된 클로디어스도 회개의 기도를 올린다.

▎ 비극(tragedy)과 희극(comedy)

2천5백 년 전 그리스에서 연극과 연기가 시작된 이후 비극(tragedy)과 희극(comedy)은 나란히 함께 발전해 왔다. 삶에 웃음과 눈물이 함께하듯이,

삶을 그대로 닮은 연극과 드라마는 늘 비극과 희극을 양축으로 해서 삶과 인간을 규명하고자 했다. 그리고 셰익스피어의 많은 작품처럼 비극과 희극이 하나로 통합된 작품들도 출현했다. 좋은 배우들도 늘 비극연기와 희극연기 둘 다에 있어서 남다른 감각과 탁월한 기량을 가지고 있다. 진지한 드라마 연기에만 매진하는 배우들이 많은데, 진지한 드라마에 대한 감각만큼 희극연기를 위한 감각과 기량—코믹 센스, 위트, 유머, 말재간, 타이밍에 대한 감각, 제한 없고 자유로운 신체 표현—을 갖추기 위해서 노력해야 한다.

연극의 역사에서 몹시 흥미로운 점은 연극의 전성기가 한 국가가 세계를 제패한 최전성기에 찾아왔다는 점이다. 기원전 5세기 그리스, 16세기 영국, 17세기 프랑스, 그리고 20세기 미국의 경우처럼 가장 좋은 비극과 희극은 아무 때나 태어난 것이 아니라, 한 국가가 가장 융성했던 시기에 탄생했다. 이것은 무엇을 시사하는 것일까?

비극은 인간의 대표선수 격인 캐릭터를 가장 혹독한 시련의 시험대에 놓고 벌인 시험이다. 한 국가가 가장 번성했던 시기라면 낙관주의가 팽배했을 텐데 왜 굳이 비극의 작가들은 암울할 정도로 가장 뛰어난 인간의 파괴를 실험한 것일까? 타임머신을 타고 그 시대로 그대로 돌아갈 수 없기에 우리는 역사적 상상을 발휘할 수밖에 없다. 지금의 자본주의 시대가 인류 역사상 가장 큰 물질적 풍요를 인간에게 가져다주었지만, 인간의 소외, 인간에 대한 착취, 인간적·정신적 가치의 소멸, 쾌락과 욕망의 추구, 빈부 격차에 따른 계급화, 차별과 혐오, 억압과 폭력 등의 문제로 인해 가장 비인간적 시대를 도래하게 한 것처럼, 아마도 좋은 비극이 탄생한 국가의 최전성기도 풍요와 낙관주의에 가려진 이면에 인간 존재와 삶과 관련된 많은 문제가 발생했고 비극작가들이 그것에 주목하면서 비극이 탄생했을 것이다.

비극의 주인공들이 위치한 세상은 주인공들에게 적대적인 세상이고, 비극의 주인공들은 그런 세상에 맞서고 저항한다. 비극을 이해하고 비극을 연기하기 위해서는 주인공들이 맞서고 있는 세상이 어떤 세상인지 먼저 파악해야만 한다. 세상을 지배하는 보이지 않는 힘들과 그런 세상을 구축하고 움직이는 인간들의 실상을 파악해야 한다. 그래야만 비극의 주인공들이 무엇에 대항해서 싸우고 있는지 알 수 있고 무엇이 그들의 목숨까지 담보하게 하는지를 알 수 있다. 로미오와 줄리엣은 진실한 사랑을 부정하거나 믿지 않는 세상에 위치하고 있다. 맥베스와 맥베스 부인은 선과 악의 경계가 모호해진 세상에, 햄릿과 오셀로는 거짓 이미지가 인식을 왜곡하는 세계에, 리처드 3세는 모두가 쾌락과 욕망을 좇는 세상에, 리어와 코딜리어와 에드거는 부와 권력과 출세 지향적 욕망에 눈먼 세상에 위치하고 있다. 하나 같이 진정한 인간적 유대를 불가능하게 하는 세상이다.

비극의 주인공들은 극적 세상이 살라는 대로 살고자 하지 않는다. 세상을 거역하고 세상과 충돌한다. 시류에 휩쓸리지 않고 다른 인간들이 가지 않는 길을 간다. 자신만의 길을 가는 자가 필연적으로 마주해야 하는 외로움과 고독까지 감당해 내면서 비극의 주인공들은 자신만의 길을 간다. 끝까지 간다. 포기하거나 절망하지 않는다. 패배할지언정 절대 굴복하지 않는다. 의연하다. 스스로 모든 책임을 진다.

극장 무대에 홀로 서 있는 배우는 세상에 홀로 맞서는 비극의 주인공을 그대로 닮아있다. 혼자서 객석의 모든 관객을 상대하고 때로는 압도하는 배우의 모습은 세상을 움직이는 인간들을 홀로 상대하는 비극적 영웅의 모습과 같다. 관객은 거대한 배우가 구현하는 캐릭터를 통해 인간의 본성은 물론, 사회구조와 질서, 부의 분배구조, 가치체계, 신념체계 등에 대해 질문하고 또 질문하게 된다. 그로부터 '인식의 변화'를 경험한다. 극은 관객의 인식을 변화시키기 위해 만들어진다.

비극을 바라보는 또 한 가지 관점은 비극이 '파괴되어서는 안 되는 인간의 파괴'를 다루고 있다는 것이다. 그러면서 비극은 그 파괴가 개인적인지 아니면 구조적이고 사회적인 것인지 묻는다. 오필리어의 죽음, 로미오와 줄리엣의 죽음이 자살인지 아니면 사회적 타살인지 묻는다. 데스데모나의 죽음이 단순히 치정살인인지 아니면 가짜 정보에 의해 인간의 정신을 지배하는 정치사회구조에 의한 것인지 묻는다. 현대에도 비극이 가능하냐는 오래된 질문은 이런 관점에서 현대에도 비극이 가능하다고 말할 수 있을 것이다. 아서 밀러 작 <세일즈맨의 죽음>의 윌리 로먼, 테네시 윌리엄스 작 <욕망이라는 이름의 전차>의 블랑쉬는 파괴되어서는 안되는 인간이기 때문이다.

비극의 주인공들은 극한 상황 속에서 온갖 시련을 겪고 감당하고 이겨내면서 새로운 인식에 도달한다. 고진감래(苦盡甘來)에서 '감'(달콤함)을 '비극적 인식', '정서적 인식'으로 대체하면 비극에서 주인공의 여정을 가장 쉽게 설명하는 말이 된다. 반면에 희극의 주인공들은 심리적 거리를 두고 관찰하는 '관찰자'로서 새로운 인식에 도달한다. 삶은 가까이에서 보면 비극이고 떨어져서 보면 희극이라는 유명한 말이 있듯이, 삶의 경험 한가운데에 있을 때와 거기에서 한 걸음 떨어졌을 때 인간이 보고 생각하는 것은 완전히 달라진다.

흥미로운 것은 남자 캐릭터들은 관찰자적 태도를 취하지 못한다는 점이다. <실수연발>은 두 쌍의 쌍둥이 캐릭터들을 뒤죽박죽 섞이게 만들어 정체에 대한 착각으로 인해 온갖 소동이 일어나게 한다. 그런데 여주인공들은 관찰자적 태도를 취하고 그로부터 새로운 인식에 도달한다. 희극의 여주인공들이 그런 선택을 할 수밖에 없는 것은 그들이 속한 세상이 겉으로는 정체와 실체를 알 수 없는 세계이기 때문이다. <십이야>의 바이올라와 올리비아는 지금의 자본주의 사회처럼 모든 것이 온갖 미사여구와 화려한 물질로 포장되어 있어서 도통 진실한 마음과 진실한 사랑은 찾아보기 힘든 세상에 놓여 있다. <한여름 밤의 꿈>의 헬레나와 허미어 그리고 <베로나의 두 신사>의 줄리어와 실비아는 억눌린 성적 욕망이 남자를 돌변하게 하는 두 얼굴의 세상 속에서, <베니스의 상인>의 포오셔는 아집과 편견 그리고 적대와 반목과 혐오의 세계 속에서, <말괄량이 길들이기>의 캐서리나는 획일적 여성상을 종용하는 세계 속에서 독자적이고 유일무이한 인간으로 존재하기 위한 투쟁을 벌이며 진실과 진심을 알아볼 수 있는 지혜를 얻고자 움직인다.

비극이든 희극이든 극은 기존 질서의 붕괴와 그에 따른 한바탕 소란으로 이어지고 그 혼란이 낳는 시련과 고통 끝에 새로운 질서가 세워지면서(설령 그 질서가 바람직한 질서가 아니더라도) 결말이 난다. 셰익스피어의 비극과 사극에서 주인공의 죽음과 함께 새로 들어서는 왕권은 정의로운 권력인지 아닌지 그 경계가 늘 모호하다. 무너져야 할 것이 무너지지 않고 있는가 아니면 무너지면 안 되는 것이 무너지는가? 극이 둘 중 어느 쪽을 주로 다루느냐에 따라 결말의 뉘앙스가 달라질 뿐이다. 권력은 늘 두 얼굴을 하고 있고 권력을 가진 인간은 두 얼굴을 가진 인간이 된다. 셰익스피어의 희극이 주로 결혼으로 끝나는 것은 결혼제도 자체에 대한 옹호라기보다는 '인간의 진정한 결합'만이 올바른 질서임을 말하고자 함일 것이다. 희극은 인간의 진정한 소통과 결합을 꿈꾸며 그것을 방해하는 모든 요인을 관객이 거리를 두고 보고 알게 하고자 한다.

▮ 비극적 결함(*hamartia*)

학자들은 비극의 주인공들이 "비극적 결함/과오"(*hamartia*)를 가지고 있어서 파멸한다고 설명한다. 기원전 5세기에 나타난 위대한 비극 <오이디푸스왕>에서 스핑크스의 수수께끼를 푼 현자 중의 현자인 오이디푸스는 '오만'으로 인해 자신의 참모습을 전혀 볼 수도 알 수도 없었다. 그리고 그와 같은 결함은 셰익스피어의 비극에도 그대로 이어져 햄릿은 우유부단해서 복수를 지연하는 바람에, 오셀로는 질투에 그리고 맥베스는 야망에 눈이 멀어서 모두 파멸하게 된다는 식의 설명이다.

언뜻 그럴듯해 보이는 이와 같은 설명은 의아함을 떨쳐버릴 수 없다가 다음과 같은 질문에 봉착한다. "결함 없는 인간이 있는가?", "위대한 비극작가들이 '인간이 완전해야 한다'고 말하고 싶어서 비극을 쓴 것인가?" 그리스신화에 나오는 신들조차 불완전하다. 그런데 어떻게 인간이 완전할 수 있겠는가? 비극의 주인공들이 최고의 인간은 맞으나 신은 아니다. 신이 아니기에 모든 인간이 그러하듯이 비극의 주인공들도 불완전하다.

인간의 불완전함은 개인의 특정한 '성격적' 결함 때문에 발생하는 것이 아니라 인간이 신처럼 '전지전능'(全知全能, omnipotent)하지 않기 때문에 갖는 한계이다. 비단 비극뿐만 아니라 희극을 포함한 모든 극에서 극적 인간인 캐릭터들은 '보기'와 '앎'에 있어서 불완전하다.[72] '보기'와

---

[72] 인간이 가진 결함의 관점에서 비극과 희극은 다른 관점을 가지고 있다. 비극은 인간의 결함이 초래할 수 있는 파국에 대해 경고하지만, 희극은 인간이 가진 결함을 기본적으로 따뜻한 시선으로 바라본다. 결함으로 인해 발생하는 온갖 소동과 아우성을 지켜보면서 관객은 결함이 있기에 인간이라는 것을 깨닫고 자신과 타인의 인간적 결함을 웃으면서 포용하게 된다.

'앎'이 불완전하기에 캐릭터의 '삶'도 불완전하다. 모든 학문과 과학과 예술을 통해 인간은 보다 나은 '보기'와 '앎' 그리고 '삶'을 위해 노력해야 한다. 그 노력이 중단될 때 인간의 삶에 어떤 일이 일어날 수 있는가를 극작가들은 말하고자 한다.

그래서 극작가들은 캐릭터가 가진 인식의 한계를 '**극적 아이러니**' (dramatic/comic irony)라는 극적 장치로 구조화하고 그를 통해 관객에게 '보기'를 철저히 연습시킨다. 극이 관객들에게 반면교사가 되기를 바라면서 말이다. 셰익스피어는 '극적 아이러니'의 사용에 있어서 타의 추종을 불허하는 천재 작가이다.

셰익스피어는 자신의 모든 극을 통해 관점을 달리해 가면서 다른 문제가 아니라 바로 '**인식**'의 문제를 다루고 있다. 인간이 갖는 인식능력의 불완정성이 어떠한 섬뜩한 파국을 맞을 수 있는지를 비극은 말하고 있고 어떠한 우스꽝스러운 어리석음으로 이어지는지 희극은 말하고 있다. 셰익스피어의 비극과 희극은 모두 그와 같은 불안전한 인간을 따뜻한 연민의 눈으로 바라본다. 셰익스피어는 그의 모든 작품을 통해서 관객이 인간과 삶과 세상에 대해 더 나은 거시적 시각과 미시적 시각을 갖게 하고자 하였다. 그로부터 관객이 외관과 실체의 차이, 거짓된 인간이 보이는 행동패턴, 세상 모든 현상들의 인과관계를 볼 수 있게 하고자 하였다. 인식의 한계가 통탄과 비웃음의 대상이 되게 하는 것이 아니라 불완전한 인식을 가진 인간이 절망이나 오만에 빠지지 않고 차이를 구분하고 연결과 사이를 볼 수 있는 눈과 귀를 갖기 위해 항상 노력해야 함을 말하고자 했다.

▌극적 아이러니(dramatic/comic irony)

극적 아이러니라는 것은 관객이 극 중 캐릭터보다 더 많은 것을 알고 있는 상태에서 극을 볼 때 생겨나는 느낌이다. 극적 아이러니는 비극보다는 희극에서 더 자주 그리고 효과적으로 사용된다. 관찰자로서의 주인공은 관객과 '공모자'(complicite)의 관계를 맺고 관객으로 하여금 주인공과 함께 극적 상황과 사건 그리고 캐릭터들의 행동을 관찰하게 한다. 그리고 관찰로부터 인식에 도달하게 한다. 셰익스피어 희극의 여주인공 중에 로잘린드, 바이올라, 줄리어는 '남장'을 함으로써 자신의 여성성을 숨긴 채 자신이 사랑하는 남자들과 주변 캐릭터들의 행동을 관찰한다. 남장은 '젠더 장벽'을 허물고 상대/대상과의 '심리적 거리'를 확보함으로써 삶과 인간을 통찰하려는 시도이다. 모두 하나같이 총명하고 현명하며 씩씩한 능동적 인간이다. 여성이라는 굴레로 인한 소극적인 존재 상황에 갇히기를 거부하고 사랑을 쟁취하고 운명을 개척해 나간다. 남성중심적 권위주의 사회, 물질주의 지향의 사회, 욕망과 탐욕의 시대에 세상과 시대가 살라는 대로 살기를 거부한 진보적 여성들이자 신여성들이다. 시류에 휩쓸리지 않고 자신의 길을 걸어간 여성들이다. 문을 박차고 나가면서 페미니즘의 시작을 알린 <인형의 집> 노라보다 삼백 년을 앞선 인간들이며, 이천오백 년 전 홀로 국가 최고 권력자에게 맞섰던 안티고네의 피가 흐르는 인간들이다. 로잘린드, 바이올라, 줄리어가 견지하는 거리와 태도는 자신들이 여정에 초대한 관객들에게 그대로 전해져 관객들이 삶과 인간을 객관적으로 바라볼 수 있게 한다. 관객은 주인공들의 여정에 동행하고 주인공의 관점에서 삶과 인간을 바라본다.

　　그러나 셰익스피어는 비극과 사극에서도 고전 비극 작가들과는 달리

극적 아이러니를 자주 활용한다.73) 관객의 사고를 중시하는 브레히트의 서사극에는 극과 관객 사이에서 매개자 혹은 중재자 역할을 하는 캐릭터가 등장하는데, 서사극의 원형을 이미 셰익스피어의 극에서 쉽게 찾아볼 수 있다.

코러스

지체 높은 두 가문의 이야기로,
무대는 아름다운 베로나,
대대로 이어져 온 원한이 또다시 싸움의 불꽃을 튀기니
시민의 피가 시민의 손에 물듭니다.
두 원수 집안에 숙명적인 탯줄을 끊고
불운한 한 쌍의 연인이 태어났습니다.
슬프고 불운한 사랑의 종말이여, 두 연인의 죽음으로
부모들의 갈등도 매장되었습니다.
죽음으로 끝맺은 애절한 사랑의 이야기.
두 젊은이가 영원히 눈을 감고,
끝이 없던 부모들의 분노의 불길은 사그라집니다.
이제 두 시간 동안 이 무대에서 벌어지는 연극이오니
참고 끝까지 들어 보아 주소서.
미숙한 점은 앞으로 힘써 보충하오리다.

<로미오와 줄리엣>은 코러스가 나와서 극의 전반적인 흐름을 관객에

---

73) 고전 비극의 작가들도, <오이디푸스왕>의 예처럼, 새롭고 낯선 소재보다는 이미 사람들이 잘 알고 있는 소재를 이용해서 작품을 썼는데, 이럴 경우 관객은 이야기의 전반적인 흐름을 이미 알고 있는 상태에서 극을 보기 때문에 극적 아이러니가 이미 구축되어 있다고도 볼 수 있다.

게 미리 다 알리고 나서 극이 시작된다. 관객은 코러스의 말로부터 주인 공들이 죽게 된다는 것을 알고 있는 상태에서 극을 보게 된다. 그렇게 되면 관객은 '무엇이', '왜', '어떻게' 두 주인공의 목숨을 앗아갔는가에 초점을 맞추어 극을 보게 된다. 그리고 극이 끝날 때 관객은 그 질문에 대한 자신만의 대답을 찾아 극장을 나선다. 그리고 로미오와 줄리엣의 사랑이 반드시 지켜져야 한다는, 우리가 사는 세상이 그와 같은 사랑을 파괴하는 세상이 되지 않게 하기 위해 필요한 행동을 해야 한다는 생각을 갖게 된다. 관객이 그와 같은 생각을 갖지 않고 극장을 떠난다면 연극은 실패이다. 연출이 잘못되었거나 배우의 연기가 부족했던 것이다. 최악의 경우는 관객이 극을 보고 자신과 상관없는 이야기인 것처럼 여기는 것이다.

셰익스피어 비극의 주인공들이 하는 독백도 모두 일정 정도 극적 아이러니를 창조한다. 주인공 캐릭터가 독백을 하게 되면 그만큼 관객은 주인공 캐릭터가 다른 캐릭터들이 있을 때는 전혀 드러내지 않는 속마음과 생각을 '은밀히' 알게 된 상태로 극을 관람하게 되기 때문이다. 관객을 독대하는 주인공 캐릭터의 독백은 관객을 캐릭터 편으로 만드는 확고한 장치인 셈이다. 독백한 배우가 관객의 마음을 독차지하지 못했다면, 배우는 자신이 해야 할 역할을 제대로 해내지 못한 것이다.

흥미로운 점은 셰익스피어가 선하고 정의로운 주인공 캐릭터보다 악역에 해당하는 캐릭터—<오셀로>의 이아고, <리어왕>의 에드먼드, <리처드 3세>의 글로스터 등—로 하여금 관객과 더 깊은 공모 관계를 맺게 한다는 점이다. 오셀로의 독백보다 이아고의 독백이 더 많고, 리어의 독백보다 에드먼드의 독백이 더 많다. 관객과의 독대가 많아질수록 관객과의 밀착 관계가 깊어진다. 이 악역 캐릭터들은 하나 같이 자신이 어떤 일을 벌일지 관객에게 미리 예고한 다음 관객의 눈앞에서 그것을 실행해 보인다.

마치 신이 내린 최고의 연기파 배우들처럼 악역 캐릭터들은 관객의 눈앞에서 믿기지 않을 정도의 연기력을 보이며 주인공 캐릭터나 주변 캐릭터들을 추락시키고 파멸시킨다. 그러면서 주인공 캐릭터에게 감정이입을 하려는 관객들에게 섬뜩한 경각심을 불러일으킨다.

셰익스피어는 왜 주인공이 아니라 이런 캐릭터들에게 더 많은 독백을 부여하였을까? 우리는 선악의 관점에서 악역인 캐릭터를 재단하려고 하지만, 사실 극에서 악역에 해당하는 캐릭터들은 관객의 인식에 주인공 이상으로 중요한 역할을 한다. 관객과 공모 관계를 형성하는 악역의 캐릭터들은 타고난 본성이 악한 것이 아니라(인간의 본성이 악한가 아닌가는 신만이 판단할 수 있다), 기존의 사회질서와 가치·신념체계를 급진적으로 거부하기 때문에 악이 되는 캐릭터들이다.

악역 캐릭터들은 많은 경우 극세계 속에서 다수와 주류 그리고 갑에 속하지 않는다. 에드먼드는 서자이고, 리처드 3세는 신체장애를 가지고 있으며, 이아고는 부관의 지위도 갖지 못한 하급 군인이다. 이들은 부와 권력을 가진 자들과는 다른 삶을 선택한 자들이다. 어떤 관점에서 보면, 기존 질서를 유지하려는 리어나 에드거보다 에드먼드가 더 비극의 주인공으로 부르기에 적합할지도 모른다. 에드먼드는 서자로서의 차별과 그것을 지탱하는 부당한 사회구조를 '거역하는 자'이기 때문이다. 세상을 뒤집는 꿈을 꾸고 실제로 실행하는 자이기 때문이다. 그러나 마지막에 죽음에 직면해서 회개하는 모습을 보이기는 하지만, 에드먼드는 친아버지와 형을 적으로 삼아 패륜아라는 낙인을 자초하며 도덕성이 확보되지 않아 비극의 주인공 반열에는 오르지 못한다.

이아고도 오셀로가 지상 최고의 남자라는 세상 사람들의 믿음을 받아들이기를 거부한다. 그리고 자기가 옳았음을 관객 눈앞에 당당히 입증해 보인다. 리처드 3세가 되는 글로스터는 랭커스터 가문과의 장미전쟁에서 승리한 후 쾌락에 빠져있는 요크 가문의 승자들 사이에서 그 일원이 되기를 스스로 거부하고 가문 내부에서 온갖 모략으로 반역을 꾀한다. 천인공노할 악인임에도 불구하고 글로스터는 왕위에 오를 때까지 경이로운 연기력으로 관객과 가장 밀착·밀접한 공모 관계를 형성한다. 관객은 마치 마법에라도 걸린 듯 글로스터가 왕이 될 때까지 그의 행동을 심리적으로 지지하게 된다. 글로스터가 리처드 3세가 되고 나서 셰익스피어는 리처드 3세와 관객의 공모 관계를 끊어버리고는 비판적 시각에서 리처드 3세를 바라보게 한다. 참으로 경이로운 셰익스피어의 극작술이다.

견고한 사회구조와 질서만큼 그 속을 살아가는 사람들의 인식도 요지부동이다. 천지가 개벽할 정도의 충격이 가해지지 않는 이상 사회의 구조도 인간의 인식도 변화하기 힘들다. 그래서 셰익스피어는 아르또가 '잔혹연극'을 통해서 관객들을 직접적으로 공격하는 것과는 달리, 관객이 감정이입을 하게 되는 주인공들에게 맨정신을 유지하기 힘들 정도의 시련을 주어 새로운 시각과 인식에 도달하게 하고, 또 눈뜬장님처럼 살아가는 관객의 견고한 인식을 뒤흔들 수 있는 가공할 만한 캐릭터들을 창조한다. 기존의 보기와 앎을 근본부터 뒤흔드는 캐릭터들로 인해 관객은 당연시하던 것들을 더 이상 같은 시각에서 바라보지 못하게 된다.

관객의 인식을 뒤집기 위해 극은 존재하고 인식을 뒤집는 극은 배우의 캐릭터 창조와 연기를 통해서 가능해진다. 캐릭터 별로 각기 다른 시각과 인식능력을 배우는 자유자재로 오가야 한다. 유연한 시각과 인식능력은 캐릭터를 구현하기 위한 배우의 필수적 자질과 능력이며, 그런 보기와 앎의 자질과 능력을 갖춘 자로서 배우는 이상적인 인간에 가장 가까운 존재라고 할 수 있다. 셰익스피어 연기가 배우에게 줄 수 있는 가장 큰 선물은 그와 같은 유연한 보기와 앎의 능력이다.

극적 아이러니 상황에서는 관객이 보고 듣고 생각하는 것이 완전히 달라진다. 따라서 배우의 연기적 목표도 달라진다. <한여름 밤의 꿈> 2막 1장에서 오베론은 퍽에게 마법의 꽃을 가져오도록 명하고 그 꽃즙을 드미트리어스의 눈에 발라주라고 명한다. 꽃즙을 바르고 나면 눈을 떠서 가장 먼저 보는 사람과 사랑에 빠지게 된다. 그런데 퍽은 실수로 라이샌더의 눈에 꽃즙을 바르게 되고, 오베론의 꾸중을 들은 다음 드미트리어스에게 꽃즙을 다시 발라주게 되면서, 두 남자가 동시에 헬레나를 사랑하게 되는 어이없는 장면이 펼쳐진다. 관객은 정말로 라이샌더와 드미트리어스가 처음 본 여자와 사랑에 빠지는지, 사랑한다면 얼마나 어떻게 사랑하는지를 예의주시하게 되며, 실제 헬레나에게 정열적으로 구애하는 두 남성의 모습에 경악하며 쓴웃음을 짓게 된다. 아테네에 있을 때는 헬레나를 싫어하고 멀리하던 두 남자가 숲에 들어와 뻔뻔하게 헬레나를 사랑하는 모습을 보면서, 관객은 과연 그들이 아테네에 있을 때도 혹은 눈에 꽃즙이 발라지지 않았더라도 헬레나를 흠모하는 마음이 전혀 없었을지 의심하게 된다. 극적 아이러니 속에서 네 연인이 숲속에서 펼치는 혼란스러운 사랑 장면은 흔히 말하는 "사랑에 눈이 멀다"라는 표현을 극적 장치로 활용한 셰익스피어의 놀라운 극작술이 반영된 결과이다. 라이샌더와 드미트리어스를 연기하는 배우는 마치 다른 두 캐릭터를 연기하는 것처럼, 눈을 떴을 때 순식간에 헬레나에 눈이 멀고 오로지 헬레나만을 열렬히 사랑하여야 한다. 왜 사랑하는지 이유 따위는 전혀 중요하지 않다. 오로지 욕망에 눈먼 사랑을 맹렬히 하면 된다. 캐릭터의 일관성 같은 것은 더 이상 아무런 의미도 없고 중요하지도 않다. 배우가 더 열렬히 사랑하면 할수록 극적 아이러니는 커진다.

극적 아이러니를 보여주는 또 다른 대표적인 장면은 <리처드 3세>에서 글로스터(리처드)가 레이디 앤에게 구애하는 장면이다. 글로스터는 독백을 통해 미리 자신이 레이디 앤을 자기 여자로 만들 것임을 예고한다. 하지만 이 미션은 사실상 불가능한 미션이 되는데, 왜냐하면 레이디 앤의 남편과 시아버지를 자신이 죽였기 때문이다. 하나의 장면 안에서 철천지원수인 자신을 레이디 앤의 남편으로 변화시켜 놓는 것이 리처드가 해내야 할 임무이다. 실패는 용납되지 않는다. 관객에게 미리 장담했기 때문이다.

관객은 글로스터라는 캐릭터가 장면 안에서 무슨 행동을 할지 미리 알고 있는 상태에서 장면을 본다. 그랬을 때 관객의 관심은 전적으로 '어떻게' 글로스터가 자신이 공언한 바를 달성해 나가느냐에 있다. "설마 가능할까"라는 의구심을 가지고 장면을 지켜보면서 글로스터가 그것을 정확하게 성공해 낼 때 관객은 감탄과 경악을 금치 못한다. 레이디 앤의 마음을 돌리는 일이 어설프거나 억지로 이루어진다는 느낌을 조금이라도 갖게 된다면, 관객은 글로스터와 공연을 비웃게 될 것이다. 관객은 이미 글로스터가 레이디 앤에게 하는 모든 말과 행동이 거짓임을 알고 있다. 배우가 해야 할 바는 거짓처럼 연기하는 것이 아니다. 반대로 레이디 앤을 정말로 사랑하는 것처럼 연기해야 한다. 거짓된 것을 진짜인 것처럼 레이디 앤과 관객이 믿게 하는 것, 그것이 이 장면에서 글로스터를 연기하는 배우의 임무이다. 일이 성사되고 나자 글로스터는 마치 관객에게 보란 듯이 자랑하듯 독백한다.

글로스터

대체 이러한 게재에 구혼을 받아들인 여자가 있을까? 저 여잔 이제 나의 것이다. 그러나 오래 가질 생각은 없다. 어떠냐! 남편과 아비가 무참히 살해당해 증오심에 불타고 있고, 입에서는 저주가 가시지 않고, 눈엔 눈물이 마르지 않고, 나에 대한 원한의 증거인 피를 쏟고 있는 시체를 바라보면서도 내 손아귀에 들어오다니. 더구나 그쪽은 양심이니, 그 밖에 여러 가지 방패가 있고, 이쪽이야 도와줄 사람은 하나도 없고, 고작 악마와 위선의 가면뿐인 내가 그 여잘 거머쥐다니! 이것이야말로 세상을 얻은 것과 마찬가지가 아닌가!

이처럼 극적 아이러니 상황에서는 관객이 배우들의 연기를 통해서 보게 되는 점이 달라지기 때문에, 배우의 연기적 목표가 달라진다. 캐릭터의 일관성보다는 극적 아이러니의 가정에 놀랍도록 부합하게 연기할 것이 요구된다. 레이디 앤에게 가짜 구애를 하는 글로스터가 놀라운 진짜 구애의 연기를 보여주면 줄수록 관객은 훨씬 더 극과 캐릭터를 이해하고 캐릭터의 행동과 그 결과에 대해 더 생각하게 되며, 글로스터의 연기가 조금이라도 어설프다면 극적 상황 자체를 억지스럽다고 치부해 버리고 극에서 마음이 멀어지게 될 것이다. 글로스터를 연기하는 배우는 관객에게 이야기할 때의 모습과 레이디 앤에게 구애하는 모습이 한 캐릭터라는 것이 전혀 믿기지 않을 정도로 차이를 보여야 하고, 필요하다면 마치 한 캐릭터가 아니라 두 캐릭터인 것처럼 연기할 필요가 있다. 글로스터는 관객에게 녹백할 때를 제외하고는 왕이 될 때까지 오식 '연기'하면서 극석 세계 속에서 존재하는 캐릭터이다. 자신의 목표를 위해 어떠한 연기적 변신도 서슴지 않는 캐릭터인 것이다. 왕이 되고 결국 모든 것을 잃을 즈음에야 악몽에서 깨어난 리처드 3세는 비로소 "리처드는 리처드를 사랑한다. 그러니 곧 나란 말이다"라며 연기자(player)로서의 모습을 내려놓고 자신을 온전히 인정하고 받아들인다.

또 하나의 예는 <십이야>에서 말볼리오가 가짜 편지를 주인아씨의

진짜 편지로 오인하고, 주인아씨가 자신을 정말로 사랑한다고 생각하게
되는 장면이다.

말볼리오

(가짜 편지를 주우며)74) 이건 틀림없는 아가씨의 필적이다!75) 이 C자며
U자며 T자가 모두 아가씨의 글씨야. P의 대문자도 꼭 이렇게 쓰거든.76)

---

74) 말볼리오가 편지를 발견할 때까지 해야 하는 많은 행동이 있다. 말볼리오는 이곳
에 편지가 있다는 것을 전혀 모르는 상태로 등장하기 때문에, 나오자마자 편지를
발견하는 것은 뒤에 맞춰서 앞을 연기하는 꼴이 된다. 이 모든 것이 거짓임을 꿈
에도 몰라야 하는 것처럼, 말볼리오는 이곳에 편지가 있다는 사실도 전혀 몰라야
한다.
　말볼리오는 왜 이리로 오고 있는 것일까? 아마도 평소 잘 다니던 길목에 편지
를 눈에 띄게 놓아두었을 텐데, 말볼리오는 왜 여기를 자주 다니는 것일까? 그것
은 깐깐한 집사로서 말볼리오가 평소 행하던 일상적 임무와 관련이 있다. 경내 순
찰을 정기적으로 하고 여기가 순찰의 주요 루트 중 하나라면 납득이 된다. 첫 대
사를 할 때까지 말볼리오가 할 만한 행동들을 정리하면 다음과 같다. 물론 어디까
지나 예시이다.

　① 순찰로 있는 모든 것에 이상이 없는지 살피며 등장한다
　② 낯선 것이 놓인 것을 본다
　③ 다가간다
　④ 편지라는 것을 알아본다
．⑤ 주변에 누가 없는지를 살핀다
　⑥ 편지를 주워 든다
　⑦ 봉투에 쓰인 글씨를 확인한다
　⑧ 올리비아의 필체임을 알아본다
　⑨ 주위를 다시 살핀다

75) 올리비아의 필체임을 알아본 말볼리오의 심장이 뛰기 시작한다.
76) 필체를 확인하는 과정이지만, 그 과정은 "꼭 반드시 올리비아의 필체였으면!" 하
는 성급하고 절실한 마음이 재촉하는 과정이다. 올리비아의 필체가 아니라는 것을

이건 의심할 나위 없이 아가씨의 필적인걸. (읽는다) "사랑하는 이름 모를 그대에게, 마음에게 정을 담아서" 아가씨 말투 그대로군!77) 실례해요, 봉인이여. (봉투를 뜯는다)78) 가만있자! 봉인도 루크리스(루크레티아)의 초상이다. 이것도 언제나 봉할 때 쓰시는 거지. 아가씨가 틀림없다!79) 누구에게 보낸 걸까?

(읽는다)

신만이 알리라 나의 사랑이여.

그 사람이 누구이뇨?

입술이여 움직이지 말라.

누구도 알아서는 아니 된다.

"누구도 알아서는 아니 된다!"80) 그다음 글귀는? 운율이 달라졌군! "누구

나타내는 신호보다 올리비아의 필체임을 믿게 만드는 신호들에 눈을 빼앗긴다.

77) 올리비아의 필체임을 확신한 말볼리오는 편지를 올리비아에게 가져다주려고 할 것이다. 그런데 그 순간 겉봉에 적힌 말이 눈에 들어온다. 말투까지 올리비아의 것임을 확인하자, 말볼리오는 "사랑하는 이름 모를 그대에게, 마음에게 정을 담아서"라는 문구 때문에 편지의 내용을 확인하고 싶은 불같은 욕망이 솟구친다. 평소 흠모하던 아씨의 연애편지라니 궁금해서 미쳐버릴 것 같다. 편지를 조작한 자들은 인간을 행동하게 하는 원리가 바로 궁금증을 유발하는 것임을 알고 있다. 그는 주변을 다시 면밀히 살피고 아무도 없다는 것을 확인한다.

78) 절대 하면 안 되는 행동이지만, 말볼리오는 편지의 봉인을 뜯는다. 마치 올리비아의 마음을 열어보듯이 말이다. 뜯어봤다는 것이 들키면 안 되니 최대한 조심스럽게 뜯는다.

79) 봉인이 올리비아의 것이니 의심할 것도 없이 올리비아의 편지라는 것이 명명백백하다. 이 편지 안에 담긴 것은 분명 올리비아의 마음이다. 그 마음을 확인할 생각에 말볼리오의 심장이 더욱 강하게 뛰기 시작한다.

   편지를 조작한 자들은 말볼리오가 어떤 방식과 과정으로 편지의 진위를 판별할 것인지 다 알고 있는 듯하다. 평소 말볼리오의 일 처리 방식과 성격을 꿰뚫어 보고 있기에, 아주 면밀히 편지를 위조했다.

도 알아서는 아니 된다." 상대가 바로 말볼리오 너라면?81)

　　사모하는 님은 내가 부리는 자니82)
　　말 못 하는 심정이여 루크리스의 비수와 같이
　　이 가슴을 저미나 피는 아니 흐르네.
　　M.O.A.I.야말로 이 목숨이나니.

"M.O.A.I.야말로 이 목숨이나니"83) − 아냐 가만있자, 글쎄 말이다, 글쎄 이게. . . "사모하는 님은 내가 부리는 자니." 그렇지, 아가씨가 날 부리고 있지 않은가? 나는 그분의 하인, 그분은 나의 주인 아가씨다. 이거야 바보가 아닌 이상 누구도 뻔히 아는 일이 아닌가. 이 점에는 아무 문제가 없다.84) 그런데 결말이란 말이야, 이 알파벳의 나열이 무슨 수수께끼인가? 나와 관계가 있을지도 몰라 − 가만있자, M.O.A.I. − 'M'하고 − 말볼리오! 'M' 이건 내 이름의 머리글자다! 'M'은 − 그렇다 치고 − 그 뒤가 잘 맞지

---

80) 편지의 첫 구절에 말볼리오는 정신을 완전히 뺏긴다. 바로 올리비아가 비밀리에 남들에게 이야기할 수 없는 사람을 사랑하고 있다는 것을 알게 되었기 때문이다.

81) "누구도 알아서는 안 된다"라는 말에 말볼리오는 "도대체 아씨가 사랑하는 사람이 누구지? 누구길래 알아서는 안 되지?"라는 질문에 사로잡힌다. 아씨가 사랑해서는 안 되는 사람들을 떠올리기 위해 말볼리오의 뇌가 분주히 돌아간다. 그러다 사랑해서는 안 되는 사람이 바로 자기 자신일 수도 있다는 생각이 퍼뜩 든다. "신분 차이보다 더 확실한 이유는 없지 않은가?"라는 생각이 말볼리오의 마음에 불을 지른다. 말볼리오는 서둘러 다음 내용을 확인한다.

82) "내가 부리는 자"라는 말에 말볼리오의 심장은 멎을 것 같거나 터질 것 같다.

83) 마지막 문구가 이해가 가지 않는다. 그래서 되뇐다. 이 약자들이 무엇을 가리키는지 모르겠다. 그래서 말볼리오는 앞의 내용을 다시 읽기 시작한다.

84) 수수께끼가 풀리지 않자, 앞의 내용을 다시 읽으며, 말볼리오는 올리비아가 흠모하는 자가 분명 자기 자신임을 다시 확인한다. "자신이 틀림없다면 약자들은 무엇을 뜻하는 것일까?" 그 답을 찾아 말볼리오의 생각이 치닫기 시작한다.

않아. 아무래도 잘 되지 않아. 'A'가 와야 할텐데 'O'자라니. . . 그다음이 'I'란 말이야. . .85)

M.O.A.I.라, 이 수수께끼 먼저 것보다 풀기 어려운걸. 하지만 좀 더 따져 보면 알 수 있을 거다. 내 이름자 속에 있는 글자들이니까.86) 가만있자! 본문이 있다. (읽는다)87)

> 이 글월이 당신 손에 들어가거든 깊이 생각해 주시길 바랍니다. 비록 내 운명의 별은 당신보다 높은 곳에 있지만 귀하신 사람 이라고 두려워 마세요. 무릇 사람은 타고난 신분이 높을 수도 있고 혹은 힘써 높은 신분을 성취할 수도 있고 또는 높은 신분 으로 밀어 올려질 수도 있는 법입니다.88) 운명은 당신에게 두 팔을 벌리고 있으니 굳은 의지와 용기를 갖고 포옹하도록 하세

---

85) 자기 자신이 답이 되도록 어떻게든 끼워 맞추어 보려고 하지만 뜻대로 되지 않는 다. 안달이 나서 미칠 것 같다.

86) 바로 풀리지 않지만, 말볼리오는 모두 자신의 이름 안에 있는 알파벳들이라고 하 면서 자기합리화의 늪에 빠진다. 이 수수께끼를 풀기 위해서는 더 많은 정보가 필 요하다. 서둘러 다음 내용을 살핀다.

87) 본문을 읽어가면서, 말볼리오는 마치 올리비아가 눈앞에서 자신에게 따뜻하고 다 정한 목소리로 직접 말해주는 것과 같은 상상과 몰입의 상태로 깊이 빠져든다. 주 변에서 편지를 조작한 자들이 비웃으며 지켜보고 있는 것도 의식할 수 없다.
　　여기서 말볼리오를 지배하는 것은 '내심외경'(자신의 마음에 있는 것을 밖에서 본다)의 원리이다. 모든 사람은 자신이 보고 싶은 것을 보고 듣고 싶은 것만을 듣 는다. 보고 들을 마음의 준비가 되지 않은 것은 보려고/들으려고 하지 않는다. 그 런 원리에서 편지에 담긴 모든 말은 그동안 말볼리오가 가장 듣고 싶어 했던 말 이 된다. "아씨께서 내 마음을 이리도 알아주시다니!"라며 울컥할 수밖에 없는 이 유이다.

88) 이 편지를 조작한 이들은 말볼리오가 신분에 대한 콤플렉스를 가지고 있고 신분 상승의 욕구가 강함을 알고 있다. 올리비아에 대한 흠모가 순수한 사랑이 아니라 신분 상승의 야망과 연결되어 있음을 간파했다.

요. 앞으로 누릴 신분을 생각하여 거기에 익숙해지도록 낡은 껍질을 벗듯 비천함을 털어버리고 새롭게 보이도록 하세요. 저의 친척에게는 매정하게 대하며, 하인들에게는 오만하게 대하며, 말할 때는 국가 대사를 논하며, 특이한 몸차림을 하세요. 이런 충언을 올리는 것은 모두가 당신을 사모하기 때문이에요. 당신의 노랑 양말을 칭찬하고 당신의 열십자로 맨 대님을 보고 싶어 하는 사람을 잊지 마세요. 당신이 원하기만 하면 행운은 눈앞에 있어요.89) 만일 원치 않는다면 당신은 늘 집사의 자리, 하인의 동료로 그칠 것이며 영원히 행운의 여신의 손은 잡지 못할 것입니다.90) 안녕히. 당신과 신분을 바꾸기를 소원합니다.91)

*행복하고도 불행한 여인 올림*92)

대낮의 들판이라 해도 이보다 더 훤할 수가 있을까. 이건 명명백백한 사실이다.93) 거들먹거리자.94) 정치 서적을 읽고 써 토비에게 호통을 쳐주

---

89) 올리비아와 같은 신분에서 그녀의 연인이자 배우자로 다른 모든 이들 위에 군림하는 삶, 이에 대한 상상이 말볼리오의 정신과 마음을 완전히 사로잡는다.

90) 더 나은 삶, 간절히 원하던 삶에 대한 상상은 현재의 삶과 극명한 대조를 이루며 말볼리오에게 지금의 존재 상태에서 하루빨리 벗어나라고 소리친다. 그동안 당한 온갖 설움을 갚아줄 수 있는 기회가 마침내 찾아온 것이다. 이 기회를 절대 놓칠 수 없다. 그런 생각에 눈이 멀어 말볼리오는 노랑 양말을 신으라는 이상한 요구조차 전혀 이상하게 여기지 못한다.

91) "신분을 바꾼다"? 말볼리오는 올리비아가 자신을 배우자로서 더 높이 떠받들어 주리라는 생각에 왕이라도 된 기분이 든다.

92) 자신을 사랑할 수 있어서 행복한, 하지만 아직 그 사랑이 이루어지지 못해 불행한 올리비아를 상상하며 당장에라도 자신의 사랑으로 그 불행을 씻겨내 주고 싶은 충동이 인다.

93) 앞서 약자들이 들어맞지 않던 사실 따위는 잊은 지 오래다. 편지를 다 읽은 말볼리오는 이 편지가 올리비아의 편지가 틀림없고 올리비아가 신분의 차이를 뛰어넘

자.95) 미천한 놈들과는 깨끗이 손을 끊고 아가씨가 바라는 사람이 되어야한다.96) 이젠 망상에 속아 넘어가서 엉뚱한 바보가 되는 것은 아니다. 어느 모로 보나 아가씨가 내게 반한 것은 손바닥 보듯 뻔하다. 하긴 근자에도 아가씨께서 내 노랑 양말을 칭찬하셨고, 열십자로 맨 대님도 좋다고 하셨지. 그것이 다 내게 반한 증거라구!97) 그리고 좀 명령조로 나더러 자기마음에 드는 모습으로 되라는 거야. 운명의 별의 덕분이니. 나는 행복한거다.98) 이제부턴 범인(凡人)과는 다르게 교만하게 굴어99) 노랑 양말을신고 열십자 대님을 매야겠다. 당장에 하는 것이다. 주피터의 신이여, 운명의 별이여, 감지덕지로소이다! 여기 또 추신이 있다. (읽는다)

제가 누군지는 짐작이 가실 겁니다. 만약 제 사랑을 받아주신다면 미소를 지어주세요. 당신의 미소는 당신에게 잘 어울립니다.

어 자신을 깊이 사랑하고 있다고 확신하게 된다.

94) 이 모든 생각이 말볼리오를 오만하게 만든다. 부림을 당하던 자가 남들 위에 군림하는 짜릿한 생각에 기고만장하게 된다.

95) 제일 먼저 그동안 눈엣가시였던 써 토비를 혼찌검 내줄 생각에 신이 난다. 정작자신이 써 토비가 조작한 편지에 놀아나고 있다는 것은 전혀 모르는 채로.

96) 이 대목에 이르러 말볼리오는 독백을 시작할 때의 말볼리오와는 이미 다른 사람이되어있다. 데클란 도넬란이 "You are what you see"라고 말한 그대로, 눈에 보이는 것이 달라지면서 사람이 달라진 것이다. 말볼리오는 올리비아가 바라는 사람, 올리비아에게 걸맞은 사람으로 거듭나는 중이다. 문제는 이 모든 것이 자기 착각이라는 데 있다. <십이야>에서 가장 높은 신분에 있는 오르시노 공작도 얻지 못한올리비아의 마음을 어찌 신분 상승에 눈이 먼 자가 얻을 수 있겠는가.

97) 보고 싶은 대로 보면서 모든 것을 자기 합리화하는 게 인간의 마음이라는 것이 셰익스피어의 통찰이다. 셰익스피어의 모든 작품은 인간의 인식이 가지는 한계에 대한 이야기이다.

98) 명령을 받는 자에서 명령을 하는 자로의 변화, 그것이 말볼리오의 행복이다.

99) 보통 사람과 신분이 높은 사람의 차이가 교만이고, 그 교만을 기꺼이 취하겠다는말볼리오의 사고가 그를 바보로 만들어 버린다.

그러니 제 앞에서는 언제나 얼굴에 미소를 잊지 마세요.100)

주피터 신이여, 감사합니다! 자, 웃음을 지어야지.101) 아가씨가 원하는 것
이라면 무엇이든지 하겠습니다.102)

말볼리오의 독백이 구현하는 희극성은 정보가 조작되었다는 것을 모
르는 캐릭터가 자신이 욕망하는 것(아씨에 대한 흠모) 때문에 주어진 정
보들을 스스로 짜 맞추고 합리화하면서 진짜로 믿게 되는 자가당착의 과
정에서 발생한다. 그리고 그 과정에서 반듯한 엄격한 집사라는 사회적 가
면 뒤에 숨어있던 캐릭터의 진짜 얼굴(진면모, 실체)이 드러난다. 이런 어
처구니없는 계략이 통하는 것은 마리아가 말볼리오의 실체를 꿰뚫어 보고
있었기 때문이다.

마리아

사실은 청교도라고 하지만 어처구니없는 소리고 이것도 저것도 아니라고
요. 그때그때 알랑수를 부리는 해바라기성 머저리고 그럴싸한 말을 머리
에 담았다가 그럴듯하게 지껄여 대기가 일쑤죠. 잘난 체하는 꼴은 천하일
품인데 세상의 좋은 것은 다 가진 것으로 알고 있는 화상인걸요. 자기를
보기만 하면 누구나 자기에게 반한다고 꽉 믿고 있으니 그런 약점을 이용

---

100) 거만한 인간에게는 거만한 웃음이 필요하다. 이 조작된 편지는 그것을 알고 말볼
리오에게 거만한 웃음을 주문하면서 방점을 찍는다.
101) 웃음기라고는 전혀 없던 말볼리오의 얼굴에 웃음이 사라지지 않게 된다. 그 거만
한 웃음기는 모든 이들이 말볼리오를 비웃게 만드는 웃음이다. 세상에서 가장 실
없는 사람이 되고 만 것이다.
102) 거짓을 진짜로 알 때 인간의 행동이 얼마나 위험할 수 있는지, 또 얼마나 가소로
울 수 있는지 셰익스피어의 극들은 탐구하고 있다.

하면 단단히 욕을 보여줄 수 있을 거라구요.

현실의 삶에서는 인간의 약점을 함부로 비웃거나 조롱하면 안 되지만, 희극은 심리적 거리를 두고 인간의 모든 약점과 허점을 관객이 보게 하고 알게 하고 생각하게 하고 그것에 웃을 수 있게 한다. 타인의 고통에 대한 공감·연민·동정에 못지않게 '유머 감각'도 매우 중요한 인간적 자질이다. 삶과 인간을 시간적·물리적·심리적·정서적 거리를 두고 바라볼 수 있는 여유가 없다면, 집중과 몰입을 가능하게 하는 '아웃포커싱'(focus out)의 능력과 더불어 '줌아웃'(zoom out)할 수 있는 관점과 안목이 없다면 인간은 매몰된 삶, 아수라장과 난장판 같은 삶에서 벗어날 수 없기 때문이다. 숲과 나무를 둘 다 볼 수 있어야 하고, 그것이 비극과 희극이 극의 역사에서 늘 양립해 온 이유이다.

말볼리오는 가짜 연애편지가 진짜인 줄 알고 눈물까지 흘리며 감격한다. 만약 이 장면이 극적 아이러니가 없는 상황에서, 즉 관객도 말볼리오처럼 그 편지가 진짜라고 생각하는 상황에서 벌어지는 장면이라면 말볼리오의 눈물에 관객도 함께 눈물짓게 될 것이다. 하지만 극적 아이러니 상황에서 말볼리오가 하는 모든 말과 행동은 관객들에게 폭소를 자아낸다. 실제로 데클란 도넬란이 연출한 <십이야> 내한 공연에서 이 장면은 말볼리오 역을 연기한 배우가 감격의 눈물을 흘릴 때 관객들에게 눈물 나게 웃긴 장면으로 폭소를 자아냈다. 저자가 지금까지 경험한 최고의 극적 아이러니였다.

<십이야>를 포함해서 극적 아이러니를 활용한 셰익스피어의 극들은 인터넷과 미디어를 통해 전파되는 이미지의 홍수 속에 가짜 정보와 가짜 뉴스에 세뇌되어 현실을 제대로 인식하지 못하는 현대인의 모습을 거울처

럼 비추고 있다. 셰익스피어가 동시대 작가가 되는 이유가 바로 거기에
있다. 그렇지만 인식의 문제는 극이 시작된 이래로, 정도의 차이는 있지
만, 모든 극이 일정 정도 다루어 온 본질적 문제이다. 보지 못해 알지 못
하고 알지 못해 그릇된 행동을 하는 인간, 그로 인해 고통받는 인간은 극
이 다루는 가장 보편적인 인간상이다. 그만큼 인식의 문제는 좀체 해결되
지 않는, 인간 존재의 끝나지 않는 문제임을 알 수 있다. 셰익스피어는 극
적 아이러니를 통해서 인식의 문제를 누구보다 많이 그리고 잘 다룬 극작
가이다.

▌ 시간 · 공간 · 인간

극은 시간·공간·인간의 상관관계를 탐구한다. 시간·공간·인간은 모두
'간'(間)이라는 공통분모를 가지고 있다. 그리고 '간'은 '사이'와 '관계'를
뜻한다. 시간·공간·인간은 오직 사이를 이루는 상관관계 속에서만 존재
가능하다.

캐릭터가 하는 모든 행동의 방식과 양상은 캐릭터가 속한 세상(극세
계)과 불가분의 관계에 있다. 사이와 상관관계를 이루는 극세계를 이해하
지 못한다면 캐릭터의 어떠한 행동도 제대로 이해할 수 없으며, 행동의
실행을 적합한 방식과 양상으로 해낼 수 없다.

셰익스피어가 구축하는 극세계는 정치적인 세계이기 때문에 극세계
를 이해하기 위해서는 정치적인 시각이 필요하다. 셰익스피어의 캐릭터들
이 극에서 겪는 문제를 세상과 무관한 개인적인 문제로만 읽어내는 것은
오류이며 정치적 시각의 부재에서 기인한다. <햄릿>과 <맥베스>의 극세

계를 들여다보면서, 작가가 대본에 정밀하게 구축해 놓은 극세계를 읽어
내는 눈을 기르자.

▌"Who's there?": 〈햄릿〉의 극세계

얀 코트(Jan Kott)가 선언적으로 말하고 있듯이, "셰익스피어는 세상 혹은
삶 그 자체이다." 햄릿이 극중극을 위해 직업 배우에게 연기에 대한 조언
과 주문을 하면서 연극의 목적이 "예나 지금이나 한결같이 자연을 거울에
비추어 보이는 것"이고 "그 시대와 실체를 인상 깊게 드러내 주는 것"이
라고 했듯이, 셰익스피어의 극은 삶과 세상을 그대로 담고 있다.

　　〈햄릿〉이라는 극세계가 세상의 어떤 면을 구현하고 있는가를 알기
위해 먼저 〈햄릿〉의 극세계를 지배하고 있는 클로디어스왕부터 살펴보아
야 한다.

클로디어스

　　승하하신 친형 햄릿 선왕의 기억이
　　아직도 생생한바, 우리 모두의
　　가슴엔 슬픔이 가득하며, 온 나라가
　　한결같이 애도함은 당연한 일이로다.
　　과인은 자연의 정을 이성으로 극복하여,
　　분별 있는 슬픔으로 형님을 추모하면서도
　　국왕으로서의 본분을 지키려고 하오
　　그래서 과인은 지난날의 형수를 왕비로 맞아,
　　용렬한 이 나라의 지엄한 동반자로 삼은 것도

가슴에 상처 입은 기쁨을 짊어지기 위해서였소
한쪽 눈에 웃음을, 또 한쪽 눈엔 눈물을 머금고,
장례식에는 축가를, 결혼식에는 조가를 부르듯,
환희와 비통을 똑같이 저울질하며,
왕비로 맞이했던 것이오. 또한 이 혼인에 관해
경들의 슬기로운 충언을 마다하지 않았고
경들 역시 쾌히 찬동하여 주었소. 가상히 여기는 바요.
그런데 다음 문제는, 저 젊은 포틴브라스요.
과인의 힘을 얕잡아 보았는지,
아니면 선왕의 승하로 인해서,
이 나라의 관절이 풀리고, 어수선하리라 해서인지,
이때다 하고 승리의 꿈과 동맹을 맺고,
기회 닿는 대로 사자를 보내며,
아비가 잃은 영토를 반환하라고 불같은 성화요.
과인의 용맹한 형님이,
조약에 따라 얻은 땅인데, 그자는 그렇다 치고,
과인이 경들을 이 자리에 모이게 한 것도
이 일 때문이오. 여기에 친서가 있는바
이는 포틴브라스의 숙부, 노르웨이 왕에게 보내는 것이오
노쇠하여 병석에 누워있는지라,
조카의 흉계를 거의 모르고 있을 것이며
포틴브라스 2세의 군이나, 병력, 전 구성원이
현왕의 백성들로부터 편성되어 있기 때문에,
앞으로 그자의 하는 일을 저지시키고자 하는 바요. 그래서
과인은 사신으로 코넬리어스와 볼티먼드를 파견코자 하니
이 친서를 노르웨이의 노왕에게 전하라.

노르웨이 왕과의 절충은
여기에 명시된 조항에 따라 행사할 것이며,
그 이외의 권한 행사는 엄히 금한다.
곧 떠나라, 급하게 일을 처리함이 충성의 증좌이니라.

— 〈햄릿〉 1막 2장

　공교롭게도 선왕을 암살하고 보위에 오른 클로디어스왕의 첫 등장은 매우 정치적인 연설로 시작된다. 정치적인 연설이라 함은, 클로디어스가 하는 모든 말이 정치적인 계산과 목적, 그리고 저의를 가지고 하는 말이라는 뜻이다. 클로디어스의 정치적 계산을 생각하지 않고 그의 독백을 '순진'하게 받아들인다면, 그의 첫 독백에서 아무것도 읽어낼 수 없고, 그 결과 클로디어스가 통치하는 <햄릿>의 세계를 제대로 이해하지 못하게 된다. 클로디어스의 정치적 연설은 '누군가'를 향한 것이고, 그들의 생각과 태도를 바꾸어 놓기 위한 것이며, 딴생각하지 말라는 경고의 행동이다. 당연히 연설이 가장 먼저 향하는 이들은 클로디어스 왕권의 정통성을 의심하거나 부정하는 자들이다. 먼저 클로디어스는 한 달 넘게 지속되고 있는 선왕 햄릿에 대한 애도를 언급하며, 아직 선왕의 죽음을 애도하는 자들을 향해 날카로운 경고를 날리고 있다. 쉽게 말해서, 클로디어스의 연설에는 도대체 언제까지 선왕이 죽음을 애도할 것이냐는 교묘한 질책이 담겨 있다. "그만 슬퍼하라"는 경고성 메시지가 숨어있는 것이다.

　두 번째로 클로디어스는 거트루드 왕비와의 결혼을 정당화하기 위해서 마치 대승적 차원에서 행해진 것으로 포장한다. 그 자리에 모인 대신들을 향해 "또한 이 혼인에 관해 경들의 슬기로운 충언을 마다하지 않았고, 경들 역시 쾌히 찬동하여 주었소. 가상히 여기는 바요"라고 말하는 것은, 왕비와의 결혼이 독단적인 결정이 아니라 마치 대신들의 뜻을 마지못해 받아들였다며 정당화하는 동시에, 혹시라도 왕비와의 결혼을 반대하는 자가 있다면, 지금이라도 당장 그 생각을 내려놓으라고 공개적으로 경고하는 행동이다. 공개 선언을 통해 대신들이 다른 말을 못 하게 미리 막는 것이다. 정치적으로 참으로 치밀한 캐릭터이다.

세 번째로 클로디어스는 노르웨이의 젊은 포틴브라스를 언급하는데, 사실 이 부분이 가장 중요한 부분이다. 부정하게 왕이 된 클로디어스는 왕권 강화를 위해 노르웨이와의 전쟁 가능성을 마구 '조장'한다. 그래서 군사들은 한 달 넘게 지속된 전쟁 준비와 비상태세에 지칠 대로 지쳐있다. 그러나 정작 클로디어스는 매일 밤 술을 마시며 연회를 열고, 술을 마실 때마다 대포를 쏘아 대포 소리에 사람들을 놀라게 한다. 진짜 전쟁이 일어날 수 있다면, 왕은 절대 그렇게 행동하지 않을 것이다. 조카를 두고 삼촌이 왕이 되었다는 점에서, 노르웨이는 클로디어스의 적국이 아니라, 자신의 왕위를 정당화시켜 주는 '모범적인' 나라가 된다. 전쟁의 위험에 급하게 노르웨이로 사신을 보내는 것처럼 보이지만, 아무런 협상 권한도 주지 않고 노르웨이 왕에게 서신을 보내는 것은 '쇼'에 가깝다. 나중에 사신들이 다시 덴마크로 돌아왔을 때, 클로디어스는 그들의 귀환이 별로 큰 일이 아닌 것처럼, 노르웨이와의 문제가 긴급한 현안이 아닌 것처럼 넘어간다. 외세의 위협을 강조해서, 내부적 결속을 다지고 집권을 강화하는 것은 많은 독재 권력자가 지금까지도 써먹고 있는 매우 '고전적인' 방법이다. 클로디어스가 젊은 포틴브라스를 이렇게까지 위협적인 존재로 각인시키고자 하는 것은 바로 젊은 포틴브라스가 '조카'라는 데 있다. 즉 클로디어스는 자신의 조카 햄릿을 염두에 두고 사람들 앞에서 "조카의 흉계"란 표현을 씀으로써 '조카'란 존재가 얼마나 무모하고 국가에 위험한 존재가 될 수 있는지를 설파하고 있는 것이다. 그리고 또한 지금 이 자리에 있는 조카 햄릿에게 절대 경거망동하지 말 것을 간접적이지만 매우 강력하게 경고하고 있다. 물론 클로디어스는 이 모든 것을 '절대 그렇지 않은 것처럼' 교묘하게 이야기한다. 즉 그는 '연기'의 고수이다. 클로디어스의 첫 연설을 제대로 연기하기 위해서는 연설을 들은 모든 자가, 햄릿을 제외하고, 클로디어스왕에게 매료되어야 한다. 클로디어스가 정치적 연설을 통해서 하는 '이미지 메이킹'을 배우가 해내야 하는 것이다. 사람들을 매료시키지 못한다면, 그것은 어설픈 악역 연기이다. 그러면서도 그가 가진 정치적 의도와 목적이 엿보이게끔 하는 소리의 뉘앙스를 살릴 수 있어야 하며, 능숙한 화술로 사람의 마음을 사로잡을 수 있도록 언변이 뛰어나야 한다.

그러나 클로디어스를 정말로 최고의 정치적 고수로 만드는 것은 이런 수준의 정치적 계산을 능가하는 고도의 통치전략에 있다. <햄릿>이라는 작품이 가지는 현대적 의미와 의의도 여기에 있는데, 클로디어스는 사람들의 '지각과 인식'을 통제함으로써 사람들을 지배하고자 한다. 셰익스피어가 우리와 동시대를 사는 작가인 것처럼 여겨지게 만드는 것은 바로 이와 같은 부분이다.

클로디어스의 첫 연설은 사람들의 인식을 지배하는 자들의 화법에 대한 뛰어난 예이다. 클로디어스의 연설을 읽거나 들으면 연설이 쉽게 이해되지 않는데, 우리는 셰익스피어가 원래 어려워서 혹은 번역이 매끄럽지 못해서 어렵다고 치부한다. 하지만 클로디어스의 정치적 연설은 우리가 무언가를 분명하게 인식하게 하기 위한 연설이 아니라, 역으로 우리의 인식을 흐리게 할 목적으로 이루어지는 연설이기 때문에 우리가 또렷하게 이해하지 못하는 것이다. 여석기가 지적하듯이, 클로디어스는 소위 '모순어법'을 사용하고 있는데, 그것은 "서로 양립할 수 없는 말을 짜 맞춰서 감정을 복잡하게 하거나 논리를 애매하게 하는 표현"이다. "한쪽 눈엔 웃음을, 또 한쪽 눈엔 눈물을", "장례식에는 축가를, 결혼식엔 조가를"에서 볼 수 있듯이, 클로디어스는 뚜렷이 구분되어야 할 둘의 경계를 의도적으로 흐리게 한다. 그렇게 하는 의도는 국민들이 모든 것을 또렷하게 인식하지 못함으로써 자신의 정체를 숨기고 자신의 등극을 정당화하며 자신이 의도하는 대로 국민을 통치하기 위함이다. 그래서 형수를 아내로 삼고, 조카를 아들로 삼는 클로디어스 통치하의 국민들은 클로디어스의 실체를 포함해서 그들이 사는 세상의 참모습을 정확히 보지 못한다. "이 덴마크라는 나라는 어딘가 썩었어"라고 말하는 병사 마셀러스는 무언가가 썩었다는 막연한 인상과 느낌만을 가질 뿐, 무엇이 왜 어떻게 썩었는지는 모른다. 클로디어스의 모순화법은 "거기에 맞서는 햄릿의 상대의 허를 찌르는 직설적 화법과는 사뭇 대조적"이다. 햄릿은 클로디어스의 정치적 연설이 의도하는 바를 정확히 꿰뚫어 보고 있다.

▌외관과 실체

마이클 블룸은 "한 장면의 구조는, 더 나아가서 전체 희곡의 구조는 종종 대사 한마디의 구조와 흡사하다"라고 하였는데, 대표적인 것이 <햄릿>의 첫 대사이다. <햄릿>은 "거기 누구냐?"(Who's there?)라는 단 두 마디의 대사로 시작된다. 보초를 서고 있는 프란체스코가 아니라 교대하러 오는 버나도가 누구인지를 묻고 있는 첫 대사는 그 역할의 '뒤바뀜'으로 앞으로 펼쳐질 <햄릿>의 세계가 무언가 뒤바뀐 세상임을 예고한다. 그리고 <햄릿>의 세계가 정체를 제대로 알 수 없는, 또렷이 무언가를 인식할 수

외관 appearance vs 실체 reality
안과 밖, 겉과 속, 전면과 후면/이면, 말하는 것과 말하지 않는 것을 꿰뚫는 눈이 필요

외관과 실체의 문제는 동서고금을 불문하고 극의 주요한 주제 중 하나

셰익스피어의 모든 작품들은, 정도의 차이는 있으나,
기본적으로 외관에 현혹되어 실체를 알아보지 못해 고통받는 인간에 대해 이야기

셰익스피어는 자신의 작품들을 통해
겉모습으로 인해 실체를 보지 못하는 우리의 시각과 인식의 한계를 꼬집고 있다

단순한 악인이 아닌 이상, 하수(下手)가 아닌 고수(高手)인 이상,
모든 악인은 '선'(善)의 모습을 하고 있다

고수의 악인들은 보통의 인간들의 선함을 이용한다

실체를 알기 위해 우리는 인물의 행동패턴을 읽어내야 한다

없는 세상이자, 곳곳에 알 수 없는 무언가가 도사리고 있는 섬뜩한 세상임을 예고한다. 첫 대사에 압축되어 있는 작가적 상상과 작품의 구조와 의미를 읽어 낼 수 없다면, <햄릿>은 시작조차 제대로 하지 못하게 될 것이다.

비극의 주인공으로서 햄릿에 관해서는 무구한 세월 동안 헤아릴 수 없을 정도로 많은 이가 연구와 분석을 진행해 왔지만, 햄릿의 근본적인 괴로움이 어디에서 기인하는 것인지 어느 누구도 절대적인 답을 내놓고 있지는 못하다. 햄릿이 그만큼 복잡한 캐릭터이고 셰익스피어가 그만큼 위대한 작가이기에 쉽게 분석될 리는 없겠지만, 아쉬운 점은 배우적 관점에서 혹은 캐릭터의 상상이라는 관점에서 햄릿이라는 인간을 이해하고자 하는 시도는 찾기 어렵다. 작가이지만 배우이기도 했던 셰익스피어가 햄릿이라는 캐릭터를 창조함에 있어서 햄릿에게 어떤 남다른 상상력을 부여했을지 궁금하지 않을 수 없다.

다른 캐릭터들은 갖지 못한 상상력을 햄릿은 가졌다. 햄릿은 문무를 겸비한 당대 최고의 인간상을 반영한다. 극 중 등장하는 어떠한 캐릭터보

다도 뛰어난 상상력과 학식, 그리고 몸쓰기 능력을 가진 햄릿을 연기해야 하는 배우가 햄릿의 눈에 보이는 것이 다른 캐릭터의 눈에 보이는 것과 어떻게 다른지를 알지 못한다면, 햄릿의 고민이나 괴로움 자체를 이해할 수 없다. 햄릿이 왜 복수를 지연하고 있는지, 왜 그리도 매몰차게 오필리어를 대하는지를 알 수가 없다. 배우적 상상력은 항상 그리고 우선적으로 극적 세계와 시공간 속에서 그리고 다른 캐릭터들과의 관계 속에서 캐릭터가 무엇을 보고 듣고 냄새 맡고 맛보고 피부로 느끼느냐에 대한 상상이다. 감각적 상상만이 캐릭터를 이해하고 캐릭터에 도달할 수 있는 길이다. 배우적 상상력으로 바라봤을 때 햄릿의 괴로움은 햄릿이 다른 캐릭터들은 보고 들을 수 없는 것을 홀로 보고 들을 수 있다는 데서 기인한다.

가장 뛰어난 인간인 햄릿은 과연 다른 캐릭터들이 보고 듣지 못하는 무엇을 보고 들을 수 있었을까? 선왕의 유령을 볼 수 있다는 일차원적인 사실에 눈길을 뺏기기 쉽지만, 햄릿이 <햄릿>의 극세계 안에서 남다르게 볼 수 있는 것은 바로 겉으로 보이는 외관이 실체와 다르다는 것이다. '보는 것'(see)과 '~인 것처럼 보이는 것'(seem)의 차이는 햄릿이 첫 등장에서 클로디어스·거트루드와 날카롭게 대립하며 역설하는 부분이다.

햄릿

보이다뇨, 전하! 아니, 사실입니다.
'보이다'라는 것, 알지도 못합니다.
이 검은 외투만이 아닙니다, 어머님.
의례적인 무거운 검은 상복도,
가슴 조이는 벅찬 한숨도,
내를 이루듯 샘솟는 눈물도,
수심에 풀죽은 얼굴 모습도,

비애에 찬 천태만태의 격식이나, 표정이나, 모습도,
저의 진정을 드러내는 것이 아닙니다.
하기야 그런 것들은 그럴듯하게 보이는 거죠.
그따위 연극쯤은 누구나 할 수 있으니까요.
그러나 이 가슴에는 그러한 슬픔의 겉치레로 보일 수 없는 것이 있으니
그런 건 비통의 장식이요, 의복에 지나지 않는단 말입니다.

햄릿은 겉으로는 그럴듯하게 보이는 '연극'을 꼬집고 있다. 클로디어
스의 모든 외적 가장(假裝)을 '연극'이자 '쇼'로 간파하고 있는 것이다.
겉으로 보이는 것과 실체의 차이, 햄릿의 모든 갈등은 여기에서 시작된다.
　이 차이를 햄릿을 제외한 나머지 캐릭터들은 보지 못한다. 햄릿의 아
버지를 살해한 클로디어스는 한 나라의 왕으로서 <햄릿>의 극 중 세계,
즉 겉과 속이 다른 세계, 현상과 실체가 다른 세계를 구축하는 절대자이
다. 그래서 그가 집행하고 지시하는 모든 것은 음모가 된다. 햄릿을 제외
한 다른 캐릭터들은 그와 같은 클로디어스의 참모습을 보지 못하고, 클로
디어스가 구축하는 표리부동의 세계에 순응하거나 기여하거나 이용된다.
클로디어스에게 이용되는 캐릭터들은 폴로니어스, 레어티즈, 그리고 로젠
크랜츠와 길던스턴이 대표적이다. 이 캐릭터들의 공통점은 겉으로 보기엔
벌썽해 보이나 모두 타락하고 망망한 남자이나. 그들의 모틱싱을 감안한
다면 그들이 사는 세상의 겉모습과 실제 모습이 다른 것이 전혀 이상하거
나 문제가 되지 않는 캐릭터들이다. 하지만 누구 하나 정작 클로디어스의
속마음과 속뜻은 알지 못한 채로 이용만 당하고 모두 햄릿에 의해 죽음을
맞이한다. 클로디어스, 폴로니어스, 로젠크랜츠와 길던스턴은 늘 햄릿을
감시하지만, 햄릿을 제대로 알지 못한다. 그만큼 그들의 보는 능력은 햄릿
의 능력에 미치지 못한다.

셰익스피어는 이런 캐릭터들에 대항하는 캐릭터로 햄릿에게 배우, 즉 예술가를 붙여준다. 햄릿은 자신이 보고 상상한 것을 연극(예술)을 통해 눈뜬장님이나 다름없는 다른 캐릭터들에게 보게 하려고 한다. 햄릿이 극 중 배우들에게 조언한 대로, 연극(예술)을 삶의 참모습을 들여다볼 수 있는 거울로 제시하는 것이다. 햄릿과 배우들은 극적 상상력으로 선왕의 살해에 관한 전모를 극으로 재구성하고, 그것을 극 중 캐릭터들에게 보여준다. 그것도 먼저 '무언극'(dumb show)의 형태로 해서 극중극 캐릭터들의 표정·몸짓·행동에 집중해서 보게 한 후에 다시 같은 내용을 대사를 추가해서 보게 한다. 한 번이면 보지 못할 수도 있지만 두 번을 보면 틀림없이 알 수 있다고 생각했기 때문이다. <햄릿>을 공연하는 경우 대개 공연 시간 때문에 두 번에 걸친 극중극을 한 번으로 축약해서 하는 경우가 많은데, 사실 셰익스피어의 의도, 극중극의 작가·연출가·액팅코치로서의 햄릿의 의도를 충분히 살리지는 못하는 연출이라 안타까움이 따른다. 극중극을 보고 난 캐릭터 중 살해 당사자인 클로디어스를 제외하고는 어떤 캐릭터도 햄릿이 제시하는 극중극의 의미를 제대로 보고 읽어내지 못한다. 거트루드가 의구심과 죄책감을 느끼긴 하지만, 극중극에서 일어나는 일들이 사실일 것이라고는 전혀 생각지 않는다. 그것을 안 햄릿은 어머니에게 자신이 보는 것을 보게 하려고 애쓰지만, 그래서 실제로 어머니의 눈에다 대고 선왕의 영정과 클로디어스의 초상을 비교해서 보게 하려고 하지만, 뜻대로 되지 않고 어머니 마음에 상처만 안겨준다.

극중극이 끝나고 선왕의 살해와 관련된 모든 것이 분명해졌지만, 상상력이 남다른 햄릿의 괴로움은 여기에서 끝나지 않는다. 죄의식 속에서 기도하는 클로디어스를 죽이려던 햄릿은 칼을 거둔다. 아버지를 죽인 간악한 원수로 보이던 클로디어스가 한순간 참회를 통해 천국에 가 있는 선인의 모습으로 보이기 때문이다. 햄릿이 아니라 다른 캐릭터였다면, 절치 부심 기다려 왔던 복수의 순간에 다른 것은 눈에 들어오지도 않았을 것이다. 하지만 햄릿의 눈에는 다른 것이 보이고, 다른 것이 보이기 때문에 그는 다른 선택, 다른 행동을 할 수밖에 없다. 자기 혼자만 다른 것을 볼 수 있다는 것은 다른 캐릭터들의 관점에서 봤을 때 햄릿이 미친 사람이 되게 한다. 햄릿도 이런 점을 알고 오히려 자신이 먼저 미친 척 행동하게 되지만, 겉과 속이 다른 세계 속에서 위장한 시간이 길어질수록 정상과 광기의 경계가 모호해지고 자신의 정상성을 의심하게 된다. 커튼 뒤에 숨어있던 것이 클로디어스가 아니라 폴로니어스였다는 사실은 <햄릿>의 극세계가 얼마나 인간의 인식을 왜곡하는지, 다시 말해 인간이 제대로 보고 생각하고 상상하기가 얼마나 어려운지, 그로 인해 인간이 얼마나 광기의 늪에 빠지기 쉬운지를 여실히 보여준다. 커튼은 실체를 제대로 볼 수 없게 하는 <햄릿>의 극세계를 핵심적으로 대변하고 상징적으로 시각화하는 극적 장치인 셈이다.

"엘시노어 성에서 모든 커튼 뒤에는 누군가가 숨어있다."

— 얀 코트, *Shakespeare, Our Contemporary*

<햄릿>의 극세계가 보이지 않는 커튼 뒤에 보이지 않는 힘의 세력을 숨기고 있다는 점은 햄릿과 오필리어의 장면에 위태롭고 거친 긴장을 조성한다. 정말 신기하게도, 셰익스피어는 햄릿과 오필리어가 둘만 함께 있는 장면을 의도적으로 극에 포함하지 않았다. 무대 위에서 숨겨진 다른 눈들이 없는 상태에서 햄릿과 오필리어가 단둘이 만나는 순간은 한순간도 없다. <햄릿>의 극세계는 바로 그런 세계이다. 그야말로 낮말은 새가 듣고 밤말은 쥐가 듣는 세계이다. 정치체제로는 경찰국가나 다름없는 세계

이다. 그런 세계 속에서 그런 세계에 저항해야 하는 적통 왕자로서 햄릿은 오필리어와의 사랑이 가능하지 않다고 본다. 얀 코트의 지적대로, 햄릿은 오필리어를 사랑하지만, <햄릿>의 세계 속에서는 사랑을 위한 자리는 없다. 겉과 속이 다른 <햄릿>의 극적 세계 속에서 순수한 영혼을 가진, 나쁘게 말하면 모든 것을 좋게만 보려고 하는 오필리어가 파괴되지 않고 살아갈 수 없다는 것을 알기에 햄릿은 오필리어에게 그리도 가혹하고 매몰차게 수녀원에 가라고 윽박지른다. 그리고 왕이 되지 못한 왕자를 사랑하는 것 자체가 오필리어를 파멸에 빠뜨릴 수 있기 때문에 사랑하는 오필리어를 지키는 길은 자신에게서 떼어놓는 것이라고 햄릿은 믿고 있다. 사방에 숨어서 보고 듣는 눈과 귀가 있는 상황에서 햄릿은 오필리어에게 직설적으로 이야기할 수 없다. 햄릿은 오필리어 앞에서 잔혹연극을 하며 오필리어의 순응적 시각과 상상을 깨뜨리려고 하지만, 오필리어에게 상처만 입힐 뿐이다. 그를 향한 오필리어의 깊은 사랑을 단념시킬 수 없다.

오필리어 주변의 캐릭터들은 전부 남자이다. 그리고 그들은 오필리어에게 현실 세계의 남성적 법칙에 눈뜰 것을 강요한다. 오필리어에게 아버지와 오빠가 해주는 충고라는 것은 남자는 전부 늑대이고 타락한 존재, 이율배반적인 존재이니 쉽게 몸과 마음을 주지 말라는 것이다. 셰익스피어는 장황할 정도로 그 부분에 대해서 많이 이야기한다. 하지만 여성적 상상력을 가진 오필리어는 아버지, 오빠, 그리고 연인 햄릿을 포함해서 남자들의 진짜 모습을 볼 수 없기에 그 말이 이해되지 않는다. 극이 진행될수록 사랑하는 사람들이 자신을 떠나고 죽는 진짜 이유를 전혀 볼 수 없는 상태에서 오필리어는 아픈 상실만을 경험한다. 실제로 <햄릿>의 모든 캐릭터 중에서 유일하게 오필리어가 미치게 되는 것은 <햄릿>의 극적 세계를 형성하는 구조와 지배하는 법칙들이 오필리어의 순수한 영혼에서 비롯되는 시각 및 상상과 정반대되기 때문이다. 셰익스피어는 마치 <햄릿>의 극적 세계가 변화하기 위해서는 오필리어 같은 순수한 영혼의 희생이 요구된다고 말하는 것처럼 오필리어를 잔인하게 파멸시킨다.

하지만 오필리어의 파멸은 가슴 아프게 아름답다. 죽느냐 사느냐를 고민하는 햄릿과는 달리, 오필리어는 삶과 죽음의 중간지대인 광기의 영역에 들어간다. 이 광기의 시공간은 현실의 물리적 법칙에 얽매이지 않고 시간과 공간이 자유롭게 변화하는 곳이다. 오필리어는 자신만의 세계, 엘시노어 궁전과는 완전히 다른 세상 속에서 자유롭게 상상하고 살며, 말 대신 노래한다. 말은 현실 세계의 법칙을 담고 있다. 말은 남성적·위계적 구조의 산물이다. 다른 세계를 살아가는 오필리어가 노래를 자신의 새로운 언어로 삼은 것, 노래를 통해 다른 방식으로 말하는 것은 당연한 귀결이다. 노래는 오필리어적 상상의 언어인 것이다. <리어왕>에서 미친 거지로 변장한 에드거와 광대가 삶의 부조리성을 노래하는 것도 같은 맥락에서 이해할 수 있다. 현실과 완전히 다른 세계로 퇴행해 버린 오필리어가 물에 빠져 죽을 수밖에 없는 것은 그녀가 광기 속에서 살고 있는 세계와 현실의 물리적 세계가 다르기 때문이다. 발을 헛디딜 수밖에 없다. 오필리어가 자살했다고 해석할 수도 있지만, 광기 속에서 오필리어가 자살이라는 현실적 판단을 할지는 미지수이다. 그녀 눈에는 물이 물로 안 보였을 가능성이 더 크다. 그런 관점에서 그녀의 죽음은 예고되었다고 볼 수 있다. 혹은 무의식적으로 물이 되어 바다 건너 떠난 햄릿에게로 흘러가고 싶었는지도 모른다.

광기의 오필리어가 보고 상상하는 것과 다른 캐릭터들이 보는 것은 완전히 다르다. 자신만의 상상의 공간 속에서 광기의 오필리어가 "꽃"이라고 부르는 것은 다른 캐릭터의 시각에서는 전혀 꽃이 아니다. 오필리어를 연기하는 배우에게 오필리어의 꽃을 어떻게 상상하고 해석하느냐는 매우 중요한 문제이다. 꽃은 셰익스피어의 여주인공 중에서 가장 비참한 파국을 맞는 것처럼 보이는 오필리어를 희생양이 아닌 비극의 주인공으로 자리매김하기 때문이다. 연출가와의 논의를 통해 오필리어의 손에는 실제로 꽃이 들려 있을 수도 있고, 아무것도 없을 수도, 아니면 꽃 이외의 다른 것이 들려 있을 수도 있다. 중요한 점은 오필리어가 사람들에게 무언가를 주고 간다는 것이다. 감시와 억압의 엘시노어 성에서 다른 사람들에게 무언가를 나누어 주는 존재는 오필리어뿐이다. 주는 것은 크나큰 사랑의 행위이다. 그렇기에 오필리어는 극 중 다른 어떤 캐릭터보다 숭고하고 아름다운 존재가 된다. 오필리어는 사람들에게 무엇을 정말로 주고 가는 것일까? 오필리어는 꽃을 주면서 "생각"(thoughts)과 "기억"(remembrance)을 위해서 준다고 한다.

오필리어

이것은 만수향, 기억하라는 뜻이야

─ 나의 사랑, 잊지 마세요 ─

그리고 이것은 상사꽃, 생각해 달라는 거예요.

─ 〈햄릿〉 4막 5장

꽃을 주는 '제의적 행동'을 통해 오필리어는 극 중 캐릭터들과 관객들에게 생각할 것과 기억할 것을 요구하고 있다. 그래서 미친 오필리어가 하는 말은 제정신으로 보이는 사람들에게 "사실보다 뼈저리다." 무엇을 생각하고 기억할 것인지를 해석하고 상상하는 건 배우가 오필리어를 연기하면서 관객에게 의미 있는 무언가를 남겨 주기 위해, 그리고 자신이 연기하는 캐릭터가 패배자나 희생양이 되지 않게 하기 위해 매우 중요한 작업이다. 배우훈련 과정에서 만난 무수한 오필리어 중에는 자기 눈에서 흘러내리는 영혼의 눈물을 나누어 주는 배우도 있었고, 자신의 숨을 손에 고이 담아주는 배우도 있었고, 심장의 온기를 손바닥으로 전해주는 배우도 있었다. 그리고 꽃을 '정화수'로 상상한 놀라운 배우도 있었다. 그와 같은 배우들의 상상은 오필리어를 셰익스피어의 캐릭터 중에서도 단연 돋보이는 캐릭터로 살아나게 한다. 배우의 상상으로 오필리어는 진정 "슬픔과 괴로움, 고통과 지옥도" "사랑스럽고 아름다운 것으로 바꾸는" 존재가 된다. 햄릿이 그토록 오필리어를 "아름다운 오필리어"(the fair Ophelia)라고 부르는 진정한 의미가 오필리어 자신을 통해서 구현되는 것이다.

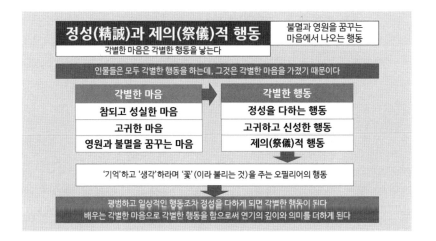

▌ "Fair is foul, and foul is fair": 〈맥베스〉의 극세계

<맥베스>의 세계는 1막 1장에 나오는 마녀들의 다음 대사에서 여실히 드

러난다.

> 아름다운 것이 추한 것이요 추한 것이 아름다운 것이다.
> (Fair is foul, and foul is fair.)

<맥베스>의 세계는 겉으로 보기에는 아름다움과 추함, 선과 악이 구분되지 않거나 전도된 세계이다. 그래서 <맥베스> 속 캐릭터들은 겉으로 보기에 선한 캐릭터가 실제로는 악인이거나, 겉으로 악인처럼 보이는 캐릭터가 사실은 선인일 수도 있다. 아니면, 한 캐릭터 내에서 아름다움과 추함, 선과 악이 공존하거나 뚜렷이 구분되지 않는 상태로 공존할 수 있다. 이와 같은 점은 <맥베스>의 주인공들을 복잡하고 다층적이고 이중적인(때론 모순적인) 캐릭터가 되게 한다.

맥베스와 맥베스 부인도 아름다움과 추함, 선과 악이 공존하거나 혼재하는 특별한 인간들이다. 이 세계 속에서는 믿을 수 있는 사람이 아무도 없다. 이 부부는 전적으로 서로에게만 의지한 채 함께 이 세상을 뒤집을 공모를 한다. 맥베스가 자신이 직접 죽이지 않고 자객을 보내 살해한 뱅코우의 유령을 보고 공포에 떨지만, 정작 자신이 직접 살해한 덩컨왕의 유령은 나타나지 않는다. 맥베스는 덩컨왕을 살해한 것에 대해 특별한 죄책감을 느끼지 않는 듯이 보인다. 죄책감은 오히려 살해하기 전에 느낀다. 덩컨왕을 특별히 선한 왕으로 보기 어려운 이유가 여기에 있다. 극의 시작에 전쟁과 반란이 일어난 덩컨왕이 통치하는 세계는 맥베스가 전복을 꿈꾸게 하는 세계이다.

맥베스 부인은 여성의 존재를 부정하고, 여성의 입지와 역할을 축소시키는 세계와 싸우고 있다. 남자인지 여자인지 구분하기 힘든 마녀들과 맥베스에게 죽임을 당하는 맥더프 부인을 제외하고는 여성 캐릭터가 존재하지 않는 세계에 맥베스 부인은 존재한다. 그녀는 '여성은 ~해야 한다'는 모든 고정관념과 성차별적 사고방식과 싸운다. 맥베스 부인의 유명한 대사, "어서 와서 날 나약한 여자로부터 벗어나게 해다오."(unsex me)는 원어에서는 두 단어로 된 짧은 문장으로 맥베스 부인이 무엇과 싸우고 있는지를 말해준다. 맥베스 부인은 흔히 여성이 할 수 없다고 생각하는 것은 무엇이든 하려고 한다. 자신이 사랑하는 남자가 최고가 되기를 바라고 그것을 가능하게 하고 실현하기 위해 모든 것을 기꺼이 하려고 하는 맥베스 부인을 편견과 선입관 없이 바라보아야 한다.

▌경계와 젠더(gender): "Unsex me!"

극은 기존 사회에서 보편적으로 받아들여지는 가치체계, 법과 질서, 신념, 잣대, 삶의 방식, 경제구조와 신분체계 등이 과연 타당한 것인지를 끊임없이 질문한다. 경계의 신인 디오니소스의 후예답게 극을 만드는 사람들은 기존의 경계를 흔들며 새로운 경계를 탐험하고 그 가능성을 타진한다. 그래서 극에 등장하는 캐릭터들도 경계에 선 인간, 경계를 넘어서는 인간, 경계를 무너뜨리는 인간, 경계를 유지하려는 인간, 경계 안에 머무르는 인간 등으로 나뉜다. 주인공 캐릭터들은 기존의 질서와 가치를 거역하는 반항아로서 사회가 규정한 테두리 안에 머물러 있기를 거부하며 자신만의 길과 자유 그리고 새로운 삶을 모색한다. 악역 캐릭터들은 기존의 질서와 가치에 매몰된 사람들을 극심한 혼란과 고통에 빠뜨리면서 관객에게 정신적·심리적·정서적 충격을 가한다. 충격 없이 기존의 시각과 고정관념이 변할 수 없기 때문이다. 고정된 모든 것은 죽은 것이다. 고정관념이 문제가 되는 것은 본질적으로 그 관념이 정지해 있어서 살아 꿈틀대며 움직이는 '지금 여기'에 대한 올바른 시각과 생각이 절대 될 수 없기 때문이다.

셰익스피어는 질서와 무질서, 정상과 비정상, 도덕과 비도덕, 이성과 본능, 남성성과 여성성 등의 경계를 과감하면서도 치열하게 탐구한다. 그런 관점에서 우리의 주목을 끄는 것은 셰익스피어의 여주인공들이다. "어서 와서 날 나약한 여자로부터 벗어나게 해다오"(unsex me)라는 맥베스 부인의 유명한 대사는 "나에게 입힌 모든 여성성을 없애달라"는 의미로 읽힐 수 있다. 맥베스 부인처럼, 셰익스피어의 여주인공 중 다수는 사회와 국가가 강요하는 여성성, 즉 젠더를 거부한다.

맥베스 부인

무서운 음모에 끼어든 악령들이여, 어서 와서 날 나약한 여자로부터 벗어나게 해다오(unsex me). 머리 꼭대기에서 발끝까지 잔인한 마음으로 가득 채워다오! 나의 피를 응결시켜 연민의 정으로 통하는 길목을 끊어, 그래서 동정이라는 자연의 정이 동하여 나의 흉악한 계획을 좀먹지 않게 해다오. 또한 살인과 잔인한 결심이 서로 손을 맞잡아 이 일을 뭉개버리지 않게 해다오! 자, 살인의 앞잡이들아, 이 여자의 가슴팍으로 파고들어 내 달콤한 젖을 쓰디쓴 담즙으로 바꾸어다오. 너희들은 보이지 않는 형체로 어디서나 인간의 흉사를 거들어 주고 있지 않느냐! 어두운 밤아, 깃을 펼쳐 지옥의 시커먼 연기로 널 뒤덮어라, 나의 날카로운 단도가 찌르는 상처를 보지 못하도록. 그리고 하늘이 암흑의 장막을 헤치고 얼굴을 내밀면서 "안된다! 안 된다!"하고 외치지 않도록 하여라.

타인의 목숨까지 앗아가면서 패권을 차지하려는 남성 캐릭터들의 행보는 그럴 수 있다고 여기면서, 그와 같은 길을 가려는 여성 캐릭터들은 '악마화'하는 성향이 있다. 인류 역사에서 남성중심적 사회는 남성 중심의 질서를 어지럽히는 여성들을 늘 '악녀' 혹은 '마녀'로 규정하며 탄압하고 학살해 왔다. 맥베스 부인을 악녀라고 믿는 일반적인 시각도 모두 그와 같은 여성 차별의 결과이다. 여성과 아이들을 악마화하는 사회를 다루는 작품이 바로 아서 밀러 작 <시련>이다. <시련>은 남성 목사들이 기존 질서를 지키기 위해서 사람들의 목숨을 앗아가는 끔찍한 세상을 고발한다. 신이 아닌 이상 어느 누구도 인간의 목숨을 빼앗을 수 없다. 인간의 목숨을 빼앗는 자들이 바로 악마와 같은 존재이다.

배우는 자신이 연기하는 캐릭터를 '판단'해서는 안 된다. 특히 도덕적 잣대로 캐릭터를 재단하는 오류를 범해서는 안 된다. 데클란 도넬란이 『배우와 목표점』(*The Actor and the Target*)에서 말했듯이, 우리는 한 인간이 선한지 악한지 판단할 수 없다. 인간의 행동은 판단이 가능할지도 모른다. 그러나 인간의 행동을 판단하기 전에 판단 기준을 엄밀하게 점검해 보아야 한다. 대부분 편협하거나 그릇된 판단 기준에 근거하게 되기 때문이다. 배우는 오로지 캐릭터의 관점에서 극세계에 존재하는 모든 것을 바라보아야 한다. 캐릭터는 항상 자기 자신이 옳다.

맥베스 부인은 스스로를 불태우며 불꽃 같은 인생을 살아간 인간일 뿐이다. 불꽃처럼 삶을 살아간 사람들을 우리는 '열사'(烈士)라고 부른다. 불꽃과 같은 인간은 세상이 허락한 대로가 아니라 스스로의 길을 찾아 주체적인 삶을 살고자 한다. 맥베스 부인 외에도 <리어왕>의 거너릴과 리건 그리고 코딜리어, <말괄량이 길들이기>의 캐서리나, <로미오와 줄리엣>의 줄리엣, <한여름 밤의 꿈>의 헬레나와 허미어도 부모와 사회가 강요하는 전형적인 순종적 여성성을 거부하고 주체적인 삶을 살고자 한다.

셰익스피어는 관객에게 계속 새로운 여성상을 만나게 한다. 처음 보는 유형의 여성상에 당황한 남자들은 어떤 식으로든 명칭을 붙여서 서둘러 전대미문의 여성상을 규정해 버리려고 한다. 대표적인 명칭이 <말괄량이 길들이기>의 '말괄량이'이다. 기존의 어떠한 명칭으로도 캐서리나를 규정할 수 없기에 페트루치아를 제외한 어떠한 남성도 캐서리나를 감당하지 못한다. <십이야>의 올리비아도 자신을 감당하는 남자가 없어서 세상 모든 남자는 죽은 것처럼 상복을 입고 있다. 남장을 한 여성 바이올라만이 올리비아에게 진정한 '남자'로 보인다.

셰익스피어가 반-페미니스트(anti-feminist)라고 비판받는 것은 다음과 같은 남성 캐릭터들의 여성관 때문이다. 인간을 대표하는 인간으로 알려진 비극의 남자 주인공들은 위대한 영웅적 인간이 맞을지는 모르지만, 그다지 바람직한 인간으로는 보이지 않는 경우가 있다. 여성관에 문제가 있기 때문이다. 서구 문명을 대표하는 인간상인 햄릿의 다음 대사들은 요즘 관점에서 보면 지극히 문제가 많다. 현실 세계 속에서는 이런 말을 누군가에게 어떤 식으로도 해서는 안 된다. 젠더 감수성은 지금의 사회가 우리에게 요구하는 매우 중요한 민주시민의 자질이다.

햄릿

(다시 또 돌아와서) 난 잘 알고 있다. 너희들 여자들은 덕지덕지 분을 처발라 하느님께서 주신 낯짝을 영 딴판으로 만들어 버린단 말야. 춤추며 날뛰고, 간드러진 걸음을 걷고, 알랑수를 부리며 나풀대고, 신의 창조물에 별명이나 붙이고 또 순진한 탈을 쓰고 음탕한 짓을 하지 않아. 아, 안 돼, 도저히 참을 수 없어. 그게 날 미치게 했어. 우리 이제 결혼 같은 거 해선 안 돼… 이미 결혼한 사람들은 딱 한 쌍만 빼놓고선 도리 없이 살려두지만, 결혼 안 한 사람들은 현재대로 살아가는 게 무사할 거야. 어서 수녀원

으로 가라구.

클로디어스의 감시 속에 햄릿이 사랑하는 오필리어가 자신을 사랑하지 않게 하려고, 자신을 향한 오필리어의 사랑이 계속 커져가는 것을 막기 위해, 오필리어를 지키기 위해 가장 잔인한 말을 퍼붓고 있다는 극적 설정이 이해가 가기는 하지만, 그래서 햄릿의 말이 진심이 아닌 것은 알지만, 여성을 혐오하는 발언으로 여겨지기에 충분하다. 햄릿의 잔혹한 언행은 오필리어를 미치게 하고 끝내 죽음에 이르게 한다. 오필리어의 죽음 앞에서 햄릿은 뒤늦게 모든 것을 후회한다.

<심벌린>의 포스튜머스는 다른 남자(야키모)의 조작된 거짓 증언만을 믿고 일순간에 이머젠을 향한 자신의 사랑을 여성에 대한 거친 혐오로 바꾸어 토해낸다. 그와 함께 그의 고귀함도 완전히 사라져 버린다. 비겁하게 자신의 하인 피사니오에게 이머젠을 살해하라는 명령까지 내린다.

포스튜머스

나에게도 여자에게서 받은 성품이 있을까? 남자에게는 악덕함이 있을 수 없다. 그건 틀림없이 여자에게서 받은 성품이야. 거짓말도 생각해 보니 여자의 것이다. 아첨도 여자의 것, 사기치는 것도 여자가 하는 짓, 음탕하고 선한 생각도 여자의 것, 복수도 여자의 것, 야심도 탐복도 여러 가지 형태의 허영심도, 경멸, 탐욕스러운 물욕, 중상, 변심, 이 밖의 가지가지의 결점은, 아니 지옥이 알고 있는 모든 악덕은, 일부분이 아니라 전부가 여자에게 속하는 것이다. 그런 악덕에 대해서도 여자는 부실하니 한 가지 길로 쭉 가는 것이 아니고, 일 분마다 아니 일 분도 안 되게 무시로 변하는 것이 여자다. 내가 글을 써서 여자들을 욕하고 저주해야겠다. 그러나 여자를 마음껏 미워하는 데는 큰 재주가 필요하지. 바로 마음대로 놀게 내버려 두는 것이 그 방법일지도 모르지. 아무리 고약한 악마라도 여자 이상으로 여자를 더 괴롭힐 수는 없는 것이니까.

포스튜머스가 올바른 시각을 되찾는 것은 전적으로 이머젠의 노력 덕분이다. 이머젠은 공주로서의 자기 신분까지 버리고 남장까지 해가며 사랑을 되찾는 고행의 여정을 떠난다. 야키모는 <오셀로>의 이아고처럼 약간의 계략으로 인간의 상상·믿음·사랑을 한순간에 가장 추악한 것으로 전락시킨다. 정보의 진위를 판별할 수 있는 능력은 인간이 인간으로 존재하기 위한 가장 중요한 능력이 된다. 글을 못 읽는 것이 문맹이 아니다. 정보의 진위를 파악할 수 없는 자가 문맹이고 거짓 정보를 믿는 자는 눈뜬장님이다.

포스튜머스의 부당한 명령을 거부하는 피사니오를 보면 알 수 있듯이, 셰익스피어가 햄릿이나 포스튜머스의 언행을 옹호하거나 지지해서 극을 쓴 것은 아니다. 극은 문제적 발언과 행동을 하는 캐릭터를 통해서 관객이 그 문제를 직시하도록 유도한다. 해당 문제가 '문제'라는 것조차 인식하지 못하는 경우가 비일비재하다. 그리고 극은 관객이 문제적 캐릭터의 발언과 행동의 결과를 살펴보면서, 과연 무엇이 문제이고 어떠한 방향으로 그 문제가 해결되어야 하는지를 사고하게 한다.

셰익스피어는 많은 극에서 여성 캐릭터들의 노력과 지혜로 남성 캐릭터의 문제적 인식과 행동이 교정되게 한다. 셰익스피어 희극에서 남장하는 캐릭터들, <베니스의 상인>의 포오셔, <십이야>의 바이올라, <뜻대로 하세요>의 로잘린드, <베로나의 두 신사>의 줄리어, <심벌린>의 이머젠은 남성성과 여성성을 모두 경험한 존재로서 맑고 건강하고 총명하며 지혜로운 인간으로 등장한다. 마치 희극의 여주인공들을 통해 셰익스피어는 가장 바람직한 인간상을 제시하려고 하는 듯이 보인다. 경계선에서 경계의 왼쪽과 오른쪽, 앞과 뒤 그리고 위와 아래 모두를 본 자만이 진정으로 무언가를 아는 존재가 된다. 디오니소스가 연극의 신인 이유는 경계의 신으로서 경계의 양쪽을 모두 보기 때문이다. 연극은 삶에서는 보고 경험할 수 없는 경계의 양쪽을 관객에게 보게 한다.

셰익스피어는 남성 캐릭터에게는 기존의 남성성을 버리고 여성성을 취하도록 요구하지 않는다. <리어왕>의 리어와 에드거처럼 기존에 자신이 가진 모든 것이 발가벗겨져 알몸과 같은 상태로 추락해서 혼돈과 광기 속에서 새로운 정체성과 삶에 대한 새로운 시각을 얻게 되는 경우가 있기는 하지만, 리어와 에드거조차도 여전히 여성성을 취하도록 요구받지는 않는다. 그러나 여성 캐릭터들은 <심벌린>의 이머젠처럼 다음과 같은 요구에서 자유롭지 못하다.

피사니오

아씨께선 여자라는 걸 잊어버리십시오. 온순함을 명령조로 바꾸시고, 소심함과 부끄러움이라고 하는 부인들에게 수반되는 성품이라기보다는 오히려 매혹적인 부인들의 미점을, 거친 용기로 바꾸시고, 욕도 신나게 잘하고 방자하며 예절 없고 족제비같이 싸움도 잘하는 남자같이 행세하셔야 합니다. 아씨의 그 아름다우신 뺨을 잊어버리시고 태양에 그을게 하셔야 합니다. 아, 가슴이 아픕니다만! — 어이구, 어쩔 수 없습니다 — 그 얼굴을 게걸스럽게 키스하는 태양에게 내맡기셔야 합니다. 또 주노 여신조차도 시샘케 한 우아한 의상도 잊으세요.

남장을 하는 포오셔, 바이올라, 로잘린드, 줄리어, 이머젠이 남성을 능가해 가장 용기 있고 지혜로운 인간이 되는 것은 남성성과 여성성의 경계를 허물고 경계의 양쪽을 모두 볼 수 있는 눈을 갖게 되어 새로운 경계를 탐색하기 때문이다.

셰익스피어가 말년에 쓴 낭만극의 여주인공은 젠더로부터 완전히 자유로운 이상적인 인간상을 구현하고 있다. <태풍>에 나오는 미랜더의 다음 대사는 매우 의미심장하다.

미랜더

전 여자를 한 사람도 몰라요. 여자 얼굴도 거울에 비친 제 얼굴밖에는 몰라요. 남자도 당신과 아버지 이외는 본 적이 없는걸요. 외부에서 사는 사람들의 얼굴이 어떻게 생겼는지도 모르죠.

간단히 말해 미랜더는 젠더가 없는(gender-free) 캐릭터인 셈이다. 한번도 인간세계에 살아보지 않은 여성인 미랜더는 사람들이 친숙하게 알고 있는 젠더로서의 여성성은 어떤 것도 가지고 있지 않은 존재로 등장한다. 미랜더를 연기하는 배우는 이 점을 분명히 하고 캐릭터를 구축하여야 한다. 셰익스피어는 왜 마지막 작품의 여주인공을 젠더가 없는 캐릭터로 설정하는 실험을 했을까? 현실적으로 존재 불가능할 것 같은 이상적인 캐릭터를 통해 그는 젠더가 없는 세상을 꿈꾸었던 것일까? 남성중심적 사회구조 속에서 사회성에 의해 왜곡되거나 파괴되지 않은 자연성으로서의 인간성이 본연의 인간성임을 입증하고 싶었던 것일까? 그 답을 결코 찾을 수는 없겠지만, 분명한 것은 젠더에 관한 셰익스피어의 실험들로부터 우리 사회의 젠더 문제에 대해 다시 생각해 보게 된다는 점이다. 젠더는 사회가 캐릭터에게 부과하는 보이지 않는 틀이자 경계이다. 그 틀과 경계를 거부하거나 벗어나거나 돌파하고자 하는 캐릭터를 연기하면서 배우는 자신이 가지고 있는 틀과 경계를 벗어남으로써 자유로운 존재로 거듭나야 한다.

　이상과 같이 배우에게는 셰익스피어의 주요 캐릭터를 구축함에 있어서 남다른 젠더 감수성이 필요하다. 전형적인 젠더에 근거해서 캐릭터를 이해하고 구축하고 있다면, 그 시작부터가 셰익스피어의 캐릭터를 구현하는 것과는 아무 상관 없는 작업을 하는 셈이다. 셰익스피어의 주요 캐릭터들은 일반성·유형성·전형성과는 거리가 먼 '천상천하 유아독존'의 인간들이다. 그래서 셰익스피어 연기에서 가장 어려운 문제 중 하나는 어떻게 하면 보편적인 인간상을 제시하면서도 **유일무이한 개별성과 개성(personality)을 가진 개인(person)**으로서의 캐릭터를 구축할 수 있느냐이다. 캐릭터의 이름이 곧 제목이 되는 작품들이 그렇게도 많은 이유는 셰익스피어 극이 세상에서 하나뿐인 개인을 다루고 있기 때문이다. 세상에는 셀 수 없이 많은 배우가 있지만, 모든 배우는 유일무이한 존재가 되어야 한다. 셰익스피어 연기는 배우에게 그것을 가능하게 해준다.

▌광기(狂氣, madness)와 정서적 인식

경계를 탐구하는 셰익스피어 극에서 우리는 주인공 캐릭터들이 정상과 비정상의 경계를 넘어 '광기'에 영역에 들어가는 경우를 자주 목격한다. 광기는 인간의 영혼과 정신에 핵폭발에 맞먹는 충돌과 혼란과 변화가 일어나고 있다는 신호이다. 주인공 캐릭터들의 광기는 눈이 멀어 맹목적인 인간으로 전락한 캐릭터의 광기와는 확연히 구별된다. 왜냐하면 주인공 캐릭터들의 광기는 시각과 인식의 흔들림과 변화로 인해 겪게 되는 광기이기 때문이다. 그리고 혼란과 고통 속에 새로운 정서적 인식에 도달하게 하는 광기이다.

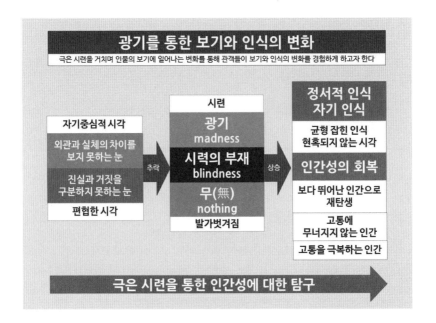

<리어왕>에서 캐릭터들의 광기의 여정은 **눈멂과 시력의 상실 (blindness)과 발가벗겨짐 · 헐벗음, 무(無, nothing)로의 추락**과 결합된다. 리어, 글로스터, 에드거가 겪게 되는 육체적 · 정신적 고통은 그야말로 극한에 달하고, 그 극한의 고통을 감당하면서 캐릭터들은 기존의 인식에서 벗어나 정서적 인식에 도달한다. 보기와 시각의 변화란 그토록 어려운 것임을, 세상과 타인과 자신을 올바로 바라본다는 것이 그토록 불가능에 가까운 일임을 우리는 목격한다. 그럼에도 불구하고, 우리가 인간이기 위해서, 인간이 아닌 존재가 되지 않기 위해서 극한의 고통도 감내하며 참된 눈을 가져야 함을 셰익스피어는 역설하고 있는지도 모른다.

습관대로, 익숙한 대로 살면 아무런 혼동과 혼란이 없다. 기존의 시각으로 세상과 삶과 인간을 바라본다면 마찬가지로 혼란도 고통도 없다. 그런데 극은 주인공 캐릭터들을 기존의 시각으로는 도저히 이해할 수 없는 상황으로 몰고 들어간다. 친숙한 세계는 너무나 낯선 세계로 바뀌고, 알고 있다고 생각한 모든 것이 불확실하고 불가해한 것으로 바뀌고, 내가 알고 있던 상대는 같은 사람이라고는 믿기지 않을 정도로 달라져 보인다. 이와 같은 상황은 주인공 캐릭터들을 경계선 끝까지 숨가쁘게 밀고 나가며, 때로는 기존의 시각을 완전히 버리게 되는 경계선 너머의 지점까지 내몬다. 경계선상에서 광기의 징후를 보이던 캐릭터들은 경계선을 넘는 순간 광기에 휩싸인 캐릭터가 된다. 주인공 캐릭터들이 광기에서 벗어나는 것은 새로운 시각이 형성되고 그에 따라 새로운 인식에 도달하면서 새로운 경계를 찾게 되었을 때 비로소 가능해진다. <리어왕>의 에드거는 폭풍우 속의 허허벌판에서 기존에 자신이 가지고 있던 모든 것을 버리고 '미치광이 거지 톰'으로 헐벗은 삶을 살아간다. 셰익스피어는 당시에 미친 사람들이 실제로 했던 말들을 가져와서 에드거의 대사로 삼는 철저함을 보인다. 에드거는 기존의 것을 모두 버리고 자신을 비워냈기에 새로운 것을 보고 알고 받아들일 수 있게 된다. 흔히 이야기하듯이, 가득 찬 물잔에는 새로운 물을 담을 수 없듯이 말이다. 에드거는 미친 거지 상태에서 모든 것을 박탈당한 채 직접 밑바닥 삶을 체험하면서 인간의 가장 비참한 모습과 극심한 고통을 목격하고 나서 "제정신인 것이 미친 것이다/이성을 가진 자들이 미친 자들이다"(Reason is madness)라고 과감히 선언할 수 있는 인식에 도달한다. 그리하여 마침내 모든 것을 꿰뚫어 볼 수 있는 정서적 인식에 도달하여 새로운 질서를 수립하는 정의의 기사로서 재등장한다. 에드거의 처절한 여정은 리어의 애잔한 여정 못지않게 관객이 함께 경험해야 하는 여정이다.

물론 몇몇 캐릭터들은 오필리어의 경우처럼 현실과의 끈을 완전히 놓아버려서 제정신으로 돌아올 수 없게 되기도 한다. 셰익스피어가 오필리어를 제정신으로 돌아오지 않게 한 것은 <햄릿>의 세계가 오필리어와 같은 영혼을 가진 인간—특히 젊은 여성—은 절대 살아갈 수 없는 세계이기 때문이다. 셰익스피어는 절대 파괴되어서는 안 되는 인간인 오필리어의 광기와 죽음을 통해 <햄릿>의 세계를 뼛속까지 물들인 이율배반성, 비인간성, 차별과 강압, 부패와 타락을 고발한다. 오필리어는 아름다운 기억과 상상의 세계를 살다가, 사람들에게 "생각"하면서 살고 "기억"하면서 살라고 충고한 다음, 사람들의 "안녕"을 기원하며 미련 없이 이 세상을 떠난다. 자신은 파괴되었지만 끝까지 타인의 "안녕"을 기원하는 오필리어는 죄 많은 인간을 구원하기 위해 스스로 십자가를 진 예수님처럼 숭고한 존재가 된다.

셰익스피어가 주인공 캐릭터에게 그 정도까지 시련을 겪게 하는 것은 관객의 시각과 인식을 바꾸어 놓기 위해서이다. 셰익스피어가 극 전반에 걸쳐 되풀이해서 탐구하고 있는 주제는 보지 못해 알지 못하고 알지 못해서 잘못을 저지르고 고통받는 인간의 삶이다. 관객은 주인공에게 이입해서 극을 바라본다. 관객을 자신이 연기하는 캐릭터에게 이입시키지 못한다면, 그 배우는 주연배우가 될 수 없다. 셰익스피어는 관객이 감정이입하는 주인공 캐릭터들을 혹독한 과정을 통해 새로운 시각과 정서적 인식에 도달하게 함으로써 관객들이 고스란히 그 여정을 함께 겪으며 자신의 시각과 인식을 재고하고 수정하도록 유도한다.

또한 셰익스피어는 새로운 인식을 향해 가는 주인공 캐릭터들의 광기를 '~에 눈이 먼' 맹목적인 캐릭터들의 광기 어린 행동과 대비시킨다.

셰익스피어는 맹목을 통해 시각의 균형을 잃어버리고 오직 하나에만 집중함으로써 생기는 인식과 행동의 문제를 탐구한다. 권력에 눈먼 캐릭터, 욕정에 눈먼 캐릭터, 탐욕에 눈먼 캐릭터, 두려움에 눈먼 캐릭터, 질투에 눈먼 캐릭터 등이 그 예이다. 인간의 몸은 장기들을 빼면 모두 둘로 되어 있고 그래서 최소 둘을 보는 인간이 정상적인 인간인데 둘은 혼란과 고통을 야기하기 때문에 하나만 보고 싶은 욕구에 쉽게 지배당한다. 맹목은 그렇게 일어나고 인간의 역사에서 수많은 사람의 인식을 지배해 왔다.

　맹목적인 캐릭터들은 극에서 대개 조연이나 단역 역할을 하지만, 반드시 그런 것만은 아니다. 이아고가 심어준 가짜 정보가 불러일으키는 상상에 눈이 먼 오셀로는 자신이 목숨보다 사랑하는 데스데모나를 목 졸라 죽인다. 맹목이 얼마나 끔찍한 결과를 초래할 수 있는지 셰익스피어는 강하게 경고한다.

▎비교 · 대조 · 대치 · 병렬 그리고 대구법

셰익스피어의 극작 스타일에서 가장 두드러진 특징은 **비교(comparison)**와 **대조(contrast), 대치(opposition)**와 **병렬(juxtaposition)**이다. 셰익스피어는 시공간과 시공간이, 캐릭터와 캐릭터가, 한 캐릭터 안의 상반된 자아와 자아가, 장면과 장면이, 말과 말이, 어구와 어구가 서로 끊임없이 그리고 극심하게 충돌하게 한다. 하나는 충돌을 일으키지 않고 따라서 갈등을 낳을 수 없다. 갈등은 최소 두 가지가 충돌하면서 발생한다. 셰익스피어는 하나만 보려고 하는 관객에게 둘 다를 보게 하기 위해서 그를 가능하게 하는 모든 극적 · 언어적 장치에 큰 관심을 보였다.

학자들은 주로 셰익스피어의 언어적 장치에만 관심을 갖지만, 사실 비교·대조·대치·병렬은 셰익스피어 극의 모든 요소에 적용이 된다. <한여름 밤의 꿈>에서 아테네 궁전과 숲의 대비는 공간적 대비에 대한 쉬운 예가 될 것이다. 앞서 논의했듯이, 캐릭터가 상반된 나들을 쉴 새 없이 오가는 것도 같은 원리의 대비이다. 『자유와 상상 그리고 사랑』과 『연기와 예술 그리고 인생』에서도 필자가 반복적으로 강조해 왔듯이, 극은 '하나'만 보는 인식의 함정에 빠지기 쉬운 관객이 '둘'을 보게 하기 위해서, 그리고 그로부터 인식의 균형을 찾게 하기 위해서 만들어진다. 그래서 셰익스피어는 상충하는 세계 속에 놓인 상충하는 캐릭터들이 상충하는 둘을 보고 그것을 인식하고 상충하는 자아의 분열 속에서 그것을 '대구법'을 통해서 말하게 함으로써 관객의 보기와 인식에 변화를 주고자 한다.

대구법(antithesis)은 말이나 어구들을 서로에게 상반되게-모순적으로 혹은 역설적으로 느껴질 정도로-하나로 엮어서 말하는 것으로 셰익스피어가 그의 모든 작품에서 가장 즐겨 사용하는 언어적 장치이다. 예를 들어, 켄트가 <리어왕> 1막 1장에서 추방당할 때, 그는 리어의 충동적인 결정으로 인해 생긴 도덕적·사회적 혼란을 일련의 대구법으로 표현한다. "그럼 안녕히 계십시오. 이제 이 나라에는 **자유**는 없고 **추방**만이 있을 뿐입니다"('자유'와 '추방'의 대립), "이제 이 **오래된** 나라를 떠나 **새로운** 나라에서 살겠습니다"('오래된'과 '새로운'의 대립).

셰익스피어는 왜 그렇게 대구법을 즐겨 사용하는 것일까? 가장 간단하게 답한다면, 대구법은 상반된 것들을 하나로 묶음으로써 강력하게 '갈등'을 표현하고, 갈등은 모든 드라마의 본질이기 때문이다. 대구법은 캐릭터가 상대 캐릭터나 세상에서 어떤 **모순**이나 **균열**을 보고 있다는 것을 뜻하는데, 친숙한 면과 낯선 면, 아는 부분과 알지 못하는 부분, 이해가 가는 부분과 이해가 가지 않는 부분을 '동시에' 보고 있다는 것을 뜻한다. 상대 캐릭터나 세상에서 보이는 상반된 '두 가지' 모습이 캐릭터에게 혼란과 내적 갈등을 불러일으키는데, 캐릭터가 그런 **혼란과 갈등을 언어를 통해서 감당해 내려는 노력, 즉 감정을 분출하는 게 아니라 감정을 감당해 내려는 노력**이 대구법으로 나타난다.103) 그러면서 동시에 대구법을 통해 상대 캐릭터가 둘 다를 보게 함으로써 상대를 **변화시키려는 노력**을 기울인다. 그 안에 담긴 변화시키고 감당해 내려는 치열한 노력으로 인해서 대구법은 극적 행동(action)의 구현체가 된다. <리어왕> 1막 1장에서 리어가 코딜리어에게 "어린 것이 어떻게 그렇게 모질고 매정할 수 있냐?"(So *young* and so *untender*?: 어림과 매정함의 대립)고 묻자 코딜리어가 "그리도 어리기에, 폐하, 오히려 진실합니다"(So *young*, my lord, and *true*.: 어림과 진실의 대립)라고 답하는 것이 대구법의 대표적 예라고 할 수 있다.

대구법은 언어에만 국한된 것이 아니라 극의 주제를 구현하기 위한 중심적 장치가 되고, 대구법이 극 안의 무수한 갈등과 대립의 양축을 구축하게 된다. <리어왕>을 예로 들면, 아버지와 딸의 갈등, 아들과 아버지의 갈등, 형제간의 갈등, 자매간의 갈등, 부부간의 갈등, 분단된 국가와 외세의 침략, 눈뜬 상태(sight)와 눈먼 상태(blindness)의 대립, 정상과 광기의 대립, 질서와 무질서의 대립, 자연과 비자연적인 것의 대립, 인간과 동물의 대립, 부자와 빈자의 대립, 진실과 거짓의 대립이 극의 주축을 이룬다. 그와 같은 대립과 대치를 통해서 셰익스피어는 모든 '둘'을 보게 해준다. 모든 경계의 양쪽을 보게 해주며 경계의 타당성을 계속해서 묻는다.

---

103) 그래서 언어가 곧 캐릭터가 된다. 언어를 잃어버리거나 말을 제대로 할 수 없으면 캐릭터가 사라지거나 흐릿해지고 만다. 말을 제대로 하려는 노력, 셰익스피어의 캐릭터가 극 속에 존재하는 동안 한시도 놓지 않는 노력이다.

셰익스피어가 인간 인식에 관한 최고의 작가가 되는 이유이다.

셰익스피어의 극은 거의 모든 면에서 '둘'로 되어 있다. 우리의 몸이 '둘'로 되어 있듯이 말이다.104) 우리의 몸이 둘로 되어 있기에 우리는 둘을 볼 수밖에 없으며 본질적으로 이중적인 존재로서 삶을 살아갈 수밖에 없다. 그와 같은 몸의 원리에 충실해서 '둘'은 본다면 배우는 양립할 수 없는 것이 양립하는 셰익스피어 극세계와 그 속에서 혼돈을 겪는 캐릭터들을 이해할 수 있게 된다. 아름다운 것이 추한 것이 되고 추한 것이 아름다운 것이 되고, 선한 자가 악한 자가 되고 악한 자가 선한 자가 되는 <맥베스>의 세계를 이해할 수 있다. 이를 볼 수 없다면 <맥베스>는 구시대적인 권선징악의 작품에 지나지 않게 된다. 또한 빠져나올 수 없는 수렁에 빠진 듯한 로미오의 다음 존재 상황을 이해하고 실감할 수 있다. 셰익스피어는 완전히 상반된 두 가지 상태를 대구법을 통해 하나로 결합한다.

로미오

오, 다투는 사랑, 오, 사랑하는 미움!

오, 무에서 창조된 유,

오, 무거운 가벼움, 진지한 허영,

겉으로는 멀쩡해 보이는 일그러진 혼돈,

납덩어리 같은 깃털, 맑은 연기, 차가운 불, 병든 건강,

늘 깨어있는 잠! 잠이지만 잠이 아닌 잠!

---

104) 우리의 몸은 '둘'로 구성되어 있다. 횡격막에 의해 몸통이 둘로 나뉘어 있고, 뇌도 둘, 심장도 둘, 폐도 둘로 되어 있다. 눈도 둘, 귀도 둘, 콧구멍도 둘, 입과 항문, 손과 팔도 둘, 다리와 발도 둘로 되어 있다. 인간이 이중적이라면 애초에 우리의 몸이 둘로 되어 있기 때문이다. 이중성과 그로부터 발생하는 모순과 충돌은 존재의 본질이다.

이 사랑을 나는 느끼지만, 이 사랑에선 아무런 사랑도 느껴지지 않아.

– 〈로미오와 줄리엣〉 1막 1장

남자를 사랑하지 않고 결혼하지 않고 독신으로 살겠다는 로잘린의 존재, 그녀의 선택과 결정은 로미오에게 정신적·정서적 충격을 안기며 그를 혼돈에 빠트린다. 이 역설적이고 모순된 존재 상황에서 분열된 로미오는 줄리엣을 만남으로써 비로소 그 상황에서 벗어나고 마침내 통합된 자아를 회복한다. 반면 통합된 자아를 가졌던 줄리엣은 로미오를 만나 자아 분열을 일으키며 혼란과 갈등, 고통을 겪다가 마지막에 단도를 자기 몸에 꽂아 넣고 나서야 비로소 통합된 자신을 되찾는다. <로미오와 줄리엣>의 주인공이 줄리엣이 되는 이유가 거기에 있다. <로미오와 줄리엣>은 혐오와 반목이 만연한 세상에 거역하며 주체적인 개인으로서 사랑하며 살고자 하는 줄리엣이 겪는 변화와 성장의 여정에 관한 작품이다.

셰익스피어를 하다

▌대사 분석의 과정

대개 배우들은 특정한 상황 속에 놓인 캐릭터를 연기하기 위해서 필요한 과정과 단계를 밟아가지 않고 급한 마음에 한꺼번에 모든 연기를 해내려는 성향을 보인다. 과정과 단계를 밟아가는 배우만이 연기적 문제에 봉착했을 때 어떠한 방법(메소드)으로 그 문제를 해결할 수 있는지를 알 수 있다. 훈련된 배우가 된다는 건 여러 의미가 있지만, 연기적 문제에 직면했을 때 그 문제를 해결할 수 있는 방법과 노하우를 가진다는 것을 의미한다. 방법과 노하우를 가지고 있기에 훈련된 배우는 자신만의 과정과 단계를 거쳐 문제를 해결해 나간다. 어쨌거나 새로운 캐릭터의 새로운 대사를 만났을 때 배우는 조급함을 버리고 과정과 단계를 착실히 밟아가야 한다. 대사를 분석하고 구현하는 것에도 과정과 단계가 필요하다.

배우들은 대개 대본을 받으면 자신의 대사 전체를 색연필이나 형광펜으로 칠하는 습관이 있다. 그러나 이와 같은 습관은 사실 몇 가지 이유에서 바람직하지 않다.

첫째로, 캐릭터의 모든 말은 상대에 대한 반응·반발·반박으로서 하는데 자신의 대사만을 강조해 놓으면 상대와 상관없이 작위적으로 말하게 될 위험이 커진다. 좋은 배우라면 자신이 연기하는 캐릭터의 대사보다 상대 캐릭터의 대사를 더 중요하게 여겨야 한다. 상대가 하는 말 중에 캐릭터에게 중요하게 다가오는(기억을 자극하거나 생각과 마음을 많이 움직이는) 말이 있고, 그에 따라 캐릭터들은 반응으로서 자신의 말을 한다. 상대를 제대로 듣지 않으면 어떠한 말도 제대로 할 수 없다.

둘째로, 캐릭터의 극적 행동을 파악하기 위해서 배우는 대사에서 주축과 뼈대를 이루는 말들을 먼저 골라내어야 한다. 모든 대사에 형광펜을 칠하게 되면 중요한 대사를 시각적으로 인지할 수 없다. 셰익스피어 대사에는 현란한 수식어가 많기 때문에 주축과 뼈대를 이루는 말을 파악하려고 노력하지 않으면 대사가 길을 잃고 만다. 암기하기도 더 어려워진다.

소리와 말은 평등하지 않다. 우리가 실제로 말할 때 말은 그 중요도에 따라서 크기와 높낮이가 저절로 달라진다. 우리의 몸은 놀라울 정도로 우리가 하고자 하는 말을 하는 데 꼭 필요한 만큼의 숨(에너지)을 받아들이고 각 말의 중요성에 따라 적절한 강세를 부여한다. 그로부터 말의 자연적인 억양이 생긴다. 하지만 대본에 적혀있는 대사들은 동등한 크기의 문자로 기록되어 있다. 이 때문에 중요하지 않은 말에 불필요한 힘이 들어가서 인위적으로 강세를 갖게 되고 그에 따라 인위적인 억양이 발생할 위험성이 항상 생긴다. 주축과 뼈대를 이루는 말을 먼저 익혀야 그 중요성에 알맞은 기운이 중요한 말들에 자연스럽게 담긴다. 무엇보다 주축과 뼈대를 이루는 말을 파악하고 나면, 배우는 말을 통한 극적 행동을 쉽게 뚜렷이 파악할 수 있게 된다.

대사가 있는 연극에서 대사 전달력은 배우의 연기력에서 가장 중요한 부분을 차지하는 능력이다. 관객이 배우+캐릭터의 말을 알아듣기 힘든 것은 단지 발음이 나쁘고 소리가 작기 때문만이 아니다. 아무리 발음이 좋고 소리가 크다고 하더라도 배우가 모든 말을 중요하게 해버리면 관객은 배우+캐릭터가 무슨 말을 하고 싶은지 알 수 없게 된다. 어리둥절하게 될 뿐이다. 생각보다 이렇게 말하는 배우들이 많다. 우리가 말을 알아듣는 것은 중요한 말과 상대적으로 덜 중요한 말이 각기 다른 크기와 높낮이와 빠르기를 갖기 때문이다.

모든 대사는 살아있는 인간의 말이고, 말은 말이기 이전에 인간의 온몸과 마음이 빚어내는 울림의 소리이다. 소리에 대한 예민하고 남다른 감각, 즉 셈여림의 감각, 음의 높낮이에 대한 감각, 빠르기에 대한 감각, 음색에 대한 감각이 배우에게 요구된다.

1) 주축과 뼈대를 파악하기

① 수식어(관형사 · 부사) 없애기

주축과 뼈대를 이루는 말들을 파악하기 위해서 제일 먼저 할 일은 관형사(명사를 수식)와 부사(동사와 다른 부사를 수식)를 제거하거나, 컴퓨터를 활용한다면, 작은 글씨로 표시하는 것이다. 그러면 시각적으로 중요한 말들이 쉽게 눈에 들어온다. 관형사와 부사는 뼈대가 되는 말을 수식하는 말이다. 수식한다는 건 주축과 뼈대를 이루는 말을 구체화하고 개인화한다는 것을 의미한다. 그 작업은 주축과 뼈대를 이루는 말들을 파악하고 나서 다음 단계에 하면 된다.

관형사·부사와 마찬가지로, 감탄사도 배우가 잠시 유보해 두어야 하는 대사이다. 감탄사는 글자로 기록할 수 없는 인간의 소리를 기록한 것으로 제일 나중 단계에서 구현이 가능한 소리이다. 감탄사는 말이 아니라 소리이고, 소리는 그것을 낳는 이미지들이 불러일으키는 정서적 반응이 온몸과 마음에 일어날 때만 발화가 가능하다. 배우들의 대사 연기에서 가장 어색하고 인위적인 부분이 "오!"나 "아~"와 같은 감탄사인 것은 배우들이 감탄사를 대사처럼 뱉어내기 때문이다. 그것은 "까르륵 까르륵"이라고 적혀있는 대사를 웃음소리로 제대로 살려내지 못하고 적힌 그대로 읽는 것만큼이나 우스꽝스러운 일이다.

<리처드 3세>의 레이디 앤의 대사들을 가지고 주축과 뼈대가 되는 말들을 골라보자.

앤

이 더러운 **악마야,** 냉큼 **꺼져버려라.** 더 이상 **우리를 괴롭히지 마라.** 넌 즐거운 **대지**를 무서운 **지옥**으로 만들고 **저주**와 비통의 **절규로 채웠다.**

자신의 극악무도한 **소행을 보고 싶거든** 이 살육의 **표본을 보란 말이다.** 자, 모두들 **봐요.** 헨리왕의 **시신을.** 폐하의 시신의 아문 **상처가** 다시 입을 열어 **피를 뿜고 있잖아요.** 이 추악한 **배냇병신아, 낯짝**이라도 **붉혀 봐.** 네가 **나타났기 때문에** 피 한 방울 없는 차디찬 빈 **혈관에** 다시 이렇게 **피가 흐르고 있다.** 이 세상에 없는 잔악한 **소행머리 때문에** 이 세상에 없는 지독한 일로 **유혈**이 **낭자하다.**

오, 이 피를 만드신 **신이시여,** 앙갚음으로 **저자에게 죽음을 내려주소서!** 오, 이 피를 들이마시는 **대지여,** 복수로 **저자를**105) **급살시켜 주소서!** 하늘은 **벼락을 쳐서** 저

살인자를 지옥에 **떨어지게** 하거나 대지가 **입을 벌려** 저자를106) 산107) 채로 **삼켜 버리게** 해주소서. 당신이 ^{지금 이자 때문에} ^{무참한 최후를 당한 폐하의} **피를** **삼키듯** 말입니다!

뼈대가 되는 말들을 골라내고 나면, 시각적으로 배우는 알 수 있다. 바로 **중요한 말들은 '뒤'에 나온다**는 것을 말이다. 말은 호흡과 불가분의 관계에 있고 호흡이 말의 억양을 결정한다. 첫 번째로 중요한 말에서 음이 제일 높아졌다가 호흡과 더불어서 음높이가 점차 낮아지는 것이 자연적인 말의 억양이다. 배우들이 연기할 때만 나타나는 인위적인 억양은 음높이가 호흡과 더불어 낮아지지 않고 중간에 오르락내리락하면서 생겨난다.

영어에서는 가장 중요한 동사가 대개 두 번째나 세 번째에 위치하기 때문에 동사가 높은음에서 말해지지만, 우리말은 동사가 제일 끝에 나온다. 즉, 제일 중요한 동사가 제일 낮은음에서 말해진다. 말의 시작 부분만 크고 강하게 말하고 뒤는 약하게 말하는 습관을 가진 배우들이 많은데, 뒤에 나오는 중요한 말을 전혀 중요하지 않게 말하기 때문에 대사 전달력이 형편없게 된다.

^{이 더러운} **악마야,** ^{냉큼} **꺼져버려라.** ^{더 이상} **우리를 괴롭히지** 마라. 넌 ^{즐거운} **대지를** ^{무서운} **지옥으로 만들고 저주와** ^{비통의} **절규로 채웠다.**

레이디 앤의 첫 대사만 봐도 가장 중요한 말인 "꺼져버려라", "괴롭

---

105) 반복되는 말들은 두 번째부터 강조되지 않는다. 즉 다른 말들이 더 중요해진다.
106) 세 번째로 반복되기에 더욱 중요하지 않은 소리로 바뀐다.
107) 여기서는 강조되는 말이라서 단순 수식어가 아니라 뼈대를 이루는 말이 된다.

히지 마라", "지옥으로 만들고", "절규로 채웠다"가 끝에 위치한다는 것을 쉽게 알 수 있다.

그리고 여러 문장으로 되어 있는 대사의 경우, **앞의 문장보다 뒤의 문장이 더 중요하다.** 첫 문장을 가장 중요하게 말하게 되면 용두사미식으로 말하게 되어 버리고, 말이 진행될수록 형성되어야 할 **상승과 고조의 리듬**이 만들어지지 않는다.

② 내재적 흐름과 리듬 그리고 극적 행동 파악하기

이제 수식어를 빼버리고 주축과 뼈대가 되는 말들만으로 대사를 읽어본다. 읽으면서 캐릭터의 생각과 마음의 흐름과 변화 그리고 극적 행동(알려는 노력, 상대를 변화시키려는 노력, 감당하고 이겨내려는 노력)을 알아차리려고 해본다. 주의할 점은, 벤 킹슬리가 말했듯이, 말을 끊으면 생각이 끊기고 극적 행동이 끊어진다는 것이다. 끊지 않고 한 번에 뼈대를 말하는 연습을 해야 한다. 좋은 배우는 호흡이 길다. 셰익스피어의 캐릭터들은 긴 호흡을 요구한다. 끊어서 말하는 것이 필요한 경우가 있으나 습관적으로 하지 않도록 항상 경계해야 한다. 숨의 길이가 배우＋캐릭터의 크기이다.

대본은 악보처럼 마디 표시가 없지만 분명 긴 대사에는 마디108)가 있다. 각 마디는 캐릭터의 생각과 마음 그리고 극적 행동의 변화를 나타낸다. 원래의 대사에는 문단의 구분이 없지만 배우는 캐릭터가 하는 말의 맥을 짚어서 마디를 읽어내고 문단으로 나누어서 캐릭터의 생각과 마음 그리고 극적 행동의 변화가 일어나는 부분들을 시각적으로 표시하는 것이 좋다.

---

108) 스타니슬라프스키식으로 말한다면, 마디는 "비트"(beats, bits)라고 부를 수 있다.

대부분의 셰익스피어 독백은 3~5마디로 구성되어 있다. 그리고 그 안에는 마디에 따라 도입-상승(고조)-절정-하락의 리듬을 가지고 있다. 레이디 앤의 앞 대사는 3마디(문단)로 나누어 볼 수 있다. 3마디로 되어 있는 것은 '하강'의 리듬이 배제되어 있기 때문이며, 이는 레이디 앤이 추호도 물러설 수 없는 싸움을 계속하고 있음을 드러낸다. 절벽 끝에 서 있는 인간처럼 말이다.

레이디 앤 대사의 내재적 리듬

1 레이디 앤은 처음에는 글로스터를 물러가게 하려고 한다
"꺼져버려라", "괴롭히지 마라", "지옥으로 만들고 저주와 절규로 채웠다"

2 레이디 앤은 글로스터로 하여금 그가 무슨 짓을 했는지 똑똑히 보게 하려고 한다
그 와중에 광장에 있는 모든 사람들이 그것을 보고 알게 하려고 한다
한 나라의 왕이 글로스터 때문에 피를 흘리며 살해됐다는 것을 똑똑히 보고 알게 하려고 한다
"표본을 보란 말이다", "모두들 봐요", "(시신이) 피를 뿜고 있잖아요", "혈관에 피가 흐르고 있다"

3 마침내 레이디 앤은 그와 같은 죄는 인간이 아니라 신이 죽음으로 심판할 것이라고 선언한다. 마치 신의 대리자로서 그 사실을 인간들에게 알리듯이 말이다
"신이시여, 저자에게 죽음을 내리소서", "대지여, 급실시켜 주소서"
"하늘이 벼락을 쳐서 지옥에 떨어지게 하소서", "대지가 산 채로 삼켜버리게 해주소서"

① 레이디 앤은 처음에는 글로스터를 물러가게 하려고 한다. "꺼져버려라", "괴롭히지 마라", "지옥으로 만들고 저주와 절규로 채웠다." ② 그러고 나서 그녀는 글로스터로 하여금 그가 무슨 짓을 했는지 똑똑히 보게 하려고 한다. 물론 그 와중에 광장에 있는 모든 사람이 그것을 보고 알게 하려고 한다. 한 나라의 왕이 글로스터 때문에 피를 흘리며 살해됐다는 것을 똑똑히 보고 알게 하려고 한다. "표본을 보란 말이다", "모두들 봐요", "(시신이) 피를 뿜고 있잖아요", "혈관에 피가 흐르고 있다." ③ 마

침내 레이디 앤은 그와 같은 죄는 인간이 아니라 신이 죽음으로 심판할 것이라고 선언한다. 마치 신의 대리자로서 그 사실을 인간들에게 알리듯이 말이다. "신이시여, 저자에게 죽음을 내리소서", "대지여, 급살시켜 주소서", "하늘이 벼락을 쳐서 지옥에 떨어지게 하소서", "대지가 산 채로 삼켜버리게 해주소서."

이와 같은 흐름을 읽지 못하면 배우는 두서없이 대사를 늘어놓게 되고 정서에만 휩싸여 말을 통한 극적 행동을 전혀 구현할 수 없다. 이 모든 것은 내재적 흐름과 리듬을 파악하기 위함이다. 기계적이고 인위적으로 구분하지 않도록 경계해야 한다.

2) 이미지 연결하기(상상): 구체화하기 + 특별하게 만들기

뼈대와 내재적 흐름을 파악하고 나면 이제 뼈대에 살을 붙일 차례이다. 형용사와 부사(구와 절을 포함해서)는 뼈대가 되는 말들을 구체화하고 특별하게 만든다. 이 작업은 의식적으로 이미지를 연결해 보는 과정이다. 캐릭터가 내뱉는 모든 말은 캐릭터만의 구체적이고 특별한 이미지들로부터 나온다. 어떤 것도 일반적이지 않다. 배우는 감각적이고 구체적인 기억이나 상상의 이미지를 결부시킴으로써 캐릭터가 말하는 모든 것이 일반적이지 않고 특별한 것이 되게 하여야 한다.

배우가 떠올리는 이미지는 의식적이든 무의식적이든 배우의 심신에 즉각적이고 강력한 영향을 주는 이미지들이어야 한다. 마치 우리가 칠판을 손톱으로 긁는 소리를 상상하자마자 우리의 몸이 반응하듯이 말이다. 우리에게는 이렇게 상상만으로 몸과 마음이 즉각 반응하는 이미지들이 무수히 많다. 이 이미지들이 연기에서 가장 중요한 이미지이다. 왜냐하면 내적으로든 외적으로든 캐릭터가 마주하는 모든 것이 캐릭터의 심신에 최대한의 영향을 주기 때문이다. 그래서 배우는 모든 형용사와 부사 앞에 '가장'을 붙여서 상상하여야 한다. 대본에는 '가장'이 없더라도 말이다. 캐릭터에게 적당한 건 결코 없다. 항상 '~이어서/해서 죽을 것 같거나 미칠 것 같은' 것이 캐릭터이다. 그렇기 때문에 좋은 배우는 항상 '가장 ~한'과 '가장 ~하게'라는 방식으로 상상한다.

상상한다고 하면서 심신에 아무런 영향도 주지 않는 이미지를 떠올리고 있다면 그것은 캐릭터가 되는 것과 아무 상관도 없는 일을 하고 있는 셈이다. 심신에 즉각 반응이 일어나는 이미지를 떠올리지 못하면 배우는 그 반응을 '꾸미게' 된다. 그러나 모든 꾸밈은 거짓이다. 꾸밈은 표현도 연기도 아니다.

앤을 연기하는 배우는 앤이 말하는 다음의 모든 것에 자신만의 특별한 이미지를 의식적으로 결합하여야 한다. 그리고 이와 같은 의식적인 작업이 자신의 무의식을 자극하고 일깨우는 방향으로 나아가야 한다. 그래야 의식적인 노력이 축적되어 무의식적으로 모든 상상이 활발히 일어나는 상태에 도달할 수 있다. 진짜 연기는 무의식적 상상에 도달했을 때 가능하다.

앤의 대사에 나온 표현 몇 가지를 가지고 이미지를 결부시켜 상상하는 연습을 해보자. 이 상상의 과정에서 중요한 것은 다음과 같이 **질문**하기이다. 그럼 자신 안에 있는 이미지들이 일깨워진다. 그냥 이미지를 떠올리려고만 하면 잘 되지 않는다. 상상의 어려움을 겪는 배우들은 그냥 막연히 상상하려고 한다. 이 과정을 통해서 배우는 캐릭터의 말을 낳은 원천을 '실감'할 수 있게 될 것이다. 실감하게 되면 연기는 사라지고 오로지 경험하는 인간만이 존재한다.

이미지의 연결을 통한 구체화·개인화

"더러운 악마야"

— 앤이 상상하는 "악마"는 구체적으로 어떠한 형상을 가졌는가?
⇒ 그 이미지를 상상하는 것만으로 소름끼치는 반응이 일어나는 이미지이어야 한다
⇒ 거기에 "더럽다"는 이미지가 가미되어야 한다.
— "더럽다"는 것은 구체적으로 어떤 이미지인가?

"냉큼 꺼져버려라"

— 어떻게 꺼지는 것을 상상하는가?
— 그리고 "냉큼"은 얼마나 빠른 속도를 말하는 것인가?

"즐거운 대지"

— 대지는 어떠한 이미지인가? 단순히 땅인가? 어머니 같이 포근한 존재인가?
— "즐거운"이란 형용사가 가미 되면 그 대지는 어떠한 대지가 되는가?
— 왜 "즐거운"인가?
— "즐거운"을 다른 형용사로 대체한다면 어떤 형용사가 가능한가?

"무서운 지옥"

— 배우가 상상하는 가장 강력한 지옥은 어떤 이미지인가?
— "나는 지옥을 보았다"라고 말한다면, 과연 어떤 지옥을 보았는가?
— 그리고 그 지옥이 가장 "무서운" 지옥이 되게 하는 것은 어떤 이미지인가?

"저주와 비통의 절규"

— 앤이 말하는 절규의 소리는 구체적으로 어떤 소리인가?
— 인간이 내는 절규의 소리를 들어본 적이 있는가? 혹은 그런 소리를 내본 적이 있는가?
— 어떤 소리가 가장 무시무시한 저주의 소리인가?
— 또 어떤 소리가 인간이 낼 수 있는 가장 고통스러운 소리인가?

"극악무도한 소행"

— 인간이 저지른 가장 극악무도하고 끔찍한 소행은 무엇인가?
— 어떤 이미지가 인간의 선함과 존엄성을 부정하게 하는가?
— 어떤 이미지에 가장 몸서리치게 되는가?

이와 같은 과정이 가장 원활하기 위해서 배우는 자신의 모든 이미지를 캐릭터에게 내어주어야 한다. 캐릭터가 된다는 것은 언어로 존재하는 캐릭터에게 내가 가진 이미지들과 나의 얼굴들을 결합시키는 일이다. 내어주지 않는 이미지와 얼굴이 있다면 캐릭터가 될 수 없다.

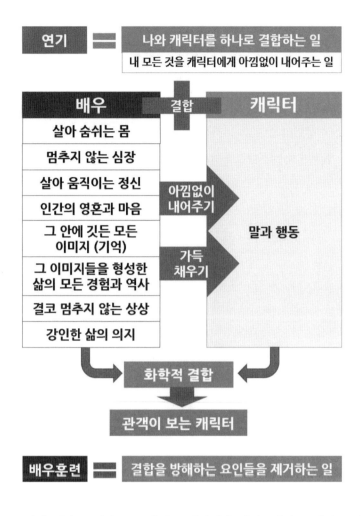

그래서 배우는 자유롭고 열린 존재이어야 한다. 닫히고 잠기고 막힌 부분이 있다면, 상상이 제대로 일어나지 않는다. 모든 이미지를 내어주지 않으면서 상상이 원활하기를 바란다면 그것은 자기기만이다. 배우훈련을 통해서 닫히고 잠기고 막힌 부분을 모두 열어주며 자유로운 존재로 거듭나야 한다. 자유와 상상은 하나로 연결되어 있다. 그렇지 않으면, 두세 번

속여 넘길 수 있을지는 모르지만, 배우는 연기를 할수록 자신의 벽과 한계에 갇혀 숨막힘과 답답함에 고통받게 된다.

연기란 배우가 자신의 전부를 내어주면서 캐릭터와 결합함으로써 자유롭고 아름답고 거대한 존재로 거듭나는 일이다. 애초에 캐릭터에게 모든 것을 아낌없이 그리고 기꺼이 내어줄 마음이 없다면 배우와 캐릭터의 결합은 일어나지 않는다.

▍ 몸의 삶과 신체 언어

햄릿은 매우 흥미롭게도 자신의 극중극을 무언극(dumb show, non-verbal theater)으로 먼저 공연한 다음 대사가 있는 극으로 재공연한다. 오로지 시선·자세·위치·거리·높낮이·각도·컨택트·몸짓·동작·움직임·행동 등의 신체언어로만 구현된 극을 먼저 보게 한 이유는 무엇일까? 무언극이 그 자체로 불완전하기 때문은 절대 아닐 것이다. 불완전하다면 애초에 대사가 있는 연극으로만 보게 하면 될 일이다. 아마도 그것은 신체언어로만 구현된 극이 살아있는 몸의 삶을 통해 인간의 행동을 진실하면서도 명료하게 그리고 역동적이면서도 아름답게 구현할 수 있기 때문일 것이다. 그것은 연극의 역사상 늘 존재해 온 무언극과 찰리 채플린으로 대표되는 무성영화를 통해서 이미 입증되었다. 데이미언 셔젤 감독의 영화 <바빌론>이 말하듯이 무성영화 시대는 위대한 예술의 시대였다. 안타깝게도 무성영화는 이제 사라졌지만 무언극과 신체연극은 여전히 연극의 한 형식으로 굳건히 남아있다.

어쨌거나 햄릿이 극중극을 준비하고 제시한 방식은 배우가 셰익스피어를 연기할 때 적용해 보아야 할 과정과 방식이다. 즉 모든 대사를 신체 언어로만 표현하는 연습 과정을 반드시 거쳐야 한다. 연기에서는 늘 감각과 몸이 먼저이다. 거의 시차 없이 발생하다 보니 배우들이 구분을 잘 못하지만, 감각과 몸이 언제나 소리와 말보다 먼저이다. 소리는 숨 없이 날 수 없다는 것만 생각해 봐도 쉽게 납득할 수 있는 부분이다. 우리는 감각과 몸과 무관한 채로 어떠한 생각도 기억도 상상도 할 수 없고 어떠한 느낌이나 감정도 경험할 수 없다. 그런데 대사가 있는 연기에서 배우들은 감각과 몸이 먼저가 아니라 말만 앞세우는 성향이 있다. 감각과 몸이 우선하지 않기에 그런 연기는 인위적인 발성과 화술에 의존한 거짓 연기에 그칠 확률이 높다.

또한 캐릭터가 말로 하지 않는 모든 것은 캐릭터의 몸으로 드러나야 한다. 말하지 않는 것이 말하는 것보다 항상 훨씬 더 많고 크고 깊다. 미친 캐릭터가 아닌 이상, 캐릭터의 말은 의식을 떠나서 발화되지 않지만, 신체는 늘 무의식적으로 그리고 스스로 말하기 때문이다.

캐릭터들의 생각과 마음이 변하는 지점이 있다. 캐릭터가 하는 생각의 단위, 마음가짐과 마음 씀의 단위를 우리는 '비트'(beat)라고 부른다. 심장박동과 같은 의미를 가진 단어이다. 생각과 마음이 바뀌는 지점이 비트가 바뀌는 지점이다. 비트가 바뀔 때마다 신체언어의 변화가 있어야 한다. 예를 들어, 무대 연기에서는 기본적으로 비트가 바뀔 때 '위치'가 바뀌어야 한다. 캐릭터가 무대상에서 어디에 위치하느냐는 매우 중요한 신체언어이다. 무대 공간은 위치별로 다른 의미와 중요성을 가진다. 엘리아 카잔이 쓴 "배우선서"의 첫 번째 선서가 "나는 무대 위에서 내가 있어야 할 곳에 위치할 것이다"(I will take my rightful place on the stage)가 되는 이유가 거기에 있다. 위치는 상대·대상·이미지와의 '거리'를 결정한다. 무대상에서 몸의 거리는 마음의 거리를 나타낸다. 캐릭터들은, 우리 모두가 삶 속에서 의식적·무의식적으로 늘 하듯이, 무언가·누군가에 가깝게 그리고 무언가·누군가에게 멀게 자신을 위치시킨다. 절대 아무 곳에나 자신을 위치시키지 않는다.

배우＋캐릭터의 몸이 이동하지 않고 한 위치에 머물면서 생각과 마음의 변화가 일어난다면, 배우는 시선의 변화, 자세의 변화, 높낮이의 변화, 각도의 변화로 말해야 한다. 생각과 마음에 따라 캐릭터가 바라보는 곳이 다르기 때문에 생각과 마음이 바뀌면 시선도 달라질 수밖에 없다. 육안으로 보이는 것이든 육안으로 보이지 않는 것이든 캐릭터가 바라보는 모든 것은 다른 위치와 높낮이에 존재한다. 생각과 마음이 바뀌었는데도 한 곳만 바라보면서 연기한다면, 배우는 관객에게 캐릭터에게 일어나는 생각과 마음의 변화를 제대로 제시하지 못하고 만다. 생각과 마음이 상승의 흐름을 탄다면 그에 따라 시선과 몸의 높낮이도 높아질 것이며 반대로 하강의 리듬에 빠진다면 시선과 몸의 높낮이도 낮아질 것이다. 또한 캐릭터가 연관을 맺고 있는 상대·대상·이미지와의 사이 그리고 관객과의 사이에 따라 고개의 각도, 상체의 각도, 전신의 각도가 달라진다. 항상 연출·감독·관객이 있는 곳이 꼭짓점이 되며 무대상 위치에 따라 배우＋캐릭터의 신체 각도가 바뀌어야 한다. 특별한 경우를 제외하고 연출·감독·관객은 배우의 시야에서 벗어나지 않아야 한다.

그 외에도 제스처, 즉 몸짓이나 간단한 동작을 사용할 수 있으나, 자신의 습관과 긴장을 떠나 선명하게 사용하지 못한다면 연기가 지저분해진다. 연기적으로 중요한 제스처의 대부분은 '심리 제스처'이고 심리 제스처는 무의식적으로 나타나는 제스처이다. 따라서 배우가 의식적으로 통제해서 만들어 내는 제스처들은 인위적인 표현이 될 위험이 있다.

▌ 대근육, 소근육, 그리고 미세근육

배우는 연기에 필요한 대근육, 소근육, 미세근육을 골고루 균형 있게 발달시켜야 한다. 단지 신체의 근육만을 말하는 것이 아니다. 상상·심리·정서·소리의 대·소·미세근육을 남다른 수준에서 움직이고 사용할 수 있는 능력을 갖추어야 한다. 일반적으로 무대연기로 갈수록 대근육이 중요해지고 카메라 연기로 갈수록 미세근육이 중요해지기는 하지만, 매체에 상관없이 모든 근육의 능숙한 사용이 필요하다.

대부분의 신체훈련이 가지는 맹점 중의 하나는 대·소근육의 발달에만 치중하면서 미세근육의 발달을 등한시한다는 데 있다. 미세근육은 시시각각 변화하는 캐릭터의 생각·상상·마음·정서를 섬세한 '**차이**'로 표현할 수 있게 한다. 미세근육이 발달하지 않은 배우는 무대든 스크린이든 주연 역할을 해낼 수 없다. 극에서 가장 중요한 캐릭터들은 구현이 불가능할 정도로 생각·상상·마음·정서가 쉴 새 없이 역동적으로 변화무쌍하게 때론 극심하게 변화하기 때문이다. **변화를 구현하는 능력은 '차이'를 실현하는 능력이다.** 그래서 '차이'를 인식하고 표현할 수 있는 능력이 예술적 수준과 기량을 판가름한다. 사람들이 글을 쓸 때 각기 다른 굵기의 펜—예를 들어, 1.0mm, 0.7mm, 0.5mm, 0.3mm 등—을 선택하거나 특정 굵기를 선호하듯이, 근육의 사용도 그와 마찬가지다. 0.3mm의 펜을 선택하는 사람들은 1.0mm의 펜으로는 쓸 수 없는 것이 있기 때문이다.

또한 중요한 캐릭터들은 모두 독보적이고 고유한 개인으로서 유형화·범주화를 거부하고 유일무이한 존재가 되고자 한다. 햄릿이라는 캐릭터에 대해서 수많은 견해가 있다는 것 자체가 햄릿이라는 캐릭터를 특정한 인간으로 규정할 수 없다는 뜻이 된다. 학자들은 끊임없이 캐릭터를 유형화하려고 하겠지만, 셰익스피어의 모든 중요 캐릭터는 그 자체로 독보적인 존재들이다. 다른 어떤 인간과도 확연히 구분되어야 하기에, 그런 캐릭터를 연기하기 위해서는 잘 발달된 미세근육이 필수이다.

미세근육일수록 의식적인 통제에 의한 사용이 어려워진다. 미세근육은 배우+캐릭터의 진짜 생각·상상·마음·정서의 변화에 따라 스스로 움직이기 때문이다. 배우훈련과 연기훈련에서 가장 중요한 원리가 '놓아버림'에 있는 것은 머리끝에서 발끝까지 우리의 몸이 스스로 상상하고 표현해야 하는 것들을 배우가 막지 못하게 하기 위함이다.

▌신체언어로만 독백을 탐색하기

독백을 무언극처럼 신체언어로만 탐색하는 시간을 가져보자. 제일 먼저 할 일은 **자세**(posture, pose)로만 독백을 표현해 보는 것이다. **정지해 있는 배우의 몸은 '조각상' 같아야 한다.** 로댕의 "생각하는 사람" 조각을 생각해 보라. 하나의 정지해 있는 자세만으로 인간을 구현할 수 있다. 선명한 자세가 선명한 캐릭터를 만든다. 모든 캐릭터는 자신만의 기본자세를 가지고 있다. 그리고 생각·상상·마음·정서에 따라 기본자세에 변화가 일어난다. 자신이 선택한 독백을 자세의 뚜렷한 변화만으로 구현하는 탐색을 해본다. 다양한 **각도**와 **높낮이** 그리고 **시선**을 자세에 결부시켜 나가면서 탐색을 이어간다. 각각의 자세는 완벽한 정지 상태를 성취해야 한다. 그리고 그 정지 상태에서 '정중동'(停中動)을 찾아야 한다.

자세에 대한 탐구가 끝나면 이제 독백을 **걸음걸이**로만 표현하는 연습을 한다. 걸음걸이는 배우+캐릭터의 위치를 변화시키는 움직임을 낳고 관객의 입장에서 가장 눈에 띄는 시각적 표현이 된다. 캐릭터의 걸음걸이는 캐릭터의 내적 상태(정신 상태, 심리 상태, 정서 상태)가 그대로 드러나야 한다. 극 안에 있는 캐릭터의 내적 상태는 평정을 이루는 경우가 거의 없다. 격동적으로 움직이며 변화한다. 독백하는 동안 캐릭터의 생각이 변화함에 따라 내적 상태도 시시각각 변화한다. 그 변화들을 걸음걸이의 차이로 드러나게 하는 탐색을 한다. 캐릭터가 보는 것이 변화함에 따라, 생각의 변함에 따라 걸음걸이도 같이 변화하게 한다. 걸음걸이 자체도 바뀌어야 하지만 걸음걸이의 **리듬**과 **템포**도 내적 변화에 맞춰 바뀌어야 한다. 스타니슬라프스키가 말했듯이, 모든 살아있는 움직임에는 리듬과 템포가 있다. 보다 정확하게 말한다면, 모든 살아있는 것에는 리듬과 템포의 '변화'가 있다.

수화만으로 의사소통이 가능하듯이, 제스처는 매우 강력한 신체언어이다. 제스처가 강력한 신체언어가 되는 이유는 각각의 제스처가 캐릭터의 생각과 마음을 선명하게 드러내기 때문이다. 하지만 대부분의 제스처는 캐릭터가 무의식적으로 하는 '심리 제스처'이다. 심리 제스처가 아닌 제스처는 극에서 거의 존재하지 않는다. 그 때문에 두 가지 연기적 문제가 발생한다. ① 캐릭터가 무의식적으로 하는 심리 제스처를 배우가 어떻게 '의식적으로' 구현할 수 있는가? 그리고 또 ② 캐릭터가 아닌 배우 자신이 무심결에 무의식적으로 하는 제스처를 어떻게 배제할 수 있는가? 배우의 의지와 상관없이 움직이는 자율신경계에 해당하는 몸은 끊임없이 스스로 말하기 때문이다. 이 두 가지 질문에 대한 해결책을 마련하는 것이 배우의 과제이다.

배우가 독백을 제스처의 언어로만 '선명하게' 구현하려고 노력하다 보면, 독백에 걸맞은 제스처들을 '발견'해 나가게 되고 배우 자신만의 무의식적 습관의 제스처를 제거하는 효과를 누리게 된다. 제스처와 관련된 문제들은 배우가 사용하는 제스처가 선명한 시각적 신체 언어가 되지 못하고 습관적 제스처에 머물기 때문에 발생한다. 배우가 캐릭터의 속생각과 속마음을 제스처로 드러내는 의식적인 노력을 기울이는 만큼 습관적인 제스처의 사용은 사라지게 된다.

이와 같은 신체언어에 대한 탐구는 **몸으로 상상하고 몸으로 연기하는 배우**가 되게 해줄 것이다. 신체의 자유로운 사용이 생각과 상상의 자유, 소리와 말의 자유를 가져다준다.

▌ 캐릭터와 극적 행동

배우는 극적 행동(action)을 할 때 캐릭터가 된다. 극적 행동을 행한다는 것은 배우가 다음의 세 가지 **노력**을 쉴 새 없이 기울인다는 것을 의미한다.

첫째, **상대를 알려는 노력**이다. 상대는 자신을 설명하지 않는다. 그래서 캐릭터는 상대의 진짜 생각과 속마음을 알기 위해서 자신의 모든 감각을 동원해 예민하게 상대를 감지하고 주시한다. 캐릭터는 오직 자신의 감각으로 상대를 알려고 하는 만큼만 알 수 있고, 그 앎은 계속해서 변화하며, 알고자 하는 노력이 쌓이고 쌓여 마침내 상대에 대한 진정한 앎에 도달한다.

둘째, **상대를 변화시키고자 하는 노력**이다. 알려는 노력을 기울이는 캐릭터가 결국 발견하는 것은 상대가 자신이 보는 것을 보고 있지 않고, 자신과 같은 생각을 하고 있지 않으며, 자신과 다른 마음을 품고 있고, 자신이 느끼는 것을 느끼지 않는다는 것이다. 그래서 극적 행동은 상대로 하여금 자신이 보는 것을 보게 하고, 자신이 하는 생각과 같은 생각을 하게 하고, 자신과 같은 마음이 되게 하고, 자신이 느끼는 것을 상대도 그대로 느끼게 하기 위한 것이다. 상대를 A에서 B로 바꾼다고 했을 때 A인 상대(현실)는 캐릭터와 다른 것을 보고 다른 것을 생각하고 다른 마음을 품고 있고 다른 것을 느끼는 상대이다. B인 상대(상상)는 캐릭터가 보는 것을 보고 같은 생각을 하고 같은 마음을 갖고 있고 같은 것을 느끼는 상대이다. 눈앞에 보이는 현실의 상대를 마음의 눈에 보이는 상상의 상대로 바꾸고자 하는 것이다.

셋째, 상대를 변화시키려는 과정에서 발생하는 **모든 어려움과 힘겨움을 감당하고 이겨내려는 노력**이다. 상대는 변화를 거부하기 때문에 극적 행동은 절대 수월하게 그 목적을 달성할 수 없다. 심지어 '상대는 역으로 캐릭터를 변화시키고자 한다. 그래서 캐릭터는 **질 수 없는 싸움**을 하게 된다. 지지 않기 위해서 캐릭터는 견디고 이겨내야 한다. 그리고 그 와중에 캐릭터는 둘로 갈라진다. 그래서 캐릭터는 '~한 나'가 되려고 하고 '…한 나'가 되지 않으려는 최선의 노력을 기울이게 된다. 이와 같은 세 가지 노력을 끝 간 데 없이 기울일 때 배우는 캐릭터가 된다. 노력의 크기가 배우의 크기이고 곧 캐릭터의 크기가 된다. 이제 각각의 노력에 대해서 상세하게 알아보도록 하자.

1) 상대를 알고자 하는 노력

상대는 자신을 설명하지 않는다. 그리고 많은 정치적·사회적 상황 속에서 상대는 자신을 교묘히 숨긴다. 그렇기 때문에 상대의 진의와 속마음을 파악하기 위해서 캐릭터의 감각과 정신은 분주하게 상대를 알아낼 수 있는 신호를 포착하고 그 신호를 해석하려는 치열한 노력을 기울인다. 그 신호는 음성적 변화와 몸에 나타나는 신체적 변화이다. 그래서 배우+캐릭터의 듣기는 단순히 말만 듣는 것이 아니라, 온 감각으로 상대에게서 감지할 수 있는 모든 음성적·신체적 신호들을 예민하게 포착하는 것이 되어야 한다.

두 캐릭터가 동시에 그런 노력을 기울이는 경우 날카로운 머리싸움과 말싸움이 된다. 상대를 떠보기도 하고 상대를 흔들어 보기도 하면서 상대의 빈틈을 찾고 그 틈을 통해 상대를 예리하게 들여다보려고 한다. 이 노력의 좋은 예를 <맥베스> 4막 3장에서 찾아볼 수 있다.

잉글랜드, 에드워드 왕의 궁전 앞

맬컴

어디 인기척 없는 그늘진 곳을 찾아가서109) 슬픔 맺힌 가슴이 시원하게 풀리도록110) 울어나 봅시다.111)

---

109) 맬컴은 자신과 맥더프의 대화를 아무도 들을 수 없는 곳을 찾아서 이리로 오고 있다. 왜일까? 자신을 지켜주는 이들이 있는 안전한 곳에서 맥더프와 대화를 나누지 않고 둘의 대화를 아무도 들을 수 없는 곳을 찾는 이유는 무엇일까? 무엇이 그리도 은밀해야 한단 말인가? 무엇을 하려고 사람들의 눈과 귀를 피하는가?

110) 은밀한 대화를 통해 과연 무엇이 그의 가슴을 시원하게 풀어 줄 것인가? 그 답이 이 장면을 해석하는 열쇠가 될지도 모른다.

111) 맬컴과 맥더프의 대화는 이전부터 진행되고 있는 듯이 보인다. 아마도 맬컴은 맥더프로부터 현재 스코틀랜드의 상황에 대해 상세하게 들었을 것이다. 자신의 눈으로 직접 보지 않은 것을 믿을 수 있는가? 만에 하나라도 맥더프가 제공하는 정보에 거짓이 있다면 자기 자신도 거짓을 믿은 바보가 되고 결국 살해당한 아버지처럼 추락하지 않겠는가? 맬컴의 이 첫 대사는 맥더프가 원하던 대답이 아니었음이 이어지는 대화에서 드러난다. 맬컴은 맥더프가 무엇을 원하는지 알면서

맥더프

그것보다 응징의 칼을 잡고 용사답게 쓰러진 조국을 구합시다.112) 아침마다 새 과부들이 통곡하고 새 고아들이 아우성치고 한 맺힌 소리가 하늘을 찌르고 하늘도 스코틀랜드의 비운을 동정하듯 비통한 소릴 질러대고 있습니다.

맬컴

믿을 수만 있다면 내 어찌 통곡인들 안 하겠소.113) 사태를 확실히 알 수만 있다면 내 어찌 믿지 않겠소.114) 구제할 수 있는 일이라면 좋은 시기를 택해 구제하리다.115) 그야 경이 하신 말씀이 맞는지도 모릅니다.116) 이름만 입에 올려도 혀가 부르틀 것 같은 그 폭군도 전에는 충성된 인간이라 생각되던 자요. 경도 그잘 경애하였고.117) 그잔 아직 경에게 마수를

도 매우 의도적으로 맥더프의 기대에 어긋나는 행동을 취하고 있다.

112) 맥더프는 급하다. 조국이 아우성인데 우리가 울 때가 아니라 당장이라도 조국을 구해야 할 때라고 맬컴을 반박한다. 맥더프의 조급한 마음은 맬컴의 신뢰를 얻는 것이 아니라 의심을 산다.

113) 맥더프의 말을 믿을 수 없다는 뜻이다. 그것을 교묘히 격식을 차려 말하고 있을 뿐이다. 물론 격식을 차리는 이유는 맬컴이 하고자 하는 모든 말이 맥더프를 떠보기 위한 것이며 맥더프를 시험하기 위한 것이기 때문이다. 맬컴은 자신의 두 눈으로 직접 보지 않은 것은 믿지 않는 신중함을 보인다. 아마도 아버지 덩컨왕의 죽음이 그에게 가져다준 교훈일 것이다. 눈에 보이는 것도 믿을 수 없는데 보이지 않는 것을 어찌 믿을 수 있겠는가?

114) 맥더프의 보고를 들었지만, 맬컴은 아무것도 믿을 수 없다는 태도를 취한다.

115) 출정 시기에 대해 모호하게 대답함으로써 맥더프의 마음을 더욱 안달 나게 한다.

116) 안달이 난 맥더프가 이의를 제기하려고 하자 제지하면서 하는 말일 것이다. 맬컴은 맥더프를 믿을 수 없다고 말하고 자신의 말에 맥더프가 어떻게 반응하는지를 살핀다.

117) 충성하는 왕을 바꿀 수 있는 변절자를 믿을 수 없다고 말한다. 맥더프의 진의를 파악하기 위함도 있지만, 맥더프의 약점을 지적함으로써 앞으로 이어질 정치적 협상에서 우위를 점하고자 하는 포석일 것이다. 맬컴의 말을 있는 그대로 믿을

뻗지 않고 있소.118) 난 나이 어린 사람이지만 날 꾀바르게 이용만 한다면 그자의 환심을 살 수 있잖겠소? 신의 무서운 진노를 풀게 하려면 나약하고 불쌍한 죄 없는 양19)을 제물로 바치는 것이 가장 지혜로운 방법일 거요.

맥더프

전 역적이 아닙니다.120)

맬컴

하지만 맥베스는 역모하고 말았소.121) 까마귀가 오디 싫어하지 않듯 선량하고 유덕한 성품도 왕권에 눈이 어두워지면 무너지게 마련이오.122) 용서

수 없는 것은 이 장면 이전에 그가 취한 선택과 행동 때문이다. 아버지 덩컨왕의 죽음 앞에서 재빨리 자기 목숨을 보전한 맬컴이다. 그 선택과 행동 하나로 맬컴은 자신이 어떤 인간인지 드러낸 셈이다. 역사(맬컴의 전력)를 모르고 현재(맬컴이 지금 하는 말과 행동들)를 이해할 수 없다.

118) 맥베스가 맥더프를 그냥 멀쩡하게 놔두었다는 것은 지금까지 맥더프가 맥베스를 위해 충성했기 때문이니 어찌 자신이 그런 맥더프를 믿을 수 있겠느냐는 뜻으로 하는 말이다.

119) 자신을 희생양으로 바쳐 공을 세우려는 건 아닌지 묻고 있다. 그러나 맬컴이 진정 그것을 알아내고 싶다면 맥더프에게 그런 생각과 속마음을 이야기하지 않을 것이다. 맬컴이 이 모든 말을 맥더프에게 늘어놓는 것은 다른 이유가 있고 모두 정치적 포석으로 보아야 한다. 누군가를 진정으로 의심하는 사람은 자신이 상대를 의심한다고 미리 알려주지 않는다. 맬컴이 아마도 자기 자신을 "불쌍한 죄 없는 양"으로 포장하기 위해서, 즉 영국으로 도망친 비굴한 선택과 행동이 아무런 도덕적 하자가 없는 것처럼 포장하려고 하는 말일 것이다.

120) 맬컴의 반응에 다소 감정이 상한 표현이다. 맬컴 입장에서는 맥더프의 답이 모호하다. 누구에게 역적이 아니라는 건지 불분명하기 때문이다.

121) "역적이 자기 스스로를 역적이라고 부르지는 않을 테니 그대가 역적이 아니라 한들 내 어찌 믿을 수 있겠소? 맥베스도 자신이 역적이라고 생각지 않을 텐데 말이오"라는 뜻이다.

122) 맬컴은 맥더프를 역적으로 몰아가면서 맥더프가 권력을 탐하고 있는 것인지 아닌지를 분명히 알고 싶은 것이다. 맬컴의 말에 맥더프는 심한 모욕감을 느끼고

하시오. 경의 본심이 변할 리 없다는 건 나도 잘 아오. 비록 가장 빛나는
천사가 타락하여 지옥에 떨어졌다 할지라도 천사는 여전히 빛나는 것이
오.123) 더러운 것들124)이 미덕의 탈을 썼다 할지라도 미덕이 아닌 것이
미덕으로 보일 순 없는 것이오.125)

맥더프

저는 모든 희망을 잃었습니다.126)

맬컴

내가 경을 의심하게 된 건 경이 모든 희망을 잃었다는 바로 그 점이오.127)
어째서 경은 처자식을 불더미 속에다 내팽개치고 혼자만 왔단 말이오. 삶
의 소중한 원천이며 사랑의 탯줄인 처자식에게 작별의 인사 한마디 없이

어둡고 고통스러운 눈빛과 표정을 지을 것이다. 맬컴은 그것을 살피고 알아본다.
그래서 다음 대사에서 태도가 바뀐다. 권력을 탐하는 야심이 없다는 것을 확인한
맬컴은 한층 마음이 놓인다. 이제 어찌 보면 우직하기 그지없는 맥더프를 요리하
는 일만 남았다.

123) 언뜻 맥더프를 "천사"에 비유하는 것 같지만, 사실 자기 자신을 "천사"라고 칭하
는 듯하다. 즉, 자신이 비록 지금은 왕위와 왕국을 빼앗기고 영국에 도망쳐 와
있지만, 자신이 원래의 적통 왕자라고 말한다. 이후에 다시 나오지만, 맬컴은 자
기 자신을 신격화 혹은 우상화하는 데 공을 들이고 있다.

124) 맬컴은 갑자기 싸잡아 욕하는 단어를 선택한다. 덩컨왕이 죽고 나서 곧장 자신에
게로 오지 않은 모든 신하들에 대한 적개심을 품은 말처럼 들린다.

125) 맥베스를 비하하는 말인 듯 들리지만, "맥더프, 그대는 아무리 그래봤자 선(善)
이 될 수 없소"라는 말처럼 들리기도 한다.

126) 맬컴이 자신의 기대에 부응하지 않아서 하는 말일 테지만, 자신을 절망한 인간이
라고 말하는 자를 과연 신뢰할 수 있는가? 진정 선이나 정의와 같은 대의를 위
해 행동하는 자라면 스스로를 절망한 자로 부르지는 않을 것이다.

127) 맥더프는 "왕자님이 저의 유일한 희망입니다"라고 말했어야 했다. 그런데 "모든
희망을 잃었다"라는 말을 들은 맬컴의 입장에서는 "그렇다면 나는 그대의 희망
이 아니란 말인가?"라고 속으로 되묻게 되는 것이다. 맬컴 입장에서는 괘씸한 말
로 들릴 수 있다.

왔단 말이오?128) 나의 의심을 모욕으로만 생각지는 마시오. 내 안전을 위해서 하는 말이니까. 하긴 경이 한 일이 옳았는지도 모르오. 내가 어떻게 생각하든.129)

맥더프

피를, 피를 흘려라, 불행한 조국이여! 무서운 폭정이여, 대지에 뿌리를 뻗고 싶거든 뻗어라. 어떤 선의130)도 너를 막을 수 없게 되었다. 네 마음대로 악을 행하라. 너의 권리는 이미 확인된 바이다!131) 전하, 저는 물러가겠나이다. 전하가 생각하는 그러한 악당이 되지 않을 것입니다. 그 찬탈자가 가지고 있는 전 국토를 소신에게 주고132) 그 위에 풍요한 동방의 나라

---

128) 신하가 왕을 배반하는 세상에서 자신에게 가장 소중한 처자식을 버리는 자를 과연 믿을 수 있겠는가? 그럴 수 있는 인간은 사실 무시무시한 인간이 아닌가? 셰익스피어가 굳이 한 번도 등장한 적이 없는 맥더프 부인과 아들들이 살해당하는 장면을 이 장면 바로 앞에 넣은 것은 맥더프의 선택과 판단과 행동이 과연 선이나 정의를 위한 것인가를 되묻게 한다.

129) "뭐, 물론 나를 위해서는 잘한 일이라고 할 수도 있겠지. 내가 복귀만 할 수 있다면 그대 가족의 안위쯤이야 어찌 되든 상관없지"라는 뉘앙스를 풍긴다.

130) 맥더프의 의도 자체는 선할지도 모르나, 그에게는 지혜가 없기에 그의 선택과 행동은 선이 되기 어렵다. 반발과 분노만 가지고는 선이 되지 못한다. 인간애와 정의에 대한 높은 이상과 깊은 믿음 없이 선이란 발생하지 않는다.

131) 맥더프는 자신을 믿지 못하는 듯한 맬컴으로 인해 진정 절망 상태에 빠지는 듯이 보인다. 그러나 이렇게 이성을 잃어버리고 절망에 빠진 상태가 됨으로써 맥더프는 이제 쉽게 맬컴의 정치적 노리개가 된다. 맥더프는 정확히 맬컴이 원하는 상태에 빠져 버린 것일지도 모른다. 맬컴이 맥더프가 유용하다고 판단한다면 그것은 지금 시점에서 맬컴에게 필요한 신하는 자신의 꼭두각시가 될 수 있는 인간이기 때문이다. 맬컴은 어느 누구도 자기 자신보다 더 강한 힘을 갖기를 원치 않는다.

132) 맬컴 입장에서는 영원히 맥더프를 신뢰할 수 없게 되는 말일지도 모른다. 사람은 흥분 상태에서 본심을 드러내게 되는데, "왕국 전체를 갖는다"라는 언급으로 맬컴은 맥더프의 마음속 깊은 곳에 왕위와 권력에 대한 욕망이 도사리고 있다고 여기게 될 것이다. 맬컴은 맥더프가 멀쩡한 상태로는 그의 진심을 알 수 없기에

를 덧붙여 준다고 하더라도 말입니다.

맬컴

노하지 마시오. 절대로 경이 못 미더워서 하는 말이 아니오.133) 나는 우리 나라가 압제하에서 신음하는 것을 아오. 조국은 울고 있소. 피를 흘리고 있소. 날이 갈수록 조국의 상처는 후벼지고 할퀴어져 무섭게 짓물러 가고 있소. 날 위해 궐기할 사람들도 있으리라고 아오. 그리고 인자하신 영국 왕께서는 수천 명의 용감한 원병을 내주신다고 하오.134) 그러나 내가 폭군의 머리를 발로 짓뭉개고 칼끝에 매달게 되는 경우 나의 불쌍한 조국은 이전보다 더 많은 병폐가 발생할 것이며 그 뒤를 잇는 군주135)의 발톱에 할퀴어 전보다 더 도탄의 구렁 속에 빠지게 될 것이오.136)

맥더프

그 군주란 누구십니까?137)

맬컴

바로 나요. 이 몸에는 온갖 악이란 악이 들끓고 있소. 그것들이 고개를 드

맥더프를 의도적으로 흔들어 놓았다.

133) 맥더프를 자기 마음대로 요리할 수 있다는 판단이 든 맬컴은 맥더프를 위로하기 시작한다. 맥더프가 바보인 이상 맬컴에게 지금 당장은 필요한 캐릭터다.

134) 맬컴은 갑자기 조국의 실상을 알고 있고 마음만 먹으면 지금 당장이라도 조국을 구할 수 있다고 운을 뗀다. 지금부터 맬컴이 하는 말들은 맥더프의 진의를 파악하기 위한 시험이 아니다. 시험은 끝났다. 이제 맬컴은 본격적으로 정치적 포석과 협상을 진행한다. 자신이 원하는 모든 것을 얻기 위해서 말이다. 눈앞에 있는 바보를 이용하면 모든 것이 수월하게 해결될 것을 맬컴은 안다.

135) 맬컴은 스스로를 군주로 칭하기 시작한다.

136) 맬컴은 직설적으로 선명하게 말하지 않고 모호하게 말을 꾸며내면서 맥더프의 정신을 현혹한다.

137) 맥더프 입장에서는 "설마 왕자님이 그렇다는 것은 아니죠?"라며 회의적으로 묻는 질문이겠지만, 맬컴 입장에서는 "나 말고 군주가 또 있나? 그것도 모르나?"라고 생각하게 된다.

는 날에는 속이 시꺼먼 맥베스도 흰 눈처럼 순백하게 보일 것이오. 가련한 국가는 나의 해악이 한이 없는 것과 비교하여 그자를 양처럼 생각하게 될 것이오.138)

맥더프

무서운 지옥의 아수라 중에서도 맥베스를 뺨칠 만큼 잔인무도한 악마는 없을 것입니다.139)

맬컴

사실 그자는 잔인하고, 음탕하고, 이악스러운 욕심쟁이에다, 거짓말엔 이력이 났고, 속여 꼬여 먹기 잘하며, 성미가 불같고, 해악이 지극하고, 온갖 죄악의 뭉치요. 그러나 나의 음탕은 밑바닥이 없소. 유부녀건, 규수건, 아녀자건, 처녀건, 아무리 많아도 내 음욕의 독을 채울 순 없을 거요. 명치 끝까지 차오른 내 정욕은 어떤 장애물도 부숴버릴 것이오. 이러한 인간이 나를 다스리느니 차라리 맥베스가 나을 것이오.140)

맥더프

한없이 방탕한 심성도 포학이 틀림없습니다. 그것 때문에 영광된 왕위를

---

138) 맬컴은 먼저 자신이 맥베스보다 더한 절대 악이라고 선언한다.

139) 맥더프는 맥베스를 향한 분노에 눈이 먼 상태이다. 맹목적이다. 이성적 판단을 더 이상 하지 못하는 상태. 정상적인 맥더프의 반응은 "왕자님은 절대 그런 분이 아닙니다" 혹은 "도대체 무슨 말씀을 하시는 겁니까? 말도 안 됩니다"이어야 한다. 그런데 맥더프는 그렇게 반응하지 않는다.

140) 맬컴은 첫 번째로 자신의 색정을 말한다. 자신이 왕이 된다면 온 나라의 여자들을 자신이 탐하게 될 것이라고 선언한다. 그러면서 그런 자신이 왕이 되어도 상관없겠느냐고 맥더프에게 묻는다. 이 말은 곧 "내가 왕이 되면 그렇게 해도 되겠는가?", "그대가 그렇게 하도록 도와주겠는가?"를 묻고 요구하는 것이다. 어쩌면 맬컴과 동생 도널베인은 아버지 덩컨왕이 살해되던 날 밤 술 때문만이 아니라 여자를 탐하느라 아버지가 살해당하는 것도 몰랐을지 모른다. 2막 2장에서 옆방 도널베인 방에서 나는 소리를 맥베스가 듣게 되는데, 어쩌면 그 소리는 여자를 탐하는 소리였을지도 모른다.

하루아침에 찬탈당하기도 하였고, 허다한 군주들이 몰락도 하였습니다. 그러나 정당한 당신의 것[141]을 찾으시려는데 두려워하실 것이 뭐가 있습니까. 눈에 안 띄게 많은 재미를 보시되 시치미를 떼고 세상의 눈을 속일 수도 있지 않습니까.[142] 기꺼이 몸을 바칠 여자는 얼마든지 있습니다. 그리고 국왕의 뜻을 헤아려 몸을 허락할 여자가 부지기수일지니[143] 아무리 색욕에 걸근거리셔도 그 여자들을 모두 탐식할 순 없을 겁니다.

맬컴

실은 그뿐이 아니오.[144] 내 나쁜 심성 속에는 한없는 물욕이 도사리고 있소. 내가 왕이 되면 영토를 탐하여 귀족들의 목을 벨 것이오.[145] 저 사람의 보석과 이 사람의 저택을 탐할 것이오. 내 탐욕은 많이 가질수록 더욱 기승을 부려 선량하고 충성된 사람들의 재물을 탐내 공정치 못한 싸움을 걸어 그들을 파멸시킬 것이오.

맥더프

그 탐욕은 여름철의 짧은 색욕에 비하면 더 뿌리가 깊고 강한 독이 묻어 있습니다. 오늘까지 많은 국왕이 탐욕으로 모살되지 않았습니까. 그러나

---

141) 맬컴의 요구보다 맥더프의 답이 더 기가 막힌다. 맥더프는 스코틀랜드의 모든 여자가 맬컴의 것이라고 말한다. 누구를 얼마나 탐하든 겉으로만 드러나지 않으면 아무 문제가 없다고 말한다. 여자가 맬컴의 "자원"이라고 말한다. 이와 같은 인식과 사고방식을 가진 자가 세우는 새로운 나라가 과연 정의의 나라가 될 수 있겠는가? 맥더프는 선이 아니다. 이 대화를 통해서 맥더프라는 인간이 진정 어떤 인간인지가 드러난다.

142) 맥더프가 세우려는 나라는 겉과 속이 다른 나라이다.

143) "스코틀랜드의 모든 여자는 창녀다"라는 시각을 가진 남자라는 것이 드러난다.

144) 첫 번째 요구를 너무나 쉽게 얻은 맬컴은 두 번째 요구를 한다. 첫 번째를 쉽게 얻었기에 맬컴의 요구는 점점 더 뻔뻔해진다.

145) 돈과 권력을 가진 모든 귀족(권력자)을 제거하고 자신이 모든 것을 차지하겠다는 매우 위험한 발상을 입 밖으로 꺼내놓는다. 단순히 돈만 원하는 것이 아니다. 자신에 대한 위협을 철저하게 제거하는 것은 돈 가진 자를 없애는 것이다.

염려 마십시오. 스코틀랜드에는 전하가 소유한 것만 갖고도 전하의 욕망을 넉넉히 채울 수 있는 만큼 자원이 풍부하게 있습니다.146) 그런 흠쯤은 다른 미덕을 가지셨다면 문제가 되지 않습니다.147)

맬컴

내겐 미덕은 하나도 없소. 왕자다운 미덕이라 할 공정, 진실, 자제, 인정, 관용, 끈기, 자비, 겸손, 신심, 인내, 용기, 불굴의 의지 따위를 털끝만큼도 갖고 있지 않아요.148) 난 가지각색의 죄악을 다 뭉뚱그려 갖고 있으며 그것들이 여러 가지로 행동하고 있단 말이오. 만일 내가 대권을 잡게 되면 달콤한 평화는 지옥의 불길 속에 쏟아 버리고 세계의 안녕을 교란시켜 지상의 모든 통일을 파괴할 것이오.

맥더프

오, 스코틀랜드! 스코틀랜드여!149)

맬컴

이러한 인간인데 나라를 통치할 자격이 있다면 말해 보시오. 이 사람은 그

---

146) 맥더프는 맬컴이 원하는 것이 단순히 돈인 줄 알고 이 역시 흔쾌히 허락한다. 자기 돈도 아닌 것을 맬컴이 갖게 해주겠다고 약속한다.

147) 맥더프는 맬컴이 요구한 것들이 인간이라면 누구나 가질 수 있는 사소한 흠인 것처럼 여긴다. 그러나 왕이 될 자의 자격에 대해서 논하는 자리라면 아무리 사소한 흠조차도 엄격하게 따져보아야 한다. 하지만 그러지 않는다. 맥더프는 맬컴이 자신의 상상을 초월하는 인간임을 보지 못한다. 인간이라면 온갖 흠에도 불구하고 미덕 하나쯤은 가지고 있을 거라고 허약한 낙관주의적 태도를 보인다.

148) 맬컴은 자신에게 미덕을 기대하지 말라고 요구한다. 스스로를 거부할 수 없는 절대 악으로 설정한다.

149) 맬컴이 미덕 하나조차도 없다고 하자 맥더프는 정신이 번쩍 드는 듯하다. 하지만 일말의 희망을 가졌다가 다시 더 깊은 절망의 수렁에 빠진다. 조국 "스코틀랜드"의 이름을 외치지만 무엇이 진정 조국을 위한 길인지 그는 모른다. 그가 도망치지 않고 정의를 위해 맞서 싸우다가 죽었다면 그의 넋을 따르는 자들이 다시 정의의 불꽃을 피웠을 거다. 그러나 그는 그런 행보를 택하지 않았다. 여기서 이런 말도 안 되는 협상이나 하고 있다.

러한 위인이오.

맥더프

나라를 다스릴 만한 자격이 있냐고요! 참 기절초풍할 일이군요. 생존하실 자격조차 없습니다. 오, 가련한 백성들이여! 피 묻은 왕홀을 든 찬탈자의 압제를 벗어나 너는 언제 다시 평화스러운 날을 맞이하게 될 것이냐? 왕실의 진정한 후계자150)는 스스로 자신에게 죄명을 붙이고 왕통을 모욕하고 있지 않은가? 부왕께서는 성인과 같은 어른이셨습니다.151) 그리고 전하를 낳으신 왕비 전하께서는 서서 계실 때보다 꿇어앉아 계실 때가 더 많으셨으며, 매일 살아계신 몸으로 죽는 고행을 하시는 모후이셨습니다.152) 안녕히 계십시오! 전하께서 악덕을 가지셨다고 되풀이 자인하시니

---

150) 맬컴이 덩컨의 아들이라는 사실은 맬컴의 인간성과 도덕성 그리고 사회성 모두 아버지에게서 물려받은 것일 가능성이 크다는 점을 시사한다.

151) <맥베스>의 세계에 '성인'(聖人)은 없다. 선과 악을 구별할 수 없는 세상이고 선과 악이 전도된 세상이다. 모든 캐릭터는 선하면서 악하다. 캐릭터별로 정도의 차이가 있을 뿐이다. 맥더프가 도덕성이 결여되어 있음을 앞의 대화에서 확인했다. 그런 그가 칭송하는 성인이란 애초에 전혀 성인이 아닐 가능성이 크다. 독재자를 찬양하는 사람들을 보라. 국민들이 흘린 피 위에 군림하는 권력자들을 칭송하는 자들의 말을 들어본 적이 있다면 맥더프의 이 말이 곧이곧대로 들리지는 않을 것이다. 덩컨왕은 겉으로는 선한 왕처럼 보였을 수 있으나 안이나 뒤로는 전혀 그런 왕이 아니었을 가능성이 크다. 그렇지 않다면 반란도 일어나지 않았을 것이고 맥베스가 덩컨을 살해한 것에 뱅코우만큼이나 죄책감을 느꼈을 것이다. 그러나 맥베스는 덩컨의 유령을 보지 않는다.

　<맥베스>의 세계 속에서 선한 인간이라고 부를 수 있는 캐릭터는 아이들이다. 뱅코우의 아들, 맥더프의 아들과 같은 '소년'들이다. 왜 '딸'과 '소녀'는 없을까? 이 극에는 맥베스 부인을 제외하고는 여자가 등장하지 않는다. 맥더프 부인은 첫 등장 장면에서 살해당한다. 소녀는 없이 소년만 존재하는 불균형의 일그러진 세계 속에서 이 소년들도 궁극적으로 선함을 잃어버리게 될 것이다.

152) 무대에 한 번도 등장한 적이 없는 캐릭터에 관한 이야기이다. 말만 듣고 알 수 없다.

소신은 이제 스코틀랜드에서 영원히 추방되고 말았습니다. 오, 나의 가슴이여, 너의 희망은 여기서 끊어졌도다.

맬컴

맥더프 경, 경의 성실한 마음에서 우러나온 그 고결한 고뇌는 내 마음속에 앙금이 되었던 컴컴한 의혹을 말끔히 삭여 주었소 이젠 경의 진심과 충절을 굳게 믿겠소 실은 저 악마 같은 맥베스는 각종 모계를 써서 날 자기 손아귀에 넣으려고 하오 그래서 사람을 경솔히 믿다가는 허망에 빠질까 봐 경계해 온 것이오.153) 그러나 다행히도 하나님이 우리 둘 사이를 마음으로 묶어주셨소!154) 이젠 경의 지시에 따르리다. 나 자신을 비방한 것을 다 취소하겠소 내가 자신에게 가한 오욕과 비난은 내 심성하고는 전혀 무관하오.155) 난 아직 여자와 관계한 일이 없소 위증한 적도 없소 내 것마저도 별로 욕심을 가져본 적이 없소 한 번도 신의를 저버린 적도 없고, 비록 상대가 악마라 할지라도 배신하지 않겠소 생명보다도 진실을 더 소중히 여겨 왔소.156) 내가 거짓말한 것은 이번이 처음이오.157) 나의 진심은 모든 것을 당신에게 맡겨 불행한 조국에 바치리다.158) 실은 경이 여기

---

153) 어느 누구도 믿을 수 없는, 쉽게 믿어서는 안 되는 세상이 <맥베스>의 세상이다. 그러나 맬컴의 이 말은 맬컴 자신에게 그대로 적용된다. 맥더프와 관객은 맬컴을 어떻게 믿을 수 있는가?

154) 맬컴은 뜬금없이 하느님이 둘 사이를 연결해 주었다고 말한다. 마치 전의에게 등장하라고 신호라도 주듯이 말이다.

155) 맬컴은 맥더프의 반응에 일단 한발 물러선다. 그러면서 앞서 자신이 한 모든 말을 취소한다. 그러나 그가 왕이 된 다음에 그의 태도가 어떻게 변할지 알 수 없다. 적어도 이 시점에 맬컴은 맥더프에게 어디까지 요구가 가능한지 확인했을 것이다. 맥더프의 반응으로부터 맬컴은 당장은 필요하니 맥더프를 필요한 만큼 이용하겠지만 언젠가는 꼭 제거해야 하는 캐릭터라고 속으로 판단했을 것이다.

156) 아버지를 버리고 도망친 자가 하는 말이다. 진실일 수 없다.

157) 세상에서 가장 뻔한 거짓말이 "거짓말한 적이 한 번도 없다"이다.

158) "당분간은 그대를 이용해서 조국을 되찾는 것에만 신경 쓰겠소"처럼 들린다.

오시기 전에 시워드 장군이 일만 명의 용맹한 병사를 이끌고 이미 본국으로 출정하였소.159) 자 우리 함께 의논합시다. 우리에겐 대의명분160)이 있으니 기필코 승리를 거둘 것이오! . . . 왜 아무 말이 없소!161)

맥더프

이렇게 반가운 일과 반갑지 않은 일이 한꺼번에 닥치니 입이 좀처럼 열리지 않습니다.162)

(전의가 궁전에서 나온다)163)

맬컴

그럼 후에 또 폐하께서 오시오?

의사

그렇습니다, 전하. 폐하의 치료를 받으려고 불쌍한 사람들이 많이 몰려들었습니다. 그들의 병은 아무리 고명한 의술이라도 효험이 없습니다. 하오나 그게 폐하의 손길이 한번 가기만 하면, 그런 신통력을 하늘로부터 받으셨으리라 사려되지만 곧 치유됩니다.164)

---

159) 이미 맬컴은 몰래 일을 진행시키고 있었다. 치밀하다.

160) 지금까지의 대화로 어떤 "대의명분"이 있는지 전혀 알 수가 없다.

161) 맬컴의 180도 달라진 말과 태도는 맥더프가 말을 잃게 하고 어안이 벙벙하다. 참과 거짓을 구분할 수 없다.

162) 맥더프는 판단이 제대로 서질 않는다. 그것을 알았기에 이어지는 장면은 맬컴이 교묘히 준비한 술수이자 공작일지도 모른다.

163) 이어지는 전의가 나오는 부분이 장면에 포함되지 않았다면, 우리는 맬컴의 마지막 실토의 말들을 있는 그대로 받아들일 수 있었을 것이다. 그러나 겉으로 진실해 보이는 맬컴의 말 다음에 이어지는 전의 장면 때문에 맬컴의 말과 행동에 대해 재고하게 된다.

164) 전의가 왜 맬컴에게 이런 보고를 하는지도 납득이 되지 않는다. 전의는 인류 역사상 어느 누구도 갖지 못한 치유의 능력을 잉글랜드 왕이 가지고 있다는 정보를 말로 전하고 떠난다. 그러나 작품 안에 그 광경을 우리가 직접 목격할 수 있는 순간은 제공되지 않는다. 맥더프에게도 그런 기회는 허락되지 않는다. 장면

맬컴

전의, 고맙소.

   (전의 퇴장)

맥더프

무슨 병 말씀입니까?

맬컴

소위 '왕의 병'이라는 거요. 내가 영국에 온 후로 자주 목격한 것이지만65), 인자하신 폐하께서 보여주신 참으로 놀랄 만한 기적이오. 어떻게 해서 그런 신통력을 가지게 되셨는지 모르지만, 그 비법은 국왕만이 알고 있소.166) 괴이한 병에 걸려 앓는 사람들이, 보기에도 끔찍하게 전신이 부어오르고 곪아서 진물이 흘러 손을 댈 수 없는 상처를 폐하께서 환자의 목에 금화 한 닢을 걸고 경건히 기도를 올리시면 감쪽같이 치유가 되오. 듣자 하니 폐하께선 이 신비한 요법을 그 자손에게 물리신다 하오. 폐하께선 이러한 신통력뿐만 아니라 예언의 신통력167)도 가지셨다 하오. 여러 가지 천복이 옥좌를 둘러싸고 있음은 폐하의 덕이 넘쳐흐르고 있음을 말해주는 증거가 아니겠소.168)

내내 말을 믿을 수 없다고 피력했던 맬컴은 잉글랜드 왕에 대한 짤막한 보고 한 마디로 잉글랜드 왕이 그런 신적인 능력이 있다는 것을 믿게 하려고 한다.

165) 맬컴만, 맬컴 혼자 목격한 것이다. 맬컴 이외의 어느 누구도—극 중 다른 캐릭터도 관객도—목격한 바가 없다. 맬컴이 제공하는 정보의 진위를 따져보아야 하지 않겠는가?

166) 실제로 잉글랜드 왕이 그런 능력을 사람들 앞에서 보여주었다면, 잉글랜드 왕 자체가 자신을 신격화하기 위해서 어떠한 공작을 하고 있었을 가능성이 크다. 인간이라면 어느 누구도 그런 능력을 가질 수 없다. 그것이 사실이고 진실이다.

167) 치유와 예언의 신통력은 신만이 가질 수 있는 능력이다.

168) 절대 악인 맬컴은 신의 능력을 가진 영국 왕이 자신을 지지하고 있다고 함으로써 스스로를 '신의 후원을 받는 자', '어느 누구도 거역할 수 없는 자'라는 '신격화'를 자행하고 있다. 악의 신격화, 이것이 "아름다운 것은 추한 것이고 추한 것

두 캐릭터 사이의 장면으로는 셰익스피어가 쓴 장면 중에서 가장 긴 장면 중 하나에 해당하는 장면이다. 맬컴과 맥더프가 길게 나누는 대화에서 표면적으로 보이는 내용이 전부라면, 그 외에 다른 것이 담겨 있지 않다면, 이 장면은 몹시 지루하고 불필요한 사족이 될 것이다. 그러나 셰익스피어는 매우 의도적으로 이 장면을 길게 가져가고 있다. 특히나 <맥베스>는 셰익스피어가 쓴 작품 중에서 가장 길이가 짧은 작품이고, 이후에 이어지는 <맥베스>의 5막 장면들은 정말 짧고 빠르게 전개되기 때문에, 극 전개상 5막 직전에 위치한 이 장면은 그 길이만으로도 그 안에 특별한 것들이 담겨 있다고 추정할 수 있다.

두 캐릭터 사이의 대화가 길게 이어진다는 것은 캐릭터가 하는 노력이 쉽게 그 목표를 성취하지 못한다는 뜻이다. 길어질수록 느슨해지는 것이 아니라 더욱 치열해져야 하는 것이 극적 행동이다. 치열한 밀당과 공방과 싸움이 말 밑에, 말 사이사이에 이어진다. 이어질 뿐만 아니라 상승·고조된다.

표면적으로는 맥더프의 마음을 떠보는 것처럼 보이는 맬컴의 모든 말과 행동은 사실 '자신이 왕이 되어서 이러이러한 것들을 마음껏 취하도록 허용하겠는가'를 놓고 벌인 치밀한 정치적 협상이다. 맥더프가 정말로 맥베스의 스파이는 아닌지를 확인하기 위해서였다면, 맬컴은 맥더프에게 다른 문제를 냈어야 맞다. 여자와 돈을 원하고 어떠한 미덕도 가지지 않은 자신을 왕으로 받들겠는가는 상대가 스파이인지 아닌지를 확인하는 시험 문제로 전혀 합당하지 않다. 그리고 맬컴이 만약 좋은 왕이 될 자라면 맥더프가 그런 '나쁜' 제안들을 쉽게 받아들이는 모습을 보고 그를 신하

이 아름다운 것이다'(Fair is foul and foul is fair)라고 말하는 <맥베스>의 세계이다.

로 삼지 않아야 맞다.

　직접 보지 않은 것은 아무것도 믿지 않겠다는 태도를 보인 맬컴이 맥더프에게는 직접 눈으로 보지 않은 것을 믿게 만든다. "신통력"과 "예언력"을 가진 잉글랜드 왕이 자신을 지켜주고 있다는 '신화'를 만들어 내는 것이다. 잉글랜드 왕이 실제로 그런 능력을 가졌다고 믿을 수도 있지만, 그것을 믿는다면 잉글랜드 왕이 예수님과 동급의 존재라는 것을 인정하는 게 된다. 허무맹랑한 이야기일 뿐이다. 이런 식의 이야기는 보지 않고 그대로 믿을 수 없다는 것을 맬컴은 장면 시작부터 내내 이야기하고 있다. 그런데 맥더프는 감쪽같이 속아 넘어가는 것이다. 아마도 많은 관객도 맬컴에게 속을 것이다. 극은 구조적으로 그의 말이 거짓임을 교묘히 말하고 있다.

　이 장면에서 결국 맬컴은 맥더프를 가지고 놀고 있다. 자신이 마음껏 가지고 놀 수 있기에 맥더프를 신하로 받아들인다. 어린 나이의 맬컴이 맥더프보다 정치적으로 훨씬 더 고수인 것이다. 맬컴은 맥더프의 모든 것을 간파했지만, 맥더프는 맬컴의 실체에 대해 아무것도 모른 채 장면이 끝이 난다.

　"열 길 물속은 알아도 한 길 사람 속은 알 수 없다"는 우리 속담이 있듯이, 캐릭터들이 상대적으로 진실한 세계 속에 놓여 있더라도 상대의 속마음과 진의를 진정으로 알기는 쉽지 않다. 더구나 셰익스피어의 많은 극처럼 거짓이 판을 치는 표리부동의 세계에서 상대를 알기란 매우 어렵다. 그래서 캐릭터들은 상대를 알고자 하는 피나는 노력을 기울일 수밖에 없다.

　오필리어는 <햄릿> 4막 5장의 유명한 미친 장면에서 "사랑하는 내 님의 참마음 어떻게 알아낼까? 모자 보고 지팡이 보고 짚신 보고 알죠"라는 수수께끼 같은 말을 한다. 언뜻 사랑하는 사람의 참마음을 알 수 없어서 미쳐버린 캐릭터가 하는 정신 나간 말처럼 들리지만, 사실 미친 오필리어는 예리하게 진실을 말하고 있다. 바로 말은 믿을 수 없고 상대의 몸에 나타나는 온갖 신호를 통해서 사람의 속마음과 진의를 알 수 있을 뿐이라고 말하는 것이다.

2) 상대를 변화시키려는 노력 → 관객을 변화시키려는 노력

상대를 알고자 하는 캐릭터의 노력은 상대로부터 다음과 같은 사실들을 발견한다.

1. 상대는 내가 보는 것을 보고 있지 않다.
2. 상대는 나와 생각이 다르다.
3. 상대는 나와 마음이 다르다.
4. 상대는 내가 느끼는 것을 느끼지 못한다
5. 상대는 내 말을 들으려고 하지 않는다.
6. 상대는 나를 모르고 있다.
7. 상대는 나를 전혀 이해하지 못하고 있다.

캐릭터는 그런 상대를 바꾸고자 노력한다. 상대의 생각·마음·감정이 내 생각·마음·감정과 같게 하기 위해서 캐릭터는 **상대의 보기와 듣기를 바꾸려고 한다.** 보기와 듣기를 바꾸어야만 상대의 생각·마음·감정이 달라지고 나와 같아질 수 있기 때문이다. 그래서 캐릭터들이 하는 말들은 "네가 보는 것을 보지 말고 내가 보는 것을 봐", "네가 듣는 것을 듣지 말고 내가 듣는 것을 들어"라는 뜻이 된다.

이 노력의 쉽고 분명한 예는 <로미오와 줄리엣>에서 찾을 수 있다. 티볼트를 죽이고 추방령을 받은 로미오는 줄리엣의 침실에서 하룻밤을 보낸다. 두 캐릭터는 아직 모르지만, 이 장면은 살아서 함께하는 마지막 순간이다. 아침 해가 밝아오고 아침을 알리는 종달새 소리가 들려온다. 로미오가 떠나야 할 시간임을 알리고 있다. 줄리엣은 로미오가 아직 떠나기를 바라지 않는다. 조금이라도 로미오와 더 함께 있고 싶다. 그래서 줄리엣은 종달새 소리를 듣고 떠날 준비를 하는 로미오에게 그가 듣는 종달새 소리가 나이팅게일 소리라고 말한다. 줄리엣은 종달새 소리를 나이팅게일 소리로 듣기를 거부하는 로미오를 변화시키려고 한다.

줄리엣

벌써 가려고? 동이 트려면 아직 멀었어.
너의 겁먹은 귓속을 간지럽힌 저 소리는
종달새가 아니라 나이팅게일이야.
저 새는 밤마다 저 석류나무 위에서 울고 있어.
내 말을 믿어줘. 내 님, 저 새는 나이팅게일이야.

로미오

그건 아침을 알리는 종달새였어.
나이팅게일이 아니고 저것 봐, 내 사랑, 야멸찬 빛줄기가
저 동녘 하늘 구름자락에 무늬를 수놓고 있어.
밤의 촛불도 다 타버렸고, 즐거운 아침이
안개 깔린 산봉우리에서 빠끔히 내밀고 있잖아.
여길 떠나 목숨을 부지하던가, 머물다가 죽든가 할 처지야.

줄리엣

저 빛은 아침의 햇살이 아니야. 정말이야.

그건 태양이 내뿜은 유성인가 봐.

오늘 밤 횃불잡이가 되어 만투아로 가는

너의 길을 밝혀줄 거야.

그러니 더 있어 줘. 아직 갈 건 없어.

로미오

잡혀도 좋아. 죽은들 어때.

너의 소원이 그렇다면 난 그것으로 흡족해.

저기 저 어슴푸레한 빛은 아침의 눈망울이 아니라

달의 여신 신시아의 얼굴에서 얼비친 창백한 빛일 거야.

그리고 우리 머리 위 하늘 높이 울려 퍼지는 저 노래도

종달새 소리가 아니라고 해두자고.

사실은 나도 이대로 있고 싶어. 떠나고 싶지 않아.

죽음아, 어서 오너라. 반가이 맞으리라! 줄리엣의 소원이라면

이제 됐어, 내 사랑. 이야기를 하자고 아침이 아니야.

줄리엣

아침이야, 아침이 밝았어! 떠나야 해, 어서!

저건 종달새야, 높고 거칠게 가락도 맞지 않으며,

기분 나쁘게 매서운 소리로 노래하고 있어.

줄리엣의 노력은 로미오의 보기와 마음을 돌리는 데 성공한다. 이제 로미오는 종달새 소리를 나이팅게일 소리로 듣고 아침 햇살을 달빛으로 본다. 로미오는 떠나지 않고 그대로 줄리엣의 곁에서 죽을 수 있기를 바란다. 죽어야 한다면 줄리엣의 곁을 떠나지 않고 죽음의 순간까지 모든 순간을 줄리엣과 함께하다가 숨이 끊어지기를 바란다. 줄리엣이 옆에 있다면 죽음도 더 이상 두렵지 않다.

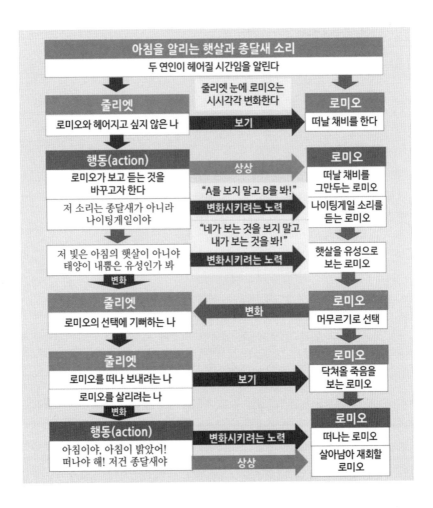

아침을 알리는 햇살과 종달새 소리
두 연인이 헤어질 시간임을 알린다

줄리엣
로미오와 헤어지고 싶지 않은 나

줄리엣 눈에 로미오는 시시각각 변화한다

보기

로미오
떠날 채비를 한다

행동(action)
로미오가 보고 듣는 것을 바꾸고자 한다

저 소리는 종달새가 아니라 나이팅게일이야

상상

"A를 보지 말고 B를 봐!"

변화시키려는 노력

로미오
떠날 채비를 그만두는 로미오

나이팅게일 소리를 듣는 로미오

저 빛은 아침의 햇살이 아니야 태양이 내뿜은 유성인가 봐

변화

"네가 보는 것을 보지 말고 내가 보는 것을 봐!"

변화시키려는 노력

햇살을 유성으로 보는 로미오

줄리엣
로미오의 선택에 기뻐하는 나

변화

로미오
머무르기로 선택

줄리엣
로미오를 떠나 보내려는 나
로미오를 살리려는 나

변화

보기

로미오
닥쳐올 죽음을 보는 로미오

행동(action)
아침이야, 아침이 밝았어! 떠나야 해! 저건 종달새야

변화시키려는 노력

상상

로미오
떠나는 로미오
살아남아 재회할 로미오

죽음을 불사하고 자신과 함께하고자 하는 로미오의 모습은 줄리엣의 마음을 완전히 바꾸어 놓는다. 죽음도 두려워하지 않으며 자신을 사랑하고 끝까지 모든 순간을 함께하고자 하는 로미오는 줄리엣의 눈에 '반드시 살아야 할 로미오', '내가 살려야 할 내 사랑', '내 목숨보다 중요한 사람'으로 바뀌어 보인다. 그래서 줄리엣은 급하게 태도를 완전히 바꾸어 이제

나이팅게일 소리가 아니라 종달새 소리가 맞다고 말한다. 아침이 왔으니 어서 떠나라고 재촉한다.

이렇게 캐릭터는 끊임없이 상대가 보고 듣는 것을 바꿈으로써 상대의 생각과 마음을 움직이려고 한다. 그리고 그와 같은 노력이 캐릭터를 변화시킨다. 고정된 캐릭터가 아닌 이상, 극적 행동을 하면서 캐릭터는 달라진다. 다른 얼굴들이 나타나는 것이다. 관객은 노력을 통한 캐릭터의 다른 얼굴과 참 얼굴을 보게 된다.

이와 같은 극적 행동은 상대 캐릭터가 눈앞에 실제로 없을 때도 똑같은 방식으로 이루어진다. 캐릭터는 눈앞에 없는 상대 캐릭터가 실제 눈앞에 있는 것처럼 반응하고 행동한다. 캐릭터는 자신의 모든 내적 생각·기억·상상을 밖으로 펼쳐 보인다. 쉬운 예가 마찬가지로 <로미오와 줄리엣>에 나온다.

줄리엣

아, 로미오, 로미오! 어찌하여 당신은 로미오인가요? 아버지를 잊으세요, 그 이름만 버리세요. 그것이 싫으시거든 절 사랑한다고 맹세만이라도 해주세요. 그럼 제가 캐퓰릿 성을 버리겠어요... 당신 이름만이 제 원수가 됐을 뿐이에요. 비록 몬태규란 성이 아니더라도 당신은 당신이에요. 아, 딴 이름이 되어주세요! 도대체 몬태규가 뭔데요? 그건 손도 아니에요, 발도 아니에요, 팔도, 얼굴도, 사람 몸의 어떤 부분도 아니잖아요. 이름이 뭔데요? 장미꽃을 다른 이름으로 불러도 향기는 역시 마찬가지잖아요. 로미오님도 같아요. 로미오란 이름이 아니더라도 당신이 갖고 있는 소중한 완벽함은 그대로 남을 게 아닌가요. 로미오, 그 이름을 버리세요. 당신과 상관없는 그 이름 대신에 이 몸을 가지세요.

줄리엣은 관객의 눈에는 보이지 않는 로미오를 상대하고 있다. 무대 상에 로미오가 숨어서 줄리엣을 지켜보고 있지만(관객은 로미오는 볼 수 있다), 무대에 현존하는 로미오와 줄리엣의 상상 속 로미오는 다르다.

로미오의 모습이 줄리엣의 마음에서 한순간도 떠나질 않는다. 한 번밖에 보지 못한 로미오이지만 줄리엣의 눈에는 그 모습이 너무나 선명하게 보인다. 밤하늘 모든 풍경에 로미오의 모습들이 겹쳐서 보인다. 그 모습들이 줄리엣의 심장을 뛰게 하고 그로부터 줄리엣은 로미오를 적극적으로 알고자 한다. 아는 것이 아무것도 없다.

또한 줄리엣 눈에 보이는 로미오의 모습은 시시각각 변화한다. 줄리엣 눈에 로미오는 변덕스럽기 그지없다. 모순덩어리나 다름없는 존재로 보인다. 줄리엣은 그런 로미오를 끊임없이 '반박'하고자 한다. 줄리엣이 되기 위해서는 줄리엣 눈에 보이는 로미오의 모습부터 상상해야 한다. 그래야 상상 속의 로미오를 변화시키고자 하는 줄리엣의 노력을 할 수 있다.

줄리엣이 보는 로미오는 다음과 같은 로미오들이다.

1. 자신의 이름이 전부라고 말하는 로미오
2. 자신의 이름이 줄리엣 자신보다 더 중요하다고 말하는 로미오
3. 이름 때문에 줄리엣을 사랑할 수 없다고 말하는 로미오
4. 도통 진심을 알 수 없는 로미오
5. 나를 사랑하기를 주저하는 로미오

줄리엣은 그런 로미오를 그대로 내버려 둘 수가 없다. 왜냐하면 그대로 내버려 둔다면 로미오와의 사랑은 불가능하기 때문이다. 사랑을 이루기 위해서 로미오를 바꾸어야만 한다. 선택의 여지가 없다.

로미오를 바꾸는 방법은 로미오가 보는 것을 바꾸는 것이다. 로미오가 자신이 보는 것을 보게 하는 것이다. 보는 것이 바뀌지 않으면 생각·마음·선택·행동이 달라질 수 없다. 그래서 줄리엣이 하는 모든 말은 기본적으로 "네가 보는 것을 보지 말고 내가 보는 것을 봐"라는 뜻이 된다.

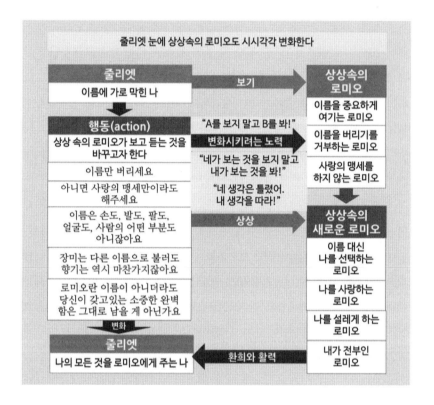

어떻게든 어떻게든 어떻게든 상대를 바꾸고자 노력하는 캐릭터는 그 노력의 와중에 달라진 존재가 된다. 줄리엣은 로미오를 바꿀 수 있으면 무엇이든 하려는 줄리엣으로 바뀐다. 상대는 캐릭터를 변화시키고 성장시키는 힘이다.

줄리엣의 경우처럼 자신의 눈에만 보이는 상대라도 있는 경우에는 그 상대를 상대할 수 있지만, 어떤 독백들에는 상대 캐릭터가 없는 경우도 있다. 햄릿이 "사느냐, 죽느냐"를 말하는 동안 상대는 없어 보인다. (물론 햄릿이 살고자 하는 자기 자신과 죽고자 하는 자기 자신을 상대로 삼아서 독백할 수 있기는 하다.) 상대가 없다면 극적 행동도 사라진다. 애초에 말할 필요도 이유도 사라지게 되는 것이다. 극적 행동이 담겨 있지 않은 대사는 없다. 그렇다면 상대가 없는 독백 연기를 하는 동안 이 문제를 어떻게 해결해야 할까?

사실 이 문제는 배우가 연기할 때 자신이 연기하는, 즉 말하고 행동하는 모든 것이 누구를 위한 것인가를 잊어버렸기 때문에 발생하는 문제이다. 배우가 연기하는 모든 순간에는 항상 상대가 있다. 바로 관객이다. 앞서 이야기했듯이 연기는 관객을 상대하면서 시작된다. 배우의 모든 연기는 관객의 관점, 즉 관객이 보고 듣는 것을 변화시키기 위한 것이다. 관객이 보고 듣는 것을 변화시켜서 생각과 마음을 움직이고자 하는 것이다. 관객의 생각과 마음을 움직일 수 있는 능력이 연기력이다. 그리고 그 연기력에 따라 맡을 수 있는 배역이 달라진다. 주연배우는 공연 시간 내내 관객의 눈과 귀를 사로잡고 관객의 생각과 마음에 지속적으로 가장 큰 영향을 줄 수 있는 능력을 갖춰야 한다. 그렇지 못한 배우가 주연을 맡으면 극은 힘을 잃는다.

상대 캐릭터가 있을 때는 배우＋캐릭터가 상대 캐릭터를 변화시키려는 노력을 통해서 간접적으로 관객을 변화시키고자 한다. 독백 연기에서는, 특히 셰익스피어의 독백(soliloquy) 연기에서는 관객이 직접적인 상대가 된다. 그랬을 때 배우가 관객을 어떠한 상대로 상상하느냐에 따라 배우의 연기는 달라진다. 관객은 불특정 다수이다. 그렇기에 막연한 존재로

만 느껴질 가능성이 크다. 상대가 막연하면 극적 행동도 불분명해지기 마련이다.

관객을 구체적인 상대로 상상하는 것에서 연기는 시작된다. 배우는 관객을 다음과 같은 상대로 생각하여야 한다.

관객을 어떤 존재로 상상할 것인가?	나 = 배우+캐릭터
1	내가 보는 것을 보지 않는 상대
2	내가 생각하는 것을 생각하지 않는 상대
3	나와 반대로 생각하는 상대
4	내가 느끼는 것을 전혀 느끼지 못하는 존재
5	내가 아는 것을 모르는 상대
6	내가 아는 것을 비웃거나 폄하 · 비하하는 상대

그리고 그런 관객을 자신이 보는 것을 보고 자신이 생각하는 것을 생각하고 자신이 느끼는 것을 그대로 느끼는 상대로 바꾸기 위해서 말하고 행동하여야 한다. 그렇게 하지 않는다면 관객은 배우를 동물원에 갇힌 동물 보듯이 보게 될 것이다. 그것은 참으로 안쓰러운 일이다. 한 명의 배우가 백 명의 관객이 보고 생각하고 느끼는 것을 바꿀 수 있을 때, 그 배우를 진정 배우라고 부를 수 있다. 배우는 혼자서 백 명의 관객에게 넉넉하게 나눠 줄 수 있는 기운(에너지)과 활력, 풍부한 상상과 느낌, 들려 줄 가치가 있는 이야기를 가지고 있어야 한다.

여기 도시의 광장에서 애도하고 있는 한 여인이 있다. <리처드 3세> 1막 2장이다. 이 여인은 왜 '광장'에서 '애도'하고 있는 것일까? 그녀가 하는 모든 말과 행동은 광장에 있는 사람들의 시선으로부터 자유롭지 않다. 그녀를 측은하게 바라보는 이들도 없지 않겠지만, 레이디 앤이 느끼는 대부분의 시선은 따갑고 싸늘하며 경멸적·조롱적이기도 하다. 누군가는 혐오의 시선을 보내기도 한다. 권력을 잃은 자에게 사람들은 냉정하다. 사실 레이디 앤은 그와 같은 시선을 보내는 사람들에게 보라고 들으라고 모든 말과 행동을 한다. 그녀가 하는 말 중에 혼잣말은 한 마디도 없다. 혼잣말할 것 같으면 레이디 앤은 애초에 이 광장에 나오지 않았을 것이다. 집에서 조용히 애도하면 될 일이다. 모든 정치적·사회적·경제적 기반을 잃은 레이디 앤이 지금 사람들이 모인 이곳에서 애도하는 것은 지극히 정치적인 행보이다.

앤

내려놓으세요. 내려놓으세요. 그 존엄한 영구를. 비록 시체로 관에 들어 있을망정 존엄함엔 변함이 있을 리 없어요. 전 잠시 여기서 애도해야겠어요. 인자하셨던 랭커스터, 헨리왕의 비명의 최후를. 아, 지존이신 국왕께서 이렇게 무쇠처럼 싸늘하시다니! 랭커스터 가문의 파리한 재가 되다니! 왕가의 혈통을 이어받은 이 핏기 가신 유해! 시아버님, 이 가련한 앤이 당신의 영혼을 불러냈다고 책망하지 마세요. 아버님께 상처를 입힌 그 역적놈의 손에 살해당한 아드님 에드워드의 아내, 이 앤의 가슴에 맺힌 한을 귀담아들어 주세요![169] 자 보세요[170], 옥체의 생명이 나가 버린 이 창문에다 아무리 흘려도 덧없는 눈물의 향유를 이렇게 쏟고 있습니다. 아, 저주를 받아라.[171] 이토록 잔혹하게 상처를 입힌 손모가지들이여! 저주를 받

---

169) 죽은 자는 들을 수 없다. 산 자들이 들으라고 하는 말이다.
170) 죽은 자는 볼 수 없다. 산 자들이 보라고 하는 말이다.
171) 헨리왕을 시해한 무리들, 즉 글로스터를 포함해서 요크 가문의 모든 사람이 이 광장에 있을 리 없다. 요크 가문에 동조한 시민이 이 자리에 있다면 그들이 들으라고 하는 말이다. 동조하지 않은 자들도 요크 가문에 대해 극도의 반감을 갖도

아라. 이토록 피를 흘리게 한 놈의 피여! 저주를 받아라. 이토록 잔인한 짓을 한 악독한 마음이여! 당신을 시해하고 우리를 비참한 나락으로 처박은 천하의 잔인무도한 역적놈에게 처참한 재앙이 떨어져라. 거미, 두꺼비, 아니 이 세상을 기어다니는 어떤 독벌레[172])에게 보다도 더 화를 주어라! 만약 그놈에게 자식이 태어나게 되면 팔삭둥이로, 천하의 부실한 기형아로, 흉측스러운 괴물딱지로 태어나게 해 고대하던 어미가 질겁을 해 꼬꾸라지도록 하라. 그리고 아비의 그 고약한 성미도 고스란히 타고나라! 만약 아내를 얻게 되거든 그 계집은 남편을 잃어, 이 몸이 남편과 시아버님을 잃은 것보다 몇 곱절 비참한 꼴을 당하라![173]) 자, 영구를 처트시로 모시세요. 세인트 폴에서 모시고 나온 건 그곳으로 이장하려는 겁니다. 아니, 지쳤거든 좀 쉬세요.[174]) 그동안 난 폐하의 유해에 애도하고자 하니.[175])

광화문 광장과 같은 곳에서 레이디 앤은 국왕이었지만 이제는 파리한 시체가 되어버린 시아버지의 죽음을 애도하고 있다. 레이디 앤의 행동은 단 한 순간도 자기 자신의 슬픔을 표현하기 위한 것이 아니다. 이 광장에 있는 모든 사람, 그리고 이 도시와 나라에 사는 모든 사람이 자신이 느끼는 슬픔을 그대로 느끼고 자신이 분노하는 대상(글로스터를 비롯한 요크 가문의 모든 사람)에게 분노하게 하기 위해서 매우 정치적인 행동을

록 레이디 앤은 엄청난 에너지를 쏟아내고 있다.

172) 광장에 모인 사람들에게 요크 가문의 사람들이 벌레보다 못한 인간이라는 이미지를 심어주고자 한다. 그런 이미지가 심어질 수만 있다면 사람들이 영원히 좋아할 수 없게 될 것임을 레이디 앤은 안다.

173) 아이러니를 자아내는 말이다. 그것이 다시 자신의 운세가 되리라는 것을 지금은 모르고 있다.

174) 영구를 운반하는 자들은 지쳤으나 레이디 앤은 지치지 않는다. 그것이 캐릭터이다. 캐릭터들은 지칠 줄 모른다.

175) 지금까지는 '시위'였던 것이다. 이제야 조용히 애도하려고 한다.

하고 있다. 세상에 정치적이지 않은 것은 아무것도 없다. 레이디 앤은 자신의 모든 정치적·경제적·사회적 기반을 잃었다. 왕의 며느리이자 세자비로 국가 최고층이었지만, 이제는 아무것도 아닌 존재가 되어버린 것이다. 온 국민이 사실을 알기만 한다면 새로운 왕권에 저항해서 들고 일어날지도 모른다는 한 줄기 희망만이 그녀가 붙잡을 수 있는 지푸라기이다. 절규만이 그녀가 사람들을 움직일 수 있는 유일한 무기이자 저항의 방법이다. 레이디 앤은 국왕을 이렇게 시해한 자들을 그대로 내버려 두어도 괜찮다고 생각하는 시민들은 국왕을 시해한 자들과 다름없거나 그들과 한패라고 고발하듯이 말한다.

공연에 따라 그리고 연출에 따라 이 장면에서 광장에 얼마나 많은 사람을 있게 하느냐의 문제가 있다. 그러나 어떠한 경우에도 레이디 앤이 위치한 광장에 있는 사람들의 수만큼 많은 사람을 무대 위에 올려놓을 수는 없다. 그리고 공연에 따라서는 한 명도 위치시키지 않을 수도 있다. 무대 위에 실제로 얼마만큼의 배우를 위치시키느냐에 상관없이 레이디 앤을 연기하는 배우는 관객 전체가 광장에 모인 사람들인 것처럼 생각하면서 연기해야 한다. 배우에게는 극장의 관객들이 곧 레이디 앤에게 광장에 모인 사람들과 동일시되는 것이다. 상상의 공식 '$a:b=c:d$'를 이용하면 된다. a는 actor(배우)이다. c는 character(등장인물)이다. '레이디 앤 : 광장에 모인 사람들 = 배우 : 관객들'이 되는 것이다. 셰익스피어의 모든 독백은 배우+캐릭터가 관객의 관점을 바꾸기 위해서 행하는 극적 행동이다.

3) 감당하고 이겨내려는 노력

상대를 상대하는 것, 그것이 극적 행동의 기본이다. 상대는 항상 강력하다. 나에게 강력한 영향을 주는 존재이기 때문이다. 극에서 상대를 피할 방법은 없다. 상대를 상대하는 것 외에 다른 길은 없다. 그 상대가 타인이든, 사회나 국가이든, 운명이든, 자연이든, 신이든, 대부분 그 상대는 배우 + 캐릭터보다 더 강력하다. 강력한 상대를 상대하는 건 힘겹고 어렵다. 매 순간 떨리고 긴장되는 일이다. 그 모든 떨림과 긴장, 어려움과 힘겨움을 감당하는 노력을 캐릭터는 멈추지 않는다.

배우들은 연기할 때 떨리고 긴장되면 연기를 잘하지 못할 것 같은 걱정과 염려에 휩싸인다. 그러나 배우에게서 떨림과 긴장이 사라진다면 캐릭터도 사라진다. 캐릭터는 극에 존재하는 모든 순간에 떨림과 긴장에서 자유롭지 않다. 중요한 것은 배우가 실제로 느끼는 떨림과 긴장을 어떻게 하면 캐릭터의 떨림과 긴장으로 전환하느냐이지 떨림과 긴장 자체를 없애는 것이 아니다. 떨림과 긴장이 없다면 살아있는 인간이 아니다. 냉혈한이거나, 안하무인의 인간, 극악무도한 인간 이하의 존재, 혹은 반대로 신(神)을 연기한다면 떨림과 긴장이 필요 없겠지만, 떨림과 긴장을 전혀 느끼지 않는 인간은 살아있는 인간이 아니다. 배우는 캐릭터와의 완전한 합일을 노보하는 존재이다. 자신이 느끼는 떨림과 신장을 캐릭터로부터 '분리'하는 것이 아니라 캐릭터의 떨림과 느낌으로 '통합'해 내는 것이 배우가 추구해야 할 바이다.

떨림과 긴장, 힘겨움과 어려움을 감당하고 이겨내려는 노력은 캐릭터가 되기 위한 가장 중요한 노력이다. 그와 같은 노력 없이 극 속 순간에 존재했다면, 배우는 아마도 자신이 아주 연기를 잘했다고 생각할 것이다. 하지만 그것은 '착각'이다. 그 노력이 사라지는 순간 캐릭터가 하는 노력도 사라진다. 그럼 캐릭터도 사라지는 것이다. 어떠한 어려움과 힘겨움이든 배우가 그것을 겪을 때마다 의연하게 감당해 내려고 노력하는 것 자체만으로도 배우는 캐릭터에 근접한다. 배우와 캐릭터 사이에 '공통분모'가 생겼기 때문이다. 공통분모 없이 배우와 캐릭터는 결합할 수 없다. 배우와 캐릭터가 가지는 가장 근본적이고 중요한 공통분모는 '인간'이기 때문에 가지는 공통분모이다.

극은 극심한 상황 속에 캐릭터를 가두어 놓는다. 극은 인간을 시험하는 장이다. 그래서 극 속에 존재하는 캐릭터들은 '미칠 것 같다', '죽을 것 같다'와 같은 심정 상태에서 자유롭지 못하다. 극한적 상황과 미칠 듯한 심정은 캐릭터들에게 다음과 같은 노력을 필사적으로 기울이게 된다. 이 노력들이 멈추는 순간 캐릭터는 소멸한다. 이 노력들이 모여 캐릭터의 남다른 '열정'을 형성한다. 열정의 크기가 클수록 큰 캐릭터가 된다.

극적 행동: 감당해내고 이겨내려는 노력	
1	난관을 돌파하려는 노력
2	멈추지 않고 계속 나아가려는 노력
3	정신 차리려는 노력, 이성을 잃지 않으려는 노력
4	무너지지 않으려는 노력, 포기하지 않으려는 노력, 절망하지 않으려는 노력
5	감정에 눈이 멀지 않으려는 노력
6	지지 않고 이기려는 노력
7	~한 나가 되려고 하고 …한 나가 되지 않으려는 노력 ('제정신인 나'가 되고 '미친 나'가 되지 않으려는 노력)

극은 캐릭터의 정체성(identity)을 시험하고 그 결과 캐릭터는 둘로 분열될 위기에 놓인다. 억눌려 있던 캐릭터의 반정체성(anti-identity)이 고

개를 든다. 그래서 캐릭터들은 '정상적인 나/원래의 나/바람직한 나'가 되려고 하고 '비정상적인 나'가 되지 않으려는 노력 사이에서 갈등한다. 상대를 상대하는 것만으로도 이미 충분히 힘겨운데, 상반된 나들이 첨예하게 대립하고 싸우는 내면의 전쟁상태에 놓이는 것이다. 상반된 노력이 함께 있을 때 좋은 연기가 된다. 어설픈 배우는 항상 반쪽의 노력만 쫓는다. 오셀로는 '데스데모나를 사랑하는 나'가 되려고 하고 '데스데모나의 부정을 의심하는 나'가 되지 않으려고 한다. 그 노력이 결과적으로는 무위로 돌아가더라도 말이다. 그런 오셀로를 상대하는 데스데모나는 '오셀로를 변함없이 사랑하는 나'가 되려고 하고 '오셀로의 사랑을 부정하는 나'가 되지 않으려고 한다. 견딜 수 없는 것을 견뎌 내며 캐릭터는 살아 존재한다. 그것을 더 이상 견디지 못하게 되는 순간 캐릭터는 소멸할 것이다.

여기 가장 마주하기 어렵고 힘든 상대를 마주하고 있는 캐릭터가 있다. 앞서 독백으로 먼저 만났던 <리처드 3세>의 레이디 앤이다. 레이디 앤은 국가의 최고 실세 권력자를 아녀자의 몸으로 혼자 맞서고 있다. 마치 그 옛날 그리스에서 젊은 안티고네가 홀로 크레온왕에게 맞섰던 것처럼 말이다. 앞에 있는 이 남자는 남편과 시아버지를 죽인 살인자이다. 누구든 쉽게 제거할 수 있는 무시무시한 자이다. 악마나 다름없는 자이다. 레이디 앤은 흉물스럽기 그지없는 글로스터의 진의를 파악하기 위해 부단히 노력하면서도 그에 맞서서 한 치의 비굴함도 보이지 않으려는 필사적인 노력을 기울인다.

글로스터

이런 개같이 무엄하구나! 썩 물러나지 못해, 내가 명령하는데! 미늘창을 내 가슴팍에 대면 어쩌겠다는 거냐? 좋다, 네놈을 때려눕혀 발길로 짓밟아 버릴 테다. 이 무례한 거렁뱅이 같은 놈아!

앤

왜 떨고들 있지? 겁을 먹었나? 아아, 널 책망은 않겠다. 다들 인간이니까. 인간의 눈으로 어찌 악마를 볼 수 있겠느냐. 썩 없어지지 못할까, 이 무서운 악귀의 앞잡이야! 살아 계실 때는 옥체에 감히 손을 댔지만, 영혼까지 그렇게는 못 한다. 그러니 썩 물러가라.

글로스터

아름다운 성녀여, 제발 화를 내지 마오

앤

이 더러운 악마야, 냉큼 꺼져 버려라. 더 이상 우리를 괴롭히지 마라. 넌 즐거운 대지를 무서운 지옥으로 만들고 저주와 비통의 절규로 채웠다. 자신의 극악무도한 소행을 보고 싶거든 이 살육의 표본을 보란 말이다. 자, 모두들 봐요. 헨리왕의 시신을. 폐하의 시신의 아문 상처가 다시 입을 열어 피를 뿜고 있잖아요. 이 추악한 배냇병신아, 낯짝이라도 붉혀 봐라. 네가 나타났기 때문에 피 한 방울 없는 차디찬 빈 혈관에 다시 이렇게 피가 흐르고 있다. 이 세상에 없는 잔악한 소행머리 때문에 이 세상에 없는 지독한 일로 유혈이 낭자하다. 오, 이 피를 만드신 신이시여, 앙갚음으로 저자에게 죽음을 내려주소서! 오, 이 피를 들이마시는 대지여, 복수로 저자를 급살시켜 주소서! 하늘은 벼락을 쳐서 저 살인자를 지옥에 떨어지게 하거나 대지가 입을 벌려 저자를 산 채로 삼켜 버리게 해주소서. 당신이 지금 이자 때문에 무참한 최후를 당한 폐하의 피를 삼키듯 말입니다!

글로스터

부인께선 자비심의 도리를 모르시는 모양이군요. 악에는 선으로, 저주엔 축복으로 대한다는 걸 말입니다.

앤

이 천하의 악마 같으니. 신의 섭리도 인간의 도리도 모르는 짐승. 아무리 사나운 짐승일지라도 조금은 동정심이 있는 법이다.

글로스터

난 동정심 같은 건 전혀 없소. 그러니 짐승도 아니지.

앤

세상에 이런 신기한 일도 다 있군. 악마가 진실을 토해내다니!

글로스터

아름다운 천사께서 화를 내시다니 더욱 신기한 일이군. 그 가장 성스러운 천사께 소청이 있소이다. 내게 씌워진 갖가지 죄과를 일일이 해명하여 무고함을 밝히도록 해주시오.

앤

천하의 가장 악독한 악마께 소청이 있소이다. 세상이 다 아는 죄과를 일일이 밝혀서 저주를 받게 해주오.

글로스터

말로 다 표현할 수 없을 만큼 아름다운 그대여, 내게 변명할 기회를 좀 주시오.

앤

상상도 못 할 만큼 흉측한 자 같으니. 목매어 뒈지는 일밖에 무슨 얼어 죽을 변명이 있는가?

글로스터

그렇게 자기 목숨을 끊는 건 스스로 자기 죄를 인정하는 노릇이오.

앤

자기 목숨을 끊지 않고선 속죄가 될 수 없다. 남을 학살한 자에게 당연한 형벌을 주는 거지.

글로스터

그 살인자가 내가 아니라면?

앤

그렇다면 아무도 죽지 않았지. 그러나 다 죽었어. 악마야, 너의 탓으로

글로스터

난 당신 남편을 죽이지 않았소.

앤

그렇다면 살아있겠군.

글로스터

아니, 죽었지. 에드워드왕의 손에 당했소.

앤

더러운 목구멍으로 거짓말을 하는구나. 마가렛왕비께서 똑똑히 보셨단 말이다. 살기등등한 네 칼에 내 남편의 피가 튀는 것을. 그뿐인가. 왕비의 가슴에까지도 칼을 들이댔다. 네 형제들이 칼끝을 치워주어서 죽음을 면하게 된 거다.

글로스터

그건 왕비의 지나친 욕설에 그만 분격했기 때문이오. 형제의 죄를 이 죄없는 어깨에 뒤집어씌워 그랬던 거요.

앤

천만의 말씀, 그건 네 잔인한 마음에서 우러나온 것이다. 학살밖에 모르니 말이다. 그래 헨리왕도 시해하지 않았단 말이냐?

글로스터

그건 시인하오.

앤

시인한다고? 고슴도치 같은 놈. 이 악한 놈이 지옥에 떨어져 버리도록 하느님도 내 저주를 시인해 주실 거다! 아, 얼마나 인자하고 온후하고 덕이 높은 분이셨는데!

글로스터

그렇다면 하늘에 가시어 지상보다 꼭 천당의 왕이 되셔야 할 분이군 그래.

앤

그래, 너 따위는 발도 들여놓지 못할 천당이다.

글로스터

그럼, 고맙단 인사말을 받아야겠군. 그리로 보낸 것은 이 사람이니 말이오 아마 그분에겐 이 지상보다 그곳이 훨씬 알맞으실걸.

앤

너에겐 지옥밖에 알맞은 곳이 없다.

글로스터

아니, 꼭 한 군데 있소 들어 보고 싶소?

앤

토굴의 감옥이겠지.

상대하기 가장 어려운 자에 맞서서 레이디 앤은 절대 지지 않으려고 노력한다. 상대를 무서워하지 않으려는 노력, 포기하지 않으려는 노력, 절망하지 않으려는 노력, 자신의 자존심을 잃지 않으려는 노력을 필사적으로 기울이고 있다. 모든 것을 빼앗기고 힘없는 상태로 전락한 신세이지만 레이디 앤은 막강한 상대 앞에서 무시무시한 두려움에도 불구하고 '당당한 나'가 되려고 하고 '비굴한 나', '목숨을 구걸하는 나'가 되지 않으려고 한다.

글로스터(리처드 3세)는 앤의 온갖 욕설과 저주에도 자신의 실체를 드러내지 않으려는 노력, 낭만적인 연인인 것처럼 보이려는 노력, 진심인 것처럼 보이려는 노력을 기울인다. 자신의 목적을 달성하기 위해서는 한 치의 흐트러짐도 없어야 하기 때문이다. 그래서 글로스터는 구애하는 연인이 되려고 하고 비정하고 음흉한 정치인으로 보이지 않으려는 빈틈없는 노력을 기울인다.

감당하고 이겨내려는 캐릭터들은 기 싸움, 눈싸움, 머리싸움, 소리싸움, 말싸움, 몸싸움을 마다하지 않으며 상대를 제압하기 위해 자신이 가진 모든 에너지를 발산하고 자신의 언어능력과 신체능력을 최대한 발휘하며 때로는 자신의 능력을 벗어나는 것까지 시도한다. 상대를 상대하면서 캐릭터는 성장하고 변화한다.

이 모든 싸움은 캐릭터들 간의 대화를 '시합'이자 '공방'이 되게 한다. 왜냐하면 상대의 공격에 같은 정도의 소리와 말로 대응한다면 상대를 이길 수 없기 때문이다. 그렇게 한다면 수비하는 데만 급급하게 된다. 캐릭터는 상대보다 더한 소리와 말과 행동으로 상대를 제압하고자 한다. 글로스터와 레이디 앤의 대화는 이와 같은 시합과 공방의 좋은 예다.

이상과 같이 극적 행동에 담긴 세 가지 노력이 관객이 극과 캐릭터를 보면서 보아야 하는 가장 중요하고 근본적인 것이다. 관객은 배우＋캐릭터의 '노력'을 본다. 신체적 행동과 같은 연기적 개념에만 집착하거나 연연해하지 말고, 소리와 말을 통해서 그리고 몸짓과 움직임과 행동을 통해서 세 가지 노력을 치열하게 기울여라.

▌캐릭터가 배우에게 요구하는 것들

이상에서 극적 행동(action)을 구성하는 세 가지 노력에 대해 상세하게 알아보았다. 캐릭터들의 노력이 크면 클수록 캐릭터는 큰 캐릭터가 된다. 노력의 크기가 캐릭터의 크기이자 배우의 크기이다. 그리고 배우＋캐릭터의 크기가 관객에게 주는 영향력의 크기가 된다. 그래서 배우는 다음과 같을 때만 진정 캐릭터가 될 수 있고 좋은 연기를 할 수 있다.

배우가 비로소 캐릭터에 도달하는 때	
1	무엇에든 거침없을 때
2	멈추지 않고 끝까지 갈 때, 끝 간 데 없이 나아갈 때
3	절망하거나 포기하지 않고 끝까지 능동적일 때
4	활기가 가득하고 생명력과 열정이 넘칠 때
5	역동적이고 변화무쌍할 때
6	무엇이든 감당해내고 이겨내려고 할 때

또한 캐릭터는 늘 배우에게 다음과 같은 것들을 요구한다. 배우는 이 요구를 능숙하게 수행해 낼 때 전문적이고 예술적인 수준에서 캐릭터를 구현하는 예술가가 된다.

1. 캐릭터의 생각·상상·정신·마음·감정이 밖으로 끝없이 뻗어나 가기에 배우의 소리도 몸도 거대하고 확산·확장적이어야 한다.
2. 캐릭터의 생각·상상·정신·마음·감정이 거침없기에 배우의 소 리와 몸도 거침없어야 한다.
3. 캐릭터의 생각·상상·정신·마음·감정이 변화무쌍하고 역동적이 기에 배우의 소리와 몸도 변화무쌍하고 역동적이어야 한다.
4. 캐릭터의 생각·상상·정신·마음·감정이 큰 폭으로 변동하기 때 문에 배우의 소리와 몸도 변동의 폭이 커야 한다.
5. 캐릭터의 생각·상상·정신·마음·감정이 고귀하기에 배우의 소 리와 몸도 음악성과 조형적 아름다움을 가져야 한다.
6. 캐릭터의 생각·상상·정신·마음·감정이 둘 사이를 오가기에 배 우의 소리와 몸의 움직임도 리듬과 패턴을 가져야 한다.

결국 셰익스피어의 캐릭터가 되기 위해서 배우는 거침없이 변화하는 생각·마음·감정에 그대로 손실 없이 반응하는 유연하고 민첩한 소리와 몸을 가져야 하는 것이다. 셰익스피어 연기는 배우가 그런 소리와 몸을 가질 수 있게 이끌어 준다.

▌ 싸움으로서의 극적 행동

무엇을 위해 무엇을 걸고 무엇에 대항하는가?

캐릭터들은 서로를 변화시키려고 하기 때문에 '충돌'이 일어나고 그로 인해 극적 행동은 '싸움'과 '공방'의 양상을 띤다. 캐릭터들이 극적 행동을 하는 것은 **자신의 목숨보다 중요한** 무언가 혹은 누군가가 있기 때문이다. 그래서 자신의 목숨을 걸거나 매우 중요한 무언가를 걸고 싸움의 상대에 맞선다. 싸움의 상대는 자신보다 강한 상대이다. 특히 주인공 캐릭터들은 자신보다 약자인 존재와 절대 싸우지 않는다. 주인공이 누구인지 헷갈리는 작품이 있다면, 누가 약자인지를 살펴보면 된다. 그래서 셰익스피어 극의 주인공들은 대개 신·자연·운명·세상(권력구조, 계급, 관습, 가치체계, 윤리체계, 부정부패, 불평등, 불합리 등)에 맞서 싸운다.

싸운다는 것 자체가 캐릭터를 싸우지 않는 캐릭터와 구분시켜 준다. 그리고 그 싸움을 어떻게 해 나가느냐가 캐릭터가 진정 어떤 인간인지를 드러낸다. 싸움의 과정에서 위대하고 고귀한 인간임이 밝혀지는 캐릭터가 있고, 추악한 인간임이 탄로 나는 캐릭터가 있다. 그 차이는 무엇을 위해 무엇을 걸었는지가 다르다는 점에서 발생한다.

타자와의 싸움은 반드시 캐릭터에게 극심한 내적 갈등을 불러일으킨다. 그래서 싸움과 내적 갈등은 하나로 연결되어 있으며, 타자와의 싸움은 반드시 자기 자신과의 싸움을 수반한다. 싸움의 와중에 내적 갈등을 겪지 않는 캐릭터는 중요한 캐릭터가 아니다. 중요한 캐릭터는 내적 갈등으로 인한 '영혼의 고통'으로부터 자유로운 순간이 없다. 캐릭터의 내적 갈등은 캐릭터가 하는 극적 행동에 변화를 가져온다. 자신이 생각지도 못했던 생각을 하게 되고, 하게 될 거라고는 상상도 못 한 말과 행동을 하게 된다. 그래서 상대를 변화시키려는 노력은 반드시 자신을 변화시키는 결과로 이어진다. 그리고 그 변화 끝에 캐릭터는 어떤 깨달음에 도달한다. 극적 행동을 정의하는 한 가지 기준에 '새로운 인식이나 깨달음에 도달하는 행동'이 포함되는 것은 그 때문이다.

극은 많은 경우 주인공 캐릭터의 길고 힘겨운 싸움 끝에 '시적 정의'(poetic justice)에 도달하면서 대단원의 막을 내린다. 그리고 비극의 주인공 캐릭터들은 죽음을 통해 극의 시적 정의를 완성한다. 가장 중요한 것은 싸움 끝에 도달하게 되는 '화해와 용서'의 순간이다. 화해와 용서는 인간을 가장 인간답게 하고, 인간이 살아가는 세상을 가장 인간다운 세상이 되게 하는 고귀한 행동으로서 극적 행동 중 가장 가치 있는 행동이다. 이천오백 년 연극의 역사에서 극은 항상 저항하고 거역하는 인간들을 다루어 왔고, 저항과 거역의 와중에 발견되는 가치 있는 행동의 목격은 극의 존재 이유이자 근본 목적이 되어 왔다.

▌ 극적 행동으로서의 독백

로미오

가만! 저 창문에서 쏟아지는 빛은 무얼까?

저곳이 동쪽이라면, 줄리엣은 해님이다!

솟아라, 아름다운 해님! 시샘하는 달을 없애라.

달의 시녀인 그대가 달보다 훨씬 더 아름답고

달은 이미 병들고 슬픔으로 창백하다.

달의 여신은 질투심이 많으니 시녀 노릇은 그만둬.

여신의 시녀 옷은 병든 녹색이라

광대가 아닌 다음에도 누가 입겠어. 벗어버려.

그대는 나의 님, 오 그대는 내 사랑!

아, 이 마음을 그대가 알아주었으면!

입을 여네. 아니, 말을 하지 않아. 그래도 상관없다.

저 눈이 말을 하는걸. 대답을 해야지.

내가 너무 뻔뻔해. 나한테 하는 것도 아닌데.

하늘에서 가장 아리따운 두 별이 나들이 가면서

돌아올 때까지 그 눈동자에게

대신 반짝여 달라고 간청을 한 거야.

그녀의 눈이 하늘에 있고, 별이 얼굴에 있다면?

그녀의 빛나는 뺨이 별들을 무색하게 만들겠지.

대낮의 햇빛을 맞은 등불처럼 말이야.

하늘에 박힌 저 눈동자는 온누리에 찬란히 빛날 것이며

새들도 밤이 아니라고 생각하며, 노래하겠지.

— 〈로미오와 줄리엣〉(*Romeo and Juliet*) 2막 2장

셰익스피어 작품에는 무수히 많은 독백(soliloquy)이 들어 있으며 독백은 캐릭터의 가장 중요하고 큰 행동이다. 단순히 혼자 말하기가 아니다. 배우는 캐릭터가 하는 행동을 제대로 행할 때 캐릭터가 된다. 대개 이 독백들은 캐릭터가 무대 위에 혼자 있으면서 행해지지만, 다른 캐릭터가 무

대에 있더라도, 다른 캐릭터들이 듣지 못하는 상태에서 행해지는 독백들도 있다. 상대가 없거나, 상대가 듣지 못한다면 '상대를 변화시키려는 최선의 노력'을 기울이는 극적 행동은 도대체 누구를 향한 것일까?

배우가 앞에 나온 로미오의 독백을 그저 '혼잣말'처럼 한다면 그것은 연기가 아니다. 그렇게 연기하는 자는 배우라고 부를 수 없다. 모든 말은 듣는 사람이 있고, 그 사람을 향해서 하는 말이다. 그렇다면 독백의 상대, 즉 듣는 사람은 누구인가? 그것은 '관객'이다. 너무나 당연한 사실이지만, 독백과 대사를 하는 배우들은 종종 이 사실을 잊는 오류를 범한다. 관객을 변화시키려는 노력이 독백과 대사 연기에 담겨야 한다. 관객이 캐릭터와 똑같은 것을 보고 똑같이 생각하고 느끼게 하기 위해서 말하는 것이다.

그렇다면 배우는 관객을 어떤 존재로 상상하여야 하는가? 앞서 이야기했듯이, 관객은 항상 불특정 다수이다. 그래서 배우들이 구체적인 존재로 상상하는 데 어려움을 겪는다. 관객을 변화시킨다는 것은 관객이 캐릭터와는 정반대되는 생각을 가지고 있거나, 그런 생각을 미처 해본 적이 없거나, 그런 생각을 하지 않으려고 하거나, 캐릭터가 하는 생각을 믿지 않거나 부인하는 상대로 간주한다는 것을 의미한다. 그래야 관객을 캐릭터와 같은 생각을 가진 존재로 바꾸기 위한 노력이 가능해진다.

독백의 상대로서의 관객	캐릭터와 정반대되는 생각을 가진 존재
	캐릭터가 보는 것을 보지 못하는 존재
	캐릭터가 보는 것을 보지 않으려는 존재
	캐릭터가 하는 생각을 미처 해본 적이 없는 존재
	캐릭터가 하는 생각을 믿지 않거나 부정·부인하는 존재

"저쪽이 동쪽이면 줄리엣은 해님이다!" 이 말을 하는 배우는 줄리엣이 '해'처럼 찬란히 빛나는 거대한 존재라고 생각하지 않는, 생각하지 않으려는, 생각해 본 적이 없는 관객으로 하여금 자신과 같은 것을 보고 같은 생각을 하게 하려 한다. 로미오는 관객에게 줄리엣이 가진 빛에 비하면, 달은 그저 줄리엣을 시샘하는 창백한 빛에 지나지 않는다고, 그리고 줄리엣의 눈이 하늘의 별만큼 아니 그 이상으로 밝고 환하다는 걸 보게 하고 믿게 하려고 한다. 로미오의 말들을 그렇게 할 때만 배우는 비로소 '연기'를 해내게 된다. 배우가 하는 캐릭터의 모든 말에는 그와 같은 '노력'이 담겨야 한다. 그렇지 않으면 그것은 연기가 아니다. 배우가 독백이 끝났을 때 관객이 자신과 똑같은 생각을 하게끔 만들지 못한다면, 그는 연기에 실패한 것이다.

상대(관객)를 변화시키려고 노력하면서 캐릭터 자신에게도 변화가 일어난다. 즉, 관객에게 줄리엣이 해와 별처럼 밝게 빛나는 찬란한 존재임을 보고 믿게 하려는 노력을 기울이면서, 캐릭터＋배우는 혹시라도 그런 사실을 조금이라도 의심하거나 부정하는 자신을 '확신하는' 자신으로 바꾸어 가게 된다. 그와 같은 '확신'은 관객이 캐릭터＋배우가 보고 믿는 것을 보고 믿게 하는 '힘'이 되고, '진정성'이 된다.

그렇다면 상대(관객)는 왜 애초에 로미오가 보는 것을 보지 못할까? 그것은 관객이 로미오와 같은 '사랑'을 하지 않기 때문이다. 그런 사랑을 믿지 않기 때문이다. 로미오가 보는 모든 것은 로미오의 심장에 담긴 '사랑' 때문에 볼 수 있게 된 것이다. 즉, 캐릭터＋배우가 보고 믿는 것을 보게 하고 믿게 하는 것은 결국 로미오의 심장에 담긴 사랑을 관객의 심장도 고스란히 느끼게 하기 위한 노력이 된다. 독백을 통해 캐릭터＋배우도, 그것을 보고 듣는 관객도 로미오의 '사랑'을 믿게 되는 것이다. 극적 행동으로서의 독백/대사에는 이와 같은 원리가 담겨 있으며 그 원리를 충실히 구현하는 배우만을 진정 배우라고 부를 수 있다.

▌생각의 과정으로서의 독백

셰익스피어의 독백은 캐릭터가 하는 생각과 사고의 과정을 담고 있다. 캐릭터들은 알아서 말하는 것이 아니다. 아는 것을 말하는 것도 아니다. 캐릭터들은 알고자 하고 그래서 생각한다. 생각하는 것이 인간을 인간이게 한다.

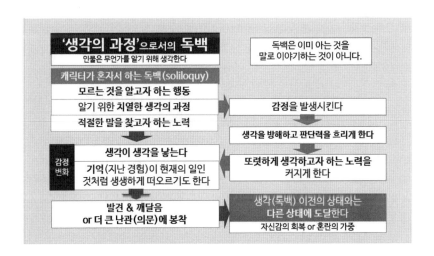

햄릿

살아남느냐, 죽어 없어지느냐, 그것이 문제로다. 어느 것이 더 고귀한 일일까? 포악한 운명의 돌팔매와 화살을 맞아도 가슴에 담아 참아내는 것일까, 아니면 창칼을 들고 노도처럼 밀려드는 재앙과 싸워 물리치는 것일까? 죽는다, 잠을 잔다. 그뿐 아닌가. 잠이 들면 마음의 고통과 육체가 겪어야 하는 오만가지 고통도 끝이 난다. 그것이야말로 우리가 바라는 최상의 종말, 삶의 완성이 아닌가. 죽는다, 죽어 잠든다? 그럼 아마도 꿈을 꾸겠지? 아, 그게 문제다. 이 육신의 껍질을 벗고 죽음의 잠 속에 누울 때 어떤 꿈이 깃들게 될까? 그 두려움이 우리를 망설이게 하고, 이 험난하고 지겨운 인생을 그래도 참고 살아가게 한다. 그게 아니면 이 세상의 채찍과 모욕을 누가 참겠는가? 폭군의 횡포와 세도가의 오만함, 보답받지 못한 사랑의 고통, 정의를 지연시키는 법관들, 위세를 부리는 거만한 관리들, 그리고 고결한 인간이 저속한 무리로부터 받는 치욕과 수모를 그 누가 참고 견딜 수 있단 말인가? 이 칼 하나면 모든 것을 끝낼 수 있는데! 죽음, 그 이후에 오는 미지의 세계에 대한 두려움이 없다면 누가 이 고단한 인생을 힘겹게 지고 신음을 토하며 살아갈까? 아무도 본 적이 없는 죽음의 영토, 한 번 발을 디디면 다시는 돌아올 수 없는 세계, 그것이 우리의 결심을 망설이게 하고, 미지의 세계로 날아가기보다 차라리 이 세상의 고난을 겪으면서 살아가게 한다. 그렇게 생각은 우리 모두를 겁쟁이로 만든다. 그리하여 결심이 가진 선명한 색조는 사색의 창백한 병색으로 시들어, 하늘 높이 타오르던 웅지도 썰물과 같이 덧없이 사라지고 행동의 이름을 잃어버리고 마는 것이다.

― 〈햄릿〉 3막 1장

"사느냐, 죽느냐, 그것이 문제로다"라는 햄릿의 유명한 독백은 '생각의 과정'으로서의 독백에 대한 모범적인 예이다. <햄릿> 3막 1장의 이 유명한 독백은 '생각의 과정'을 통해서 햄릿이라는 캐릭터를 드러낸다. '생각하는 인간'은 햄릿으로 대표되는, 서구문명의 대표적 인간상이다. 데카르트는 방법론적 회의 끝에 철학의 출발점이 되는 제1원리, 즉 모든 것을 의심할 수 있고 일체가 허위라고 생각할 수 있어도 그와 같이 의심하고 생각하는 우리 존재를 의심할 수 없다는 대전제에 도달한다. 세상 모든 것이 거짓이라고 해도 생각하는 인간만큼은 거짓이 아니라는 것이다. 그렇기에 생각하는 행동은 인간을 가장 인간답게 하는 행동이 된다. 햄릿은 생각하는 행동을 통해 르네상스적 인간, 근대적 인간의 전형이 된다.

캐릭터는 그가 하는 '판단, 선택, 그리고 행동'을 통해서 드러나는데, 햄릿의 독백을 잘 분석해 보면, 햄릿이라는 캐릭터가 어떠한 판단(생각)을 어떤 과정을 통해서 하는지를 알 수 있다. 생각한다는 것은 모르는 것을 알고자 함이다. 절대 아는 것을 말하는 게 아니다. 또한 생각하는 인간은 '내적 갈등과 고뇌'를 겪는 인간이다. 내적 갈등과 고뇌를 겪는다는 것은 캐릭터의 내면에 '충돌'이 일어난다는 뜻이다. 최소 두 가지 다른 것을 보거나, 두 가지 다른 생각이 부딪치거나, 두 가지 다른 마음이 엉키거나, 생각과 마음이 충돌하거나, 이성(머리)과 본능(몸)이 격하게 충돌한다는 것을 의미한다. 생각하는 인간, 내적 갈등과 고뇌를 겪는 인간은, 심장이 쿵쾅하며 박동하듯이, 절대 한쪽으로 쉽사리 기울지 않는 생각과 마음에 사로잡힌 인간이다. 그 충돌과 그로부터 발생하는 갈등과 고뇌를 '해소'하기 위해서 캐릭터는 치열하게 생각한다. 치열한 생각의 결과, 캐릭터는 발견과 깨달음에 도달하기도 하고, 더 큰 난관과 혼란에 봉착하기도 한다. 햄릿의 '사느냐, 죽느냐, 그것이 문제로다' 독백은 이와 같이 생각하고 갈등하고 고뇌하는 인간의 사고 과정을 뛰어나게 구현한 독백이다. 그리고 그 사고의 과정과 그로부터 비롯되는 판단은 햄릿이라는 캐릭터가 어떠한 캐릭터인지 드러내 준다. 말이 곧 캐릭터이다. 생각의 과정이 곧 캐릭터이다. 배우가 캐릭터가 되기 위해서는 그것을 알아보는 눈과 심장이 필요하다. 대사를 외워서 그럴싸한 감정을 입혀서 한다고 말이 되고 캐릭터가 되는 것이 아니다.

햄릿은 살아남는 것과 죽어 없어지는 것 사이에서 갈등하고 있다. 둘 중 하나로 생각이 기울어지지 않는다. 그래서 "문제이다." 햄릿은 사는 것과 죽는 것에 대해서 하나씩 차례로 생각하기 시작한다. 먼저 살아남는 것에 대해서 생각한다. 만약 산다면 어떻게 살아야 할까를 생각한다. 옵션은 두 가지이다.

1. "포악한 운명의 돌팔매와 화살을 맞아도 가슴에 담아 참아내는 것"
2. "창칼을 들고 노도처럼 밀려드는 재앙과 싸워 물리치는 것"

판단의 기준은 어떻게 사는 것이 "더 고귀한 정신을 가진 인간의 삶인가"(nobler in the mind)이다. 이 고민은 햄릿이라는 캐릭터의 인성을 드러내 준다. 햄릿은 산다면 고귀한 삶을 살고자 한다. 이 두 가지 옵션 사이에서 햄릿은 결정을 내릴 수가 없다. 그래서 다음으로 죽음에 대해서 생각하기 시작한다. 햄릿은 죽음이 무엇인지 모른다. 경험해 보지 않았기 때문이다. 그래서 죽음이란 무엇인지, 죽는다는 것이 어떤 것인지 생각하기 시작한다. 먼저 햄릿은 죽는다는 것이 잠드는 것과 마찬가지이지 않을까 생각한다. 잠이 들면 모든 고통이 사라지리라는 생각이 든다. "잠이 들면 마음의 고통과 육체가 겪어야 하는 오만가지 고통도 끝이 난다." 마음의 고통에는 수식어가 없지만, 육체의 고통에는 수식어가 있다. 햄릿은 육체의 고통이 더 크다고 생각하는 모양이다. 흥미로운 부분이다. 잠이 들어 모든 고통이 사라진다면, 그것이야말로 우리가 열렬히 바라는 삶의 완성이자 종말이 되리라는 판단에 이른다.

그런데 죽음이 그렇게 좋은 것이라면 왜 죽지 못할까? 왜 죽기를 망설일까? 햄릿은 다시 생각한다. 혹시라도 생각의 과정에서 놓친 것은 없는지 확인하고자 한다. 이 대목에서 자신의 생각을 검증하는 햄릿의 성격이 그대로 드러난다. 쉬운 결론에 도달해서 그것을 받아들여 마음의 평온을 찾는 성격이 아니다. 만약 죽는 것이 잠드는 것과 같다면, 잠이 들었을 때 어떤 일이 일어나지? 맞다. 잠이 들면 꿈을 꾼다. 햄릿은 여기서 자신이 놓친 부분을 발견한다. 잠이 들어서 꿈을 꿀 때, 만약 깨어날 수 없는 악몽을 꾸게 된다면? 그 악몽이 살아서 겪는 고통보다 훨씬 더 큰 고통을 가져다준다면? 햄릿은 그런 '두려움'에 사람들이 죽지 못한다는 것을 깨닫는다. 그 두려움이 너무나 커서 삶에서 겪는 모든 수모와 고통을 참고 견딘다고 판단한다. "폭군의 횡포와 세도가의 오만함, 보답받지 못한 사랑의 고통, 정의를 지연시키는 법관들, 위세를 부리는 거만한 관리들, 그리고 고결한 인간이 저속한 무리로부터 받는 치욕과 수모를 그 누가 참고 견딜 수 있단 말인가?" 햄릿이 열거하는 것들을 살펴보면, 덴마크라는 나라에서 사람들이 일상적으로 무엇을 겪으며 고통스럽게 살아가는지에 대한 인식이 들어 있다. '고결한' 인간이 '치욕과 수모'를 견디며 살아가야 하는 세상인 것이다.

햄릿은 생각의 과정을 통해 '미지의 것에 대한 두려움', 이것이 인간을 알지 못하는 것을 시도하기보다 알고 있는 것을 견디며 살게 만든다는 깨달음에 도달한다. 자기 자신 역시 그런 두려움에 휩싸여 있음을 깨닫는다. 생각의 과정을 다 거치고 나니, 햄릿은 자신이 무엇을 두려워하는지를 알게 되고 자기 자신이 '겁쟁이'라는 인식에 도달한다. 아직 3막 1장이기 때문에, 이 인식이 최종적인 인식은 아니지만, 이와 같은 인식을 '비극적 인식' 혹은 '정서적 인식'이라고 부른다. 생각의 과정은 치열하고 '역동적인' 과정이다. 흔히들 막연한 인상으로 알고 있듯이, 햄릿은 '나약하게'

생각하는 존재가 아니다. 비극의 주인공은 최고의 인간이고 햄릿은 '생각하는 인간'의 최고봉이다.

배우는 햄릿이 생각의 과정에서 떠올리는 모든 것에 대한 나만의 개

인적이고 사적인 이미지를 준비해야 한다. 치열하고 역동적인 생각의 과정에는 시시각각 변화하는 감정이 따라올 것이다. 절대 하나의 감정이나 '분위기'를 '잡고' 연기해서는 안 된다.

그리고 혼자서 생각하거나 혼잣말하지 않고, 햄릿이 보고 생각하는 것을 관객이 그대로 보고 생각하게 하는 것이 배우가 행해야 하는 극적 행동임을 잊지 않아야 한다. 배우는 연기를 통해 관객의 생각과 마음을 움직이는 강력한 영향력을 가진 존재이다.

▌ 생각의 과정을 이끄는 동력은 '질문'이다

독백은 캐릭터가 아는 것을 말하는 것이 아니다. 모르기 때문에 알려고 하는 노력(극적 행동)을 기울이고 그것이 생각을 낳는다. 따라서 생각의 과정으로서의 독백을 구성하는 동력은 '질문'에서 나온다. 꼬리에 꼬리를 무는 '질문'이 캐릭터의 머릿속에서 계속 맴돈다. 이 질문들은 캐릭터가 입 밖으로 잘 내뱉지 않는다. 그래서 대사로 적혀 있는 경우보다 그렇지 않은 경우가 많다. 배우는 독백을 이끄는 질문을 찾아내야 한다. 그것이 독백에서 읽어야 하는 가장 중요한 서브텍스트이다. 앞서 분석한 햄릿의 독백을 낳은 것도 햄릿이 던지는 다음과 같은 질문의 결과이다.

1. 살아야 하는가?
2. 죽어야 하는가?
3. 산다면 어떻게 살아야 하는가?
4. 참아야 하는가?
5. 맞서 싸워야 하는가?

6. 죽는다는 것은 무엇일까?

7. 잠드는 것일까?

8. 잠이 들면 어떻게 될까?

9. 모든 고통이 사라지지는 않을까?

10. 그것이야말로 모든 사람이 열렬히 바라는 것이 아닐까?

11. 그런데 왜 죽지 않을까?

12. 내가 무엇을 놓친 걸까?

13. 죽는다는 건 잠드는 것일까?

14. 잠이 들면 무슨 일이 생기지?

15. 꿈을 꾸겠지?

16. 어떤 꿈을 꾸게 되나?

17. 만약 악몽을 꾼다면?

18. 죽음은 깨어날 수 없는 꿈인데 악몽을 꾼다면?

19. 살아서 겪는 것보다 더한 고통을 죽어서 겪게 되지 않을까?

20. 그 때문에 사람들은 삶의 모든 부조리와 부당함을 참고 견디며 사는 게 아닐까?

21. 진정 죽고자 한다면 단검 한 자루면 간단히 해결할 수 있지 않은가?

22. 하지만 죽음의 강을 건넜다가 되돌아오는 것은 불가능하지 않은가?

23. 누가 섣불리 알지도 못하는 미지의 세계로 나아가려고 하겠는가?

질문을 찾는 것만으로도 배우는 캐릭터의 독백을 능동적이고 역동적이면서 강력한 행동으로 해낼 수 있게 된다. 그렇지 못하면 생각은 몹시 나약한 행동으로 전락하고, 듣는 이의 생각과 마음을 움직일 수 있는 힘을 얻지 못한다. 질문이 심장을 박동하게 하고 생각의 과정으로서의 독백은 심장박동의 리듬 속에서 전개된다는 것을 절대 잊어서는 안 된다. 생각이 몸과 별개라는 생각은 큰 오산이다. 우리는 머리로만이 아니라 몸

전체로 생각한다. 생각 · 상상이 몸과 소리와 따로 노는 것은 배우훈련이 제대로 되어 있지 않은 상태에 지나지 않는다.

독백을 적힌 그대로 말하거나 답부터 찾으려고 하는 것은 독백을 제대로 해내는 길이 절대 아니다. 질문부터 찾아야 한다. <로미오와 줄리엣> 3막 2장의 줄리엣 독백을 가지고 질문을 찾아보자. 로미오가 티볼트를 죽여서 추방되었다는 소식을 접하고 줄리엣은 도저히 이해할 수 없고 받아들일 수 없는 상황을 알고 이해하려는 노력을 기울이고 있다.

줄리엣

내 남편을 욕할 수가 있어? 아, 불쌍한 사람, 세 시간 전에 당신의 아내가 된 내가 당신의 명예를 더럽혔으니, 무슨 말로 그 명예를 회복시킬 수 있을까요? 그렇지만 나쁜 사람, 무엇 때문에 오빠를 죽였어요? 하지만 안 그랬더라면 나쁜 오빠가 내 남편을 죽였을지도 모르지. 미련한 눈물아, 어서 네 우물로 돌아가! 슬픔에 쏟아야 할 눈물방울아, 잘못 알고 기쁨에 쏟고 있잖아. 티볼트가 죽이려던 내 남편은 살고, 내 남편을 죽이려던 티볼트는 죽었다. 이건 모두 기쁨인데, 어쩌자고 내가 울고 있는 거야? 하지만 티볼트의 죽음보다 더 나쁜 한마딘 나를 죽였지. 그 한마딘 잊어버렸으면! 그러나 아, 죄진 마음을 흉악한 죄악이 책망하듯, 그 한마디가 내 기억에 붙어 다니는구나. . . "티볼트는 죽고 로미오는 추방", 그 '추방', 그 한마디 '추방'은 티볼트를 만 명 죽인 것이나 다름없지. 티볼트의 죽음, 그것만으로도 너무나 큰 슬픔이지만, 쓰라린 슬픔이 친구를 좋아해서 다른 슬픔과 꼭 짝을 지어야 하겠다면, "티볼트가 죽었다"고 유모가 말했을 때, 아버지나 어머니나 아니 두 분 다라도 죽었다고 왜 말 안 했어? 그랬더라면 흔해빠진 통곡만으로 그칠 게 아냐? 그러나 티볼트가 죽었다는 말끝에 "로미오는 추방"이라고 했으니, 그런 말은 아버지, 어머니, 티볼트, 로미오, 줄리엣 모두 칼을 맞아 죽은 거나 다름없지. "로미오는 추방!", 이 한마디의 무서운 힘엔 아무리 가도 끝도 없고, 무게를 달 수도 없어. 그런 슬픔을 짚어볼 말이라곤 없지.

자칫 감정에만 매몰되기 쉬운 독백이다. 어떠한 감정이 발생하더라도 절대 극적 행동을 멈추지 않는 것이 캐릭터이다. 이 독백을 하면서 줄리엣의 감정을 표현하려고 하는 모든 시도는 거짓된 연기를 낳는다. 줄리엣이 독백 안에서 밝히고 있듯이, 진짜 감정은 절대 말로 규정할 수 없기 때문이다. 감정을 규정하려고 하는 모든 시도는 거짓된 연기를 낳는다. 데클란 도넬란이 정확하고 예리하게 지적하듯이, 세상 어떤 배우도 연출도 캐릭터가 특정 순간에 무슨 감정을 느끼는지 규정할 수 없다. 배우는 오로지 감정을 발생시키는 이미지에 집중할 수 있을 뿐, 감정 자체에는 집중하지 않는다. 주체할 수 없는 감정을 발생시키는 이미지들에 집중하는 것이 상상이고 진정한 상상은 배우를 가장 능동적인 방향으로 이끈다. 주체할 수 없는 감정을 주체하려고 노력하면서, 절대 그 감정에 패배하거나 매몰되지 않고 캐릭터는 계속해서 극적 행동의 세 가지 노력, 즉 알고자 하는 노력, 상대를 변화시키려는 노력, 모든 것을 감당하고 이겨내려는 노력을 멈추지 않는다.

줄리엣의 독백을 질문들로 재구성한다면, 배우는 앞의 독백을 매우 역동적인 독백으로 해낼 수 있게 될 것이다.

1. 미쳤어?
2. 내가 지금 내 남편을 욕한 거야?
3. 줄리엣, 어떻게 그럴 수가 있어?
4. 로미오가 너무 불쌍하잖아?
5. 결혼한 지 세 시간 만에 아내한테 욕을 먹었으니 말이야?

6. 어떻게 해야 내가 더럽힌 남편의 명예를 되찾게 할 수 있을까?

7. 되찾을 수는 있을까?

8. 되찾을 수 없으면 어쩌지?

9. 그래도 왜 그랬을까?

10. 왜 오빠를 죽여서 내가 내 남편을 욕하게 했을까?

11. 오빠가 어떻게 했길래?

12. 하지만 로미오가 티볼트를 안 죽였다면 어떻게 되었을까?

13. 티볼트가 로미오를 죽이지 않았을까?

14. 로미오가 티볼트를 죽인 게 오히려 다행이지 않아?

15. 왜 눈물이 나는 거야?

16. 슬퍼서 나야 할 눈물이 왜 기뻐서 나는 거야?

17. 티볼트의 죽음을 슬퍼해야 하는데 왜 기쁜 거야?

18. 로미오가 살았는데 왜 눈물이 나는 거야?

19. 그 한마디 때문인가?

20. 그것이 나를 죽여 버렸기 때문인가?

21. 제발 그 한마디만은 잊어버릴 수 있을까?

22. 없던 일이 될 수는 없을까?

23. "추방"이 무얼까?

24. 내 남편을 영원히 볼 수 없다는 뜻 아닌가?

25. 그렇다면 "추방"이라는 말 한마디는 티볼트를 만 명 죽인 것보다 더 한 슬픔이지 않아?

26. 왜 슬픔에는 더 큰 슬픔이 늘 같이 닥치는 건가?

27. 유모가 차라리 "부모님이 다 돌아가셨어요"라고 말했더라면 더 낫지 않았을까?

28. 그랬다면 자식으로서 해야 할 통곡만 하면 됐을 거 아니야?

29. 그런데 왜 티볼트의 죽음 뒤에 "로미오는 추방"이라는 말을 덧붙인

거야?

30. 그건 아버지와 어머니, 티볼트, 그리고 나까지 다 칼로 죽인 것이나
    다름없지 않아?
31. "로미오는 추방!", 이 한마디가 주는 슬픔의 끝을 알 수 있을까?
32. 그 슬픔의 무게를 달 수 있을까?
33. 그런 슬픔을 가늠할 수 있는 말이 있기나 할까?

쏟아지는 질문들 끝에 줄리엣은 깨닫는다. 눈에서 하염없이 흐르는
눈물의 원인이, 끝도 무게도 알 수 없는 슬픔의 근원이, 바로 로미오의 추
방이라는 것을. 추방은 사랑하는 남편을 영원히 볼 수 없다는 것이고, 로
미오를 볼 수 없다면 자신은 이미 죽은 것과 다름없다는 사실을 깨닫는
다.

위에서 제시한 질문들은 대사에서 유추할 수 있는 최소한의 기본적
인 질문이다. 배우는 자신만의 감각·기억·상상에 따라 더 세밀한 질문
을 할 수 있어야 한다. 여기 메소드연기워크샵과 셰익스피어연기워크샵
출신의 여배우가 작성한 질문이 있다. 저자는 중년 남자이기 때문에 어린
여성 캐릭터인 줄리엣의 심리를 파악함에 있어 놓치는 부분이 있을 수 있
기에 여배우에게 작성을 요청해 보았다.

- 진짜 욕을 먹어야 하는 사람들은 누구인가?
- 내가 다르게 행동했더라면 지금의 상황이 달라질 수 있었나? 혹시 당
  신의 아내로서 뭔가 해주지 못한, 빠뜨린 건 없었나?
- 티볼트가 나한테 마지막으로 했던 말이 있었나? 어떤 오빠였지?
- 둘 중 한 사람만 살릴 수 있다면 난 누구를 택할까? 만약 티볼트가 살
  았더라면?

- '로미오'라는 너무나 확실한 답이 마음에 떠오른다면, 그건 동시에 티볼트를 내 마음속에서 죽이는 것과 같아. 티볼트의 죽음에 동의하는 것과 같아. 그렇게 되면 난 얼마나 큰 벌을 받아야 마땅한 걸까?
- '추방'을 되돌릴 방법은 정말 없나? 내 목숨과 맞바꿔서라도?
- 되돌릴 수 없다면 난 로미오와 함께하기 위해서 뭘 할 수 있을까?
- 추방이 실행되기까지 시간이 얼마나 남았지?
- 로미오는 지금 어디에 있고, 어디를 거쳐 어디로 쫓겨날까?
- 나는 로미오 없이 살아갈 수 있나?
- 로미오도 방법을 생각하고 있을까? 어떻게든 다시 만날 수 있을까?
- 추방이라는 건 얼마나 큰일이지? 그런 경우를 당한 사람을 보고 들은 적이 있었나? 그 사람은 어떻게 되었지?

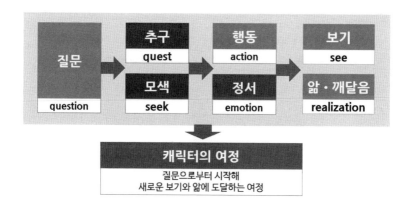

질문하고 또 질문하자. 질문의 답이 금방 찾아져야 하는 것은 아니다. 답을 찾는 데 오래 걸릴수록 더 좋은 질문이다. 가장 좋은 질문은 연기의 여정 내내 함께할 수 있는 질문이다. 배우+캐릭터는 '질문하는 자'이다. 질문하기에 '찾는 자'이다. 질문(question)이 배우+캐릭터를 추구

(quest)하고 모색(seek)하게 하고 결국 보고 알 수 있게(see) 한다. 행동과 정서는 그 과정에서 발생한다. 질문 없이 행동과 정서를 생각하고 실행한다면 그 모든 것은 거짓된 연기이다.

질문·추구·모색의 여정은 새로운 보기·앎·깨달음에 도달하게 되는 '정서적 인식'의 여정으로 귀결된다. 그렇기 때문에 질문하는 자로서의 배우는 연기 여정에서 더 나은 인간이자 예술가로 계속 성장할 수 있다.

▍ 다중 행동

연기는 멀티태스킹(multi-tasking)이다. 한 번에 하나씩밖에 하지 못하는 배우는 가장 훈련되지 않은 배우이다. 훈련된 배우는 한 번에 5가지, 7가지, 심지어 10가지를 동시에 수행할 수 있다. 연기력의 차이는 멀티태스킹 능력의 차이라고 해도 과언이 아니다. 극적 행동은 단일 행동일 수도 있지만, 이중 행동, 다중 행동일 수도 있다. 단일 행동일수록 모든 것이 분명하다. 대신 그만큼 단순해질 위험이 있다. 이중 행동이나 다중 행동이 되면 극은 훨씬 더 복잡해진다. 이중 행동이나 다중 행동은 단순히 극을 어렵게 만들기 위해서 쓰인 것이 아니다. 그것은 복잡한 세계의 정직한 산물이다. 극세계와 극적 행동은 분리될 수 없다. 극세계가 복잡할수록 그 속에서의 캐릭터 행동은 단순해질 수 없다. 다중 행동을 연기할 수 있는 배우에 의해서 복잡한 세계가 그려질 수 있는 것이다.

문제적 장면 중의 하나인 <햄릿> 3막 1장은 극적 사건과 극적 행동의 관점에서 매우 복잡한 분석을 요하고 연기적으로도 매우 어려운 도전 거리를 던져 준다. 앞서 분석한 "사느냐 죽느냐"의 사고 과정 끝에 햄릿은 오필리어를 만난다. 햄릿은 자신이 가야 할 생사의 여정에 오필리어를 끌어들일 수 없다고 판단한다. 물론 햄릿은 그런 판단을 오필리어에게 철저하게 숨긴다.

이어지는 이 장면에서 햄릿과 오필리어의 연기가 극도로 어려운 것은 여러 가지 극적 행동을 동시에 수행해야 하기 때문이다. 하나의 극적 행동만이 있어야 한다는 고전 비극의 불문율을 셰익스피어는 보란 듯이 파괴한다. 어떠한 극적 사건이 일어나고 그것에 따라 캐릭터들이 어떤 극적 행동을 하는지를 파악하기 위해 극적 상황을 명료하게 정리하는 것에서 시작해 보자

햄릿은 장면 초반에 자신이 감시받고 있다는 사실을 깨닫는다. 어떻게 알게 되느냐에 대해서는 여러 가지 해석이 가능하지만, 1차적으로는 눈앞에 있는 상대 캐릭터 오필리어에게서 그 이유를 상상하는 것이 좋다. 감시 속에서 '연기'하고 있는 오필리어의 행동이 평소와 다르다는 것을 햄릿은 쉽게 눈치챌 수 있다. 클로디어스왕이 하는 고난도 연기도 한눈에 간파한 햄릿이다. 사랑하는 사이에 있는 캐릭터들은 서로의 미세한 변화

1	클로디어스와 폴로니어스가 무대 위에 몸을 숨긴 상태에서 햄릿의 광기의 원인을 알아내기 위해, 햄릿과 오필리어를 지켜보고 있다
	사실 똑같이 감시를 하고 있지만 클로디어스와 폴로니어스의 동기는 다르다 클로디어스는 햄릿의 저의를 알고 싶어하고 폴로니어스는 햄릿의 광기가 자신의 딸에 대한 햄릿의 사랑 때문임을 입증하고 싶어한다
2	오필리어는 왕과 아버지가 지켜보는 상황 속에서 사랑하는 사람을 만나야 한다 왕과 아버지의 눈에는 오필리어가 햄릿의 사랑을 거부하는 것처럼 보여야 한다 하지만 왕과 아버지에 들키지 않고 오필리어는 사랑하는 사람의 진심을 확인하고 싶어하고 그의 사랑을 되찾고 싶어한다
3	관객은 햄릿이 이 감시의 덫에 걸려들지 아닐지, 오필리어가 감시 속에서 자신의 연인을 어떻게 대할지, 아버지의 지시대로만 할지 아니면 어떤 식으로든 거스를지를 지켜보고 있다 햄릿이 이 모든 위기의 순간에 어떻게 대처할지를 지켜보게 된다

를 너무나 쉽게 알아차린다. 더구나 오필리어는 그렇게 연기를 잘하는, 혹은 거짓말을 잘하는 캐릭터가 아니다. 오필리어가 어떤 식으로든 아버지에게 들키지 않고 햄릿에게 감시의 상황을 알려줄 가능성도 크다.

어쨌거나 햄릿이 감시의 상황을 인지하고 나서 그때부터 오필리어에 대한 '잔혹연극'이 시작된다. 오필리어의 연기에 또 다른 연기로 대응하는 것이다. 늘 감시 속에 살아가는 햄릿은 자신의 복수 계획이 들통나지 않게 미친 척 연기했다. 독백의 순간을 제외하고 사람들 앞에서 늘 햄릿은 연극과 연기를 해왔다. 그런데 지금 이 순간 햄릿은 그 연기 속에서 오필리어를 상대로 또 하나의 극중극을 하게 된다.

그것은 오필리어도 마찬가지이다. 이 두 연인의 비극적 상황은 둘만의 사적인 공간이 아니라 이렇게 극중극을 통해서만 만날 수 있다는 데있다. 클로디어스가 주도하는 연극과 연기의 세계, 즉 가식과 거짓과 감시의 세계인 <햄릿>의 극세계는 캐릭터들을 겹겹의 메타연극 속에 존재하게 하고 그에 따라 다중 행동을 하게 한다. <햄릿>이 현대적 의미를 갖는 작품이 되는 큰 이유 중의 하나가 이런 메타성에 있다고 할 수 있다. <햄릿>의 세계와 캐릭터들의 존재 방식은 거짓 이미지와 가짜 뉴스의 세계

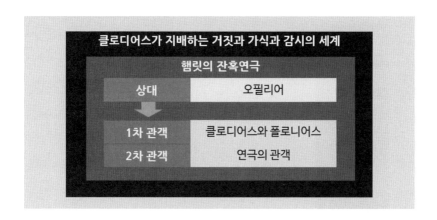

속에서 다중적인 사회적 가면(페르소나)을 쓰고 살아가는 우리의 상황과 놀랍도록 흡사하다.

이와 같은 조건 속에서 햄릿이 어떤 극적 행동을 보이는지를 알아보기 위해 잔혹연극이 끝난 후에 각 캐릭터에게 일어난 반응을 살펴보아야 한다. 햄릿이 어떠한 극적 행동을 하고 그에 따라 어떤 신체언어를 사용하느냐는 햄릿의 대사 자체보다 캐릭터들의 반응에 더 많은 정보가 담겨 있다.

먼저 햄릿은 폴로니어스를 속이는 데는 성공한 것처럼 보인다. 폴로니어스는 햄릿의 연기가 '연기'임을 알아보지 못한다. 클로디어스왕의 연기를 전혀 알아차리지 못하는 폴로니어스가 햄릿의 연기를 알아차릴 수 있는 지각을 가지고 있다고 생각되지 않는다. 그는 햄릿의 모든 격정과 과격한 행동이 자신이 지시한 대로 오필리어가 햄릿을 멀리했기 때문이라는 생각에 변함이 없다. 그는 햄릿이 여전히 자기 딸을 사랑하고 있다고 믿으며, 클로디어스왕이 햄릿을 자기 후계자라고 공개석상에서 공언한 이후 딸이 장차 왕비가 될 수도 있다는 희망을 버리지 못하는 것으로 보인다.

폴로니어스	"하지만 저는 여전히 그 근심의 원인이 사랑 때문이라고 믿습니다."
클로디어스	"사랑이라고? 아니요, 마음이 그쪽으로 기운 게 아니야. 하는 말도 조리는 없지만 완전히 미친 사람의 말은 아니고, 저 애의 우울증에는 뭔가가 도사리고 있어. 알을 깨고 태어나면 걷잡을 수 없는 위험이 될. 그걸 막자면 신속히 판단해야겠어. 그래. 즉각 영국으로 보내야겠소."
오필리어	"아, 그토록 고결했던 정신이 이렇게 추락하다니! 왕자요 군인이요 학자였던 분. 그윽한 눈매와 정중한 언사와 출중한 무예를 갖추었던 분, 이 나라의 장밋빛 미래, 세상 사람들이 자신의 모습을 비춰보던 거울이요 예절의 표본이었던 분. 만인이 우러러보던 그분이 이렇게, 이렇게 땅에 떨어지다니. 그리고 나는, 달콤한 음악같이 사랑의 맹세를 꿀처럼 빨아 마시던 나는, 이제 온 세상에서 가장 초라하고 불쌍한 여자가 되었어. 고결했던 그분의 이성이 깨어진 종소리 같이 거칠게 울리는 소리를 듣게 되다니, 한껏 피어났던 젊음의 표상이 무서운 광기의 돌풍으로 순식간에 저버린 모습을 보게 되다니. 오, 마음이 찢어지는 것 같아. 가장 아름다운 것을 보았던 이 눈으로 지금 이 모습을 보게 되다니!"

하지만 햄릿은 클로디어스를 완전히 속이지는 못한다. 실체를 숨기고 연기하면서 살아가는 클로디어스는 애초에 햄릿의 행동이 정직하다고 보지 않는다. **연기하는 자는 연기하는 자를 알아본다.** 클로디어스는 햄릿의 모든 행동을 의심하고, 그 모든 의심이 완전히 해소되지 않는 이상 어떤 것도 수긍할 수 없고 따라서 안심할 수 없다. 클로디어스는 햄릿의 비정상적인 거친 언행들로부터 햄릿 안에 무언가 위태로운 것이 도사리고 있다는 점을 간파하고 그것이 장차 자신에게 큰 위험을 가져다줄 것을 안다. 그래서 햄릿을 멀리 추방하는 결정을 급하게 내린다.

오필리어의 반응으로 우리는 일차적으로 오필리어의 극적 행동, 즉 햄릿의 진심을 확인하고 그의 사랑을 되찾고자 했던 그녀의 행동이 실패했음을 알 수 있다. 오필리어 눈에 보이는 햄릿은 전혀 알아볼 수 없는 다른 사람이다. 자신에게 한 적이 없는 말과 행동을 하는 햄릿을 보며, 오필리어는 온 세상이 흔들리는 경험을 한다. 오필리어는 행여 햄릿을 이런 함정에 빠뜨린 자신으로 인해서 햄릿이 그렇게 되지는 않았을까 자책한다. 오필리어의 독백을 통해서, 그리고 그녀에게 일어나는 반응을 통해서 관객은 오필리어가 얼마나 햄릿을 사랑하는지를 비로소 제대로 보고 알게 된다. 혼자 남겨진 오필리어가 여전히 햄릿을 염려하고 햄릿의 타락 혹은 추락에 세상 누구보다 가슴 아파하기 때문이다. 그녀가 아파하고 슬퍼하는 만큼 역으로 그녀가 햄릿을 정말 사랑한다는 것을 알게 된다. 극에서 이 독백에서만큼 햄릿에 대한 오필리어의 사랑이 더 잘 드러나는 순간은 없다. 이 장면은 이후 햄릿의 폴로니어스 살해와 더불어 오필리어가 실성하게 되는 데 가장 큰 원인이 된다. 햄릿의 추방 이후 미친 오필리어는 무대 밖에서 행해진 죽음으로서 자신이 햄릿을 얼마나 사랑했는지를 간접적으로 증명해 보일 뿐이다.

이상의 반응들로부터 장면 안에서 햄릿이 어떤 행동을 하고 어떠한 신체언어를 사용하는지를 유추해서 상상할 수 있다. 햄릿은 왕과 폴로니어스에게는 자신이 제정신이 아님을 연기해야 한다. 미쳤기 때문에 복수 같은 것은 꿈 꿀 수도 없음을 믿게 해야 한다. 왕이 위태로움을 느낄 만큼 과격한 행동들이 뒤따라야 한다. (물론 실제 연기 상황에서는 어떠한 과격한 행동도, 상대 배우를 실제로 아프거나 다치게 해서는 안 된다.) 오필리어에게는 자신을 사랑하지 않게 해야 한다. 정을 끊어놓아야 한다. 자신을 사랑한다는 이유로 오필리어가 이용당하는 것을 더 이상 좌시할 수 없다. 위험한 복수의 길에 사랑하는 여인을 끌어들이고 싶지도 않다. 복수가 실패한다면 자신은 역적이 되고 자신을 사랑하는 오필리어도 함께 처형될 것이다. 자신을 사랑하는 오필리어를 자신을 사랑하지 않는 오필리어로 바꾸어 놓는 것, 그것이 햄릿의 주된 극적 행동이다. 오필리어의 독백 대사들에는 오필리어가 알고 있는 햄릿의 예전 모습이 담겨 있다. 그 모습은 극에서 관객에게는 한 번도 보여주지 않은, 오직 오필리어만이 본 햄릿의 모습이다. 햄릿은 정확히 그것과 정반대되는 행동을 했음을 알 수 있다.

물론 햄릿의 이런 행동들은 햄릿이 원하는 결과를 가져다주지는 못한다. 클로디어스는 햄릿을 위협적인 존재로 인식해서 즉시 추방을 결정하고, 햄릿을 향한 오필리어의 사랑은 뼈에 사무치게 깊어진다. 오필리어는 수녀원을 가거나 세상을 등지지 않는다. 캐릭터가 행하는 극적 행동(들)이 항상 캐릭터가 원하는 결과를 낳는 것은 아니다. 그렇다고 배우가 실패를 위해 연기해서도 안 된다. 캐릭터는 오로지 성공을 위해 최선을 다할 뿐이다.

하지만 햄릿의 극적 행동은 여기에서 그치지 않는다. 가장 중요한 부분이 남아있다. 그것은 바로 이 잔혹한 연극을 통해 최종 관객인 연극의 관객들이 무엇을 보고 알게 되느냐와 관련이 있다. 관객이 극 중 다른 캐릭터들이 보이는 반응 정도로만 햄릿을 보고 이해하게 된다면, 햄릿을 연기한 배우는 이 장면의 극적 행동을 완전히 수행한 것이 아니다. 관객들은 햄릿의 잔혹연극을 통해서 역설적으로 햄릿이 오필리어를 얼마나 사랑하는지를 알게 되어야 한다. 햄릿이 하는 행동은 어느 것도 직접적으로 오필리어에 대한 사랑을 표현하지 않는다. 전혀 사랑을 표현하지 않지만, 관객은 햄릿의 사랑을 알아야 하고, 사랑을 이런 식으로밖에 표현하지 못하는 그의 고통을 이해해야 한다. 오필리어를 향한 햄릿의 행동은 오늘날의 관점에서 보면 매우 문제가 많고 지탄받아 마땅한 행동이다. 여성 비하적인 언행은 특히나 문제의 소지가 많다. 하지만 햄릿은 그 모든 비난에도 불구하고 오필리어를 자신에게서 떼어 놓으려고 한다. 그것이 오필리어를 위하는 길이라고 본인은 어리석게도 믿는 것이다. 꼭 그런 식이어야 했느냐는 비난의 여지가 많지만, 햄릿 입장에서는 자기 나름대로 오필리어를 사랑하기에 오필리어를 자신에게서 멀어지게 하려고 한다. 햄릿의 사랑을 관객이 보고 알지 못한다면, 그리고 배우가 그 임무를 다하지 못한다면, 이 장면 이후로 관객은 주인공 캐릭터에게 마음이 멀어진 상태로 극을 보게 될 것이다. 그렇다면 햄릿의 처절한 연기는 관객의 비난과 냉소의 대상이 될 뿐이다.

▌ 캐릭터의 상상: 원하는 결과와 원하지 않는 결과

캐릭터의 극적 행동은 캐릭터의 상상으로부터 나오며, 행동은 또 다른 상상을 낳는다. 정서는 그 와중에 자연발생적으로 생겨나야 한다. 캐릭터가 극적 행동을 실행하고자 할 때 그 행동에 강력하게 영향을 주는 상상이 있다. 바로 행동의 결과에 대한 상상과 예측이다.

현실과 상상이 충돌하고 머리와 가슴이 충돌하는 것이 인간의 존재 방식이다. 인간이 상상할 때 그 상상 역시 둘로 갈라진다. 두 갈래의 상상이 인간을 둘로 갈라놓기에 하나의 캐릭터 안에는 'A를 보는 나'와 'B를 보는 나', 즉 두 개의 자아가 존재하게 된다. 모든 인간과 캐릭터는 두 자아 사이에서 하나의 자아가 되고자 하고 다른 자아가 되지 않으려는 치열한 노력을 기울이면서 살아간다.

특히 인간이 어떤 중요한 선택의 기로에 놓여 있을 때 인간의 상상은 두 갈래로 갈라져서 정반대 방향으로 치닫는다. 마치 양쪽에서 한 인간을 밧줄로 팽팽하게 당기고 있는 듯한 상태에 도달할 때까지 양방향으로 치닫는다. 그 두 갈래 상상은 '원하는 결과에 대한 상상'과 '원하지 않는 결과에 대한 상상'이다.

두 가지 상상과 두 가지 나 사이의 충돌

캐릭터는 ~한 나가 되려고 하고 …한 나가 되지 않으려고 최선의 노력을 기울인다

현실(눈에 보이는 것)	충돌	상상(눈에 보이지 않는 것)
현실적인 나		가능성을 믿는 나

상상

상상은 꿈·희망·사랑이 낳는 상상과 두려움·걱정·염려가 낳는 상상으로 나뉜다

캐릭터를 둘로 갈라 놓는다

상상(희망)	충돌	상상(두려움)
꿈꾸는 나		두려워하는 나

중요한 선택의 기로

상상(원하는 결과)	충돌	상상(원하지 않는 결과)
성취하려고 최선의 노력을 다한다		방지하려고 최선의 노력을 다한다

행동

꿈꾸는 나, 가능성을 믿는 나가 되려고 하고
두려워하는 나, 걱정·염려하는 나, 절망하는 나, 포기하는 나가 되지 않으려고 한다
원하는 결과를 성취하려고 하고 원하지 않는 결과를 방지하려고 한다

불행한 현실	갈망	행복한 생각·기억·상상
불행한 나		행복한 나

나와 다른 현실	충돌	아픈 생각·기억·상상
겉도는 나, 방황하는 나		상처받은 나, 불행한 나

    원하는 결과에 대한 상상은 꿈과 갈망과 사랑이 낳는 상상이며, 원하지 않는 결과에 대한 상상은 두려움·걱정·염려가 낳는 상상이다. 캐릭터들은 원하는 결과를 이뤄내고 원치 않는 결과를 방지하기 위해 최선의 노력을 기울이면서 극적 행동을 한다. 실패할 수 없다. 실패한다면 크나큰

것을 잃게 되기 때문이다. 모든 극적 행동에는 아주 큰 것―예를 들어, 자신이나 타인의 목숨·명예 등―이 걸려 있다.

여기 약을 마시기 직전의 줄리엣 독백이 있다. 약을 마시고 모든 일이 계획대로 진행되는 것은 줄리엣과 로미오의 재회 그리고 사랑을 가능하게 하는 중요한 선택이다.

줄리엣

(캐퓰렛 부인과 유모, 퇴장) 안녕히 계세요! 언제 다시 뵙게 될지. 내 혈관 속을 차가운 공포가 출렁대면서 생명의 열기를 얼어붙게 하는구나. 엄마와 유모를 다시 불러 위로해 달라고 할까? 유모! ― 유모가 온들 무슨 소용 있겠어? 이 무서운 일은 나 혼자서 해야 해. 내 약병! 이 약이 제대로 안 들면 어떡하지? 그럼 내일 아침에 불가불 결혼하게 될 게 아냐? 아냐, 아냐! 이 칼이 막아 줄 거야. 넌 여기 있어 다오. (칼을 내려놓는다) 만일 이 독약이 신부님이 날 죽이려고 교묘히 조제한 거라면 어떡하지? 신부님이 먼저 로미오에게 날 결혼시켰으니까 이번 결혼으로 흠이 잡힐까 봐 말야? 아, 두려워. 그러나 절대 그럴 리는 없어. 신부님은 지금까지 성자로 알려져 있잖아. 만약 무덤 속에 누워 있다가 로미오 님이 날 구해 주러 오시기도 전에 깨어나면 어떡하지? 생각만 해도 무서워라! 무덤 속에서 숨이 막히진 않을까? 무덤 입구엔 맑은 공기가 안 통한다는데, 로미오 님이 오시기 전에 숨이 막혀 죽으면 어쩌지? 아니야, 살아 있어도 꼭 그럴 거야. 죽음과 밤의 무서운 환영에다가 그 장소가 주는 두려움까지 엎치고 덮치면 어떻게 하지? 그 무덤 속, 낡은 지하 묘지 속이니까 거기에는 피투성이 티볼트가 묻힌 지 얼마 안 되니 수의 속에서 살이 썩고 있을 게 아냐. 거기선 밤이 되면 귀신들이 득실거린다고 하잖아. 아아 무서워, 꼭 그럴 것 같애. 내가 너무 일찍 깨어나면 ― 저 역겨운 냄새와 그 소리만 들어도 사람이 즉시 미쳐버린다는 흰독말풀이 땅에서 뿌리째 뽑히는 으시시한 소

리도 듣게 될 게 아냐— 아, 내가 눈을 뜨면 난 몸서리치는 공포에 그냥 미치지나 않을까? 그래서 발광 끝에 조상의 뼈를 갖고 히히덕거린다든가 칼 맞은 티볼트의 수의를 찢는다든가 그러다가 광기에 휘말려 친척의 뼈를 몽둥이 삼아 내 머리통을 후려치게 되면 어쩌지? 아, 저것 봐! 오빠의 유령이 자기를 칼로 찌른 나의 로미오 님을 찾고 있네. 그만둬! 티볼트, 그만! 아, 로미오, 저는 가요! 당신을 위해서 이걸 마셔요.

줄리엣의 독백은 어두운 이미지들이 마구 엄습해 오는 듯이 급박하고 급격한 변화를 보인다. 도대체 어린 줄리엣의 어디에서 이렇게 낯설고, 심지어 기괴한 이미지들이 쏟아져 나오는지 놀라울 따름이다.

줄리엣의 보기 그리고 생각과 상상의 흐름을 정리하고 그로부터 줄리엣의 말과 행동이 어떻게 유발되는지를 알아보자. 그냥 대사를 외우고 연기하려고 하면 배우는 길을 잃고 헤맨다. 뒤의 도표를 참고해서 배우는 자신이 연기하려는 캐릭터의 독백을 해부해 보아야 한다.

엄마와 유모를 떠나보내며 줄리엣은 비로소 혼자 남는다. 마음 졸이면서 몹시 기다려 온 순간이다. 이제 계획을 실행할 때다. 그런데 떠나가는 엄마와 유모를 보며 줄리엣은 미처 생각하지 못한 두 가지 상상에 휩싸인다. 자기가 없어도 잘 살아갈 엄마와 유모의 모습(희망)과 두 번 다시 보지 못하게 될 엄마와 유모의 모습(두려움) 혹은 자신의 죽음을 몹시 슬퍼할 엄마와 유모의 모습(걱정)이 충돌한다. 로미오와 다시 만나 사랑을 계속할 수 있다는 생각에 줄리엣은 "생명의 열기"를 느끼지만, 동시에 두려운 상상이 낳는 "차가운 공포"가 거세게 엄습해 온다. 이 순간 혼자라는 것이 너무나 두렵다. 그래서 순간 엄마와 유모를 다시 부를까 하지만, 이내 이 모든 일은 반드시 혼자서 해내야 한다는 것을 안다. 그래야 로미오를 다시 만날 수 있다.

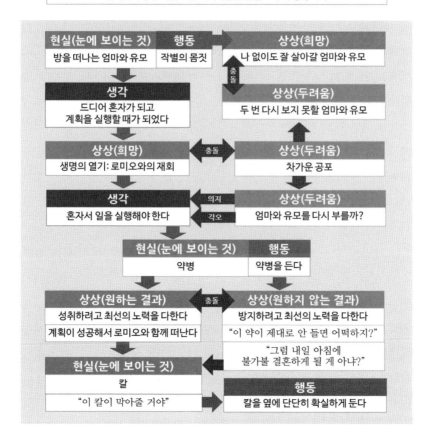

줄리엣 독백 분석: 현실과 상상 그리고 행동

줄리엣이 상상하는 모든 이미지들은 현실보다 더 생생하다

현실(눈에 보이는 것)	행동		상상(희망)
방을 떠나는 엄마와 유모	작별의 몸짓	충돌	나 없이도 잘 살아갈 엄마와 유모

생각		상상(두려움)
드디어 혼자가 되고 계획을 실행할 때가 되었다		두 번 다시 보지 못할 엄마와 유모

상상(희망)		상상(두려움)
생명의 열기: 로미오와의 재회	충돌	차가운 공포

생각		상상(두려움)
혼자서 일을 실행해야 한다	의지 각오	엄마와 유모를 다시 부를까?

현실(눈에 보이는 것)	행동
약병	약병을 든다

상상(원하는 결과)		상상(원하지 않는 결과)
성취하려고 최선의 노력을 다한다	충돌	방지하려고 최선의 노력을 다한다
계획이 성공해서 로미오와 함께 떠난다		"이 약이 제대로 안 들면 어떡하지?"
		"그럼 내일 아침에 불가불 결혼하게 될 게 아냐?"

현실(눈에 보이는 것)
칼
"이 칼이 막아줄 거야"

행동
칼을 옆에 단단히 확실하게 둔다

그래서 줄리엣은 드디어 약병을 든다. 그리고 약병과 병 안에 든 약을 본다. 처음 보는 약병이다. 약병에 든 약도 처음 보는 빛깔이다. 낯선 형태와 빛깔로 인해 순간 줄리엣은 약에 대해 다른 생각을 하게 된다. 알수 없는 이 약이 자기를 로미오에게 틀림없이 데려다줄 묘약인 것처럼 보이지 않는 것이다. 한 치의 오차도 없이 모든 것이 계획대로 진행되지 않

는다면, 로미오를 다시 보지 못할지도 모른다. 그래서 꼼꼼하게 모든 것을 체크하려고 한다. 그런데 그런 노력이 줄리엣을 두려움에 빠트린다. 그래서 정체불명의 약에 대해서 의심하는 생각이 불같이 인다. 만약에 약효가 제대로 안 들어서 내일 아침에 그대로 깨어나게 된다면 어떻게 되겠는가? 선택의 여지 없이 부모님 뜻대로 다른 남자(패리스)의 신부가 되어야 한다. 그것은 죽음보다 더한 공포이다.

하지만 그런 공포는 스스로 이겨내고 막을 수 있다. 바로 칼이 있기 때문이다. 줄리엣은 만약 약이 듣지 않아 깨어나게 된다면 스스로 목숨을 끊겠다는 강력한 의지를 발휘한다. 로미오가 없는 삶은 살아도 사는 것이 아니다. 그래서 줄리엣은 칼을 쉽게 확실히 찾을 수 있는 곳에 단단히 둔다.

약병을 드는 행동이 어떤 생각과 상상의 과정 끝에 칼을 두는 행동으로 이어지는지 알 수 있다. 생각과 상상의 과정 없이 행동은 일어나지 않는다. 배우가 대사를 가지고 해야 하는 작업은 캐릭터의 보기와 듣기, 지각과 인식이 어떠한 생각과 상상으로 이어지며 그 생각과 상상이 어떻게 행동으로 귀결되느냐를 파악하는 일이다. 그런 작업도 하지 않고 대사를 읽고 떠오른 막연한 감정만 연기하려고 한다면 그것은 아주 낮은 수준의 연기에 지나지 않는다는 점을 알아야 한다.

캐릭터의 심장은 쉴 새 없이 뛴다. 이런 중대한 선택의 순간에는 더욱 강력하게 뛴다. 그렇게 뛰는 심장은 강력한 에너지(기운)를 생성하고 그 에너지가 캐릭터의 온몸과 마음을 휘감는다. 그리고 그 강력한 기운은 거센 생각과 상상 그리고 능동적인 행동을 낳는다. 대사로부터 캐릭터의 감정만 생각하는 배우는 그와 같은 캐릭터의 능동적 역동성을 잃어버리고 나약하게 감정만 토로하게 될 뿐이다. **감정은 행동의 화약이 되어야 한**

다. 그렇지 못한 감정은 연기적으로 무용하다. 없느니만 못하다.

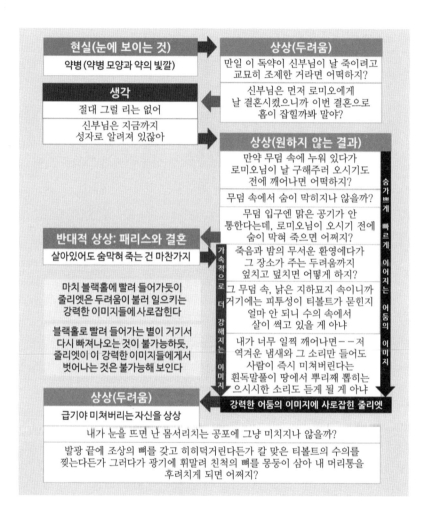

이 대사를 연기하면서 두려움에 떨고 있는 줄리엣만을 관객에게 보여주려고 한다면 연기의 목표를 잘못 알고 있는 것이다. 관객이 보아야 하는 것은 캐릭터의 감정이 아니라 '노력'이다. 중요한 선택의 기로에서 줄리엣이 어떠한 노력을 하느냐, 그것도 **어떻게 혼자서 다 해내느냐**를 관객이 생생하게 보고 목격하게 하는 것, 그것이 극적 행동(action)을 하는 캐릭터가 되는 길이다.

약효가 제대로 듣지 않는 것에 관한 불길한 생각은 가까스로 진화했지만, 곧장 더 큰 두려움이 줄리엣에게 찾아온다. 만약 이 약이 가짜라면? 아무리 약병과 약을 봐도 그런 신기한 작용을 할 수 있을 것처럼 보이지 않는다. 만에 하나라도 이 불확실한 약이 신부님이 자신을 속이기 위해 만든, 신부님이 자신의 명예를 지키기 위해 자신을 죽이려고 만든 약이면 어떡하냐는 생각이 솟아난다. 하지만 줄리엣은 그런 '의심하는 나'를 '합리적으로 생각하는 나'로 바꾸고자 노력한다. 그러면서 판단한다. 신부님은 '성자'(聖者)로 칭송받는 분이다. 절대 그런 일을 꾸밀 리가 없다.

이 판단으로 줄리엣은 평정을 찾는 듯 보인다. 그러나 그것도 잠깐, 온갖 두려움이 한꺼번에 고개를 들기 시작한다. 마치 별이 블랙홀에 빨려 들어가듯이 줄리엣은 순식간에 강력한 두려움의 이미지에 사로잡힌다. 블랙홀에 빨려 들어가는 별이 거기서 빠져나올 수 없듯이, 줄리엣도 이 어둠의 이미지들에게서 자력으로 빠져나올 수 없어 보인다. 어둠의 이미지들은 점점 더 빨리 더 거세게 더 강력하게 줄리엣을 사로잡는다.

첫 번째 두려움은 약효가 일찍 사라져서 로미오가 오기도 전에 무덤 속에서 홀로 깨어나게 되는 두려움이다. 두 번째는 그렇게 혼자 무덤 속에 있을 때 공기가 통하지 않아 숨 막혀서 죽게 될 두려움이다. 기껏 약에서 깨어났지만 숨 막혀 죽는다면 이 계획은 아무 소용없는 것이 된다. 그렇게 된다면 약은 마셔서 무엇하겠는가?

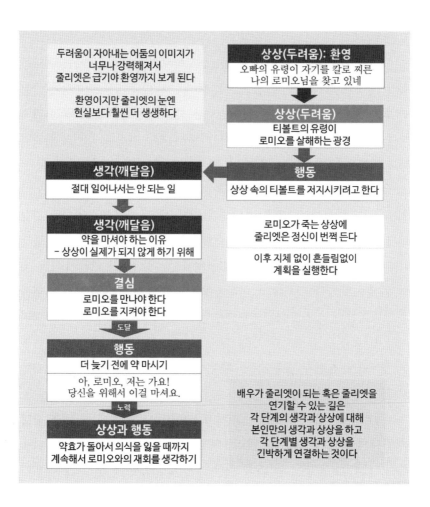

두려움이 자아내는 어둠의 이미지가
너무나 강력해져서
줄리엣은 급기야 환영까지 보게 된다

환영이지만 줄리엣의 눈엔
현실보다 훨씬 더 생생하다

상상(두려움): 환영
오빠의 유령이 자기를 칼로 찌른
나의 로미오님을 찾고 있네

상상(두려움)
티볼트의 유령이
로미오를 살해하는 광경

생각(깨달음)
절대 일어나서는 안 되는 일

행동
상상 속의 티볼트를 저지시키려고 한다

생각(깨달음)
약을 마셔야 하는 이유
– 상상이 실제가 되지 않게 하기 위해

로미오가 죽는 상상에
줄리엣은 정신이 번쩍 든다

이후 지체 없이 흔들림없이
계획을 실행한다

결심
로미오를 만나야 한다
로미오를 지켜야 한다

도달

행동
더 늦기 전에 약 마시기

아, 로미오, 저는 가요!
당신을 위해서 이걸 마셔요.

노력

배우가 줄리엣이 되는 혹은 줄리엣을
연기할 수 있는 길은
각 단계의 생각과 상상에 대해
본인만의 생각과 상상을 하고
각 단계별 생각과 상상을
긴박하게 연결하는 것이다

상상과 행동
약효가 돌아서 의식을 잃을 때까지
계속해서 로미오와의 재회를 생각하기

이런 상상으로 줄리엣은 순간 현실에 그대로 살아남는다고 하더라도 똑같이 숨 막히겠다고 생각하게 된다. 이미 현실은 그녀를 충분히 숨 막히게 하고 있다. 지난 며칠 그런 숨 막힘을 끔찍이 경험하지 않았던가. 그런데 패리스와 강제로 결혼하게 된다면 그것은 죽음보다 더한 답답한 삶을 예고한다. 그럴 거면 차라리 무덤에서 숨 막혀 죽는 편이 더 나을지도 모른다.

　살아남는다 하더라도 숨 막히는 공포에서 벗어날 수 없다는 생각은 줄리엣을 나락에 빠트린다. 죽음, 밤, 무서운 환영, 무덤의 이미지들이 뒤섞여 한꺼번에 줄리엣을 엄습한다. 얼마 전에 죽은 티볼트가 피 흘리며 죽어 있는 모습이 떠오르니 피 냄새가 생생하게 느껴진다. 그리고 듣기만 해도 사람을 미치게 하는 무시무시한 소리도 생생하게 들려온다.

　그와 같은 감각적 상상들은 급기야 줄리엣으로 하여금 미쳐버린 자기 자신을 보게 한다. 지금 이 순간의 미칠 것 같은 심정이 하나로 결합되어 줄리엣은 매우 낯설고 기괴한 행동을 하는 자신을 상상한다. 발광 끝에 조상의 뼈를 갖고 히히덕거리는 자신, 칼 맞은 티볼트의 수의를 찢는 자신, 그러다가 광기에 휘말려 친척의 뼈를 몽둥이 삼아 자신의 머리통을 후려치는 자기 모습을 본다. 이 열네 살 소녀의 어디에서 이런 이미지가 솟아나는지 놀랍기만 하다. 열네 살 가장 순수한 소녀가 삶과 죽음의 경계에서 혼란과 질풍노도의 사춘기를 겪고 있기에 가능한 상상처럼 보인다.

　두려움이 자아내는 어둠의 이미지가 너무나 강력해서 줄리엣은 환영까지 보게 된다. 환영이지만 줄리엣의 눈에는 현실보다 훨씬 더 생생하다. 죽은 티볼트의 유령이 로미오를 찾아 헤매는 것을 본다. 로미오를 죽이기 위해서 찾고 있는 듯이 보인다. 순간 티볼트의 유령이 로미오를 해하는 이미지가 떠오른다. 눈앞에서 벌어지는 살인의 광경에 사랑하는 사람을 지키기 위해서 거의 반사적·본능적으로 줄리엣 입에서 "그만둬!"라는 말이 터져 나온다. "티볼트, 그만!"이라는 말이 터져 나온 순간, 줄리엣은 정신이 번쩍 든다. 그 모든 상상의 이미지들도 순식간에 사라진다. 줄리엣은 깨닫는다. 그녀가 왜 이 약을 즉시 마셔야 하는지를. 지금 당장 로미오를 만나기 위해, 로미오를 지키기 위해 그녀가 행동해야 함을 안다. 줄리엣은 거침없이 약병을 열고 로미오에게 전하는 말을 남기고 약을 들이킨다. 장면은 여기서 끝나지만 관객이 보게 될 줄리엣의 마지막 실루엣은 약 기운이 돌 때까지 로미오와의 재회와 영원한 사랑만을 상상하는, 그런 노력을 기울이는 모습일 것이다.

생사의 갈림길에서 캐릭터가 상상하는 미래는 캐릭터의 심리·정서·행동에 지대한 영향을 미친다. 원하는 미래와 원하지 않는 미래에 대한 상상이 캐릭터의 판단과 선택을 지배하기 때문이다. 결과는 확률적으로 50 대 50이기에 캐릭터들은 심리적으로 바짝 긴장한다. 조금이라도 판단·선택·행동이 틀어지면 미래는 급격히 원하지 않는 결과 쪽으로 기울 것이다.

여기 맥베스가 왕이 되기를 간절히 기다리는 맥베스 부인이 있다. <맥베스> 2막 2장 시작에서 맥베스 부인은 앞선 장면들에서는 볼 수 없었던 두 가지 다른 나를 오간다.

맥베스 부인

그것들을 취하게 만든 이 술이 날 대담하게 하였다.176) 술은 그자들을 잠들게 했고 내겐 불을 붙여주었다177)... 무슨 소리지!178) 가만.179) 부엉이

---

176) 술을 마셨더니 긴장이 덜하다고 말하는 것이 아니라, 이런 생각과 말을 하면서 긴장하지 않으려고 노력한다. 맥베스 부인은 어느 때보다 긴장하고 있다. 남편을 왕으로 만드는 어마어마한 계획이 실행 중이기 때문이다.
177) 긴장하는 만큼 성공에 대한 기대감도 잔뜩 부풀어 오르고 있다.
178) 맥베스 부인의 딜레마는 시해 현장과 시각적으로 차단되어 있기 때문에, 오로지 소리만으로 상황을 파악해야 한다는 데 있다. 맥베스 부인이 지금 들은 이 소리는 전혀 예상하지 못했던 소리이고 또한 절대 나서는 안 되는 소리이다.
179) 무슨 소리인지 확인하기 위해서 움직인다.

우는 소리 같다.180) 너는 이악스럽게도 마지막 작별을 알리는 불길한 야
경이더냐.181) 지금 그이는 그 일을 단행하고 계실 거다.182) 문은 열어 놨
고 만취한 호위병들은 자기들의 직무를 조롱하듯 코를 골고 있다. 내가 밤
술에 약을 타지 않았던가. 삶과 죽음이 놈들의 목덜미를 잡아채고 살릴 것
이냐 죽일 것이냐 하고 밀고 당기고 다투고 있을 것이다.183)

맥베스

(안에서) 누구냐? 뭣이냐?184)

맥베스 부인

어쩐담! 저것들이 깨어난 게 아닐까.185) 결판을 내기 전에. 시작해 놓고
매듭을 짓지 못하면 우린 영영 파멸이다.186) 저 소린!187) 난 그자들의 단

---

180) 부엉이 소리임을 확인하고 일단 안도한다. 그러나 이내 "왜 하필 지금 부엉이 소
리가?"라는 의문에 휩싸인다. 부엉이 소리 자체는 불길하기 그지없다.

181) 맥베스 부인은 불길한 부엉이 소리를 자신과 남편이 아닌 덩컨왕에게 불길한 소
리이자 신호라고 해석한다. 불안하고 불길한 생각을 품는 것만으로도 계획에 차
질을 빚을 수 있기에 어떻게든 유리하게 해석하려고 한다.

182) 불길한 생각이 찾아들자 맥베스 부인은 제반 사항을 다시 점검하기 시작한다. 계
획한 모든 것이 실수 없이 이루어졌다는 것을 하나하나 짚어가며 확인한다. 절대
실패할 수 없다고 생각한다.

183) 모든 것을 따져보니, 덩컨왕은 틀림없이 죽게 되리라는 확신과 안도에 도달한다.

184) 안도의 순간에 맥베스 부인의 평정을 뒤흔드는 소리가 들린다. 바로 남편의 소리
이다. 실행 과정에서 남편은 어떤 소리도 내지 않아야 맞다. 그런데 남편이 소리
를 낸 것이다. 그것도 아무것도 볼 수 없는 상황에서 지금 어떤 일이 벌어지고
있는지 전혀 가늠할 수 없는 소리이다. 가까스로 긍정적인 상태에 도달했지만,
남편 소리 하나에 맥베스 부인은 상황이 반전된 듯한 심리적 긴장에 도달한다.
원하지 않는 결과에 대한 상상이 불같이 일어난다.

185) 모든 일이 틀어지는 상상이 한순간에 걷잡을 수 없이 일어난다.

186) 일이 잘못되면 남편과 자신이 어떻게 되느냐에 대한 상상도 즉각 떠오른다.

187) 대본이 명시하고 있지는 않지만, 여기서 맥베스 부인은 또다시 정체를 알 수 없
는 소리를 듣는다. 극도의 불안감이 매우 거칠게 급습해 온다.

검을 내놓았는데 설마 그이가 못 본 건 아니겠지.188) 왕의 잠자는 얼굴이
내 아버질 닮지 않았던들 내가 해치웠을 거다189)... 여보!190)

맥베스

해치웠소191)... 무슨 소리 듣지 못했소?192)

맥베스 부인

부엉이와 귀뚜라미 우는 소리밖에 못 들었어요.193)

---

188) "도대체 뭐가 잘못됐을까?"를 생각하던 맥베스 부인은 가능성이 매우 희박했던
   일이 실제로 일어난 것은 아닌지 상상하게 된다.

189) "자신이 직접 나섰어야 했다"라는 자책과 후회가 찾아온다. 여기서 맥베스 부인
   의 개인사 · 가족사에 대한 매우 간략한 정보가 흘러나온다. 성을 찾은 덩컨왕은
   놀랍게도 맥베스 부인의 아버지와 무척 닮았다. 그래서 덩컨왕은 맥베스 부인에
   게 계속 자기 아버지를 생각나게 했다. 맥베스 부인과 극에 한 번도 등장하지 않
   는 그녀의 아버지가 어떤 사이였을까? 배우가 그 사이를 어떻게 상상하느냐에
   따라 눈빛과 표정과 말의 뉘앙스가 결정될 것이다. 그리고 또 하나, 극에서 언급
   한번 없는 그녀의 어머니와는 과연 어떤 사이였을까도 생각해 볼 필요가 있다.
   　덩컨왕과 맥베스 부인의 아버지가 닮았다는 것은 전적으로 우연일 수도 있지
   만, 덩컨왕과 맥베스 부인의 집안이 어떤 식으로든 친척 관계에 있을 수도 있다
   고 암시하는지도 모른다. 맥베스와 덩컨왕이 친척 관계에 있기 때문에 맥베스와
   맥베스 부인의 결혼은 친족간의 결혼이었을지도 모른다. 그런 이유 때문에 두 사
   람 사이에는 아이가 없을지도 모른다. 물론 작가가 명확히 설명하고 있지 않기
   때문에 캐릭터의 역사를 파악하기 위해서 생각해 보아야 할 부분일 뿐이다. 캐릭
   터의 역사가 캐릭터의 지금을 있게 한다.

190) 맥베스 부인의 불안감이 극도에 도달했을 때 남편이 돌아온다.

191) 한순간 모든 불안이 사라지고 더없는 기쁨이 찾아온다. 마침내 원하는 결과가 도
   래했다. 남편을 향한 사랑이 솟구쳐 오른다. 맥베스 부인은 아마도 일을 성공시
   킨 맥베스에게 뜨거운 애정 표현을 할 것이다.

192) 맥베스는 여전히 소리에 사로잡혀 있다. 자신이 죄를 짓는 동안 들린 소리의 정
   체를 알 수 없어서 계속 불안하다.

193) 일이 성공했기 때문에 불안과 두려움을 낳았던 소리들은 이제 아무 소리도 아니
   라고 여겨진다. 자신이 해석한 대로 덩컨왕에게 불리한 소리였던 것이다. 지금

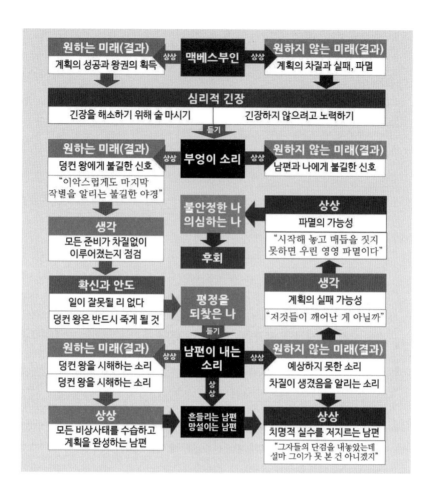

맥베스 부인의 독백과 대화는 심리적 긴장 상태에서 캐릭터가 감각적 신호와 정보들을 어떤 식으로 다르게 해석하는지를 여실히 보여준다. 그 해석을 지배하는 것은 원하는 미래와 원하지 않는 미래에 대한 상상이다. 두 가지 다른 미래에 대한 상상은 매우 강력하고 치밀하고 팽팽하다.

와 생각하니 매우 고마운 소리로 여겨진다.

그래서 캐릭터를 둘로 갈라놓고 두 가지 다른 나 사이를 오가게 만든다. 두 가지 다른 나가 맥베스 부인이라는 캐릭터를 형성한다. 한 가지 나만 으로는 캐릭터가 구현될 수 없다. 두 가지 다른 나로 나뉘었던 맥베스 부 인은 남편이 일을 성공시켰다는 소식에 잠시 하나로 통합된다. 그러나 머 지않아 남편이 범죄의 증거인 단도를 현장에 두고 오지 않았음을 발견하 면서 다시 둘로 나뉜다.

캐릭터가 둘로 나뉠 수밖에 없는 것은 인간의 몸이 둘로 구성되어 있기 때문이다. 뇌도 두 쪽, 심장도 두 쪽, 몸통도 횡격막을 기준으로 두 쪽으로 되어 있고, 인간의 경험을 결정하는 감각기관인 눈과 귀도 둘로 되어 있다. 몸이 둘로 되어 있기 때문에 둘을 보고 둘을 상상하고 그로부 터 두 가지 서로 다른 나가 한 인간 안에 공존할 수밖에 없다. 그래서 하 나의 답만을 찾으려는 모든 시도는 배우를 '온전한 인간을 구현하는 연 기'에서 멀어지게 하는 시도가 된다.

캐릭터가 하나가 되는 순간은 어떠한 혼란과 고통도 없는 순간이거 나(하지만 극에서 그런 순간은 거의 없다), 캐릭터 자체가 단편적이고 평 면적이고 판에 박힌 변화하지 않는 캐릭터일 때뿐이다.

▌ 나(I)와 나(me)들: 캐릭터 안에 존재하는 상반된 나들

캐릭터 안에는 많은 '상반된 나들'이 존재한다. 상반된 나들은 캐릭터의 내면에서만 전쟁을 벌일 때도 있지만, 그대로 겉으로 드러나 마치 두 캐 릭터가 한 캐릭터 안에 공존하는 듯한 상태가 되기도 한다. 극단적인 예 가 뮤지컬 <지킬 앤 하이드> 넘버 "Confrontation"이다. 지킬과 하이드는 한 인간 안에서 서로 우위를 점하기 위해서 사투를 벌이고 그 모습을 관객은 그대로 눈과 귀로 확인하게 된다. 지킬과 하이드처럼 극단적인 경우가 아니라고 하더라도, 평면적이지 않은 복합적인 캐릭터들은 심장이 박동하듯이 두 가지 다른 나를 오간다. <로미오와 줄리엣>의 유명한 발코니 장면(2막 2장)에서 줄리엣은 수없이 많은 상반된 줄리엣을 급격히 오간다.

줄리엣

제 얼굴에 밤의 가면이 씌워져 있었기 망정이지, 그렇지 않았다면 저의 두 볼은 빨갛게 물들고 말았을 거예요.194) 당신이 오늘 밤 제 말을 엿들었으니, 저도 체면은 차리고 싶고 제 말을 잡아뗄 수도 있지만,195) 그러나 체면치레 안 할래요!196) 절 사랑하시나요?197) "그렇다"고 대답하시겠죠.198) 그 말을 믿을래요.199) 그렇지만 당신의 맹세가 물거품이 될지 누가 알아요.200) 애인끼리의 거짓말은 쥬피터 신도 웃고 만다죠. 아아, 상냥하신 로미오,201) 저를 사랑하신다면 진정으로 말씀하세요.202) 절 너무 쉽게 얻었다고 생각하시나요?203) 그럼 전 얼굴을 찡그리고 심통을 부리겠어요.204)

---

194) 수줍고 부끄러워하는 줄리엣
195) 체면을 차리고 싶은 줄리엣, 사랑에 성급하고 싶지 않은 줄리엣, 노골적으로 사랑을 드러내지 않으려는 줄리엣
196) 체면 차리지 않으려는 줄리엣, 사랑에 솔직하고 싶은 줄리엣
197) 사랑을 바로 확인하고 싶은 줄리엣
198) 다른 말을 듣고 싶지 않은 줄리엣
199) 말하지 않아도 로미오의 사랑을 믿는 줄리엣, 로미오가 다른 마음을 갖지 않기를 바라는 줄리엣
200) 맹세가 말뿐인 것이 될까 봐 두려운 줄리엣, 맹세가 변할까 봐 두려운 줄리엣
201) 로미오가 자신을 상냥하게 대해주기를 바라는 줄리엣
202) 로미오의 진심을 알고 싶은 줄리엣, 로미오가 자신의 진심을 솔직하게 말해 주기를 바라는 줄리엣
203) 자신이 너무 쉬운 여자가 된 건 아닐까 걱정하는 줄리엣, 로미오가 자신의 사랑

물론 그렇게 해도 사랑을 애걸하신다는 게 조건이지만요.205) 그렇지 않다면 싫다고요.206) 그리운 몬태규207), 전 참말이지 바보인가 봐요.208) 그러니까 절 경박한 여자로 생각하시겠죠.209) 그러나 절 믿어 주세요.210) 새침데기인 척하면서 수단을 부리는 여자이기보다는 진실함을 보여드리겠어요.211) 진정한 사랑의 고백을 저도 모르는 사이에 당신이 엿듣지만 않았다면 남들처럼 시침을 뗐어야 했는데.212) 그러니까 절 용서하시고 경박한 사랑이어서 이처럼 마음을 허락한 거라고 꾸짖진 마세요.213) 저의 사랑이 탄로 난 것은 밤의 어둠 때문이니까요.214)

로미오

나의 님이여, 이 과일나무 가지들을 은빛으로 물들이는 저 청순한 달을 걸고 맹세하오 —

을 가벼이 여길까 봐 두려운 줄리엣, 로미오가 자신의 사랑을 모욕할까 봐 두려운 줄리엣

204) 로미오에게 심통을 부리고 싶은 줄리엣

205) 심통 부리는 자신까지 로미오가 사랑해 주기를 바라는 줄리엣, 로미오가 자신을 있는 그대로 사랑해 주기를 바라는 줄리엣

206) 로미오가 자신의 모든 면을 진정으로 사랑할 게 아니면 아예 사랑 자체를 시작하지 않았으면 하는 줄리엣

207) 로미오를 보고 있으면서도 로미오가 보고 싶은 줄리엣, 로미오가 마음에서 떠나지 않는 줄리엣

208) 스스로가 바보 같다고 생각하는 줄리엣

209) 로미오가 자신을 경박하고 변덕스럽다고 생각할까 봐 두려운 줄리엣

210) 로미오가 자신을 믿어주기를 바라는 줄리엣

211) 아닌 척하거나 가식을 부리기보다 로미오 앞에서 진실하고 싶은 줄리엣, 있는 그대로의 자신을 보여주고 싶은 줄리엣

212) 마음을 들켜버린 것이 당혹스러운 줄리엣

213) 로미오가 자신의 솔직한 모습을 인정하고 사랑해 주길 바라는 줄리엣

214) 자신의 마음을 들킨 것이 부끄러운 줄리엣

줄리엣

아, 변덕쟁이 달님을 두고 맹세하진 마세요.215) 달님은 한 달 내내 그 모습을 바꾸죠. 당신의 사랑마저 그렇게 변할까 두려워요.

로미오

그럼 뭘 두고 맹세하죠?

줄리엣

행여 맹세는 마세요. 정 하시려거든 당신 자신을 두고 맹세하세요.216) 저의 숭배하는 신이니 당신을 두고 맹세한다면 믿겠어요.

로미오

만약 내 마음속의 소중한 사랑이 -

줄리엣

글쎄 맹세는 마시래도요.217) 당신하고 함께 있는 것은 기쁘지만 오늘 밤 맹세만은 싫어요.218) 너무나 성급하고, 너무나 분별없고, 너무나 갑작스러운걸요. 마치 "번개 친다"고 말할 틈도 없이 사라지는 번갯불과 너무도 같아요.

줄리엣이라는 하나의 캐릭터 안에 무수히 많은 작은 줄리엣이 있음을 알 수 있다. 수많은 줄리엣이 그대로 투명하게 드러나는 것은 줄리엣이 순수하고 진실한 사랑을 하는 캐릭터이기 때문이다. 줄리엣을 연기한

---

215) 로미오의 사랑과 맹세가 변할까 봐 두려운 줄리엣, 로미오의 사랑이 한결같기를 바라는 줄리엣

216) 로미오의 마음을 확인하고 싶은 줄리엣, 로미오가 자신의 유일신이기를 바라는 줄리엣

217) 맹세를 듣고 싶지 않은 줄리엣, 맹세가 거짓이 아니기를 바라는 줄리엣, 맹세가 거짓된 것일까 봐 두려워하는 줄리엣

218) 이 모든 것이 너무 좋아서 믿기지 않는, 꿈만 같은 줄리엣, 맹세와 함께 모든 사랑이 꿈처럼 사라질까 봐 두려워하는 줄리엣

다는 것은 이렇게 각기 다른 수많은 줄리엣을 '민첩하게' 오가는 일이다. 줄리엣은 자신의 심장 소리가 밤하늘에 울려 퍼질 것처럼 크게 들린다. 수많은 줄리엣은 강하고 빠르게 뛰고 있는 줄리엣의 심장박동처럼 급격하게 변화한다. 이런 변화는 줄리엣을 변덕스러운 캐릭터로 만드는 것이 아니라, 사랑으로 심장이 강하게 뛰는 팔딱팔딱 살아있는 능동적인 캐릭터가 되게 한다. 줄리엣은 '얼른 사랑의 맹세를 듣고 싶은 나'와 좀 더 '신중하고 침착한 나', '적극적으로 사랑을 표현하는 나'와 '수줍은 나', '로미오의 사랑을 믿는 나'와 '로미오의 사랑이 거짓일까 봐 두려워하는 나', '꿈이 아니라 현실이기를 바라는 나'와 '꿈처럼 사라질까 봐 두려워하는 나' 사이를 쉴 새 없이 오간다.

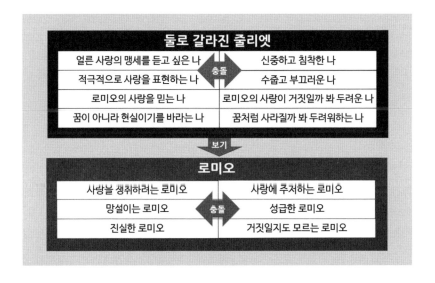

물론 줄리엣이 이렇게 수없이 상반된 줄리엣으로 변화하는 것은 로미오 때문이다. 정확하게 말하면, 줄리엣의 눈에 보이는 로미오가 시시각

각 바뀌기 때문이다. '사랑을 쟁취하려는 로미오'와 '사랑에 주저하는 로미오', '망설이는 로미오'와 '성급한 로미오', '진실한 로미오'와 '거짓일지도 모르는 로미오', 둘 다를 줄리엣이 보고 있기 때문이다. 상대가 캐릭터를 변화시키고 캐릭터 안에 있는 우주의 별처럼 많은 나를 드러나게 한다.

줄리엣에게서 확인할 수 있는 '상반된 나를 오가는 캐릭터'는 <뜻대로 하세요> 3막 5장의 피비에게서도 확인할 수 있다. 앞서 줄리엣 대사들에 대한 분석을 그대로 적용해 보면 다음 독백 안에 흐르는 내재적 움직임을 쉽게 간파할 수 있다.

시골 처녀 피비는 자신을 마구 꾸짖은, 남장을 한 로잘린드에게 완전히 푹 빠져서 두 가지 나를 쉴 새 없이 오간다. 두 가지 상반된 사이를 오가는 패턴은 피비에게 훨씬 더 단순하고 분명하게 구현되어 있다. 그것은 아마도 피비라는 캐릭터가 가장 순박하고 순수한 캐릭터이기 때문일 것이다. 순수한 캐릭터는 모든 생각과 상상 그리고 마음이 몸과 소리로 투명하게 드러난다.

피비

그분을 사랑해서 묻는 건 아니니 오해하지 마. 그 사람, 참 건방지지 뭐야. 그래도 말은 능청맞게 잘하더라. 말만 잘하면 뭐 해? 말을 잘하면 듣는 사람의 마음을 흐뭇하게 하는 건 틀림없지만. 참 예쁘장하게 생겼긴 해. 뛰어나게 잘생긴 건 아니지만. 그런데 왜 그렇게 거만하지? 그래도 그 거만이 딱 어울리니. 앞으로 미남이 될 거야. 그분 얼굴은 정말 돋보여. 독설엔 부아통이 터지지만, 그 눈을 보고 있노라면, 그런 마음이 금세 가시고 마니 말야. 키는 그리 크지 않은데. 나이치곤 큰 편이지. 다리는 그저 그래. 그래도 멋진 편이야. 입술은 제법 붉더군. 볼은 물들인 붉은 빛보다 한결 더 진하고 밝은 빛깔인걸. 진홍빛과 연분홍빛의 차이라고나 할까... 그래 실비어스, 만약에 딴 여자들이 나처럼 생김새 하나하나 자세히 보았다면 그분에게 반하고 말았을 거야. 하지만 나는 그분을 사랑하지 않아. 그렇다고 싫지도 않지만. 그런데 사랑할 까닭보다는 미워할 까닭이 더 많은걸. 그분이 날 그렇게 꾸짖을 까닭이 어디 있지? 그분은 내 눈도 머리칼도 검다고 말했었지. 이제 생각해 보니 그건 날 모욕한 거야. 그런 말을 듣고도 왜 내가 야무지게 받아치지 않았지? 그까짓 건 문제 아냐. 나무라지 않았다고 해서 용서한 건 아니니까. 편지를 써서 경을 쳐둘 테니 그분께 전해줘. 응, 실비어스?

남장한 로잘린드가 실비어스를 함부로 대하는 피비의 모습을 보고 피비를 있는 대로 타박하고 갔지만, 피비는 자신을 그렇게 거칠게 대한 건방진 로잘린드와 사랑에 빠진다. 이렇게 박력 있고 올곧은 남자를 본 적이 없다. 처음 보는 유형이 남자이다. 피비는 자신이 느끼는 사랑을 거부하고 부인하려고 해보지만, 그럴수록 점점 더 불가항력에 휩싸인 것처럼 사랑에 빠지고 만다.

피비는 처음에는 로잘린드의 건방진 태도에 대해 생각하면서 로잘린드의 말씨가 다른 사람들과 비교할 수 없을 정도로 돋보인다고 생각한다. 이렇게 말하는 남자를 만나 적이 없다. 그리고 로잘린드의 임무에 대한 생각에 빠진다. 로잘린드의 건방진 태도와 말투가 외모와 아주 잘 어울린다고 여긴다. 피비는 로잘린드의 전체적인 외모에서 얼굴과 눈, 키와 다리, 그리고 마침내 입술과 볼에 대한 생각과 상상에 깊이 빠져든다. 마치 로잘린드를 머리끝에서 발끝까지 스캔하듯이 말이다. 그리고 마침내 입술과 볼에 대한 생각에 이르렀을 때 로잘린드와 키스하는 상상까지 도달하는 듯이 보인다. 잠시 말을 잃는 것은 키스에 대한 황홀한 상상이 피비

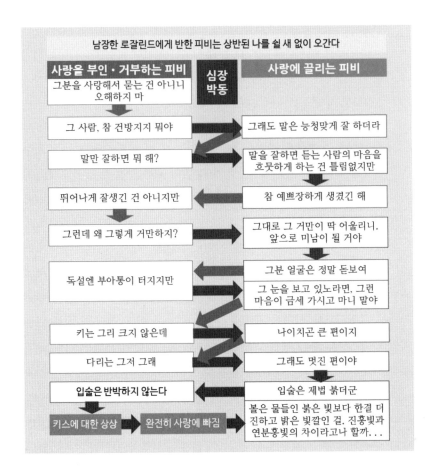

남장한 로잘린드에게 반한 피비는 상반된 나를 쉴 새 없이 오간다

사랑을 부인·거부하는 피비	심장 박동	사랑에 끌리는 피비
그분을 사랑해서 묻는 건 아니니 오해하지 마		
그 사람, 참 건방지지 뭐야		그래도 말은 능청맞게 잘 하더라
말만 잘하면 뭐 해?		말을 잘하면 듣는 사람의 마음을 흐뭇하게 하는 건 틀림없지만
뛰어나게 잘생긴 건 아니지만		참 예쁘장하게 생겼긴 해
그런데 왜 그렇게 거만하지?		그대로 그 거만이 딱 어울리니, 앞으로 미남이 될 거야
독설엔 부아통이 터지지만		그분 얼굴은 정말 돋보여
		그 눈을 보고 있노라면, 그런 마음이 금세 가시고 마니 말야
키는 그리 크지 않은데		나이치곤 큰 편이지
다리는 그저 그래		그래도 멋진 편이야
입술은 반박하지 않는다		입술은 제법 붉더군
키스에 대한 상상 → 완전히 사랑에 빠짐		볼은 물들인 붉은 빛보다 한결 더 진하고 밝은 빛깔인 걸. 진홍빛과 연분홍빛의 차이라고나 할까...

의 입을 닫게 했기 때문일 것이다.

키스에 대한 상상이 피비의 심장을 강하게 뛰게 하고 몸과 마음을 달아오르게 한다. 그러자 피비는 다시 로잘린드를 만나고 싶은 마음이 솟구친다. "도대체 어떻게 하면 그를 다시 만날 수 있을까?" 하는 생각이 온갖 방향으로 뻗어나간다. 그 순간 피비는 자신만을 바라보고 있는 실비어스를 발견한다. 그리고 즉각 실비어스를 이용해서 로잘린드를 만날 궁

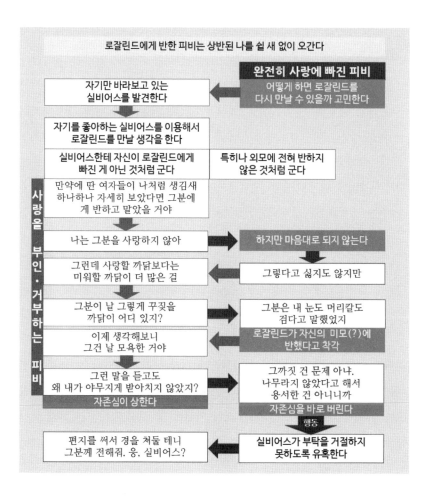

로잘린드에게 반한 피비는 상반된 나를 쉴 새 없이 오간다

완전히 사랑에 빠진 피비
어떻게 하면 로잘린드를
다시 만날 수 있을까 고민한다

자기만 바라보고 있는
실비어스를 발견한다

자기를 좋아하는 실비어스를 이용해서
로잘린드를 만날 생각을 한다

실비어스한테 자신이 로잘린드에게
빠진 게 아닌 것처럼 군다

특히나 외모에 전혀 반하지
않은 것처럼 군다

만약에 딴 여자들이 나처럼 생김새
하나하나 자세히 보았다면 그분에
게 반하고 말았을 거야

사랑을 부인·거부하는 피비

나는 그분을 사랑하지 않아

하지만 마음대로 되지 않는다

그런데 사랑할 까닭보다는
미워할 까닭이 더 많은 걸

그렇다고 싫지도 않지만

그분이 날 그렇게 꾸짖을
까닭이 어디 있지?

그분은 내 눈도 머리칼도
검다고 말했었지

이제 생각해보니
그건 날 모욕한 거야

로잘린드가 자신의 미모(?)에
반했다고 착각

그런 말을 듣고도
왜 내가 야무지게 받아치지 않았지?
자존심이 상한다

그까짓 건 문제 아냐.
나무라지 않았다고 해서
용서한 건 아니니까
자존심을 바로 버린다

행동

편지를 써서 경을 쳐둘 테니
그분께 전해줘. 응, 실비어스?

실비어스가 부탁을 거절하지
못하도록 유혹한다

리를 한다. 자신을 사랑해서 자신만을 바라보고 있는 실비어스 앞에서도 피비는 자신의 마음을 감추지 못한다.

피비는 로잘린드도 자신에게 반했을까 고민한다. 자신의 눈과 머리칼이 검다고 말한 것을 자신의 미모에 반했다고 착각한다. 그러나 아무리 생각해 봐도 자신이 사랑하는 만큼 로잘린드도 자신을 사랑하는 건 아닌 것 같다. 미모에 반해 자신을 늘 쫓아다니는 실비어스 때문에 외모에 대해서는 나름대로, 혹은 오만할 정도로, 자신감을 가지고 있었던 피비였다. 그런데 이 남자는 자신의 미모를 거들떠보지도 않는 듯하다. 자존심이 상한다. 하지만 피비는 자존심을 떨치고 사랑을 쟁취하기 위해 행동하기로 결정한다. 그러고는 실비어스가 자기 부탁을 거절할 수 없게 유혹한다.

사랑에 빠져 두 가지 상반된 나를 오가는 캐릭터의 모습은 관객에게 정겨운 모습으로 다가오며 웃음을 안겨 준다. 캐릭터의 영혼에까지 영향을 주는 사랑은 늘 캐릭터를 근본까지 바꾸어 놓는다. 어떻게 보면, 인간은 진정한 사랑을 할 때까지 자기 자신을 알 수 없는 것이다.

이상의 예에서 알 수 있듯이, 캐릭터는 혼란스러운 극적 상황 속에서 그리고 좀체 그 본심과 정체를 알 수 없는 상대와 마주치면서 두 가지 다른 나, 상반된 나로 갈라진다. 두 가지 상반된 생각, 두 가지 상반된 상상, 두 가지 상반된 마음, 두 가지 상반된 정서가 두 가지 상반된 얼굴을 드러나게 한다. 각각의 얼굴이 하나의 캐릭터가 된다. 한 사람 안에 두 가지 다른 캐릭터가 공존하면서 충돌하는 것이다. 이러할 경우 배우가 해야 할 일은 하나의 캐릭터를 연기하는 것이 아니라 두 가지 다른 캐릭터를 오가는 것이다. 그래야 관객이 하나의 캐릭터 안에 있는 상반된 얼굴을 선명하게 볼 수 있다.

모든 배우는 자신 안에 무수히 많은 조합의 상반된 나(얼굴)를 가지고 있다. 그 상반된 나들을 캐릭터를 통해서 드러나게 하는 것이 캐릭터 연기이다. 상반된 얼굴이 각각 선명하게 드러나서 관객에게 뚜렷한 '인상'(印象)을 남겨야 한다. **연기는 배우가 창조한 인간상이 관객에게 선명하게 인상으로 남을 때 완성된다.** 인상은 선명한 이미지(얼굴)가 도장을 찍듯 보는 이의 마음에 새겨지는 것을 의미한다. 캐릭터를 연기한다는 건 관객의 마음에 지울 수 없는 인상을 남기는 일이다.

인상적인 연기를 하기 위해서 배우는 '가장 ~한 나'가 되어야 한다. 예를 들어, 햄릿을 연기하기 위해서 배우는 '가장 생각이 깊은 나', '가장 지적인 나', '가장 반항적인 나', '가장 예리한 나', '가장 고귀한 나'가 되어야 한다. 줄리엣을 연기하기 위해 배우는 '가장 순수한 나', '가장 열정적인 나', '가장 능동적인 나', '가장 똑똑한 나', '가장 수줍음 많은 나'가 되어야 한다. 캐릭터가 요구하는 '가장 ~한 나'가 되지 못하는 배우는 갈피를 못 잡고 흐리멍덩한 연기를 하게 된다.

'가장 ~한 나'가 되고 나면, 배우가 두 번째가 할 일은 '…한 나'가 되지 않으려고 하는 것이다. 예를 들어, 햄릿을 연기하기 위해 배우는 '겉모습에 속는 나', '생각 없이 사는 나', '인류를 저버리는 나', '무능한 나', '두려움에 갇힌 나'가 되지 않으려고 해야 한다. 줄리엣을 연기하기 위해서는 '소극적인 나', '복종적인 나', '의심하는 나', '멍청한 나', '슬픔에 매몰된 나', '두려움에 주저앉는 나'가 되지 않으려고 해야 한다. **캐릭터는 항상 '가장 ~한 나'가 되고자 하며 '…한 나'가 되지 않으려고 노력한다.** 노력이 멈추는 순간 캐릭터는 죽은 것과 다름없는 상태에 빠진다. 노력이 멈추는 순간 극적 행동(action)은 멈추게 된다. 그러면 극 자체가 죽은 연극이 되어 버린다.

단순한 캐릭터, 2차원적인 캐릭터, 전형적인 캐릭터, 판에 박힌 캐릭터는 한 가지 '가장 ~한 나'만을 가지고 있다. 한 가지 얼굴만 '뻔뻔하게' 내보이면 되기 때문에 연기하기 쉽다. 그러나 3차원적인 캐릭터들은 우리 자신처럼 그 안에 무수히 많은 나(얼굴)를 가지고 있고 각기 다른 나들(얼굴들)이 때·장소·상황·상대·상태(몸상태, 정신상태, 심리상태, 정서상태)에 따라 변화무쌍하게 드러나는 존재들이다. 그리고 내적 갈등의 상태에서는 두 가지 상반된 나(얼굴)를 쉴 새 없이 오가는 존재들이다.

캐릭터는 또한 '정체가 훤히 드러나는 캐릭터'와 '정체를 숨기는 캐릭터'로 나뉜다. '**투명한 캐릭터**'와 '**불투명한 캐릭터**'로 불러도 좋겠다. 정체는 '가장 ~한 나' 혹은 얼굴의 또 다른 이름이다.

정체가 드러나는 캐릭터는, 줄리엣이나 피비의 예처럼, 상반된 두 개의 나를 투명하게 드러낸다. 투명한 캐릭터를 통해서 관객은 한 인간 안에 있는 다른 얼굴들을—대개 애정 어린 눈으로—들여다볼 수 있게 된다. 그리고 그 다른 얼굴들을 통해 인간을 조금 더 이해할 수 있게 된다. 극에서 대개 주연을 차지하는 투명한 캐릭터를 연기할 수 있기 위해서 배우는 스스로를 투명한 존재로 변화시켜야 한다. 투명한 배우는 어떤 것도 표현하려고 하거나 꾸미지 않는다. 그저 모든 것이 드러나게 내버려 둘 뿐이다. 그래서 투명한 배우의 연기는 어떠한 불필요한 힘도 들어가지 않은 '연기하지 않는 연기'의 수준에 도달하게 된다.

정체를 숨기는 캐릭터는 겉으로 드러내는 얼굴과 속으로 숨긴 진짜 얼굴을 가지고 있다. 리처드 3세나 이아고와 같은 캐릭터는 혼자 있을 때만 진짜 얼굴이 드러나고 다른 캐릭터들 앞에서는 철저하게 특정한 페르소나(가면)를 쓰고 있다. 그러고는 감쪽같이 다른 캐릭터들을 속인다. 다른 캐릭터들은 가면 뒤에 숨은 진짜 얼굴은 보지 못한 채로 그 페르소나가 캐릭터의 진짜 얼굴이라고 믿게 된다. 리처드 3세는 레이디 앤 앞에서는 진실한 사랑을 찾는 열렬한 구애자의 얼굴을 하고 있고, 대중들 앞에서는 신앙심 깊은 속죄자의 얼굴을, 형 앞에서는 충직한 동생의 얼굴을, 조카들 앞에서는 인자한 삼촌의 얼굴을, 정적(政敵)들 앞에서는 정의로운 투사의 얼굴을 한다. 그 얼굴의 변화가 너무나 놀라워서 보는 이(관객)는 넋을 잃고 캐릭터에게 홀린다. 리처드 3세를 연기하기 위해서 배우는 그 모든 페르소나(얼굴)를 선명하게 구현하고 각 가면을 극적 상황에 따라 날렵하게 전환하기만 하면 된다. 마치 눈 깜짝할 사이에 가면이 바뀌는 신기한 중국 전통 가면술 변검의 귀재처럼 말이다.

▌ 자연과 인간

셰익스피어는 자주 인간사를 자연 현상에 빗대어 말하곤 한다. 인간과 자연이 하나로 연결되어 있음을 말하면서도 인간사가 하찮은 일에 지나지 않는 것이 아니라 자연과 우주에 변화를 일으킬 정도로 거대한 것임을 말하고자 함이다. 그런 원리를 우리는 셰익스피어의 캐릭터를 바라보는 관점에도 적용해 볼 수 있다. 즉, 다음과 같이 셰익스피어 캐릭터를 자연에 견주어 보자.

하늘 같은 인간	태풍·폭풍우 같은 인간
바다 같은 인간	오로라 같은 인간
호수 같은 인간	노을 같은 인간
강물 같은 인간	무지개 같은 인간
태양 같은 인간	백년설 같은 인간
달 같은 인간	거목 같은 인간
별 같은 인간	고목 같은 인간
은하수 같은 인간	꽃 같은 인간
수평선 같은 인간	초원 같은 인간
태산 같은 인간	밀림 같은 인간
활화산 같은 인간	동굴 같은 인간

늪 같은 인간　　　　　빙하 같은 인간
사막 같은 인간　　　　번개 같은 인간
바위 같은 인간　　　　천둥 같은 인간
바람 같은 인간　　　　모래폭풍 같은 인간
안개 같은 인간　　　　구름 같은 인간
우박 같은 인간　　　　소용돌이 같은 인간
서리 같은 인간　　　　월식·일식 같은 인간
이슬 같은 인간　　　　별똥별·혜성 같은 인간
폭포 같은 인간　　　　단풍 같은 인간
불 같은 인간　　　　　파도 같은 인간
파도 같은 인간

　　이와 같은 상상이 필요한 것은 셰익스피어의 캐릭터들이 가장 거대한 인간이기 때문이다. 기본적으로는 '태양'과 같은 존재로서 캐릭터의 기운·에너지가 햇빛처럼 온 세상과 우주를 향해 뻗어나간다. 그와 더불어 캐릭터의 생각과 마음도 소리를 통해 멀리 곧게 뻗어나간다. 셰익스피어의 캐릭터를 연기하기 위해서 배우는 그렇게 뻗어나가는 **확산적 에너지**를 가지고 있어야 하고 배우＋캐릭터의 모든 소리와 말이 햇살처럼 뻗어나가야 한다. 셰익스피어의 독백을 하고자 한다면 배우＋캐릭터의 소리가 극장 전체에 울려 퍼져야 하고, 극장을 넘어서까지 뻗어나가야 한다. 그 **우주적 크기**(magnitude)를 가지고 있지 못하면 배우는 셰익스피어의 캐릭터를 전혀 구현할 수 없다. 입 밖으로 나와서 그냥 흩어져 버리는 소리로는 셰익스피어 캐릭터의 근처에도 갈 수 없다. 두 딸에게서 쫓겨나 헐벗은 채로 광야에서 폭풍우와 맞서는 리어를 보라. 그는 스스로 가장 강력한 폭풍우가 되어 번개 같은 에너지와 천둥 같은 소리 그리고 비바람보다 더 세찬 격정으로 세상을 뒤흔들고 적신다. 여든 나이의 노쇠한 몸속으로부터 그렇게 거대한 에너지를 활화산처럼 뿜어낼 수 있는 배우만이 리어를 연기할 수 있다. 그와 같은 배우를 찾는 것이 거의 불가능한 시대이다. <리어왕>을 공연으로 만들기 가장 어려운 이유이다. <햄릿>도 3시간이 넘는 시간 동안 관객의 눈과 귀를 완전히 사로잡고 그 많은 대사를 하나도 틀리지 않고 소화하면서 극장에 온 모든 관객을 자신의 생각과 마음으로 완전히 물들일 수 있는 배우가 있을 때 비로소 공연으로 제작할 수 있다. 하지만 그럴 수 있는 배우는 거의 사라져 버렸다.

셰익스피어의 캐릭터를 연기한다는 것은 세상에서 가장 거대한 인간을 창조하는 일이다. 그와 같은 인간을 연기하면서 세상에서 가장 거대한 존재로 거듭나는 일이다. <햄릿>의 독백을 다시 예로 들어보자. 햄릿은 "살아야 하는가? 아니면 죽어야 하는가?"라는 질문을 누구에게 던지고 있을까? 단순히 자기 자신에게 하는 질문에 그치는 것일까? 아니면 세상 모든 사람(극장의 모든 관객)에게 묻는 것일까? 또는 하늘에 혹은 신에게 답을 요구하는 질문일까? 어느 쪽 상상이 햄릿이라는 캐릭터를 더 거대하게 하는 선택일까? 당연히 하늘/신에게 던질 때 한낱 미물이나 피조물에 지나지 않는 인간이 우주적 존재로 거대해질 것이다.

햄릿이 생각하고 상상하는 것 중에 작고 사소한 건 하나도 없다. "포악한 운명의 돌팔매와 화살", "창칼을 들고 노도처럼 밀려드는 재앙", "마음의 고통과 육체가 겪어야 하는 오만가지 고통", "최상의 종말, 삶의 완성", "이 세상의 채찍과 모욕", "고결한 인간이 저속한 무리로부터 받는 치욕과 수모" 등과 같은 말들은 하나같이 모두 거대하다. 대부분의 배우가 이 유명한 독백을 제대로 해내지 못하는 것은 어설픈 감정만 생각할 뿐 햄릿이 생각하고 기억하고 상상하는 그 거대함을 실감하지 못하기 때문이다. 혼자만의 생각에 빠져있을 뿐 그 거대함을 온 세상을 향해 확산시키지 않기 때문이다. 독백은 혼잣말이 아니다.

햄릿은 자신이 전혀 알 수 없는 죽음에 대해 생각한다. 배우는 어떻게 하면 햄릿이 생각하고 알고자 하는 죽음을 가장 거대한 크기로 상상할 수 있을까? 한 가지 제안은 빛조차 빠져나올 수 없는 블랙홀을 상상하는 것이다. 블랙홀 너머는 완전한 미지의 영역이다. 햄릿이 죽음에 대해서 알 수 없는 것처럼 우리는 블랙홀 너머에 무엇이 있는지, 그 블랙홀 안에서 어떤 일이 일어나는지 전혀 알 수 없다. 그 거대한 어둠 속으로 빠져나올 수 없게 끌려 들어가는 우주적 상상만으로 우리는 걷잡을 수 없는 두려움에 휩싸이며 죽은 상태에서 깨어나지 못하고 계속 꾸게 될 끔찍한 "악몽"을 저절로 실감하게 될 것이다.

셰익스피어의 캐릭터를 연기하면서 배우는 하늘을 찌를듯한 정신, 무한한 우주와 같은 상상, 온 세상을 뒤흔들 것 같은 정열, 온 세상을 물들이는 마음, 별처럼 빛나는 눈, 햇빛처럼 온 세상을 향해 뻗어나가고 세상 모든 인간을 포용하는 소리를 가져야 한다. 거대한 캐릭터들을 통해서 위대한 배우로 거듭나야 한다. 그것이 배우 입장에서 셰익스피어로 연기훈련을 하는 가장 근본적인 이유이다.

▍통합 적용: 〈십이야〉 1막 5장

지금까지의 모든 논의와 방법을 통합해서 셰익스피어가 쓴 최고의 희극으로 평가받는 〈십이야〉의 두 주인공 바이올라와 올리비아가 처음 만나는 장면을 살펴보자.

1) 〈십이야〉의 극세계

<십이야>는 오시노 공작이 통치하는 "일리리아"(Illyria)를 배경으로 한다. 일리리아는 언뜻 사랑이 가득한 낭만적 세계로 보인다. 하지만 일리리아에 충만해 보이는 그 사랑은 술기운과 다름없이 욕망에 취한 기분 혹은 분위기에 지나지 않는다. 사랑이 주는 자신의 '감정'을 사랑하는 것이지, 진실하고 참된 사랑과는 거리가 멀다. <십이야>의 시작은 이 세계의 통치자가 사랑이 변덕스럽다고 한탄하는 것으로 시작한다.

오시노

오, 사랑의 정령아! 너는 어쩌면 재빠른 변신의 명수더냐.
바다와 같이 무엇이든 포용하면서
일단 그 품속에 들어가기만 하면
아무리 가치 있고 훌륭한 것도
순식간에 천한 흑싸리 쭉정이로 변하더라.
사랑은 얼마나 변덕스러운 것이기에
그렇게 천태만상이란 말인가.

큐리오

사냥하러 가시겠습니까?

오시노

무얼 사냥하려고?

큐리오

사슴사냥이지요.

오시노

암, 그것이라면 내 마음이 벌써 당하고 있다.
오, 내 눈이 올리비아를 처음 봤을 때

공기는 정화되고 역병의 독이 사라지는 것 같았다.
바로 그때 나는 사슴으로 둔갑하였고,
욕망은 잔인하고 포악한 사냥개처럼
나를 뒤쫓고 있단 말이다.

─〈십이야〉 1막 1장

오시노의 한탄에 따르면 사랑은 인간을 아름답게 하고 삶을 위대하게 만드는 것이 아니라, 모든 것을 하찮고 부질없고 의미 없게 만들어 버리는 힘이다. 그가 말하는 사랑은 사실 사랑이 아니라 솟구치는 욕망이 자아내는 안달과 안절부절에 지나지 않는다. 오시노의 한탄 끝에 큐리오가 하는 짧막한 제안이 꽤 의미심장하다. 사랑에 힘들어하는 주인을 보고 큐리오는 마치 매우 간단하게 문제를 해결할 수 있는 것처럼, 이럴 때마다 늘 그렇게 해 온 것처럼 "사슴사냥"을 제안한다. 여기서 "사슴"은 여성을 성적 대상으로 바라보며 농락하는 말로 읽힌다.[219] <십이야>의 세계 속에서 여성은 욕망의 대상(사냥감)으로만 존재하고 남성은 사냥개에게 쫓기듯 그 욕망에 내몰리는 좀비가 되어간다.

이와 같은 세계에 진실한 사랑을 하는 바이올라와 진실한 사랑을 갈구하는 올리비아가 놓여 있다.

---

219) 영어로 hart, 수사슴을 가리키는 말이지만 심장을 뜻하는 heart와 동음이의어(pun)로 쓰였다. 수사슴을 뜻하는 말이기에 여성을 뜻하는 말로 해석하기에는 무리가 있을 수 있다. 하지만 오시노가 자신을 욕망에 쫓기는 사슴과 동일시하는 것에서 알 수 있듯이, 사슴은 사냥해서(go hunt) 포획해야 하는 '욕망의 먹잇감'을 뜻한다. 수사슴도 여전히 사슴이다. 포식자의 입장에서 사슴은 사냥감/먹잇감에 지나지 않는다.

　동음이의어인 'heart'의 관점에서 생각해 보더라도, 사람의 마음을 사냥감/먹잇감으로 생각하는 관점과 태도, 즉 사랑이 남성의 사냥을 통해 획득 가능하다고 여기는 관점과 태도가 배어있다.

2) 극적 상황

난파한 배에서 살아남은 바이올라는 '세자리오'라는 가명을 쓰며 남장을 한 채 자신이 사모하는 오시노 공작을 보좌하며 그의 신임을 얻는다. 그런데 오시노는 올리비아를 사모한다. "정숙한" 올리비아는 얼굴을 베일로 가리고 상복을 입은 채 "앞으로 일곱 번 여름이 오는 동안 하늘에까지도 얼굴을 나타내지 않을 결심"[220]을 하고 "남자하고는 동석하는 것도, 얼굴을 보이는 것도 거부"하고 집에서 두문불출한다. 표면적으로는 죽은 오빠를 추모하기 위해서라고 하지만, 사실 세상 어떤 남자와도 사랑하지 않겠다는 선언에 가깝다. 올리비아가 입은 상복은 "세상에 괜찮은 남자는 다 죽었다!"라고 외치는 듯하다. 사랑을 떠벌리는 남자는 많지만 진정한 사랑을 하는 남자는 없다고 생각하는 듯하다. 오시노는 애타는 마음에 아랫사람을 보내 올리비아에게 계속 구애해 보지만, 심부름 보내는 자마다 족족 문전박대를 당하고 돌아온다. 오시노는 바이올라(세자리오)에게 올리비아를 향한 자신의 마음을 담은 편지를 그녀에게 전해주도록 부탁한다. 바이올라는 전혀 마음이 내키지 않는 일이지만 오시노의 부탁을 거절하지 못한다. 오시노의 편지를 들고 바이올라는 올리비아의 저택으로 향한다.

올리비아의 저택에 도착한 바이올라는 "문 앞에 버티고 서서 뵙기 전에는 빌에 뿌리기 듣는 한이 있어도 한 발자국도 움직일 수 없다고 우기는 거다", "소란이라도 피워라"라는 오시노의 말 그대로 올리비아와의 만남을 거절당하자 소란을 피운다. 남자와는 말도 섞지 않고 얼굴도 보이지 않겠다던 올리비아는 바이올라를 만나기 전 시녀 마리아, 삼촌 써 토비, 집사 말볼리오로부터 "미남 청년", "신사", "어른과 아이 사이"라는

---

220) 이 결심은 바이올라를 보자마자 바로 깨진다. 올리비아의 결심을 죽은 오빠에 대한 애도라는 표면적 이유로만 이해할 수 없는 이유이다.

각기 다른 아리송한 정보들을 전해 듣는다. 자기를 만나겠다고 소란까지 피우는 남자에 대한 궁금증이 커진다. 다시는 남자를 만나지 않겠다던 선언을 한 터라 올리비아는 '저렇게까지 나를 보겠다고 하니 어쩔 수 없이 한 번은 더 만나주겠다'라는 식으로 둘러대며, 시녀 마리아에게 베일을 가져와 씌워 달라고 한 다음 그 남자를 들여보내라고 한다. 얼굴을 가린 채 그 남자를 지켜보고자 한다. 호기심이 괜한 장난기를 발동시키기도 한다.

3) 극적 사건

이 장면에서 일어나는 극적 사건은 오시노를 사모하는 바이올라와 오시노가 사모하는 올리비아의 첫 만남이다. 이 장면의 극적 사건은 바이올라가 남장 여자라는 사실을 관객은 알지만 올리비아는 전혀 모르는 극적 아이러니 속에서 일어난다. 올리비아를 연기하는 배우가 철저하게 바이올라를 남자로 생각하고 사랑하면 할수록 장면의 코미디는 살아난다. 셰익스피어 시대에는 남자배우가 모든 여자 캐릭터를 연기했다. 남자배우가 여성 캐릭터를 연기하고 그 여성 캐릭터가 다시 남장을 하는 구조 자체가 희극성을 담보하는 장치였다.

바이올라는 표면적으로는 오시노의 심부름을 수행하는 척하면서 자신이 사랑하는 오시노가 사랑하는 여인이 도대체 어떤 여자인지 확인하고 싶어 한다. 바이올라가 남장한 여자라는 사실을 전혀 모르는 올리비아는 첫눈에 '지금껏 한 번도 본 적이 없는 박력 있고 멋진 남자'와 사랑에 빠진다. 상대의 정체를 알아보지 못하는 데서 희극성이 발생하고 캐릭터의 착각이 커질수록 희극성이 커진다.

4) 극적 행동

바이올라의 극적 행동은 자신이 사랑하는 남자가 사랑하는 여인의 정체를 알아내려고 한다. 어떻게 생긴 여자인지, 과연 얼마나 아름다운 여자인지도 궁금하다. 표면적으로는 오시노의 부탁을 수행하면서도 바이올라는 무엇보다 오시노를 향한 올리비아의 속마음을 확인하려고 한다. 올리비아가 오시노를 사랑하지 않는다면, 자신에게 사랑의 기회는 여전히 남아 있는 셈이다. 하지만 동시에 자신이 사랑하는 남자의 마음을 괴롭게 만드는 올리비아에게 그러면 안 된다고 따끔하게 말해주려고 한다. 물론 그 와중에 자기 정체와 속마음을 철저하게 숨긴 채 남장이 탄로 나지 않게 해야 한다. 그런데 올리비아가 자신을 남자로 보고 적극적으로 구애하는 난감한 상황에 처하게 되고, 바이올라는 모른 척하면서 올리비아의 모든 구애의 시도를 어떻게든 단념시키고자 노력한다. 몸의 거리를 유지해야 한다. 그렇지 않으면 자신이 여자라는 것이 발각될 위험에 처한다. 장면 안에는 극적 '위기'가 발생하는 순간들이 있는데, 이 장면의 경우에는 바이올라가 여자라는 것이 들통날 위기가 발생하고 바이올라가 그 위기를 어떻게 모면하느냐가 하나의 관전 포인트가 되어야 한다.

올리비아는 처음 보는 유형의 남자에게 보자마자 반하고 만다. 바이올라의 모든 언행은 지금껏 자신이 보아온 어떤 남자와도 다르다. 마치 꿈에서나 본 이상형이 마침내 자기 눈앞에 나타난 것 같다. 올리비아는 이 남자의 정체를 알아내려고 한다. 그래서 다양하게 그를 '시험'한다. 그런데 놀랍게도 이 남자는 모든 시험을 통과한다. 완전히 반한 올리비아는 경박한 여자처럼 보이지 않으려고 노력하면서도 자신의 모든 매력을 발산하여 남자의 마음을 얻으려고 한다. 몸의 거리를 좁히면서 마음의 거리를 좁히려고 한다.

두 캐릭터는 서로의 정체와 진심을 알려고 드는 공방, 구애하고 구애를 뿌리치려는 공방을 벌인다. 그러면서 불꽃 튀는 기싸움, 눈싸움, 머리싸움, 수싸움, 말싸움을 펼친다. 그 과정에서 두 캐릭터는 너무나 당연하게 진실한 사랑에 관한 논쟁을 벌인다. 진실한 사랑에 관한 논쟁이 왜 남녀 캐릭터 사이에서 벌어지지 않고 여성 캐릭터들 사이에서나 가능할까? 이 질문에 대한 답을 생각해 보면 이 장면의 의미가 살아날 것이다.

각 캐릭터의 위치와 변화, 캐릭터 사이의 몸의 거리와 변화, 시선과 각도와 자세의 변화 등을 상상하면서 대본을 읽어야 한다. 하나의 장면은 두 캐릭터 사이에 **시시각각 변화하는 몸의 관계**로 구성된다.

이 장면과 관련해서 한 가지 특이한 점은 두 캐릭터가 처음에는 '산문'(prose)으로 대화를 나누다가 특정 시점에 이르러서야 비로소 운율이 있는 '시'(verse)로 말하기 시작한다는 점이다. 장면의 중간쯤에 이르렀을 때 바이올라가 먼저 시로 말하기 시작하고 머지않아 올리비아도 시로 말하기 시작한다. 대사가 시로 바뀌는 지점이 뜻하는 극적 의미는 무엇일까? 시로 바뀌는 지점은 캐릭터의 내적 상태와 외적 태도가 변화하고 있음을 나타내고 그에 따라 캐릭터의 극적 행동도 사뭇 양상을 달리한다는 것을 가리킨다. 영어로 연기하지 않는 이상 언어의 변화 자체로 캐릭터와 극적 행동을 구현할 수는 없지만, 그 시점에 무엇이 그들의 시성(詩性)을 찾게 하는지를 상상하는 것은 극적 행동을 결정짓는 매우 중요한 연기적 상상이다. 대사가 시로 바뀌는 지점은 각주로 표시했다.

바이올라

어느 분이 고명하신 백작의 따님이신가요?221)

---

221) 등장하면서부터 바이올라가 하는 행동은 매우 빠르게 방안을 살펴보고 올리비아

올리비아

나에게 말해 보세요, 대신 대답할 테니까.222) 용건은?223)

를 찾아내는 것이다. 한 번도 얼굴을 본 적이 없기 때문이기도 하고, 올리비아가 매우 의도적으로 자신을 숨기고 있기 때문이기도 하다. 아마도 올리비아는 바이올라 등장 직전 몸짓으로 시녀 마리아에게 자기 행세를 하도록 시켰을 확률이 크다. 시녀 마리아도 올리비아처럼 베일로 얼굴을 가리고 있을 것이다. 그리고 마리아를 자기 자리에 앉게 하고 자신은 아랫사람 자리에 위치하고 있을지도 모른다.

바이올라는 정확히 올리비아가 누구인지는 몰라도 짐작할 수 있는 예민한 감각을 가지고 있다. 시녀가 주인 행세를 한다고 해도 그 자태와 몸가짐 그리고 아우라에 있어서 차이가 날 수밖에 없다. 거기에 쉽게 속아 넘어가는 캐릭터도 있을 수 있지만, 바이올라는 아니다.

얼른 올리비아를 확인하고 싶어 하는 바이올라에게 자신을 바로 드러내지 않는 올리비아의 태도가 다소 기분을 상하게 한다. 자신이 사랑하는 남자가 열렬히 사모하는 여자다. 애초부터 못마땅한데 이런 대접이 마음에 들지 않는다. 하지만 그런 못마땅함을 그대로 드러낼 수는 없다. 상대는 현재로서는 자신과 비교도 될 수 없을 만큼 높은 신분의 사람이고 자신은 공작의 신하일 뿐이다. 예법에 어긋난 행동을 할 수는 없다. 그렇더라도 바이올라는 깍듯하게 예를 갖추면서 뼈 있는 말을 한다. 올리비아 입장에서 바이올라의 첫인상이 '건방지다'라고 여겨질 수 있는 건 바이올라의 이와 같은 마음에서 나오는 은근한 태도 때문일 것이다. 물론 올리비아에게는 그 건방짐조차 매우 매력적이지만 말이다.

222) "대신"이라는 말로 보아, 올리비아는 마치 자기가 백작의 딸이 아닌 것처럼 연기하는 듯이 보인다. 사실 시녀 마리아가 해야 할 말이다. 마리아가 그렇게 말하려고 하는 순간, 올리비아가 잽싸게 먼저 말해 버리는 것으로 보인다. 다른 남자가 왔더라면 마리아가 한참 혹은 끝까지 말하게 했을 것이다. 그런데 바이올라의 한마디에 참지 못하고 바로 입을 열어 말해 버린다. 보자마자 바이올라에게 반했음을 말해주는 증거이다.

중요한 극적 상황은 지금 바이올라는 올리비아의 얼굴을 보지 못하고 있지만, 올리비아는 베일 뒤에서 바이올라의 얼굴을 뚫어지게 바라보고 있다는 점이다. 얼굴뿐만 아니라 머리끝에서 발끝까지 모든 부분을 살피고 있다. 올리비아 눈에는 바이올라 얼굴의 모든 부분이 너무나 특별한 매력을 가지고 있는 것으로 보

바이올라

더없이 영롱하시고 천하절색에 유일무이의 아름다움을 간직하신 분,224) 제발 말씀해 주십시오. 당신께서 바로 이 댁의 규수이신가요?225) 한 번도

인다. 제일 먼저 맑고 깊은 눈, 처음 보는 색깔의 눈빛에 사로잡힌다. 그의 자세와 태도 심지어 목소리까지도 지금껏 보아온 어떤 남자와도 다르다.

223) 오시노의 편지를 전할 것이었다면 적당히 하고 돌아갔을 만도 한데, 그렇게 소란을 피우면서까지 자신을 만나고자 한 진짜 이유가 있을 것이라고 올리비아는 생각하는 듯하다. 혹은 그렇게 믿고 싶어 하는 것 같다. 왜냐하면 이 남자가 너무 괜찮기 때문이다. 단지 심부름꾼에 지나지 않기를 바라지 않는다.

224) "Most radiant, exquisite, and unmatchable beauty." 아름다움에 있어서 이 세상 누구도 능가할 수 없을 것 같은 찬사이다. 그러나 실제로 얼굴 한 번 본 적 없고, 지금 이 순간에도 얼굴을 확인할 수 없는데 이 말은 대체 어디에서 나오는 것일까? 단순히 예를 갖춰서 하는 말이라기에는 지나치다. 오시노가 편지에 적어 준 말을 그대로 전하는 건가? 지극한 찬사의 말로 상대의 '적대적' 태도를 누그러트리려는 걸까? 아니면 바이올라의 시기심이 "어떤 여자도 그 정도까지 아름다울 수는 없다"라고 생각하면서 하는 아이러니한 말일까? 나중에 얼굴을 직접 확인했을 때 올리비아의 미모가 바이올라에게 어떠한 내적 갈등을 만들어 내는지는 중요한 연기적 이슈이다.

　　문제는 바이올라의 이 말이 바이올라보다 먼저 올리비아의 얼굴을 본 관객의 입장에서 어떻게 들리느냐이다. "정말로 그래"라고 수긍하게 될까? "그 정도는 아니야"라고 비웃게 될까?

　　셰익스피어가 바이올라보다 관객이 먼저 올리비아를 만나게 한 것은 그래야 바이올라를 만났을 때 올리비아가 얼마나 달라지느냐를 보고 알 수 있게 되기 때문이다. 바이올라를 만나기 전의 올리비아(before)와 바이올라를 만나고 나서의 올리비아(after)가 확연히 달라야 희극성이 생긴다. 만약 관객도 바이올라와 마찬가지로 올리비아를 여기서 처음 보게 된다면, 관객은 올리비아가 원래부터 그런 여자일 것이라고 생각하게 된다. 운명적인 상대를 만나면 캐릭터는 둘로 쪼개진다. 그 상반된 둘이 희극을 만들어 낸다. 관객은 그 둘 다를 보아야 한다. 그 둘의 급격한 전환을 보아야 한다. 사랑 앞에 많은 캐릭터는 바보가 된다. 원래부터 바보가 아니라 사랑의 상대 때문에 캐릭터에서 완전히 다른 나가 나타나기 때문이다.

뵌 적도 없어서요. 모처럼 외운 대사를 헛되게 하고 싶지는 않습니다.226) 멋지게 엮은 말이기도 하지만 암송하느라고 꽤나 애를 먹었답니다.227) 아름다운 숙녀들이시여, 저를 너무 멸시하지 말아 주세요. 저는 조금만 홀대를 받아도 주눅이 들고 만답니다.228)

올리비아

어디서 오셨어요?229)

바이올라

저는 연습해 가지고 온 것 이외는 말씀드릴 수가 없습니다.230) 당신께서 이 댁의 규수이신지 부디 말씀해 주십시오.231) 그래야 제가 마련해 온 대사를 계속할 수 있으니까요.

---

225) "당신이 정말로 그렇게 아름다운 여인인가요? 사실인가요?"라는 뉘앙스를 가진다.

226) 바이올라가 "대사"만으로 말하고자 하는 것은 오시노의 편지를 전하는 임무에만 충실하고 자신을 드러내는 말은 어떤 말도 하지 않고자 하기 때문이다.

227) 암송하느라 애를 먹은 이유는 다른 여인을 향한 오시노의 마음을 내 마음에 새기며 외워야 했기 때문이다.

228) 이런 자존심 상하는 심부름을 해야 하는 것만으로도 수치스러운데, 홀대까지 받는다면 자기 처지가 너무 가련해지기 때문이다. 그렇게 되고 싶지 않다. 얼른 전할 말만 전하고 확인할 것을 확인하고 여기를 떠나고 싶다.

229) 일리리아에서는 이런 남자를 본 적이 없는데, 그 출신이 궁금할 수밖에 없다. 이 세상 사람이 아닌 것 같다. "어디 있다가 이제야 나타난 거야?"라는 뉘앙스도 풍긴다.

230) 바이올라가 한 연습은 할 말을 암기하는 데 그치지는 않았을 것이다. 남자 연습, 속마음과 의도를 드러내지 않는 연습, 흥분하지 않는 연습, 떨거나 주눅 들지 않으려는 연습 등을 포함하지 않았을까?

231) 이 시점에 이르러 지금 자신에게 말하는 이가 올리비아가 틀림없다고 확신하고 있는 듯하다. 짧은 몇 마디였지만, 그리고 베일로 얼굴을 가리고 있지만, 예사롭지 않은 아우라가 전해져 오기 때문이다.

올리비아

당신은 배우이신가요?232)

바이올라

아니, 그렇지 않습니다. 욕을 당하고 있으니 말씀드립니다. 저는 이 역을 맡아 하고 있는 그대로의 인물은 아닙니다.233) 당신이 이 댁의 규수이십니까?234)

올리비아

그래요, 내가 나 자신을 앗아간 게 아니라면.235)

바이올라

틀림없는 이 댁 규수이시라면 당신께선 자신을 앗아간 것입니다. 왜냐하면 당신께서는 응당 내어 줄 것을 여태껏 움켜쥐고 있기 때문입니다.236)

---

232) 바이올라가 하려는 말이 "대사"라고 하니까 "지금 여기 연기하러 온 건가요?"라고 묻는 말이기도 하지만, "당신의 정체는 무엇인가요? 그러지 말고 당신이 누군지 밝혀 봐요"라고 요구하는 말이기도 하다. 올리비아는 온갖 미사여구를 동원한 오시노의 찬사에는 아무런 관심도 없다. 전혀 마음이 동하지 않는다. 또 듣고 싶지 않다.

233) 그토록 연습했건만, 바이올라는 "이런 대접을 받을 사람이 아니다. 심부름꾼에 지나는 사람이 아니다"라는 정보를 주고 만다. 이 말이 올리비아의 궁금증을 급격히 증폭시킨다. 본격적으로 이 남자를 알아봐야겠다고 결심하게 한다.

234) 바이올라는 확신을 가지고 아주 강력하게 이 말을 한다. 그래서 올리비아가 더는 자신이 아닌 척할 수 없다.

235) 자기가 아닌 척하면서 좀 더 이 남자를 떠보고 싶지만, 이제 마음이 바뀌었다. 본격적으로 이 남자를 알아보고 싶다. "내가 나 자신을 앗아간 게 아니라면"이라는 말에는 "내가 왜 이러는지 모르겠지만" 혹은 "이리도 이 남자에게 끌리다니 내가 아닌 것 같아"라는 생각이 담긴 말일지도 모른다.

236) 언뜻 오시노에게 마음을 내어주지 않고 있는 것이 잘못되었다고 말하는 것 같지만, 그게 전부는 아닌 듯하다. 마침내 올리비아임을 확인한 바이올라는 자신이 올리비아임을 밝히는 데 이렇게 뜸을 들이며 자신을 골탕 먹인 데 순간 불끈한 것처럼 보인다. 그래서 올리비아의 말을 그대로 받아치면서 준비되지 않은 말을

지금 드린 말씀은 제가 맡은 부분 밖의 일이올시다.237) 우선 아가씨를 찬
양한 다음 진짜 용건을 말씀드리겠습니다.238)

올리비아

중요한 것만 말하세요.239) 칭찬의 말은 그만두시고

바이올라

큰일 났군요! 찬사를 외우느라 밤새워 고생했는데요. 게다가 매우 시적이
죠.240)

올리비아

그렇다면 어차피 멋들어진 거짓투성이일 테니.241) 그만 접어둬요. 당신이
문 앞에서 방자하게 군다기에 당신 얘기를 듣고 싶어서가 아니라 도대체
어떤 **위인**인가 해서 만나본 거요.242) 실성한 게 아니라면 속히 돌아가세

해버린다.
237) 바이올라는 순간 자신도 모르게 선을 넘는 말을 해버렸다는 것을 깨닫고 급하게
말을 수습한다.
238) 잠시 흥분했던 자신이 당황스럽다. 서둘러 원래의 용무로 돌아가려고 한다.
239) 이 남자의 "진짜 용건"은 무엇일까? 그것만이 올리비아의 관심사이다. 칭찬의 말
은 수도 없이 들었고, 모두 빈 껍데기에 지나지 않는다는 것을 올리비아는 안다.
올리비아가 원하는 건 참사랑에서 나오는 말이다.
240) 오시노의 말을 전하는 것이 급선무인데, 시작하기도 전에 그것을 거부하는 올리
비아 때문에 바이올라는 당혹스럽다. 물론 그 당혹스러움을 티 내지 않고 감추려
고 하면서 하는 말이다. "시적"이라는 말로 올리비아의 호기심을 사려고 한다.
바이올라에게 "시적"이라는 것은 사람의 사랑하는 마음이 빚어낸 말의 결정체라
는 의미이다.
241) 바이올라와 달리 올리비아에게 "시적"인 말들은 모두 거짓으로 여겨진다. 본심과
상관없이 꾸며 낸 미사여구에 지나지 않는다고 여긴다. 일리리아에는 그런 말들
만 넘친다는 것이 지금까지 올리비아의 경험인 듯하다. 머지않아 올리비아는 바
이올라의 아름다운 마음이 빚어낸 완전히 새로운, 참다운 시를 만나게 된다. 그
리고 그 시로 인해 바이올라와 빠져나올 수 없는 사랑에 빠진다.
242) 올리비아는 왜 바이올라를 만나기로 했는지 자신의 의중을 슬쩍 내비친다. 영어

요. 정신이 멀쩡하다면 간단히 말해요.243) 난 지금 그따위 주정머리 없는 말 상대를 할 심정이 아니니까요.

마리아

자, 닻을 올리실까? 뱃길은 저쪽이요.244)

바이올라

옳아, 갑판 청소 담당 선원이시구면. 그러나 난 여기 좀 더 정박해야겠소.245) 아가씨, 저 장골인 여장부246)의 입을 좀 봉해주실 수 없을까요? 어쩌시겠습니까? 저는 메신저247)입니다.

로는 "to wonder at you than to hear you"라고 하면서 자신의 문 앞에서 소란을 피운 배짱 있는 남자가 누군지 궁금해서 만나자고 한 것이니 딴소리하지 말고 자신이 누구인지 말하라고 요구한다.

243) "be mad"와 "have reason." 미친 것과 이성을 가진 상태를 대비해서 말하고 있는데, 그것은 아마도 "자신을 연모하는 마음이 있거든 여기 있고, 아니면 용건만 밝히고 꺼지라"는 말처럼 들린다. 올리비아는 밀고 당기는 공방을 주도적으로 이끌어 간다.

244) 마리아는 바이올라를 '배'에 비유하고 그녀의 행보를 '항해'에 비유하고 있다. 항해 중 난파를 당해 바이올라는 이곳에서 남장을 하며 지내게 되었다. 난파로 인해 그녀의 여정이 틀어지기는 했지만 끝난 것은 아니다. 그녀는 여전히 인생을 항해 중이다.

　마리아는 바이올라에게 여기는 당신이 정박할 곳이 아니니 떠나라고 말한다. 마리아가 바이올라의 속사정을 알 리는 없지만, 매우 예리한 눈매를 가지고 사람을 꿰뚫어 보는 능력이 있음은 작품 여기저기에서 확인이 된 바이다. 아마도 시녀로서 윗사람들을 오래 관찰해 온 경험에서 생겨난 안목일 것이다. 주인보다 똑똑한 하인은 여러 극에 등장하는 캐릭터이다.

245) 비유에 비유로 맞대응한다. 물론 마리아의 비유 능력을 훌쩍 뛰어넘는 비유 능력을 가진 바이올라이다. 이 맞대응을 보고 듣고 있는 올리비아 입장에서는 매우 멋진 맞대응으로 받아들여진다.

246) 시녀 마리아의 건장한 몸에 비하면 왜소하고 약한 몸을 가진 바이올라이지만 기상·기개·기지에 있어서만큼은 누구에게도 뒤지지 않는다. 진정한 여장부는 바이올라이다.

올리비아

분명 흉측한 애길 전하실 모양이네. 말하려는 품수가 험한 것을 보니.248)
자, 받아 온 분부를 말끔히 펼쳐 봐요.249)

바이올라

아가씨에게만 말씀 올려야 할 이야기입니다.250) 본인은 선전포고하러 온
것도 항복을 재촉하러 온 것도 아닙니다.251) 손에 올리브 가지를 쥐고 있
습니다. 드릴 말씀은 내용도 평화롭기만 합니다.252)

---

247) 사랑의 메신저 큐피드임을 자임하는 것일까? 메신저 역할에 충실하겠다는 각오
일까?

248) 바이올라의 강경한 태도에 마음이 상해서 하는 말이라기보다는 밀당 혹은 시험
의 말로 보인다. 자신이 조금 더 까칠하게 굴어보면 어떻게 나올까 궁금한 것이
다.

249) "그럼 어서 말해 봐요. 진짜 용건까지 싹 다. 이런 실랑이는 그만하고"란 뜻이다.

250) 바이올라는 올리비아와 단둘이 있기를 원한다. 그냥 오시노가 전하라고 한 말만
전하면 되는데 왜 굳이 둘이서만 있으려고 할까? 첫째, 바이올라가 오시노를 아
끼고 그의 마음을 소중히 하기 때문이다. 비록 자신이 아니라 다른 여인을 향한
마음이지만 그 마음은 매우 사적인 것이고 소중하기에 들으면 안 되는 자들에게
까지 오시노의 사적인 마음을 알리고 싶지 않다. 둘째, 주변에 다른 이의 시선이
없는 상태에서, 즉 주변의 시선에서 자유로운 상태에서 올리비아도 어떤 여자인
지 더 드러날 것이라고 생각하기 때문이다. 물론 자기 자신도 주변의 시선을 신
경 쓰는 데서 벗어나 조금은 덜 긴장한 상태로 올리비아를 상대할 수 있을 것
같다.
  하지만 바이올라의 제안은 미처 생각도 못 한 결과를 초래한다. 바이올라의
제안은 올리비아에게 매우 설레는 제안이 된다. 이 멋진 남자와 단둘이 있고 싶
은 마음이 솟구친다. 야릇한 상상이 올리비아의 몸에 전율이 흐르게 한다. "단둘
이서? 뭐 하자는 거지?"에서 시작해 "진작에 그렇게 말하지 그랬어"로 생각과
마음이 변화한다.

251) 올리비아를 연적으로 생각하고 누가 오시노를 차지할지 담판 지으러 온 것이 아
니라는 사적인 마음이 담긴 말이다.

252) 올리비아의 귀에는 "이런 티격태격은 그만두고 둘이서 좋은 시간 보내요"라고

올리비아

하지만 처음엔 불손했어요.253) 당신은 대체 누구예요? 어떻게 하려는 건 가요?254)

바이올라

제가 무례한 횡포를 했다면 문전 홀대를 받아서 배웠기 때문이지요. 제가 누구이고 무엇을 하려고 하는지는 처녀의 순결만큼이나 내보일 수 없는 것255)입니다. 아가씨의 귀에 들어가면 신성하지만, 다른 사람 귀에 들어가면 모독이 됩니다.256)

올리비아

모두들 잠시 비켜 줘. 신성한 말씀을 들어야겠으니.257)

들린다.

253) 부드럽게 바뀐 남자의 태도에 올리비아도 태도를 바꾼다. 남자치고는 고운 외모를 가진 것과는 달리 나쁜 남자처럼 구는 거친 태도가 올리비아의 마음을 사로잡았었다. 하지만 거친 태도가 계속 이어지자 마음이 토라지려던 참이다. 이 순간 마음이 누그러지면서 "언제까지 날 그렇게 거칠게 대할 참이었어요? 하마터면 마음 상할 뻔했잖아요"라고 투정하는 듯하다.

254) 이제 올리비아는 진짜로 이 남자가 누구고 어떤 남자이고 나랑 무엇을 하고 싶은지 알고 싶다.

255) 그것이 참마음, 참사랑이라고 바이올라는 생각한다. 오시노를 향한 자신의 사랑을 오시노나 올리비아에게 전혀 드러내거나 내비칠 수 없는 것처럼 말이다. 반면 올리비아는 이 남자가 처녀의 순결을 원하듯이 자신을 원하고 있다고 생각하게 된다. 심장이 미친 듯이 뛴다. 둘만 남겨지면 당장에라도 그에게 달려들고 싶다. 그러나 자제해야 한다. 그의 마음을 완전히 확인할 때까지 참아야 한다.

256) 내가 들으면 신성하지만 다른 사람이 들으면 모독이 되는 것이 과연 무엇일까? 올리비아는 빨리 알고 싶다. "신성한 것"(divinity), 지금껏 신성한 것을 자신에게 말하려고 드는 남자는 없었다.

257) 자신을 제지하려는 마리아를 막아서며 하는 말이다. 시녀 마리아의 입장에서는 올리비아의 이런 결정이 너무나 뜻밖이다. 올리비아가 남자와 단둘이 있겠다고 한 적이 없었기 때문이다. "아가씨가 수상하다"라며 마리아 입장에서는 묘한 호

(마리아와 종자들 퇴장)258)

자, 그 말씀을 들을까?259)

바이올라

이 세상에서 가장 아름다운 여인이시여— 260)

기심이 발동하기 시작할 수 있다.

258) 주변 사람들이 퇴장하고 나면, 이제부터 올리비아에게는 남자와 단둘이 있는 설레고 야릇한 시간이 되며, 바이올라에게는 연적과 단둘이 있는 비장하지만 침착해야 하는 시간으로 바뀐다.

259) 올리비아는 사적이고 은밀한 모든 순간을 즐길 준비가 되었다.

260) 바이올라는 오시노가 준 말을 연습한 대로 전하는 것이지만, 올리비아에게는 바이올라의 말이 이 남자의 말인 것처럼 들린다. 자신의 아름다움에 반했다는 말로 들린다. 그 시작이 기분 좋고 설렌다. 그래서 미처 다 듣기도 전에 그 말에 반응한다.

바이올라가 이 말을 연습한 것처럼, 자신의 말이 아닌 것처럼 서툴게 연기하려는 배우가 있을 수 있지만, 그것은 바이올라라는 캐릭터를 서툴게 이해하는 데서 비롯된 것이다. 바이올라는 오시노의 마음을 정성을 다해서 전하려고 한다. 그래서 마치 자기 자신의 말처럼 하게 되고 그것이 올리비아를 설레게 한다. 올리비아는 "세상에서 가장 아름다운 여인이시여"가 "세상에서 제가 가장 사랑하는 여인이시여"로 들리는 듯하다.

작가가 다른 이의 말을 특정한 캐릭터의 육성을 통해서 전하는 설정을 할 때 여기에는 매우 중요한 원리와 이유가 있다. **모든 인간이 내는 소리는 세상에서 하나밖에 없는 그 사람만의 울림이다.** '소리 자체가 그 사람이다'라고 말해도 과언이 아니다. 특히 소리는 말과 달리 그 사람의 '마음의 울림'이다. 그래서 다른 이의 말을 전할 때 단순히 그 말만을 전하게 되지 않는다. 그 말을 전하는 캐릭터의 마음이 울림/소리에 담길 수밖에 없다. 바이올라가 전하는 말은 바이올라만의 울림/소리로 전해지게 된다. 그 세상에서 가장 특별하고 깊은 마음을 가진 바이올라이기에 말을 전하는 그녀의 울림/소리가 세상에서 가장 특별하고 깊게 전해져야 한다. 올리비아는 그 울림/소리를 듣고, 그 울림/소리가 다른 남자들과는 완전히 다르다는 것을 안다.

올리비아

어머나 고마운 설교네. 얼마나 많은 부연이 있을까.261) 당신의 말은 어디에서 나오는 건가요?262)

바이올라

오시노의 가슴 속에서.263)

올리비아

그분의 가슴 속에서?264) 가슴 속의 제 몇 장이죠?265)

바이올라

그 식을 따르자면 심장의 제1장이지요.266)

올리비아

아! 그것이라면 벌써 읽었어요. 그것은 사교의 가르침267)입니다. 달리 할 말은?268)

---

261) 다음 말들이 너무 기대되고 설렌다. 그래서 요란을 떨게 된다.

262) 올리비아는 이 남자의 말이 생각에서 나오는 말인지, 마음에서 나오는 말인지, 몸(욕망)에서 나오는 말인지 알고 싶어 한다.

263) 가슴에서 나오는 말이기에 사랑의 말이 된다. 올리비아와는 달리 바이올라는 오시노의 말이 진실한 심장에서 나오는 말이라고 믿고 있다.

264) 올리비아가 전혀 기대하지 않았던 실망스러운 대답이다. 첫마디를 이 남자의 말이라고 생각했고 이 남자의 말을 더 듣고 싶었다. 그런데 오시노의 말이라니!

265) 가슴 속 몇 장이냐는 질문 자체가 숱하게 들어온 오시노의 말이 가슴 전체(온 마음)에서 나온 말이 아니라고 판단하고 있음을 반증한다.

266) 올리비아의 비유를 그대로 받아서 답한다. 올리비아를 향한 사랑이 오시노의 마음에서 가장 큰 부분을 차지한다고 ─ 오시노를 사랑하는 바이올라의 관점에서는 매우 서글픈 일이다 ─ 답하는 표현이다.

267) 왜 올리비아는 오시노의 말을 "사교의 가르침"(heresy)으로 여길까? 올리비아는 오시노의 달콤한 말들이 자신의 몸을 탐하고 싶어서 하는 거짓된 말이라는 것을 안다.

268) "그러니 오시노의 말을 전하는 것은 그만두고 당신의 마음을 이야기해 봐요"라는 의미이다.

바이올라

아가씨, 얼굴을 보여 주십시오.269)

올리비아

주인에게서 제 얼굴과 담판하라는 분부라도 받고 왔어요? 본문에서 벗어 났군요.270) 하지만 좋아요. 커튼을 젖혀 제 화상을 보여드리죠.271) 자, 보실까요. 방금 그린 것을요.272) 어때요, 괜찮은 작품인가요?273)

---

269) 갑자기 바이올라는 올리비아에게 얼굴을 보여주기를 요구한다. 말을 나눌수록 올리비아의 얼굴을 보고 싶은 마음이 계속 커졌다. 도대체 어떻게 생겨 먹은 여자인지 궁금해 미칠 것 같다. 어떤 여자이길래 이리도 오시노의 마음을 아무렇지도 않게 내팽개칠 수 있는 것일까? 올리비아가 구사하는 언어의 날카로움과 미사여구를 거의 쓰지 않는 담백함이 예사롭지 않다. 필시 보통 여자가 아닐 것이다. 그리고 비록 남장으로 가리기는 했지만 내 눈과 얼굴은 상대가 볼 수 있는데 난 상대의 눈과 얼굴을 볼 수 없다는 것이 매우 불리하고 부당하게 느껴진다.

270) 바이올라를 뜨끔하게 만드는 정곡을 찌르는 말이다. 그렇지만 올리비아는 이 요구가 재밌고 좋다. 내 얼굴을 보고 싶어 하는 것이 오시노의 말을 전하는 것 외에 이 남자가 나를 보러 온 다른 이유가 있을 거라고 생각하게 만든다.

271) 올리비아는 싫은 척하면서도 기꺼이 자신의 얼굴을 보여주고자 한다. 자신의 얼굴을 봤을 때 이 남자의 반응이 궁금하다. "분명 내 얼굴을 보고 나면 나와 사랑에 빠지지 않을 수 없을 테지"라는 생각이 묘한 승리감을 준다.

272) 올리비아는 베일을 걷어 자신의 얼굴을 보여준다. 바이올라와 올리비아의 눈이 처음으로 마주친다. 물론 올리비아는 베일 뒤에서 이미 바이올라의 눈을 보았었다. 올리비아가 본 바이올라의 눈은 더없이 맑고 깊은 눈이다. 이런 눈을 본 적이 없었다. 지금 이 순간 바이올라가 보고 있는 올리비아의 눈도 마찬가지이다. 이보다 더 아름답고 깊고 밝은 눈을 본 적이 없다. 바이올라를 향한 호기심과 관심이 올리비아의 눈을 더욱 빛나게 한다. 시간이 멎은 듯 두 사람은 서로의 눈을 들여다본다. **두 주인공 캐릭터가 처음으로 눈이 마주치는 순간은 항상 극에서 제일 중요한 순간이다.**

올리비아는 자신의 얼굴을 확인한 바이올라의 반응을 면밀히 살핀다. 아니나 다를까 자신의 얼굴에 완전히 사로잡힌 듯하다. 몹시 흡족하다. 올리비아가 그렇게 착각하게 되는 것은 올리비아를 본 바이올라 내면에 일어나는 일들 때문이다.

바이올라

굉장히 좋습니다. 하느님의 절묘한 걸작입니다.274)

올리비아

자연의 채색이라, 모진 비바람에도 변하지 않아요.275)

바이올라276)

일단 너무 아름답다. 생각했던 것보다 훨씬 더 아름답다. 아니 이렇게 아름다운 얼굴을 본 적이 없다. 오시노 공작이 사랑에 빠질 만하다. 단지 외모만 출중한 것이 아니라, 그 외적 아름다움이 내적 아름다움과 올곧은 기상·기개·지조의 결정체이기에 숨 막힐 정도의 우아함과 품격을 가지고 있음을 바이올라는 알아본다. 이것은 바이올라에게는 매우 안 좋은 소식이다. 오시노의 마음을 자신이 차지할 가능성이 다 사라져 버리는 것 같기 때문이다. 아름다움에 있어 이 여자를 이길 수 없다. "이제 어떻게 해야 하나? 이 여자를 이길 수 없다면 나는 여기서 무엇을 해야 할까?", 이 고민이 바이올라를 휘감아 온다.

273) 자신의 얼굴을 보고 넋을 잃은 듯한 모습이 올리비아에게는 이 남자가 자신에게 완전히 반한 것으로 보인다. 이 남자의 반응이 매우 흡족해서 묻는 말이다.

274) 자신도 모르게 넋을 잃었다는 사실에 놀라 정신을 차리며 하는 말일 것이다. 타고난 미모가 이 정도일 수 있다니 믿기지 않는다.

275) 올리비아의 미모가 비바람을 견뎌내는 "자연적" 아름다움, 꾸며낸 아름다움이 아니라 건강한 아름다움이라는 것이 강조된다. 아마도 올리비아는 특별히 화장기 없는 얼굴로 바이올라를 맞이하고 있을 것이다. 밖에 나갈 일이 없으니 화장에 크게 신경 쓰지 않았을 것이고, 바이올라를 맞기 전에 화장할 겨를도 없었을 테니까.

276) 두 캐릭터는 지금껏 산문으로 대화를 이어왔다. 이 시점부터 바이올라는 시로 말하기 시작한다. 왜일까? 만남의 시간이 길어지고 깊어지면서 두 캐릭터는 점차 가장(假將)과 소모적인 기싸움에서 벗어나 서로를 여자 대 여자, 인간 대 인간으로 대하기 시작한다. 바이올라가 먼저 시작하고 그녀의 변화가 곧 올리비아의 변화를 낳는다.

시로 말을 하기에 지금부터 하는 바이올라의 말들은 '진심'이 자아내는 말이 된다. 비록 자신이 여자라고 밝힐 수는 없으나, 바이올라는 더 이상 쓸데없는 공방을 내려놓고 올리비아를 진심으로 대하기 시작한다.

참으로 오묘한 자연의 솜씨로 자연의 손이 붉고 흰 빛깔을 어울려 멋지게 아름다움을 그려놓은 것입니다.277) 아가씨, 당신이야말로 천하에 둘도 없는 잔인한 분입니다.278) 그 아름다움을 고스란히 무덤까지 가지고 가 이 세상에 한 장의 사본도 남기시지 않는다면요.

올리비아

별말씀을 다 하시네. 난 그런 매정한 여잔 아니에요!279) 내 아름다움을 명세서를 만들어 남겨놓으면 되겠죠. 한 점 한 점 빠짐없이 재산목록으로 기록하여 유언장에다 남겨놓을 거예요. 이렇게 말이에요. 일, 상당히 붉은 입술 두 개. 일, 쌍꺼풀이 진 파란 눈 두 개. 일, 목 한 개, 턱 한 개 등 등.280) 그런데 나를 품평하러 당신을 보낸 건가요?281)

---

277) 바이올라는 올리비아의 자연적 아름다움을 그대로 인정한다. 그 인정은 외모적으로 그녀가 올리비아를 이길 수 없다는 사실을 인정하는 것이 되기도 한다.

278) 그렇게 인정하고 나니, 올리비아의 미모가 매우 "잔인하게" 느껴진다. 표면적으로는 이런 거부할 수 없는 아름다움의 사본을 남기지 않으려는, 즉 남자와 사랑을 나누고 아이를 갖지 않으려고 하는 것이 올리비아를 사랑하는 남자(오시노)에게 너무나 잔인한 일이라고 말하는 듯하지만, 내적으로는 자신이 어떻게 하더라도 이 아름다움을 이길 수 없기에 잔인하게 느껴진다.

279) "어머, 당신에게는 아니에요. 당신과 함께라면 기꺼이 사본을 남기겠어요"라는 속뜻을 가진 말이다.

280) 올리비아는 아름다움의 명세서를 작성하면서 바이올라가 자신의 몸을 하나하나 나 보게 한다. 사신의 몸을 바라보는 이 남자의 시선을 슬기면서 말이나. 이 남자의 마음을 사로잡기 위해서 본격적으로 행동하기 시작하는 듯하다. 이 아름다움의 명세를 그냥 말로만 늘어놓는 연기를 해서는 안 된다. **모든 말은 심리와 행동과 불가분의 관계에 있고 매 순간 상대를 상대하고 상대에 반응하면서 진행된다. 연기에 혼잣말은 없다. 캐릭터는 자기 자신이 아니라 상대 캐릭터에 초집중해 있는 상태로 극 속에 존재한다. 자기 자신을 잊어버릴 정도로 말이다. 자기 자신을 잊어버렸기에 다른 나가 저절로 드러나도록 말이다.**

281) 올리비아는 다시 한번 짓궂게 장난을 친다. "내 몸이 그렇게 마음에 들어요? 갖고 싶죠?"라는 뉘앙스를 풍기면서 말이다. 물론 올리비아는 이 남자가 내 몸만을

바이올라

당신이 어떤 사람인지 이제야 알았습니다.282) 아가씨께서는 너무도 기품이 높으십니다.283) 허나 아가씨가 마귀라 해도 아름다운 것만은 틀림없습니다.284) 저의 주인은 당신을 사랑하십니다. 아! 아무리 당신이 절세의 미의 왕관을 썼다고 해도 아가씨께서 그 사랑을 받으면 응답하지 않을 수 없을 것입니다.285)

올리비아286)

원하는 남자이기를 바라지 않는다. "이제 여기 온 진짜 이유를 말해 봐요", 혹은 "당신은 나를 어떻게 생각하나요?"와 같은 말을 속으로 하면서 던지는 말이다.

282) "I see you what you are." 상대를 있는 그대로의 상대로 본다는 의미이자, 연적이라는 색안경을 쓰고 보지 않고 올리비아를 있는 그대로의 '사람'으로 본다는 의미가 담겨 있다. 동시에 내가 보는 그 사람에 걸맞게 말하고 행동해 달라고 요구하는 말이 되기도 한다. 보는 것이 달라지면 행동도 달라지기 마련이다.

　이 말은 이 극의 주제어가 될 만한 중요한 말이다. 일리리아에 사는 사람들은 서로를 이렇게 보고 있지 않기 때문이다.

283) "pride." 바이올라는 올리비아에게서 보이는 어떤 '우월성'을 부정적으로 인식하고 있지 않은 듯하다. 내적 기품이 외적 기품으로 그대로 드러난다고 생각한다. 그래서 이 여인을 인정할 수밖에 없다.

284) 설령 올리비아의 안이 거짓과 사악한 생각들로 가득 차 있다고 해도 그녀의 아름다움 자체는 독보적이다. "누군들 사랑에 빠지지 않을 수 있겠습니까?"라는 의미를 내포하고 있다.

　바이올라는 더 이상 올리비아를 여자로서 이기려고 하지 않는다. 다만 자신이 그토록 사랑하는 오시노가 올리비아 때문에 더 이상 괴로워하지 않기를 바랄 뿐이다.

285) 바이올라는 오시노의 사랑을 마치 자신의 이야기인 것처럼 진정성을 가지고 올리비아에게 어필하고자 한다. 그 진정성이 올리비아의 태도에 변화를 낳는다.

286) 여기서부터 올리비아도 시로 말하기 시작한다. 바이올라의 사뭇 달라진 태도에 올리비아도 가식적인 모습과 게임하는 듯한 태도를 내려놓고 진정성을 가지고 진실한 모습으로 이 남자를 대하기 시작한다. 소리의 울림도 달라진다. 어쩌면 올리비아의 입장에서는 여기서부터가 진짜 사랑의 장면이 된다.

나를 어떻게 사랑해 주시는 거죠?287)

바이올라

신을 숭앙하는 연모와 비 오는 듯한 눈물, 우렛소리와 같은 사랑의 신음, 불타는 탄식을 토하며.288)

올리비아

공작님께서는 내 마음을 아십니다. 사랑할 수는 없어요.289) 확실히 그분은 덕망이 높으시고 신분도 높으시고 영토도 넓고 청수하시며 젊으시고 나무랄 데 없는 분이에요. 세상의 평판도 좋고 성품은 관대하시고 학식과 용기가 있으십니다. 용태도 훌륭하시고 품위가 있으십니다.290) 하지만 그분을

---

287) 오시노가 자신을 어떻게 사랑하는지는 이미 다 알고 있는 바이기에, 새로울 게 전혀 없을 거라고 생각하며 던지는 말이다. 혹시라도 자신이 모르는 것이 있다면 알고 싶다는 마음까지 더해서 말이다. 바이올라가 워낙 진심 어린 말로 전하기에 이 질문을 하는 올리비아의 태도도 사뭇 달라진다.

그런데 올리비아는 다음에 이어지는 바이올라의 답에 깜짝 놀라게 된다. 상상도 못 한 답을 듣게 된다.

288) 사랑은 한 사람의 영혼을 송두리째 흔들어 놓는다. 그리고 그 흔들림을 통해 인간은 성장하고 변화하며 자신을 완성해 간다. 바이올라의 이 말은 단지 오시노의 말을 전하고 있는 것이 아니라 자신이 그런 사랑을 하는 데서 나오는 말이다. 자신이 사랑하는 사람을 가장 아름다운 언어로 변호해 주고 있다.

바이올라의 이 말은, 그녀의 의지와 상관없이, 올리비아의 마음을 완전히 사로잡는다. "세상에 이런 사랑을 하는 남자가 정말로 있다면! 눈앞의 이 남자가 바로 그런 남자라면!" 만약 이 남자를 사랑할 수 없게 된다면 자신도 그렇게 될 것 같은 상상이 일어난다.

289) 올리비아는 앞에서 공작의 말을 "사교의 가르침"이라고 불렀던 것과 같은 적대적이고 냉소적인 태도를 내려놓는다. 그의 사랑이 진심인 것을 알지만, 그가 아무리 자신을 사랑한다고 하더라도, 자신의 심장이 그를 사랑하지 않는데 자신에게 사랑을 강요할 수는 없다. 거절하고 거절해도, 자신의 마음을 분명히 밝혔는데도, 열 번 찍으면 안 넘어갈 나무가 없다는 듯이 계속 달려드는 그가 부담스러울 수밖에 없다. 남자들은 자기가 사랑하면 여자도 자신을 사랑해야 한다고 생각하는 것인가? 그렇게 사랑할 수는 없다.

사랑할 수 없어요.291) 이 대답을 이미 오래전에 드렸어요.

바이올라

만약 제가 아가씨를 저의 주인같이 사랑의 열정이 불타며 그처럼 고민하고 그처럼 **생명**을 바치듯 한다면 어찌 그런 거절이 귀에 들리겠습니까?292) 무슨 소리인지 이해하지 못할 것입니다.293)

올리비아

그럼 당신이라면 어떻게 하겠어요?294)

---

290) "a gracious person." 올리비아도 오시노를 있는 그대로의 사람으로 보고 그 우아한 기품을 인정한다. 이 말은 올리비아의 마음 가장 깊은 곳에서부터 들려오는 "아무리 좋은 사람도 사랑하지 않은데 어찌 억지로 사랑할 수 있겠는가? 아무도 나의 고충을 알아봐 주는 자가 없다"라는 마음(내적 고뇌)의 울림을 담은 말이다.

오시노에 대한 올리비아의 묘사는 바이올라를 놀라게 한다. 여자임을 숨기고 오시노의 곁에서 그를 지켜본 결과 갖게 된 자신의 생각과 정확히 일치하기 때문이다. 가까이에서 보지도 않고 오시노를 그렇게까지 이해하고 있는 올리비아의 안목이 놀랍다.

291) "나는 당신을 사랑하고 있으니까요", "나와 당신이 말한 그런 사랑을 해봐요"라는 마음을 담은 말이다.

292) 올리비아의 말에 바이올라는 올리비아가 겪어야 했던 마음고생을 이해할 수 있게 되었다. 하지만 동시에 그렇게 거절당했음에도 불구하고 사랑을 멈출 수 없는 오시노의 마음이 동시에 이해된다. 심장이 멈추지 않는 것처럼 오시노를 향한 자신의 사랑을 멈출 수 없기에 할 수 있는 이해이다. **사랑과 생명은 하나이다.** 심장이 뛰기 때문에 살아있고 심장이 뛰기 때문에 사랑한다. 심장이 멈추면 사랑도 생명도 멈출 것이다. 안톤 체홉의 <갈매기>도 생명 같은 사랑을 말하는 작품이다.

293) 이건 바이올라의 착각일 수 있다. 지금 자기 눈앞에서 올리비아가 자신을 그렇게 사랑하기 시작했기 때문이다.

294) "만약 내가 생명을 바치듯 사랑한다면"이라는 바이올라의 가정(假定)의 말이 올리비아의 마음을 불타게 한다. "이 남자가 그런 사랑을 한다면 어떻게 될까?" 너무나 궁금하다.

바이올라

사랑하는 사람의 문 앞에다 버드나무 가지로 엮은 오두막집을 지어놓고 저택 안의 나의 영혼에 호소할 것입니다. 얕보인 것이라 해도 진실한 사랑의 슬픔을 가사로 지어 초목도 잠자는 한밤중에 소리쳐 노래 부르겠습니다. 사방의 언덕을 향해 아가씨의 이름을 불러 메아리를 울리게 하고 종알대는 공기를 뚫고 "올리비아!"라고 하는 겁니다. 그렇게 되면 아가씨께서는 이 몸을 측은히 여겨주시지 않는 한 이 천지간에 한시라도 편히 쉬지 못하게 될 것입니다.295)

---

295)   "Make me a willow cabin at your gate,
          And call upon my soul within the house;
          Write loyal cantons of contemnèd love,
          And sing them loud even in the dead of night;
          Hallow your name to the reverberate hills,
          And make the babbling gossip of the air
          Cry out 'Olivia!' O you should not rest
          Between the elements of air and earth
          But you should pity me!"

바이올라는 올리비아와 관객들을 상상의 세계로 초대한다. 올리비아와 관객이 자신이 상상하는 것을 선명하게 보게 한다. 바이올라의 이 상상은 생명 같은 사랑을 하는 그녀의 심장이 낳는 상상이며, 영혼이 꾸게 하는 꿈이다. 올리비아는 이 남자가 자신을 "my soul"이라고 부를 때 크게 감명받고 "Olivia"라고 자신의 이름을 불러주었을 때 심장이 멎는 듯하다. "아, 이 남자는 영혼의 사랑을 하는 남자구나!" 올리비아는 바이올라의 상상에 완전히 젖어 들게 되고 그녀의 심장을 완전히 이 남자에게 내어주게 된다. 이 남자와 같은 꿈을 꾸고 싶다.

바이올라의 이 말들은 <십이야> 전체에서 가장 중요한 말이 된다. 바이올라를 연기하는 배우는 이 상상을 모든 관객이 보고 함께할 수 있게 해야 한다. 꾸며 낸 말로는 절대 불가능한 일이다. 오직 배우의 영혼과 심장에서부터 샘솟는 진실한 사랑의 마음이 낳는 상상과 소리이어야 한다. 이 모든 상상을 관객이 있는 방향으로 상상의 스크린에 펼쳐 보이고 스크린에 보이는 것을 가장 아름다운 울림

올리비아

당신이라면 그렇게 하겠네.296) 당신은 어떤 신분의 사람이죠?297)

바이올라

"그야 지금의 운명보다야 훨씬 높은 것이죠. 하지만 현재 처지도 나쁘지는 않습니다. 근본은 신사니까요."298)

올리비아

돌아가서 주인께 전하세요. 나는 그분을 사랑할 수 없으니 다시는 사람을 보내지 마시라고. 그러나 당신 주인이 내 말을 어떻게 받아들이셨는지 알려주러 당신이 온다면 그건 별문제예요.299) 안녕히 가세요.300) 수고가 많

으로 말하고 전해야 한다.

296) 이런 사랑을 하고 이런 꿈을 꾸는 남자를 본 적이 없다. 바이올라의 상상은 올리비아의 모든 상상을 뛰어넘는 상상이거나, 혹은 어느 누구에게 한 번도 말해 본 적 없지만, 올리비아 자신이 꾸던 사랑의 꿈에 가장 가까운 상상일 것이다. "당신이리면 그렇게 하겠네요"는 "그대가 내 운명이에요. 내가 평생 꿈꾸어 온 사랑이 바로 당신이에요"라는 마음이 담겨 있다.

297) 결혼의 가능성을 염두에 두고 올리비아는 바이올라의 신분을 묻는다. 눈앞에 보이는 모습과는 다른 신분의 사람임이 틀림없다. 신분의 차이로 사랑을 방해받고 싶지 않다. 현실적이고 계산적인 말로 들릴 수도 있지만, 올리비아라면 설령 신분 차이가 난다고 하더라도, 물론 어마어마한 고민거리가 되겠지만, 그 신분의 차이를 뛰어넘어서라도 사랑을 성취하려고 할 것이다.

298) 자신이 여자임을 밝힐 수 없기에, 바이올라는 자신의 신분에 대해 수수께끼 같은 말을 남긴다. 그리고 올리비아의 정신은 이 수수께끼를 풀기 위해 분주하게 움직인다.

299) 오시노에 대한 마음을 다시 한번 분명히 밝히고, 즉 그와의 선을 확실하게 긋고, 이 남자와 다시 만나고 싶다고 말하는 셈이다. 다음번에는 심부름을 오지 말고, 혹은 심부름을 핑계 대서라도, 그냥 자신을 보러 오라고 하는 말이다. 다음번에 자신을 찾아왔을 때는 어두운 상복을 벗어 던지고 가장 아름답게 치장하고 그를 맞을 것이다.

300) 헤어지기 너무나 아쉽지만, 지금의 상태 그대로, 즉 이렇게 준비가 안 된 상태로 이 남자를 계속 상대하는 것은 예의가 아니라고, 자신의 마음에 맞지 않다고 생

았어요. 자, 이걸.301)

바이올라

저는 품삯 받고 심부름 온 사람이 아닙니다. 그 돈은 넣어두세요. 정말 보답을 받으실 분은 저의 주인이지 제가 아닙니다.302) 사랑의 신이여, 앞으로 아가씨께서 사랑할 사람의 가슴을 제발 차돌같이 만들어 주시고 아가씨의 불타는 연정은 저의 주인처럼 무참히 냉대받게 해 주시기를!303) 안녕히 계십시오, 아름답고 잔인한 여인이여.

(퇴장)

올리비아304)

각한다. 온 마음을 다해 정성스러운 준비를 한 상태에서 그를 다시 만나야 한다.

301) 사랑을 하는 심장은 상대를 위해 무언가를 하고 싶어 하고 무언가를 주고 싶어 한다. 무엇이든 다 해 주고 무엇이든 다 줄 것이다. 그러고 나서도 더 해 주려고 한다.

302) '돈을 마다하는 남자라니!' 올리비아는 지금껏 돈을 마다하는 남자를 본 적이 없다. 완벽한 남자다!

303) 아이러니한 말이 된다. 올리비아가 사랑하는 사람이 바로 바이올라 자신이 되기 때문이다. 올리비아 이상으로 마음을 차갑게 하지 않는다면, 올리비아의 사랑을 떨쳐버릴 수 없으리라.

　　자신의 모든 것을 다해 오시노의 사랑을 전하려고 했건만 꿈쩍도 않는 올리비아의 마음이 놀랍기도 하면서 이해가 되지 않는다. 올리비아의 마음을 이리도 바꿔놓지 못한다면, 언젠가 자신이 오시노의 마음을 움직여야 할 때 과연 해낼 수 있을까? 자신의 미래에 암울한 그림자가 드리우는 것 같다.

304) <십이야>의 첫 독백(soliloquy)이 올리비아에게 주어진다. 주변에 아무도 없는 상태에서 캐릭터의 가장 솔직한 모습이 드러난다. 바이올라와의 장면을 통해 남자와 단둘이 있을 때 여자로서의 올리비아의 모습이 드러난다면, 이 첫 독백을 통해 바이올라와 함께 있을 때는 볼 수 없었던 올리비아의 또 다른 면이 드러난다. 올리비아는 둘로 갈라진다. 미친 듯이 사랑을 원하고 그 사랑에 빠지는 나와 정신 똑바로 차리려는 나, 사랑에 나를 잃고 싶은 나와 사랑에 나를 잃지 않으려는 나를 빠르게 오간다.

"당신은 어떤 신분의 사람이죠?"하고 내가 묻자 "그야 지금의 운명보다야 훨씬 높은 것이죠. 하지만 현재 처지도 나쁘지는 않습니다. 근본은 신사니까요"하고 대답했겠다. 틀림없는 신사야.305) 당신의 말씨, 용모, 체격, 거동, 심정, 어느 모로 보나 지체가 높은 징표야.306) 조급하게 굴지 마. 안돼! 안 돼!...307) 주인과 저분을 바꾸어 놓다니.308) 정말 내가 왜 이럴까! 이렇게 갑자기 상사병에 걸린 건가?309) 아마 그 젊은이의 아름다운 모습이 나도 모르게 살며시 내 눈 속에 숨어들어 온 모양이지.310) 되는대로 될 수밖에.311) 이봐요, 말볼리오!

---

305) 올리비아는 바이올라가 남긴 수수께끼와 같은 말을 계속 생각하고 자신이 원하는 쪽으로 모든 것을 짜 맞추어 생각하게 된다.

306) 자신이 본 모든 것, 그 모든 남다름과 특별함이 이 남자가 지금의 신분에 그칠 수 없다고 믿게 한다.

307) 남장을 한 바이올라에게 걷잡을 수 없이 매료되어 온갖 상상에 사로잡힌 올리비아는 가까스로 자신을 저지한다. 조급해하고 안달이 나는 자신이 매우 낯설고 당황스럽다. 마치 병에 걸린 것처럼 자신의 생각과 행동이 믿기지가 않는다. 자신을 이렇게 뒤흔들어 놓은 남자는 없었다.

308) "어떻게 세상에 이런 일이 있을 수 있지?", "저 남자가 차라리 주인이었다면 얼마나 좋을까?"와 같은 생각이 담긴 말이다.

309) 계속되는 흥분에 자신을 주체하기 힘들다. 하지만 주체해 내야 한다.

310) "눈에 들어왔다"는 것은 눈이 곧 영혼을 의미하기에 내 영혼이 계속해서 이 남자를 보고 그리워하게 됨을 의미한다.

311) 올리비아는 모든 것을 운명에 맡기고 이 사랑을 기꺼이 해보려고 한다. "그러려면 그를 다시 만나야 한다. 어떻게 해야 하지?" 올리비아의 머리가 빛의 속도로 방법을 찾는다. 한 가지 묘책이 떠오른다. 말볼리오를 시켜서 자신의 '반지'를 전해주는 것에서 시작해 보기로 한다.

올리비아를 연기하는 배우에게 이 장면은 철저하게 사랑의 장면(love scene)이어야 한다. 로미오를 처음 만난 줄리엣처럼 연기할수록, 그리고 사랑 때문에 두 가지 다른 나로 갈라지면 갈라질수록 이 장면의 희극성은 살아날 것이다.

이 장면과 관련해서 풀어야 할 한 가지 숙제는 바이올라가 어느 시점에 올리비아가 자신을 남자로 생각하고 있다는 것을 인지하느냐이다. 이 장면에 이어지는 독백에서 바이올라는 올리비아가 자신을 남자로 보고 있다고 확신한다. 자신도 어쩔 수 없는 난감한 상황이 벌어지고 만 것이다. 바이올라는 분명 장면 안에서 그것을 인지하는 시점이 있었을 것이다. 그 시점은 올리비아를 연기하는 배우의 연기에 의해 바뀔 수 있다. 하지만 그것을 인지하는 시점부터 바이올라는 올리비아가 자신을 남자로 보지 않게 하기 위해서 모든 노력을 기울이게 된다. 그리고 몸의 거리를 좁히고 들어오는 올리비아와의 몸의 거리를 유지하거나 벌리려고 할 것이다.

▌ 극적 상상력과 비상(飛翔)의 꿈

대본은 캐릭터가 입 밖으로 내뱉은 말만 기록하고 있다. 입 밖으로 내뱉은 말은 극 전체에서 최대 8.3% 정도만을 차지한다. 나머지 91.7%는 적혀 있지 않고 그래서 보이지 않기에 상상이 필요하다. 말과 말 사이에, 말 밑에 어떤 일이 일어나고 있는지, 매 순간 캐릭터가 자신의 내·외부에서 무엇을 보고 듣고 감각하고 있는지, 어떤 생각·기억·상상·마음·충동·욕구가 말을 낳았는지, 무엇을 말하지 않는지, 캐릭터의 몸은 무엇을 말하고 있는지 좋은 대본에는 일체 설명이 없다. 그래서 상상 없이 대본을 읽을 수 없다. 대본에 적힌 말만을 가지고 연기하는 배우는 초등학교 수준의 연기를 하게 될 뿐이다.

배우는 대본을 보면서 자신만의 극적 상상을 펼칠 수 있어야 한다. 모든 예술가는, 뛰어나면 뛰어날수록, 위대하면 위대할수록, 자신만의 독보적인 상상을 하는 존재이다. 자신만의 상상을 하지 못하는 자는 아류(亞流)가 되어 남의 상상을 쫓아만 가거나 모방하는 신세로 전락한다. 극에 대한 이해가 깊어지면 질수록 자신만의 고유한 상상으로 극과 캐릭터를 볼 수 있게 되어야 한다. 그래야 남이 시키는 연기, 남을 추종하는 연기가 아니라 자기 연기를 하는 배우가 될 수 있다. 자기 연기를 할 수 없는 자는 배우로서의 존재 가치가 없다.

자기 연기를 할 수 있는 배우만이 연출·감독과 진정 협력할 수 있는 예술가가 된다. 자기 연기를 할 수 없는 배우는 연출·감독에 종속된 존재가 되어 연출·감독이 시키는 연기만을 하게 된다. 자신만의 상상을 하는 배우가 자신만의 상상을 하는 연출·감독을 만나 그 상상을 결합하고 조정하고 새로운 상상을 모색하는 것, 그것이 전문예술가로서의 배우가 작업하는 방식이다.

어느 누구도 예술가의 상상을 검열할 수 없다. 예술가의 모든 상상은 그 '유일무이함'(uniqueness) 때문에 가치를 얻는다. 유일무이한 상상을 하는데 맞고 틀리고가 있을 수 없다. 맞고 틀리고를 걱정하고 염려하는 배우는 아직 두려움에서 벗어나지 못한, 훈련되지 못한 배우에 지나지 않는다. 극을 통해 자신의 상상력을 해방시키고, 극세계와 극적 상황과 사건, 극적 인간, 극적 행동에 대한 상상의 나래를 마음껏 펼쳐 보자. 머릿속으로만 상상하지 말고 온몸과 마음을 움직여 가며, 그 상상에 걸맞는 모든 소리를 내면서 상상해 보자. 모든 것은 그 이후에 제대로 이해할 수 있을 것이다. 해보기 전에 알 수 없다. 자유로운 상상과 중단 없는 시도 그리고 극에 대한 무한 탐험은 배우를 결국 도약하게 한다. **극적 상상으로 '비상'(飛翔)의 꿈을 꾸는 자, 그 이름 배우이다.**

▎ 충만한 배우와 연기적 카타르시스

캐릭터는 극 속에서 항상 '충만한' 상태로 존재한다. 생각·기억·상상이 충만하고 마음이 충만하고 정서가 충만하다. 그 충만함이 낳는 모든 소리와 몸짓과 움직임도 충만하다. 캐릭터는 그 충만함이 감당하고 견뎌 낼 수 있는 인계점을 넘어서까지 커지는 순간들을 경험한다. 가슴이 터질 듯이 벅찬 상태에 도달한다. 그리고 아주 가끔은 그 터질 듯한 충만함이 폭발하기도 한다. 바람 빠진 풍선처럼 맥 빠지고 기운 없고 느슨한 연기가 발붙일 곳은 극에 한순간도 없다. 그런 연기는 캐릭터와 아무 상관도 없는 연기이다.

또한, 충만한 배우는 그 충만함을 혼자 가지고 있는 것이 아니라 극장과 스크린에 가득 채움으로써 관객의 관극 경험을 충만하게 한다. 자신의 모든 충만함을 관객에게 아낌없이 나누어 줌으로써 자신을 비운다. 그것이 배우가 연기하면서 느끼는 '카타르시스'(*katharsis*)이다. 카타르시스는 거의 관객의 입장에서만 이야기되고 있지만, **배우에게 연기적 카타르시스란 충만함의 경험과 그것을 아낌없이 나누어 줌으로써 도달하는 비움의 경험이다.** "메소드연기로 가는 길" 첫 번째 여정, 『자유와 상상 그리고 사랑』에서 말한 "물들지 않은, 하지만 쉽게 물들 수 있는, 그러면서도 깨끗이 지워 낼 수 있는 순수의 공간을 가진 존재, 그가 배우다"를 충만함과 비움의 관점에서 다시 말해 보면, '아무것도 들어 있지 않은, 하지만 쉽게 가득 채울 수 있는, 그러면서도 아낌없이 비워 낼 수 있는 빈 공간을 가진 존재, 그것이 배우이다.' 배우에게 있어서 극장이란 나눔과 비움의 공간이다. 나눔과 비움의 다른 이름은 '희생'(犧牲)이다. 배우의 연기는 희생의 제의적 행동이다.

셰익스피어의 극과 캐릭터들은 배우를 충만한 존재가 되게 하고 그 충만함을 아낌없이 나눠주며 비워내는 존재가 되도록 이끌어 준다. 그 충만함과 나눔과 비움의 경험을 셰익스피어를 통해서 만끽하도록 하자. 충만함과 나눔과 비움을 통해 배우는 자신을 계속 '정화'(淨化)하면서 끊임없이 순수하고 자유롭고 거대한 존재로 거듭나고 재탄생하게 된다. 그것이 배우의 '자기실현'(自己實現)이다. 배우에게 연기는 희생을 통한 자기실현의 정화의식(淨化儀式)이다.

⟨리어왕⟩ 들여다보기
― 메소드배우를 위한 대본 분석

이제 ⟨십이야⟩를 통해 하나의 장면을 연기적으로 분석해 보았으니, 이를 하나의 막에 적용해 보자. 셰익스피어가 쓴 최고의 작품인 ⟨리어왕⟩의 1막을 들여다보자. 5막 전체를 들여다보면 좋겠지만, 지면의 제약으로 인해 1막만 들여다보도록 하자. 앞서 모든 분석과 해석이 그러하였지만, 여기서 들여다본 것들이 결코 정답일 수 없다. 저자의 안목과 해석 그리고 상상의 결과들이다. 저자가 여전히 보지 못한 것들도 있을 것이다. 그러나 이런 식으로 대본을 들여다보고 나면 누구보다 대본을 잘 읽고 상상하고 해석할 수 있는 배우가 될 수 있는 토대가 마련될 것이다. 이 책의 모든 내용은 배우의 극적 상상력을 자극하고 그를 자신의 몸과 소리를 통해 구체화·형상화하기 위한 것이다.

남다른 연기는 대본을 보는 남다른 눈과 불가분의 관계에 있다. 얕은 물은 오염되지 않았다면 훤히 다 들여다보인다. 그러나 깊은 물은 그렇지 않다. 작품도 깊이가 얕은 작품은 들여다보기 쉽다. 그러나 좋은 작품들은 모두 바다와 같은 깊이를 가지고 있다. 그 깊이를 보는 것이 서브텍스트를 보는 것이다. 배우가 그 깊이를 보지 못하면 아무리 좋은 작품의 좋은 캐릭터도 평범한 작품과 캐릭터로 전락한다. 명작을 범작으로 추락시키는 잘못은 너무나 쉽게 목격되는 바이다. 거대한 바다를 수중 탐사하는 다이버처럼, 대본의 바다를 마음껏 헤엄치도록 하자.

1막

1장 리어왕의 궁전

켄트, 글로스터, 에드먼드 등장.312)

켄트

폐하께서는 콘월 공보다 올버니 공에게 더 기운 것 같더군요.313)

---

312) 글로스터는 왜 왕궁에 들어오면서 장남인 에드거를 두고 에드먼드를 데리고 왔을까? 켄트와의 사적인 자리처럼 보이지만, 엄연히 왕좌가 놓인 왕궁 안에서 왕이 등장하기 직전에 이루어지는 만남이다. 그런 자리에 에드먼드를 데려온 것은 공개 석상에서 서자인 에드먼드를 공개하는 행동이다. 그런 상황에서 작품의 첫 대사는 여러모로 의미심장하다. 리어가 콘월보다는 올버니를 더 총애한다고 언급하는데, <리어왕>의 **평행플롯(parallel-plot)**, 혹은 **서브플롯(sub-plot)**을 형성하는 글로스터 집안 이야기는 리어왕 왕족의 이야기와 궤를 같이한다. 켄트가 하는 작품의 첫 대사는 "늘 장자를 더 좋아하시는 줄 알았는데, 왜 서자를 데리고 나오셨습니까?"라고 말하는 것과 같은 효과를 가진다. 글로스터도 리어처럼 극의 시작 시점에 특정 자식을 편애하고 있는 것을 암시한다.

아마도 리어가 코딜리어 때문에 그렇게 분노하지 않았다면, 글로스터는 왕에게 자식을 인사시키고 자랑하려던 계획이었을 것이다. <햄릿>에서 폴로니어스가 아들 레어티즈를 그렇게 하는 것처럼 말이다. 리어가 오늘 이 자리를 오랫동안 계획하고 준비해 온 것처럼, 글로스터도 에드먼드를 위해 오늘 이 자리를 미리 계획하고 준비했을 것이다. 리어와 글로스터의 차이는, 코딜리어는 리어를 진정으로 사랑하지만, 에드먼드는 글로스터를 그렇게 사랑하지 않는다는 점이다. 딸의 사랑을 알아보지 못해 리어가 고통당하는 반면, 글로스터는 에드먼드의 속내를 보지 못하고 거짓 사랑에 속아 넘어간 대가로 두 눈을 뽑히고 고통당한다는 것에 두 캐릭터의 차이가 있다.

에드먼드 입장에서는, 아버지가 자신을 공적인 자리에 데리고 나왔다는 것 자체가 매우 상징적이고 중대한 의미를 가진다고 간주하게 된다. 그는 형의 자리를 넘보게 되고 자신이 충분히 그럴 자격이 있다고 확신하게 된다.

313) <리어왕>의 첫 대사는 켄트가 제공하는 정보로 시작된다. 이 정보가 다른 캐릭터가 아닌 리어의 충신인 켄트의 입 밖에서 나왔다는 점에서 보다 '믿을 수 있

글로스터

그렇게 보이긴 하는데 막상 영토를 분배하신 걸 보면 어느 쪽을 더 생각하고 계시는지 도무지 알 수가 없어요. 양쪽에 똑같이 나누어 주었으니 아무리 따져봐도 우열을 가릴 수가 없더군요.314)

는' 정보가 된다. 켄트가 왜 그런 판단을 했는지는 정확하지 않다. 다만 켄트의 인식이 사실이라면, 리건과 콘월은 매우 불만스러울 것이고 쉽게 승복하지 않을 것이다.

또한 켄트가 글로스터에게 이 첫마디를 건네는 것은 사실상 어떤 질문이거나 떠보는 말일 수도 있다. "왕의 마음이 그렇게 기우는 것에 당신이 영향을 끼쳤습니까? 왕께서 그렇게 결정하도록 이끈 이유가 있습니까?"와 같은 식으로 말이다. 말은 항상 상대를 향하고 캐릭터가 어떤 말을 꺼낼 때는 그 말을 통해 상대에게서 어떤 반응을 이끌어 내거나 정보를 얻어 내려고 하는 것이다.

생각해볼 점은 켄트가 "리건 공주보다는 거너릴 공주에게 기울었다"라고 표현하지 않고 왕의 딸들의 남편 이름을 가지고 이야기하고 있다는 점이다. <리어왕>의 극세계가 어떤 세계인지를 읽어 내는 데 힌트가 되는 중요한 언급이다.

314) 켄트와 글로스터는 다른 인식을 보인다. 글로스터가 삼등분이 매우 동등하게 이루어졌다는 것은 그의 인식의 한계를 드러내는 부분이지, 객관적인 정보가 아니다. 삼등분은 그 자체로 그리고 본질적으로 동등할 수 없다. 언뜻 그렇게 보일 뿐이다. 예를 들어, 서울을 삼등분한다고 가정해 보자. 아무리 동등하게 분할한다고 해도 누구에게 '강남, 서초, 그리고 여의도'가 분배될지가 초미의 관심사가 될 것이고, 그곳을 차지한 자가 승자라고 여길 것이다. 그리고 삼등분 자체가 첫째 거너릴의 입장에서는 매우 부당한 일이다. 원래 전부 자기 것이 될 것을 아버지가 인위적으로 나누려고 하고 있기 때문이다. 거너릴은 아버지가 자기 것을 빼앗는다고 생각한다.

글로스터가 이 말을 떠벌리는 식으로 말하느냐, 혹은 은밀히 비밀스럽게 켄트에게 말하느냐에 따라 글로스터라는 캐릭터의 성격이 달리 보인다.

나중에 왕국의 분할에 대해 격렬하게 반대하고 저항하는 켄트가 글로스터로부터 이 말을 듣고 아무 반응이 없는 것은 매우 의아한 부분이다. 극의 이 시점에 켄트는 문제의 심각성을 아직 인지하지 못한 걸까? 아니면 영토의 배분이 이루어지더라도 리어 사후에 이루어질 거라고 생각하기 때문인가?

켄트

이 청년이 아드님이 아닙니까?315)

글로스터

내가 키우기는 했습니다만 내 아들이라고 할 때마다 어찌나 얼굴이 달아오르는지... 이젠 면역이 됐지만요.316)

켄트

무슨 말씀인지 잘 모르겠군요.317)

글로스터

이 녀석의 어미는 내 말을 잘 들었지요. 그래서 배가 점점 불룩해졌고... 침상에서 남편을 맞기도 전에 요람에 아기가 생겼다고나 할까요. 이제 제

---

315) 켄트가 화제를 돌린다. 글로스터가 하는 말ㅡ어떻게 보면 다소 수다스러운ㅡ이 믿기지 않거나 반박하기 싫어서일 것이다. 하지만 동시에 처음 보는 청년의 존재에서 풍겨 오는 기운, 그리고 그의 출중한 자태, 혹은 그가 하는 몸짓이나 행동 등 때문에 눈이 돌아갔을 수도 있다. 만약 에드먼드가 한 몸짓이나 행동 때문이라면, 그것에도 다양한 해석이 가능하다. 예를 들어, 에드먼드가 시선을 끌기 위해 의도적으로 어떤 몸짓이나 행동을 했다고 해석할 수도 있고, 궁에 처음 들어와 본 청년이 궁전을 신기해하며 어쩌면 궁중 법도에 어긋나게 행동했기 때문에 시선을 끌었다고 해석할 수도 있다.

316) 글로스터가 결혼도 하지 않은 여자와의 사이에서 아들을 낳았다는 사실을 실제로 얼마나 부끄러워하고 있을지는 미지수다. 다음에 이어지는 에드먼드를 낳게 된 배경ㅡ정실부인은 부재하고 정부(예쁜 여자)와 쾌락을 추구하다 자식을 낳았다는ㅡ에 대해 글로스터가 떠벌릴 때 그가 하는 말들은 요즘 관객에게 호감을 사기 힘들다. 그런 이유 때문에 관객들에게 글로스터의 첫인상은 썩 좋지 않다. 글로스터의 호들갑은 <리어왕>의 세계가 어머니가 부재하는 세계, 남자들에 의해 좌지우지되는 세계라는 것을, 그러면서도 아이러니하게 왕위를 물려주려고 하는 왕에게는 아들이 없는 상황ㅡ어떻게 보면 그 자체가 일촉즉발의 위기를 몰고 올 것 같은 상황ㅡ을 암시하는 말일 수 있다.

317) 갑자기 말을 두루뭉술하게 그리고 능글맞게 하기 시작하는 글로스터의 화법을 꼬집는 말이다.

실수를 눈치채셨죠?

켄트

실수라도 잘한 실수로군요. 이렇게 훌륭한 열매를 맺었으니.318)

글로스터

그런데 내게는 이 애보다 한 살 많은 적자가 있어요.319) 이 녀석은 누가 부르지도 않았는데 주제넘게 세상에 태어난 놈입니다. 제 어미는 아주 예쁜 여자라, 애가 생기기 전에는 상당히 재미를 보았고, 그래서 사생아지만 자식으로 받아들이지 않을 수가 없더군요. 에드먼드, 이 어른을 아느냐?

에드먼드

아뇨, 모릅니다.320)

글로스터

켄트 백작이시다. 지금부터 내가 존경하는 분이니 앞으로 잘 모셔라.

에드먼드

백작님께 인사 올립니다.321)

---

318) 켄트는 한눈에 에드먼드가 가진 외모의 출중함을 알아본다. 에드먼드는 매우 잘 생긴 외모와 감탄을 자아내는 몸을 가졌다. 그에 부합하는 배우를 캐스팅해야 극의 모든 가정이 말이 된다. 에드먼드가 자신이 형보다 훨씬 낫다고 생각하는 것이 관객에게 납득되려면, 그리고 거너릴과 리건이 에드먼드를 두고 암투를 벌이는 것이 관객에게 납득되려면, 그와 같은 극적 전제가 관객에게 납득되려면 그에 걸맞는 배우를 캐스팅해야 한다. 그렇지 못하면, 관객 입장에서 극이 말도 안 되는 것에 억지를 부린다고 느끼게 된다.

319) 장자 에드거에 대해서는 이름도 말하지 않고 짧게 넘어간다. 그리고 에드먼드를 가질 때 보았던 재미를 떠벌리기에 바쁘다.

320) 아무것도 모르는 것일까? 이름과 명성은 이미 아는데, 얼굴을 처음 보는 것일까? 아니면 에드먼드의 성격상 다 알면서 모르는 척 거짓말하는 것일까? 왕궁에 들어오면서 만나게 될 사람들에 대해 에드먼드가 조사하고 파악했을까? 글로스터는 에드먼드를 데리고 오면서, 왕궁에서 만나게 될 사람들에 대해서 어떤 식으로든 '교육'했을까?

321) 에드먼드에게 켄트의 첫인상은 어떤 모습으로 다가왔을까? 아버지와 친하고 왕

켄트

반갑네. 앞으로 가까이 지내세.322)

에드먼드

예, 기대323)에 어긋나지 않도록 노력하겠습니다.

글로스터

애는 9년 동안 외국에 나가 있었는데, 이번에 또 가게 되었죠.324)

(트럼펫 소리)

폐하께서 오시는군요.

과 가까운 사이라는 것 정도는 당연히 간파했다. 하지만 그는 켄트에게서 어리숙한 아버지와는 확연히 다른 무언가를 느꼈을 것이다. 자신의 앞길을 막을 사람처럼 보일까? 열어 줄 사람처럼 보일까?

322) 글로스터에 비해서 세상과 인간을 보다 똑바로 볼 줄 아는 켄트에게 에드먼드의 첫인상은 어떠한가? 마음에 없는 말을 하지 않는 성격이기 때문에 켄트가 빈말을 하고 있지는 않은 듯하다. 하지만 여기서 켄트가 에드먼드를 간파하지 못한 것은 에드먼드가 그만큼 더 교묘하다는 사실을 말해주는 것일까? 아니면 켄트 역시 사람을 꿰뚫어 보는 능력이 완전치 않다는 사실을 말해주는 것일까?

323) 이 '기대'를 어떤 기대로 해석하느냐에 따라, 의미가 달라지고 말의 아이러니가 생길 수 있다. 혹시라도 "무엇을 보시게 되든 상상 그 이상일 것입니다"라고 섬뜩하게 예고하고 있는 건 아닐까?

324) 물론 이것은 아버지의 바람이나 계획이지, 에드먼드가 바라는 것은 아니다. 에드먼드가 정말로 다시 외국에 나가기를 원한다면, 이어질 꿍꿍이를 계획할 필요가 없다. 9년에 걸친 외국 생활이 어떠했느냐에 대해서는 아무런 정보가 없다. 하지만 에드먼드가 9년간이나 아버지·어머니 없이 홀로 외국에서 생활했다는 것은 에드먼드의 성격 형성에 큰 역할을 했을 것이다. 에드먼드의 인격에 문제가 있다면, 그렇게 오랫동안—아마도 10대의 대부분을—부모 없이 자랐기 때문일지도 모른다. 외국생활이 만족스러웠거나 그립다면 에드먼드는 기꺼이 다시 외국으로 나가려고 들겠지만, 그렇지 않은 것으로 보아, 에드먼드에게 외국생활이 그렇게 좋은 것은 아니었으리라 추정된다. 그리고 어쩌면 에드먼드는 자신이 외국으로 다시 나가게 될 것이라고는 생각도 못 했는데, 아버지가 갑자기 그런 계획을 언급해서 당황할지도 모른다.

(작은 왕관을 든 사람에 이어 리어, 콘월, 올버니, 거너릴, 리건, 코딜리어 및 시종들 등장)325)

리어

글로스터, 프랑스 왕과 버건디 공을 들라 하라.326)

---

325) 왕인 리어가 쓰지 않고 왕관이 앞에 들려져 들어오고 있는 것이 시각적으로 눈에 띈다. 셰익스피어는 1막 시작 장면에서 리어왕의 왕족을 구성하는 모든 구성원을 한자리에 모이게 하여 관객들에게 전시한다. 그리고 극이 끝날 때 마찬가지로 모든 구성원을 다시 전시한다. 물론 극이 끝날 때 이 구성원들의 대부분은 죽음을 맞이한 상태이다. 매우 의도적이고 흥미로운 구성이다. 왕과 왕족의 행차 그리고 배치에는 정치적 서열과 이해관계가 뚜렷이 혹은 교묘히 반영되어 연출되어야 한다. 거너릴 부부와 리건 부부가 부부끼리 같이 등장하는 것이 아니라, 올버니와 콘월이 먼저 등장하고 거너릴과 리건이 뒤를 따르는 구도도 <리어왕>의 남성중심적 세계를 가시화한다.

　왕족의 전 구성원이 등장하는 설정은 바로 이전까지 있던 짧은 장면에서 글로스터가 장자 에드거는 두고 에드먼드만 데리고 온 것과 매우 대조를 이룬다. 셰익스피어는 <리어왕> 전체에서 글로스터 부자가 셋 다 모이는 장면을 한 장면도 써넣지 않았다. 언제나 글로스터와 에드먼드, 에드먼드와 에드거, 에드거와 글로스터의 조합만 존재한다. 셋밖에 되지 않는 가족이 다 같이 한 장면 안에 존재하지 못하게 함으로써, 셰익스피어는 글로스터 가족의 비극을 더 강조한다. 마치 <햄릿>에서 햄릿과 오필리어가 둘만 등장하는 장면을 갖지 못한 것과 비슷하다. 셰익스피어의 극작이 언제나 놀랍고 읽는 이에게 경탄을 자아내게 하는 것은 바로 이런 부분들 때문이다.

326) 리어의 첫 대사는 '명령'으로 시작한다. 절대군주로서의 리어의 위상을 보여주려고 한 언어적 설정일 것이다. 그러면서도 동시에 전 왕족의 행차에서 빠진 '프랑스 왕'과 '버건디 공작'에 대한 궁금증을 유발하는 설정이다. 왜 애초에 프랑스 왕과 버건디 공작도 같이 등장하게 하지 않았을까? 아마도 두 캐릭터는 아직 리어의 가족이 아니기에 가족 전체가 한자리에 위치한 그림을 강조하기 위해서였을 것이다. <리어왕>을 전혀 읽어보지 않은 관객이라면, 방금 등장한 많은 캐릭터를 두루두루 살피는 데 정신이 팔려 있을 것이다. 왕의 지시적 명령은 일차적으로 관객의 시선을 리어에게 집중시키면서—글로스터가 왕의 명령에 복종하는 모습에서 왕의 위엄이 고스란히 느껴진다—관객들에게 프랑스 왕과 버건디 공작

글로스터

예, 폐하.327)

(퇴장)328)

에 대한 호기심과 관심을 일순간에 불러일으킨다.

그리고 지금 이 순간 무대 위에 거의 모든 캐릭터가 위치하고 있는데, 프랑스 왕과 버건디 공작을 위해 어떤 공간을 비워둘 것이냐가 연출적으로 중요한 부분이 된다. 두 사람을 위한 빈 공간이 반드시 있어야 하고, 어느 곳을 비워두느냐에 따라 두 캐릭터가 등장하기 전까지 관객의 시선이 머물게 되는 곳이 달라질 것이기 때문이다. 아마도 부부로 쌍을 이루어 등장하는 두 언니와는 달리 홀로서 있는 코딜리어와 그녀 주변에 비워진 공간이 어떠한 '결손'의 이미지를 형성하면서, 관객은 앞으로 등장하게 될 두 캐릭터가 코딜리어와 연관되어 있을 것이라고 예상하게 된다.

327) 매우 짧은 대답을 통해, 글로스터가 리어라는 왕에게 어떻게 복종하느냐가 보이고, 그에 따라 왕으로서 리어의 권위가 어떠한지에 대한 인상이 생긴다. 또한 글로스터가 부재한 상태에서 리어가 모든 것을 설명하는 것으로 보아, 사전에 리어와 글로스터는 오늘 일에 대해서 상당한 논의를 같이한 듯이 보인다. 거너릴과 리건의 입장에서 보면, 왕국을 삼등분한 것이 리어 혼자만의 결정이 아니라 글로스터가 옆에서 도운 결정이라고 여길 수 있으며, 그로 인해 글로스터에게 잠재적 반감을 갖게 될지도 모른다. 이후에 리건과 콘월이 글로스터의 눈을 뽑아버리는 형벌은 아무리 봐도 너무나 가혹한데, 그런 가혹함이 어디에서 나온 것일까 관객은 의아하게 생각하지 않을 수 없다. 전적으로 리건과 콘월의 잔혹한 성격 때문만이 아니라, 정치적으로 깊은 원한이 리건 부부에게 쌓여 있었기 때문에 생긴 일일지도 모른다.

328) 글로스터의 퇴장이 남기는 의문은 에드먼드의 무대상의 위치이다. 이 순간 이후 에드먼드에 대한 언급은 리어가 퇴장할 때 함께 퇴장한다는 것 말고는 어디에도 없다. 그렇다면 에드먼드는 무대의 어느 곳에 위치해야 한다. 문제는 이 공식 석상에서 에드먼드를 위해 지정된 자리가 없다는 것이다. 마땅히 있을 곳이 없어서 켄트 뒤에 숨어 있듯이 있을 수도 있지만, 에드먼드는 어쩌면 비공식적인 위치에서-아마도 거리를 두고 이 모든 광경을 지켜볼 수 있는 위치에서-이제부터 벌어질 모든 일을 '목격자'나 '관객'처럼 보게 되는지도 모른다. 모든 것을 지켜본 에드먼드가 다음 장면에 바로 자신의 속마음을 이야기하도록 셰익스피어는 장면

리어

이제부터 그동안 가슴속에 품어왔던 계획을 말하겠다.329) 그 지도를 다오.330) 우선 나의 왕국을 셋으로 나누어 놓았다.331) 나의 계획은 모든 국

배열을 했을지도 모른다.

　에드먼드가 모든 광경을 지켜보면서 알거나 깨닫게 된 중요한 사실은, 왕이 자신의 왕국과 재산을 한 자식에게 몰아주지 않고 겉보기에 셋에게 공평하게 나누어 주려고 한다는 점이다. 에드먼드도 자신이 에드거와 동등한 자격이 있다고 여기게 될 것이다. 또한 코딜리어의 영토가 박탈당하는 것을 보고 자신도 아버지가 에드거에게 갈 재산을 박탈하게 만들 수 있다고 생각하게 된다. 코딜리어가 아버지에게 '거역'하는 광경을 보면서, 왕도 거역을 당하는데, 자신의 아버지라고 거역당하지 말라는 법이 없다고 느끼게 된다. 어떻게 하면 코딜리어처럼 모든 것을 빼앗기지 않고 아버지를 거역하면서 자신의 '정당한' 몫을 챙길 수 있을지 생각한다. 거너릴과 리건의 입에 발린 말들에 리어가 넘어가는 것을 보면서, 아버지가 듣고 싶어 하는 말들을 귓가에 들려주면, 아버지는 훨씬 더 속이기 쉬울 것이라고 판단하게 된다.

329) 이제부터 벌어질 일은 리어가 오랫동안 숙고하고 계획해 온 일이다. 무엇을 그렇게 오래 고민했어야 했을까? 아들이 없는 상태에서 세상을 떠날 때가 가까워져 오고 있다는 것을 알기에 후계에 대한 고민이 깊었을 것이고, 분명 그것은 코딜리어에 대한 고려 때문에 더 장고의 시간이 필요했을 것이다.

　리어가 오랫동안 가슴에 품어 왔다는 이 계획은 철저하게 비밀에 부쳐져서 어느 누구도 생각하지 못한 것인지, 아니면 사전에 어느 정도 정보가 새어 나갔는지—거너릴과 리건은 모든 방법을 동원해 오늘 자리가 어떤 자리이고 어떤 일들이 있을지 미리 알아내려고 했을 것이다—에 따라 캐릭터들에게서 다른 반응을 불러일으킨다.

330) 지도에 모든 캐릭터 그리고 관객들의 시선이 집중된다. 지도의 크기는 왕국의 크기와 절대군주로서의 리어의 위상을 반영한 것이어야 한다.

331) '3'은 **절묘한 균형**의 숫자이다. 리어가 왜 '삼등분'을 선택했는지에 대해서는 장면 뒤에 바로 이어지는 해설을 참고하길 바란다.

　지도를 보며 어디가 어떻게 나뉘었는지 두 딸과 사위들의 눈은 그것을 확인하느라 분주할 것이다. 그리고 그것이 '동등하게' 삼등분되지 않았다는 사실을 알아차릴 것이다.

사를 늙은 내 어깨로부터 젊고 기운 있는 사람들에게 넘겨주고, 홀가분한 몸으로 조용히 여생을 보내는 것이다.332) 사위 콘월 공과 또 그에 못지않게 소중한 큰 사위 올버니 공에게 말하는데,333) 나는 지금 딸들에게 줄 재산을 발표하려고 한다. 이는 오직 뒷날 싸움의 씨를 없애기 위해서다.334) 프랑스 왕과 버건디 공작은 내 막내딸의 사랑을 얻으려 서로 경쟁하며 이미 오랫동안 이 궁정에 머물러 왔는데, 오늘 드디어 그 대답을 듣게 될 것이다. 자, 딸들아, 나는 이제부터 국가의 통치권과 영토 소유권, 행정 관리권들을 모두 넘겨줄 작정인데, 너희들 중 누가 제일 이 아비를 사랑하고 있는지 말해 보거라. 나에 대한 사랑과 효성이 제일 지극한 딸에게 제일 큰 몫을 주겠다.335) 거너릴, 맏딸이니 너부터 먼저 말해보아

---

332) 호시탐탐 집권을 노리던 두 딸에게는 좋은 소식이고 리어에게 충성하던 모든 신하에게는 청천벽력 같은 소식이다. 우리나라 사극을 생각해 보라. 왕이 선위를 하겠다고 하면 세자가 석고대죄를 해야 한다. 그러나 거너릴과 리건, 어느 누구도 거짓으로도 선위를 말리지 않는다.

333) 둘째 사위 콘월을 먼저 언급하고 올버니를 나중에 언급하는 것이 '비정상적'인 언급으로 들린다. 은연중에 첫째 딸과 사위에 대한 불만이나 불신이 담겨 있을지도 모른다. 첫째에게 불만이 없었다면 애초에 왕국을 분할하는 생각 자체를 안 했을 수도 있기 때문이다. 혹은 재산 분할을 언급하면서 콘월을 먼저 언급하는 것이 콘월이 재산에 더 큰 관심과 야망을 가지고 있다고 리어가 간파하고 있기 때문일 수도 있다.

334) 아이러니를 낳는 말이다. 씨를 없애는 것이 아니라, 오히려 씨를 뿌리는 것이 된다.

335) 똑같이 삼등분했다고 하지만, 지금 이 말을 통해서 리어 스스로가 은연중에 인정하고 있듯이, 삼등분은 균등하지도 않고 균등할 수도 없다. 그래서 그의 바람과는 달리 이미 갈등과 분란의 소지를 갖고 있다.

리어는 사랑이 말로 측정 가능하다고 생각하는 오류를 범한다. 더구나 여기는 국가의 공식적인 자리이고 이 자리에서 하는 모든 말은 정치적인 발언일 수밖에 없다. 그러나 리어는 공적인 자리에서 사적인 감정이 진솔하게 말로 표현될 수 있으리라고 착각한다. 그리고 사랑의 크기에 따라 물질적 보상이 비례하게 하려

라.336)

거너릴337)

는 그의 시도는 국가의 통치자로서 국민들의 지각과 인식에 큰 영향을 주게 되
는데, 국민들 사이에서 정신적 가치가 금전적 가치로 대체되는 파급 효과를 낳게
될 것이다.

336) 첫째이기 때문에 제일 먼저 말하게 한다지만, 만약 시험이 준비할 시간도 없이
기습적으로 이루어진 것이라면 제일 앞에 말하는 사람이 제일 불리하다. 그리고
진행되면서 밝혀지지만, 세 딸의 말을 다 듣고 나서 순위를 매겨서 차례로 땅을
배분하는 것이 아니라, 첫째 거너릴이 말하고 나서 아무런 '비교치'도 없는 상황
에서 리어가 땅을 배정하는 것은 제일 사랑하는 딸 코딜리어를 위해 제일 좋은
땅을 남겨 놓았다는 것을 거의 대놓고 밝히는 게 된다. 사랑 시험이 지속될수록
리어의 의도는 거너릴과 리건에게 너무나 뻔해지고 그만큼 두 딸에게 극도의 불
만을 갖게 한다.

337) <리어왕>에서 거너릴과 리건, 에드먼드는 자신의 실체를 드러내기 전까지 다른
캐릭터 앞에서 '연기'한다. 그리고 그 '연기'를 통해 다른 캐릭터를 속이고 자신
이 원하는 것을 얻는다. 이 세 캐릭터를 연기하는 배우들은 이 세 캐릭터가 극
속에서 하는 연기를 '아주 뛰어나게끔' 하는 것이 중요하다. 이 세 캐릭터가 극
안에서 발휘하는 '연기력'이 서툴고 어설프면 고수가 아닌 하수의 캐릭터가 되고
그만큼 단순한 캐릭터가 된다. 그리고 어설픈 연기에 다른 캐릭터들이 속아 넘어
가는 것을 관객들이 보게 되면, 희극이 아니라 진지한 연극에서는, 관객은 극 자
체가 어설프다고 생각하게 된다. 캐릭터들은 다른 캐릭터나 관객에 의해서 얼마
나 쉽게 간파되느냐에 따라 급이 달라진다. 쉽게 간파되지 않을수록 고수의 캐릭
터, 더 복잡한 캐릭터가 된다.

이제 리어는 거너릴의 말을 듣고 흡족해하며 영토의 삼분의 일을 나눠준다.
리어의 귀에 그것이 너무나 뻔한 거짓말처럼 들리지 않아야 한다. 아니, 리어의
귀에는 그것이 '진짜'처럼 들려야 한다. <리어왕>을 미리 읽지 않은 관객이라면
거너릴이 이 순간에 하는 말들이 바로 거짓인 것처럼 파악되어서는 안 된다. 거
너릴의 말이 거짓이라는 사실을 관객이 알게 되는 것은, 지금 이 순간 거너릴이
하는 말이 거짓말에다 입에 발린 소리에 지나지 않는다는 것을 바로 알아차려서
가 아니라, 이후에 거너릴이 보이는 행동이 지금 하는 말과 너무나 큰 차이가 나
기 때문이다. 그 큰 차이 때문에 관객은 충격을 받는다. 거너릴의 첫 대사가 너

저는 말로는 도저히 표현할 수 없을 만큼 아버님을 사랑합니다.338) 제 눈
이 보이는 기쁨보다도, 무한한 공간보다도, 자유보다도, 값지고 희귀한 그
무엇보다도, 사랑과 아름다움과 건강과 명예가 구비된 생명보다도339) 소
중한 분으로서 아버님을 모시겠습니다. 일찍이 자식이 바치고 어버이가
받은 바 있는 최대의 애정을 가지고, 숨이 차고 말이 막힐 만한 효성을 가
지고, 무엇과도 비교할 수 없는 애정340)으로 아버님을 모시며 효도를 다

무나 어려운 이유는 그것이 리어에게는 100%, 관객에는 98% 진짜인 것처럼 들
리게 하면서 관객에게는 뭔가 진짜라고 여기기에 2%가 부족한 느낌을 주어야
하기 때문이다.

338) 아버지의 갑작스러운 사랑 시험에 미리 대비가 되었든 안 되었든 상관없이, 거너
릴은 이 미션을 제일 잘 해내야 한다. 거너릴은 안다. 지금의 이 상황과 시험이
매우 부당하지만 자신의 생사를 결정지으리라는 것을 말이다. 자신이 반드시 가
장 좋은 땅을 차지해야 한다. 동생들에게 절대 밀릴 수 없다. 미리 대비가 안 되
었다고 하더라도 즉흥적으로 얼마나 말을 멋지게 해내느냐가 거너릴의 정치적
역량을 드러내고 입증할 것이다.
　제일 먼저 말을 시작해야 하는 거너릴에게 '기선제압'은 매우 중요한 문제이
다. 그래서 자신의 사랑은 말로 표현할 수 있는 것 '이상'이라고 말한다. 그렇게
먼저 수를 두면, 다음에 동생들이 할 어떤 말도 자신이 하는 말에 미치지 못하는
효과를 갖게 됨을 알기 때문이다. 거너릴이 만약 여기에서 말을 그쳤다면, 거너
릴의 말은 이후에 코딜리어가 하는 "아무 할 말이 없습니다"에 맞먹는 말이 되
었을 것이다. 그러나 코딜리어와 달리 거너릴은 안다. 아버지가 원하는 것이 '듣
기 좋은 말'이라는 것을. 그래서 거너릴은 자신이 한 말을 뒤집으며 자신의 사랑
을 아버지에게 듣기 좋은 말로 포장한다. 포인트는 아버지가 듣고 싶어 하는 말
을 하는 것이다. 자신이 하고 싶은 말을 하는 것이 아니다. 거너릴은 아버지가
어떤 말을 듣고 싶어 하는지 정확히 안다. 리어는 지금 <백설공주>의 왕비가 거
울에다 대고 "거울아, 거울아, 세상에서 누가 제일 예쁘니?"라고 묻는 식이고, 왕
비가 거울에게 듣고 싶은 말은 정해져 있다.

339) 과연 이보다 더 소중한 것이 있을까 의아하게 만드는 표현이다. 거너릴의 고도로
정치적인 발언이 속이 비었다고 의심하게 되는 것은 그 표현의 화려함이 수반하
는 '과도함'이다.

하겠습니다.

코딜리어

(방백)341) 이 코딜리어는 뭐라고 말씀드릴까? 아버지를 사랑하지만 조용
히 있어야지.342)

리어

이 경계선부터 이 선까지, 울창한 숲과 기름진 평야의 풍요로운 강과 광활
한 목장이 있는 이 경계선 내의 전부를 너의 영토로 하겠다. 이것은 영원
히 너와 올버니 자손의 것이다.343) 다음, 내가 지극히 사랑하는344) 둘째

---

340) 거너릴의 포인트는 계속해서 이후에 동생들이 할 말과 자신의 말을 비교했을 때,
  자신의 말이 더 우위에 있다는 것을, 동생들의 사랑이 자신의 사랑에 미치지 못
  한다는 사실을 리어에게 상기시킨다.

341) <리어왕>에 나오는 첫 방백이다. 방백은 무대에 다른 캐릭터들이 있음에도 불구
  하고 캐릭터가 다른 캐릭터들이 듣지 못하는 말을 관객에게 들려주는 것이다. 방
  백을 통해 캐릭터와 관객이 직접 연결되고 관객은 다른 캐릭터들은 알지 못하는
  정보를 가지고 극을 보게 된다. 그러면서 극적 아이러니도 설정된다. 셰익스피어
  가 첫 방백을 코딜리어에게 줌으로써, 다른 어떤 캐릭터보다도 코딜리어가 관객
  과 연결된다.

342) 언니가 한 말을 들은 코딜리어는 큰언니가 말한 것 이상으로 더한 사랑을 표현
  할 수 없다는 것을 안다. 사랑은 온전히 말로 설명될 수 없다. 그럼에도 불구하
  고 지금까지 역사상 너무나 많은 사람들이 사랑을 정의하려고 해왔다. 사랑에 관
  한 그 많은 정의와 표현과 설명에도 불구하고 여전히 진짜 사랑은 온전히 말로
  설명할 수 없다. 사랑만이 아니라 '진짜'인 모든 것, '살아 있는' 모든 것이 온전
  히 말로 설명될 수 없다. 그리고 두 언니와는 달리 코딜리어는 정치적 발언을 하
  는 데 미숙해 보인다. 코딜리어는 안다. 여기가 사적인 감정을 진술하게 말할 수
  있는 곳이 아니라, 공개적인 정치의 장이라는 것을.

343) 거너릴의 말에 리어는 흡족해한다. 그리고 애초부터 거너릴에게 주려고 생각했던
  땅을 줘버린다. 리어의 관심은 거너릴과 리건에게 있는 것이 아니다. 얼른 코딜
  리어의 말이 듣고 싶다. 거너릴이 자신을 사랑한다고 이 정도로 말한다면, 자신
  을 가장 사랑하는 코딜리어가 하게 될 말은 어떠할까 기대가 마구 커져간다.

344) 거너릴에게는 쓰지 않았던 표현이다. 분명 리어는 첫째 거너릴을 탐탁지 않게 생

딸 리건, 콘월 공의 아내345)인 너는 뭐라고 말하겠느냐?

리건

저도 언니와 똑같은 심정입니다. 그러니 가치도 동등하다고 생각해요.346) 정말이지 언니는 저의 효성을 그대로 표현했어요. 다만 언니가 말한 부분에서 턱없이 부족한 부분만 말씀드리면,347) 저는 어떤 고귀한 사람이 누리는 낙일지라도 효 이외의 낙은 적으로 생각하고 소중한 아버님에 대한 사랑에서만 행복을 느끼고 있습니다.

코딜리어

(방백) 다음은 가엾은 이 코딜리어구나. 뭐라고 말씀드릴까? 아무래도 상

각하는 듯하다. 그래서 첫째에게 왕국 전체를 넘기지 않고 이렇게 분할해서 나눠 주려는 판단과 선택을 했을 수도 있다.

345) 거너릴에게는 그러지 않았는데, 굳이 리건에게는 콘월의 아내라는 사실을 언급하는 이유가 무엇일까? 사위로서는 올버니보다 콘월을 더 선호하는 것을 드러내는 것일까? 만약 그러하다면 리어는 유하고 덕이 있는 올버니보다는 강하고 야심 있는 콘월을 더 좋아하는 것이고, 자기 자신이 그러기 때문에 자신의 모습에 더 가까운 콘월을 선호하는 것이 될 것이다.

346) 거너릴이 앞에서 말로는 이보다 사랑을 더 표현할 수 없게끔 단단히 기선제압을 해놓은 상황에서 리건은 어떻게 하면 언니보다 더 나은 답을 내놓을 것인지를 빠르게 판단해야 한다. 둘째라는 사실만으로 이미 불리한 상황이다. 절대 언니에게 질 수 없다. 리건의 첫 마디는 참으로 절묘한 신의 한 수이고 그를 통해 리건의 성지석 역량이 돋보인다. 리건은 시작에 자신의 마음이 언니와 정확히 같다고 이야기한다. 그렇게 함으로써, 언니보다 부족하거나 덜 하지 않은 기반을 마련한다. 최소한 비길 수 있게는 해놓고 시작하는 것이다.

347) 리건은 언니의 마음과 자신의 마음이 같다고 하면서 최소한 무승부를 만들어 놓은 상태에서, 언니가 말한 것에 한 가지만을 더함으로써, 언니보다 더 나은 답변을 만드는 전략을 선택한다. 그 한 가지는 아버지를 사랑하는 것이 제일 큰, 아니 유일한 '기쁨'이라고 표현하는 것이다. 의무감이 아니라 아버지를 사랑하는 것이 자신을 즐겁고 기쁘게 하기 때문이라고 말함으로써 리어의 마음을 즐겁게 만든다.

관없어. 나의 애정은 말로 다 못 할 만큼 큰 무게의 것이니까.348)

리어

이 훌륭한 국토의 3분의 1이 너와 네 자손의 영원한 영토다. 넓이로나 가치로나 기쁨을 주는349) 능력에서나, 거너릴에게 준 것에 조금도 모자람이 없다. 다음은 나의 기쁨350) 코딜리어 차례다. 막내라 끝 순서이지만 사랑은 결코 끝 순위가 아닐 것이다. 맛 좋은 포도의 나라 프랑스 왕과 넓은 목장을 가진 버건디 공작이 너의 사랑을 얻으려고 경쟁하고는 있지만, 언니들 것보다 더욱 비옥한 영토351)를 받기 위하여 너는 무어라 말하겠느냐?

---

348) 두 번째로 코딜리어와 관객이 방백을 통해 연결된다. 관객과 연결된 상태에서 코딜리어는 앞서 언니들이 한 말들이 자신의 진실한 마음의 표현이 아니라는 것을, 자신은 그렇게 마음을 속이거나 꾸미는 말을 하지 못한다는 것을 관객에게 전하고 그로부터 관객들은 앞의 두 언니들의 놀라운 언변을 다르게 생각하게 된다. 언니들이 하는 말이 어설프거나 뻔히 가짜처럼 보여서가 아니다. 관객들은 코딜리어가 하는 말을 통해서 진짜처럼 보였던 언니들의 말을 다시 생각하게 된다.

349) 리건이 말한 '낙'(기쁨, 즐거움)에 화답하는 표현을 쓴다. 리건의 전략이 먹힌 것이다. 리어는 아버지를 사랑하는 것만이 자신을 기쁘게 한다는 리건의 말로 한층 기분이 좋아졌다.

350) 리건의 말이 리어에게 주효할 수 있었던 것은 코딜리어를 향한 자신의 사랑이 주는 기쁨 덕분이었다. 그리고 드디어 코딜리어의 차례라는 것이 리어는 몹시 기쁘다. 오늘 이 자리, 이 시험 무대는 오직 코딜리어를 위해서 차려진 밥상이다. 자신이 가장 사랑하고, 자신을 가장 사랑하는 코딜리어 입에서 어떤 말을 듣게 될지 그에 대한 기대감이 이 순간 최고조가 된다.

351) 리어는 앞선 두 영토보다 더 좋은 땅을 코딜리어를 위해 남겨놓았다고 공개적으로 말한다. 두 언니는 저 땅을 갖지 못한 것이 이미 억울하고 분하다. 코딜리어가 말하는 것이 자신들의 말보다 낫지 않은데 아버지가 그 땅을 기어이 코딜리어에게 주려고 한다면 가만히 있지 않을 태세이다. 모든 이의 이목이 코딜리어에게로 집중된다. "뭐라고 그러나 어디 한 번 두고 보자"라는 식으로 모두가 코딜리어에게 초집중하면서 순간 왕궁의 공기가 바뀐다.

코딜리어

없습니다.352)

리어

없습니다?353)

코딜리어

없습니다.

---

352) 묵직한 침묵 속에서 마침내 코딜리어가 입을 연다. 코딜리어는 깊은 고민에 빠졌었다. 첫째, 언니들이 말한 것 이상으로 아버지에 대한 자신의 사랑을 적절한 말로 표현할 수 없다. 애초에 사랑을 말로 표현한다는 것 자체가 불가능한 시험이다. 둘째, 코딜리어는 언니들의 말이 진심의 표현이 아니라는 것을 안다. 그럼에도 불구하고 영토를 차지하기 위해 저렇게 행동하고 있는 걸 안다. 그리고 아버지가 언니들의 번드르한 말에 속아 영토를 홀러덩 넘겨주는 것을 지켜본다. 언니들의 마음이 거짓이라면 그리고 영토의 3분의 2가 언니들 차지가 되어버렸다면, 코딜리어는 나머지 3분의 1의 영토는 자신이 가질 것이 아니라 아버지가 계속 가지고 있어야 한다고 판단한다. 그래야 언니들이 자신들이 내뱉은 말을 실천하지 않더라도 아버지가 계속 무시당하지 않고 살아갈 수 있을 것 같다. 그래서 자신이 갖지 않기 위해서라도 더더욱 아무 말(nothing)도 할 수 없다고 말한다. 내가 그 영토를 가져가 버린다면 그야말로 아버지에게는 아무것(nothing)도 남지 않게 된다. 그렇게 놔둘 수 없다.

353) 기대가 최고조인 상태에서 리어는 방금 잘못 들었다는 반응을 보인다. 완전 예상 밖의 말이 나와서 순간 어떻게 반응해야 할지 모른다.

흔히 리어가 'nothing'의 의미를 코딜리어가 자신을 향해 아무런 사랑도 느끼거나 가지고 있지 않다는 의미로 받아들인다고, 그리고 아무 말로도 표현할 수 없다면 사랑이 없는 것과 같다고 여긴다고 생각하는데, 사실 그렇지만은 않다. 사랑이 없어서가 문제가 아니라, 코딜리어가 어떤 식의 말이든 사랑을 표현하는 말을 전혀 하지 않았기 때문에 문제가 된다. 리어는 이 시험 이전에 자신이 코딜리어를 얼마나 사랑하는지, 그리고 코딜리어가 자신을 얼마나 사랑하는지 이미 잘 알고 있다. 이후에 벌어지는 모든 일이 리어가 그 사랑을 의심해서 벌어지는 일이라고만 생각하는 건 이곳이 왕궁이고 공식적인 정치의 자리라는 것을 잊어버린 해석이다.

리어

아무것도 없으면 아무것도 얻지 못할 것이다.354) 다시 말해 보거라.355)

코딜리어

불행하게도 저는 제 마음을 표현할 수가 없습니다. 아버님을 사랑하는 것은 자식으로서의 본분입니다. 다만 그것뿐입니다.356)

리어

뭐, 뭐라고? 코딜리어! 다시 말해 보는 게 어떠냐?357) 네 재산이 손해를

---

354) "Nothing will come out of nothing." <리어왕>의 유명한 주제 대사 중 하나이다. 코딜리어가 한 말이 도저히 믿기지 않아서, 당황해서, 실망해서, 삐져서, 다그치듯이 하는 말이면서, 코딜리어의 말에 좌중이 술렁거리는 것을 의식해서 하는 말이기도 하다. 코딜리어가 아무 말도 하지 않으면 공개석상에서 그가 공언한 것이 있기 때문에 자신이 주고 싶어도 코딜리어에게 아무것도 줄 수가 없는 무척 곤란한 상황이 된다는 것을 리어는 잘 알고 있다. "무슨 말이든 해야 내가 어떻게든 너에게 줄 것을 줄 수 있다"라는 말을 돌려서 하는 말이기도 하다. 이 자리, 이 사랑 시험, 다 애초에 코딜리어를 위해 준비한 자리이다. 리어 자신은 지금 현재 깨닫지 못하지만, 리어에게 아무런 영토가 남아있지 않게 된다면, 그는 거너릴과 리건에게서 아무런 사랑도 받지 못하게 되리라는 것을 암시하고 예고하는 말이 되어버린다. 무(無, nothing)는 <리어왕>에서 가장 중요한 말 중 하나이다. 그때그때 조금씩 다른 의미를 가지면서 극 내내 되풀이되어 울려 퍼지는 말이다.

355) 다른 두 딸에게는 두 번째 기회가 결코 주어지지 않았을 것이다. 리어는 코딜리어에게 두 번째 기회를 부여하는 '무리수'를 쓰면서까지 코딜리어에게 자신의 왕국에서 제일 좋은 영토를 주고자 한다.

356) 코딜리어의 '꾸밈없는 말하기'(plain speaking)는 언니들의 잔뜩 꾸민 말하기와 대조를 이룬다. 꾸밈없는 말하기와 꾸민 말하기의 대비는 <리어왕>에서 계속 되풀이되는 언어적 장치 중 하나이다. 그 대비를 통해 셰익스피어는 관객들이 진실한 말과 거짓말을 구분할 수 있는 눈과 귀를 갖게 되기를 바란다.

   리어와 코딜리어의 대화는 일종의 '기싸움'으로 바뀐다. 리어가 그렇게까지 화를 내는 것은 단순히 코딜리어가 자신을 사랑하지 않는다고 생각해서가 아니다.

357) 리어는 코딜리어에게 세 번째 기회를 기울인다. 계속 코딜리어에게 기회를 주는

입지 않도록 말이다.358)

코딜리어

아버님, 아버님은 저를 낳으시고 기르시고 사랑해 주셨기에 전 그 은혜의
보답으로 당연히 할 의무를 다하겠습니다. 아버님께 복종하고 아버님을
사랑하고 아버님을 누구보다도 공경합니다.359) 언니들은 오직 아버님만을
사랑한다고 하면서 왜 남편을 맞았을까요?360) 저는 결혼한다면 아마 저의
맹세를 받아 줄 남편을 위해 저의 사랑과 정성과 의무의 절반을 바치게
될 것입니다. 언니들처럼 오직 아버님만을 사랑하려면 저는 결혼 같은 건
하지 않겠습니다.361)

리어의 행동은 그가 코딜리어를 위해 계속 '마음을 쓰고 있다'는 것을 입증한다.
마음을 쓰는 노력이 쌓이고 쌓여야 마지막에 마음이 모질게 돌아설 수 있다. 마
음을 많이 쓸수록 서운함과 아픔과 화가 커지기 때문이다.

358) 리어는 '주고 싶어 한다.' 코딜리어에게 자신이 마련해 놓은 영토의 제일 좋은
땅을 어떻게든 주려고 한다. 그것이 리어가 코딜리어를 사랑하는 방식이다.

359) 아버지가 계속 요구하기에 코딜리어는 말을 이어간다. 코딜리어의 말에는 어디에
도 리어를 사랑하지 않는다는 표현이 없다. 언니들이 사랑에 관해 말잔치를 늘어
놓았던 데 비해 자식으로서의 '도리'와 아버지와 딸 사이의 연결과 유대에 대해
서 차분하게 말하고 있을 뿐이다. 아무런 과장 없이 리어를 사랑하고 있다고 말
하는 것이나 다름없다. 그런데 왜 리어는 이 말이 충분하지 않은 걸까? 듣고 싶
은 말보다도 들어야 할 말을 듣지 못해서? '정치적'으로 코딜리어에게 언니들보
다 더한 것을 주기 위해서는 언니들보다 더 나은 '정치적' 발언이 필요하기 때문
이다.

360) 코딜리어는 언니들이 한 말이 진실한 말이 될 수 없는 결정적인 오류를 지적한
다. 그러나 코딜리어의 행동은 자신이 의도와 상관없이 지금 이 공식석상에서 언
니들에게 맞서는 '정치적 행보'를 내딛는 것이 되어버린다. 두 언니는 이 말에
즉각 발끈할 것이다. 정곡을 찔렸으니 뜨끔할 거다. 즉각 반박하고 싶으나, 참는
다. 왜냐하면 처음 예상과는 달리 상황이 완전히 급변하면서 지금 리어와 막내
사이의 첨예한 갈등과 기싸움이 자신들에게는 너무나 유리한 방향으로 흘러갈
것 같기에 더 지켜본다.

361) 이 공식석상에서 코딜리어가 결혼하지 않겠다고 폭탄선언 하는 것이 되어버린다.

리어

정녕 그것이 네 심장에서 나오는 말이냐?

코딜리어

예, 전하.

리어

그리도 어린 것이 그렇게도 무정하냐?362)

코딜리어

그리도 어리기에, 폐하, 오히려 진실합니다.363)

더구나 프랑스 왕과 버건디 공작이 청혼자로서 곧 이리로 오게 되어 있는 상황에서 말이다.

362) "So young, and so untender?" <리어왕>의 너무나 유명한 대사 중 하나이다. 셰익스피어가 즐겨 사용하는 '대구법'(상반된 것을 하나의 말에 함께 포함함으로써, 캐릭터의 상반되고 복잡한 생각과 마음을 표현하는 어법)의 대표적 예이다.

　　제발 "아버지 말에 그냥 따르면 안 되겠니?", "한 번만 아버지가 하자는 대로 하면 안 되겠느냐?"라는 리어의 거의 애원에 가까운 마음이 담긴 표현이다.

363) "So young, my lord, and true." 코딜리어는 리어의 대구법에 대구법으로 맞받아친다. "젊기에 오히려 진실할 수 있다"라는 코딜리어의 대답은 세대 간의 갈등이 하나의 주제가 되는 이 극에서 여러 가지 중요한 의미를 가진 말로 해석될 수 있다. 때 묻지 않은 젊은이들만이 진실할 수 있다고 말하는 것은 리어가 통치하는 이 세계에서 기득권과 기성세대는 무엇에 물들어 있을까를 생각해 보게 한다. 그리고 그렇게 물든 어른들 때문에 젊은이들이 어떻게 물들어 있을까를 생각하게 한다.

　　충돌하고 갈등하는 캐릭터들은 **기싸움, 눈싸움, 머리싸움, 말싸움**에서 상대를 이기려고 한다. 코딜리어는 아버지가 한 말을 그대로 받아 바꾸어 반격한다. 말싸움의 좋은 예이다.

　　리어와 코딜리어가 저토록 충돌하는 이유는 무엇일까? 서로를 사랑하고 위하는 마음, 그 마음이 큰 만큼 자신이 아닌 서로를 위해 절대 물러설 수 없기에 충돌하고 있을 텐데, 부모와 자식이 크게 충돌할 때는 의외로 부모와 자식이 서로 달라서가 아니라 많이 닮아서인 경우가 많다. 리어와 코딜리어의 충돌은 겉으로 보기에 언뜻 두 캐릭터가 달라서인 것처럼 보이지만, 사실 리어와 코딜리어가

리어

좋다! 그러면 그 진실을 네 지참금으로 삼아라! 성스러운 태양의 위광을 두고, 밤의 마귀 헤카테의 암양의 비법과 우리의 생사를 좌우하는 성스러운 별들을 두고 맹세한다. 나는 아비로서의 애정이나 한 핏줄이라는 것도 모두 부정하고, 이제부터 너를 영원히 남으로 생각하겠다. 너 같은 딸자식을 사랑하느니, 스키티아의 야만인이나 식욕을 채우기 위해 제 육친을 잡아먹는 놈을 측은하게 여겨 도와주는 편이 차라리 낫겠다.364)

많이 닮아 있기 때문이다. 이 자리에서 꼿꼿하게 자신의 믿음을 피력하는 코딜리어의 모습에는 리어가 젊었을 때 가졌을지도 모르는 드높은 기개와 지조가 엿보인다.

364) 리어는 갑자기 코딜리어에게 '저주'를 퍼붓기 시작한다. 그것도 고대의 비기독교적인 신들을 들먹이며 매우 어둡고 음습한 이미지를 사용하며 저주를 퍼붓는다. 아무리 코딜리어가 자신을 언짢게 했다고 하더라도 그토록 사랑하는 딸을 용서하는 것보다 인간을 잡아먹는 무리들을 측은하게 여기는 것이 더 낫겠다고까지 표현하는 것은 매우 부당하고 부적절해 보인다.

무엇이 리어로 하여금 이렇게까지 저주를 퍼붓게 하는지를 파악하지 못하는 이들은 이런 저주가 리어의 노망기에서 나오는 것으로 간주한다. '나이가 80을 넘어가면서 고약하고 괴팍해진 노망난 늙은이'로 리어라는 캐릭터를 파악하는 것이다. 그것이 비극의 주인공으로서 리어가 가지는 '치명적 결함'이 될지도 모르나, 최고의 인간을 주인공으로 삼아 시험과 시련의 장에 내모는 비극에서 리어를 단지 그런 성격의 소유자로만 파악하기에는 무언가 부족해 보인다. 그리고 캐릭터가 보이는 모든 행동은 **'반응'**으로서 성격보다는 상대 캐릭터(들)에게서 나오는 것이다. 상대 캐릭터(들)와의 상호작용의 결과로서 반응이 일어나기 마련이고 그것이 '극'에 더 충실한 해석이 된다. 성격에 대한 규정은 성격 자체와 그 성격을 가진 캐릭터를 '고정적'으로 바라보게 하는 오류의 함정에 빠지게 할 수 있다.

물론 리어의 이런 '저주'가 앞으로 리어가 미치게 되리라는 점을 예고하기도 하지만, 이런 저주는 앞선 모든 순간에서 무엇인가가 깊이 쌓여 있다가 터져 나오고 있다는 신호이다. 저주를 퍼부을 만큼 앞선 순간들에 그 반대의 방향으로 마음을 쓰고 쓰고 또 썼기 때문에 일어나는 일이다. 종종 미움의 크기는 사랑의

켄트

폐하!365)

리어

켄트는 입 다물라, 용366)의 노여움을 사지 말라! 나는 이 아이를 제일 사랑하고 있었다. 이 아이의 보호를 받으며 여생을 보낼까 했었는데.367) (코딜리어에게) 나가라. 보기 싫다. 저 애와 아비로서의 애정을 끊은 만큼 이

크기와 같다. 사랑이 그저 반대의 형태로 드러나는 것뿐이다. 애정과 증오는 비례하고 종종 사랑과 증오는 같은 감정을 나타내는 다른 이름이다.

365) 켄트가 나서기 시작한다. 켄트가 나서기 시작하는 시점은 여러 가지 질문을 낳는다. 그중 가장 중요한 질문은 "왜 하필 지금인가?"이다. 왕국 분할에 대해서 미리 알고 있었음에도 불구하고, 실제로 리어가 거너릴과 리건에게 영토를 나누어줄 때도 아무 말 하지 않고 있던 켄트였다. 왕국분할에 반대하려고 했다면, 그것이 무엇을 의미하고 그것이 얼마나 위태롭고 어리석은 결정인지를 안다면, 켄트는 훨씬 더 이전 시점에 리어를 거역하기 시작했어야 맞다. 그런데 왜 하필 지금인가? 타이밍만 놓고 보면, 켄트는 일단 코딜리어를 방어하기 위해 입을 열기 시작하는 듯이 보인다. 그런데 리어가 바로 말을 끊고 들어오면서, 켄트 자신이 미처 생각도 대비도 못 한 치명적─리어 자신과 국가 모두에게 치명적인─결정을 리어가 마구 내리기 시작하면서 켄트의 저항과 직언이 본격화되고 극에 달한다.

366) 지금 이 순간 리어는 자기 자신을 입에서 불을 뿜는 용과 동일시한다(은유법). 동물의 이미지는 <리어왕>에서 지속적으로 되풀이되는 또 다른 이미지인데, 이후에 리어가 어떤 동물의 이미지를 쓰는지, 그 이미지들이 어떻게 변해가는지를 지켜보자.

367) 리어는 코딜리어를 향한 자신의 마음을 솔직히 드러낸다. 차라리 처음부터 '사랑 시험' 같은 것은 하지 말고 자신의 진심을 널리 밝히고 '자신의 진심에 따라 어떠어떠한 조치를 내리고자 한다'라는 식으로 여기 모인 모든 사람을 설득하려고 했던 편이 훨씬 낫다. 누군가를 '시험'하려고 하는 것은 언제나 자기 자신을 '시험'하는 결과를 낳는다. <리어왕>은 리어가 세 딸을 시험하는 것으로 시작하는 듯이 보이지만, 사실 리어 자신에 대한 시험을 촉발시키는 행동으로 시작되고 있다. 극은 대표적 인간, 문제적 인간을 시험하는 장이다. 인간이란 무엇인가를 규명하기 위해서 말이다.

제는 무덤이 내 안식처가 될 수밖에!368) 프랑스 왕을 불러라. 무얼 꾸물

거리고 있느냐?369) 버건디 공작을 불러! 콘월과 올버니는 두 딸에게 준

재산 외에 셋째에게 주려던 재산도 갈라서 가지도록 하라.370) 너는 진실

이라는 오만함을 지참금 대신 가지고 시집을 가거라. 너희 둘에게만 나의

권리와 통치권과 왕위에 따르는 모든 의장을 넘겨주겠다. 나는 백 명의 기

사371)를 거느리고, 너희들 부양 아래 한 달 교대로 생활하겠다.372) 나는

---

368) 코딜리어를 내치고 나면 죽을 때까지 마음의 안식이란 없으리라는 것을 리어는
    안다.

369) 프랑스 왕과 버건디 공작의 등장은 왜 이렇게 지체되고 있을까? 글로스터는 무
    엇을 하고 있는 걸까? 세 캐릭터는 모든 상황이 종료된 다음에 칼같이 등장하게
    된다. 타이밍이 절묘할 수도 있고, 너무 작위적이라고 느껴질 수도 있다. 애초에
    리어는 코딜리어가 자신을 얼마나 사랑하는지를 프랑스 왕과 버건디 공작 앞에
    서 보란 듯이 자랑하듯 보여주고 싶었을 거다. 그렇다면 코딜리어 차례가 되기
    전에 두 캐릭터가 무대에 도착했어야 맞을 텐데, 이 난리를 글로스터도 프랑스
    왕도 버건디 공작도 모두 직접 볼 기회를 놓친다. 왜일까? 혹시라도 프랑스 왕과
    버건디 공작을 데리고 오던 글로스터가 왕의 상태가 너무나 극에 달해 두 청혼
    자를 잠시 입구 밖에 대기시키고 있는 것은 아닐까? 연출가들이 고민해 볼 만한
    부분이다.

370) 마음의 상처를 입은 리어는 절대 해서는 안 되는 결정을 '충동적'으로 내린다.
    순간 삶을 살아야 할 모든 의미를 잃어버린 듯이 느껴져서 그랬을 것이다. 그 부
    분은 충분히 공감이 간다. 하지만 진짜 문제의 시작은 여기에서부터이다. 애초의
    삼등분하려는 결정은 힘의 균형을 가능하게 해주는 것이었지만, 코딜리어 몫까
    지 거너릴과 리건에게 다 나눠줌으로써 영토를 이등분하는 결정은 즉각적인 내
    란의 가능성을 여는 결정이 되어버린다. 그리고 그런 상황이 발생하더라도 모든
    권한을 넘겨주고 난 리어는 아무것도 할 수 없는 허수아비가 되어버린다. 켄트는
    그와 같은 점을 바로 인지했을 것이고 즉각적으로 리어에게 반발한다.

371) 왕의 권위는 거느리는 기사의 숫자로 담보된다고 생각한다. 수량으로 측정할 수
    없는 것을 리어는 계속 수량으로 나타내려고 한다.

372) 양해의 과정 없이 일방적인 '통보'만 있을 뿐이다. 어떤 것도 협의하지 않고 명
    령한다. '명령하는 것이 왕인가?'라는 질문을 작품은 던지고 있다.

오직 왕이라는 명칭과 명예만을 보유하고, 국가의 통치며 수입이며 그 밖의 집행권을 너희들 두 사위에게 전부 맡기겠다.373) 그 증거로 이 자리에서 이 왕관을 둘이 함께 쓰도록 주겠다.374)

켄트

폐하! 저는 폐하를 주군으로 공경하고 부친같이 경애하며, 주인으로서 따르고 위대하신 보호자로서 그 행복을 위해 기도해 왔습니다.375)

리어

시위가 당겨졌으니 화살에 맞지 않도록 조심하라.376)

켄트

차라리 쏘십시오, 그 화살에 제 심장이 뚫리더라도 물러서지 않겠습니다!377) 폐하의 마음에 광기378)가 있으시다면 켄트의 예의만 지키고 있을

---

373) 전관예우와 같은 대우를 원했다면 괜찮았겠지만, 리어는 왕의 모든 권한을 넘겨주면서도 여전히 왕으로 남고자 한다. 타이틀만 왕인 존재는 허수아비에 지나지 않는다는 것을 리어는 깨닫지 못하고 있다. 두 딸이 아니라, 두 사위에게 맡긴다고 하는 것은 '여자인 딸들은 믿을 수 없고 남자인 사위는 믿을 수 있다'처럼 들린다. 리어는 국가가 남자에 의해 통치되어야 한다고 믿는 걸까? 엘리자베스 여왕이 존재했던 당시 영국 관객들에게 리어의 이런 태도는 어떻게 받아들여졌을지 궁금하다.

374) 왕관은 하나이다. 가장 단순한 차원에서 물리적으로 하나의 왕관을 둘이 함께 쓸 수는 없다. 둘에게 그것을 함께 쓰라고 하는 것은 하나가 죽을 때까지 싸우라고 말하는 것과 다름이 없음을 리어는 모르고 있다. 지금 준비하고 계획하고 기대했던 일이 틀어지면서 그에 대한 실망에 눈이 멀었기 때문이다. 과도한 감정은 판단을 흐리게 한다.

375) 리어는 아버지이자 왕이고, 국가는 그의 가족이나 다름없다. 리어는 가장이자 주군으로서 가족과 국가를 보호해야 한다. 그래서 켄트는 리어를 국가라는 가족의 아버지라는 존재로 간주한다.

376) 쏟아진 물은 담을 수 없고, 쏘아진 화살은 되돌릴 수 없고, 내려진 어명은 취소할 수 없다. 어떻게 보면 진리이지만, 마음을 되돌리기에는 리어의 마음 상태가 한쪽으로 이미 너무 기울어졌다. 거의 자포자기에 가깝다.

순 없습니다. 왜 이러십니까?!379) 국왕이 아부에 굴복할 때380) 충신이 간언하기를 두려워한다고 생각하십니까? 왕이 어리석은 행동을 할 때 명예를 존중하는 신하라면 진언381)을 아니 할 수 없습니다. 왕권을 그대로 보존하십시오. 깊이 생각하시어 이번 경솔하신 처분을 거두어 주십시오.382) 제 판단이 틀렸다면 목숨을 내놓겠습니다만, 막내 따님은 절대로 효심이 뒤떨어지는 것이 아닙니다. 목소리가 낮아 쩌렁쩌렁 울리지 않는다고 해서 진심383)이 비어 있는 것은 아닙니다.

---

377) 켄트는 리어가 사용하는 비유들을 그대로 받아들여 다시 리어에게로 돌린다. 이 순간 켄트는 자신이 목숨을 걸고 나서야 할 때라는 것을 안다. 방금 리어가 멋대로 선포한 어명이 철회되지 않는다면 향후 리어와 국가가 어떻게 될지 불 보듯 뻔하다.

378) 리어의 광기가 '언급'되고 '예고'되고 있다. 리어가 방금 막 한 행동은 결코 제정신인 상태에서 이루어졌다고 볼 수 없다. 감정에 눈이 먼 결과다.

379) "정신 차리십시오!"라는 말처럼 들린다.

380) 켄트는 거너릴과 리건의 사랑 표현을 '아부'라고 공개적으로 단언한다. 꿰뚫어 본 것이다. 하지만 켄트의 이 말은 거너릴과 리건 부부의 미움과 원한을 사기에 충분하다.

381) '진언'과 '거짓된 말'을 인간은 어떻게 알아보고 구분할 수 있는가? 어떻게 하면 인간은 참된 것을 보고 들을 수 있는가? 셰익스피어의 다른 많은 극처럼 <리어왕>은 그에 대한 심도 있는 탐구이다.

382) 거너릴과 리건 부부에게 나눠 준 것을 다시 거두어들이라고, 그것만이 왕권을 보존하는 길이라고 역설한다. 거너릴과 리건 부부에게는 이미 자신들의 소유가 된 것들을 켄트가 빼앗으려는 듯이 보인다. 두 부부는 속으로 응징을 다짐하고 있을 것이다. 서로 눈짓으로 그런 마음을 나누고 있다.

383) 진심은 스스로를 치장하지 않기에 요란하지 않다. 그리고 진심은 말로 온전히 설명하거나 표현할 수 없다. "빈 수레가 요란하다"라는 우리의 옛 속담은 <리어왕>에서 진리가 된다.

리어

목숨이 아깝거든 그만하라, 켄트!384)

켄트

제 목숨은 폐하의 적과 싸우기 위해서 언제라도 버릴 각오가 되어 있습니다. 폐하의 일신을 위해서 버린다면 조금도 아깝지 않습니다.385)

리어

물러가라, 보기 싫다!386)

켄트

눈을 뜨고 잘 보십시오.387) 그리고 항상 저를 폐하의 시선이 향하는 과녁의 진정한 중심으로 삼으십시오.

리어

아폴로 신을 두고 맹세하지만―

켄트

아폴로 신을 두고 맹세하지만,388) 신들에게 하는 폐하의 맹세는 쓸데없습

---

384) 인간은 듣고 싶은 말만 듣고자 하고, 들을 마음의 준비가 된 말만 들으려고 한다. 그것을 방해하면 거세게 반발한다. 충신의 직언에 리어는 목숨을 위협하는 말을 한다.

385) 국가의 안위를 위협하는 모든 외부 세력이 적이며, 여기서는 켄트가 거너릴과 리건 부부를 일차적으로 '적'으로 규정하는 행동이지만, 거기에는 국가를 나누려는 리어, 왕권을 충동적으로 분할하려는 리어를 포함하기도 한다. 또한 자포자기하려는, 절망하려는 리어도 지금 이 순간 국가의 적이 된다.

386) "Out of my sight!" 리어는 보지 않으려고 한다. '직면'을 거부하는 존재는 눈뜬 장님과 다름없는 존재가 된다. 눈이 있지만 보지 못한다.

387) "See better, Lear": '눈뜲'(sight)과 '눈멂'(blindness), 그것의 비교와 차이는 <리어왕>의 중심 주제 중 하나이다. 켄트는 리어의 '이름'을 직접 부르며 지금 눈을 뜬 상태로 제대로 보고 있지 않다면 더욱 눈을 크게 떠서 똑바로 보려 하라고 왕에게 말한다. 그렇지 않으면 눈먼 것과 다름없다고 말한다. 그리고 자기 자신을 과녁의 중심으로 삼으라는 말은 켄트 자신을 모든 판단의 중심에 두고 모든 것을 보게 되면 잘못 보거나 못 보게 되는 일은 결코 생기지 않는다고 말한다.

니다.

리어

이런 불충한 자를 보았나

(칼을 잡는다)

올버니/콘월

고정하십시오, 폐하

켄트

폐하의 의사를 죽이고 사례는 더러운 병[391)](#)에게 내리십시오. 아까 하신 말씀, 취소하지 않으시면 이 목에서 소리가 나오는 한 단연코 잘못이라고

---

388) 코딜리어가 그랬던 것처럼, 켄트는 리어가 하는 말이 채 끝나기도 전에 낚아채서, 자신의 말로 만들어 리어에게 돌려준다. 이런 점들이 코딜리어와 켄트라는 캐릭터를 하나로 엮어준다.

389) 가장 사랑하는 딸이 자신을 거스르고 연달아 가장 신뢰하는 신하가 자신을 거스르고 있다는 사실이 리어는 참을 수 없이 힘들다. '거역'할 것으로 예상했던 자들이 거역한다면 리어는 이렇게 굴지 않았을 것이다. 누구보다 자신의 마음을 알아봐 주고 따를 것처럼 생각했던 이들의 '배신'이 리어를 더욱 비이성적으로 행동하게 한다.

390) 이 타이밍에 두 사위가 '동시에' 리어를 말리는 행동은 흥미롭다. 둘은 왜 말리고 있을까? 무엇을 말리려는 것일까? 둘의 동기는 같을까? 다를까? 올버니와 콘월이 성격이 다르다면 겉으로 보이는 행동은 비슷해도 속마음은 다를 것이다. 인성이 좋은 올버니는 켄트를 구하기 위해 그리고 리어가 손에 피를 묻히는 것을 바라지 않아서 말린다 쳐도, 콘월은 내심 반길 일일 듯한데 여기서는 말린다. 리어가 켄트를 해한다면 왕의 최측근 하나가 저절로 사라진다. 그럼에도 불구하고 콘월이 여기서 리어를 말리는 것은 리어의 미친 칼날이 어디로 어떻게 향하게 될지 모르는 상황을 사전에 차단하고자 하는 것이다.

391) 켄트는 리어를 환자로, 자신을 의사에 비유한다. 그리고 지금 리어가 이렇게 행동하게 만드는 것을 "더러운 병"(foul disease)이라고 부른다. 틀림없이 인간을 인간이지 않게 만들기에 '더러운' 병이라고 부르는 것이다. 의사와 질병에 관한 이미지와 비유도 <리어왕>에서 계속 되풀이되어 등장한다.

규탄하겠습니다.

리어

이 고얀 놈! 충성을 잊지 않았다면[392] 내 명을 들어라! 너는 내가 이제껏 깨뜨려 본 일이 없는 맹세를 깨뜨리게 하려 하고,[393] 불손한 태도로 나의 선포와 왕권 사이에 방해를 놓아 인정으로나 지위로나 도저히 참지 못할 일을 나에게 하라고 하니, 자, 국왕의 힘이 어떤 것인지 맛을 봐라. 닷새의 여유를 주겠으니 그동안 세파의 재난을 피할 수 있는 준비를 해라.[394] 그러나 엿새째는 이 왕국으로부터 그 밉살스러운 등을 돌려라. 만약 열흘 후에도 추방된 몸을 국내에 둔다면 발견하는 즉시 사형에 처하겠다. 나가라! 주피터 신을 두고 맹세하지만[395] 이 선고는 절대 취소하지 않겠다.

켄트

그럼 안녕히 계십시오. 이제 이 나라에는 자유는 없고 추방만이 있을 뿐입

---

392) 리어는 켄트의 충성을 기억하고 있다. 그가 완전히 제정신이 나간 것은 아니라는 게 여기서 드러난다.

393) 살면서 한 번도 맹세를 깨뜨려 본 적이 없다는 리어의 이 말이 과장이나 허풍이 아니라면, 리어는 "a man of his words", 즉 한번 말한 것은 반드시 실행하고 지켜내는 바람직한 덕목의 소유자라고 볼 수도 있다. 말로만 떠들고 실행하지 않는 자들과 근본적으로 다른 존재가 된다. 어쩌면 그것이 리어의 거의 유일한 '자존심'인지도 모른다. 그것을 코딜리어와 켄트 때문에 깨뜨려야 한다면 그것은 참으로 큰 고통이 아닐 수가 없다. 아무도 그의 자존심을 어루만져 주지 않기에 리어는 이렇게 행동하고 있을지도 모른다.

394) 즉시 처단하거나 추방하지 않고, 켄트에게 떠날 준비를 할 시간을 벌어주는 것, 그것이 리어가 그렇게 오랫동안 자신의 충신이었던 켄트에게 베풀 수 있는 최소한이다. 리어는 켄트의 충성을 모르지 않는다. 최소한이라도 베푸는 행동을 리어는 코딜리어에게도 곧 이어서 한다. 코딜리어의 결혼 자체는 계속 진행시키고자 하는 것이다.

395) 리어는 주피터 신에게 맹세한다. 비기독교적인 이 맹세를 당대 관객은 어떻게 받아들였을까? 꼭 지킬 것이라고 생각했을까? 연극의 암흑기였던 중세 시대였다면, 이런 대사는 결코 허락되지 않았을 것이다.

니다.396) (코딜리어에게) 모든 신들께서 공주님을 보호해 주시기를... 공주님의 마음은 성실하고 말씀은 정당하셨습니다.397) (거너릴/리건에게) 두 분의 거창한 말씀을 실천하고 좋은 결과가 진정한 효심에서 우러나기를 빕니다.398) 그리고 아, 두 분 공작 각하, 켄트는 이만 작별의 인사를 드립니다. 이제 이 오래된 나라를 떠나 새로운 나라에서 살겠습니다.399)

(퇴장. 팡파르. 글로스터가 프랑스 왕과 버건디 공작을 안내하며 등장하고 수행원들이 뒤따른다)400)

---

396) "자유는 없고 추방만 있는 나라", 이것이 켄트가 떠나기 전 리어에게 남기는 마지막 말이다. 그러면서 켄트는 사람들과의 작별 인사 끝에 "이 오래된 나라를 떠나 새로운 나라에서 살겠다"라고 한다. 국왕, 특히 리어처럼 절대군주가 통치하는 나라에서 '자유'라는 문제, 부당한 것에 대해서는 그 대상이 군주가 될지라도 거역할 수 있는 권리를 가장 충신인 켄트가 언급하고 있는 것이 의미심장하다. 켄트는 '자유'에 대해 사람들에게 질문을 남기고 떠나면서, 새로운 나라는 '추방'이 아닌 '자유'가 허용되는 '민주적'인 나라이어야 하지 않겠냐고 관객들에게 묻는다.

충신은 대개 '보수적인' 이미지이다. 그런데 켄트는 '자유'에 관한 '이상'을 가진 진보적인 정치인으로서의 면모를 보인다. 켄트가 가지는 강직함이 단지 '충성'이라는 오래된 가치에서만 나오는 것이 아니라 옳은 것에 대한 '신념'과 국가와 사회의 바른 '발전'에 관한 비전에서 나오는 것으로 봐야 할 것이다.

397) 코딜리어의 마음을 온전히 알아보고 이해한다는 것은 두 캐릭터가 같은 영혼을 가졌음을 말해주는 것이기도 하다. 추방당한 켄트가 작품 내내 '현존'한다는 사실은 상대적으로 비중이 작은 코딜리어가 그 존재감을 잃지 않게 하는 힘이다.

398) 거너릴과 리건에게는 뼈 있는 말을 남기고 떠난다. 그럴 리 없겠지만, 꼭 그렇게 되었으면 하는 바람은 있다. 리어에게 최악의 상황이 벌어지지 않기를 바라는 간절한 마음이다.

399) 켄트는 두 공작을 의도적으로 무시하는 듯하면서 아주 짧게만 두 사람을 언급하고 두 사람이 통치하는 나라에서는 살지 않겠다, 즉 두 사람 중 어느 누구도 자신의 왕으로 인정할 수 없다고 말하고 떠난다.

400) 뒤늦게 글로스터가 프랑스 왕과 버건디 공작을 데리고 들어온다. 다소 작위적인 이 타이밍을 정당화할 수 있는 해석이 있다면 좋을 것이다. 방금까지 일어난 일

글로스터

전하, 프랑스와 버건디가 왔습니다.401)

리어

버건디 공작, 짐의 딸을 얻으려고 이 왕과 경쟁한 공작에게 먼저 말을 하겠소402) 즉석에서 요구하는 최소한의 지참금은 무엇이오, 아니면 구애를 그치겠소?

버건디

국왕 전하, 제의하신 것 이상403)은 애걸하지 않사오나 그 이하는 아니 주

을 글로스터가 눈으로 하나도 보지 못하게 한 것은, 이후 그에게 닥치게 될 '눈 멂', '시력의 상실'을 예고하는 극적 설정일까?

리어는 이제 마지막으로 할 일이 하나 남았다. 켄트에게 그러했던 것처럼 코딜리어에게 출구, 즉 살길을 열어주는 것이다.

401) 글로스터는 나갈 때와는 180도 달라진 공기를 눈치채고 이 말을 하고 있을까? 아니면 아무것도 모르는 채로 분위기 파악도 못 하고 내뱉는 말일까?

판본에 따라서 이 대사의 화자는 다르게 기록되어 있다. 4절판에서는 글로스터가, 2절판에서는 "Cor."가 하는 대사로 되어 있기 때문에 코딜리어이거나 콘월이 될 수도 있다. 어떤 캐릭터가 하느냐에 따라서 말하는 방식은 매우 달라진다. 그리고 극적 상황과 행동도 달리 해석될 수 있다.

402) 버건디 공작에게 먼저 묻는 것은 프랑스 왕보다는 버건디에게 리어의 마음이 기울어서일까? 아니면 반대일까? 앞선 사랑 시험에서 리어는 의도적으로 코딜리어의 말을 제일 나중에 듣고자 했다. 상황적으로 시간을 끌고 싶은 사안이 아니기 때문에 여기서는 리어가 반대로 마음이 가는 쪽에 먼저 물었을 수도 있다. 아니면 둘 중에 더 못한 쪽에 코딜리어를 얼른 보내 버리고 싶었다고 해석한다면, '사랑 시험'이 시작되기 전에 프랑스 왕과 버건디 공작 사이에서 고민하던 리어가 지금은 코딜리어를 멀리 보내 버릴 수 있는 프랑스 왕 쪽에 마음이 더 기울어진 상태라고 볼 수 있다.

403) 아직 상황을 파악하지 못한 버건디 공작은 예상치 못한 리어의 태도—"즉석에서 요구하는 최소한의 지참금"—에 둘 사이에 있었던 모종의 '제안'을 리어에게 상기시킨다. 사전에 둘 사이에 협의된 바가 있었던 것처럼 말이다. 그 제안을 리어는 버건디에게만 한 것일까? 프랑스 왕에게도 똑같이 했던 걸까? 프랑스 왕과의

시겠지요?404)

리어

버건디 공, 그녀가 짐에게 귀했을 땐 그랬지만 이젠 값이 떨어졌소.405) 여자는 저기 있소. 꾸밀 줄 모른다는 저 물건406)의 일부가 또는 그 전부가 공작 맘에 든다면 추가된 건 오로지 짐의 불쾌뿐인데, 저기 저 여자는 당신 거요.

버건디

할 말이 없군요.407)

리어

공작께선 결점은 많은데 친구는 하나 없고 새로이 짐의 미움을 샀으며 저주라는 지참금에 더하여 의절 당한 여자를 맞을 거요, 말 거요?408)

버건디

죄송합니다만 그런 조건이라면 선택할 수 없습니다.409)

리어

그렇다면 관두시오. 조물주에 맹세코 그녀 재산은 그게 다요. (프랑스 왕에게) 고명한 프랑스 왕, 난 당신의 호의를 저버리고 내가 미운 여자와 당신을 짝짓진 않겠소. 그러니 간청컨대 조물주가 창피해서 자신의 작품으

사이에서는 특별한 언급이 없는 것으로 보아, 그 제안은 버건디에게만 한 듯하다.

404) 버건디 공작은 '실리'를 따지며 왕과 정치적 거래를 하는 캐릭터로 보인다.

405) 리어는 마치 사고파는 물건 흥정하듯, 코딜리어가 금전적 값어치가 전혀 없음을 알린다.

406) "substance." 리어는 마치 코딜리어가 사람이 아닌 듯이 지칭한다.

407) 리어의 제안이 터무니없고 너무나 기대 이하이다. 실망감을 감추지 못한다.

408) 버건디에게 하는 말이기는 하지만, 리어는 코딜리어가 들으라는 듯이 말하고 있는지도 모른다.

409) 조건적 선택, 조건이 달라지면 선택이 달라진다. 버건디에게 결혼은 정치적 거래일 뿐이다.

로 인정조차 하지 않으려는 저것410)보다 나은 데로 사랑을 돌려보오.411)

프랑스 왕

너무도 이상한 일이군요.412) 바로 지금까지도 당신께서 최고로 아꼈고 칭
찬의 주제요 노년의 위안이며 최고, 최상이었던 그녀413)가 눈 깜짝할 사
이에 엄청난 일을 저질러 겹겹의 총애를 잃어버리다니요.414) 그녀의 죄상
은 분명코 천륜에 어긋나는 추악한 것이거나 아니면 당신께서 앞서 공언
하셨던 애정415)이 변질된 모양인데, 그녀의 죄를 믿는 일은 저에게 기적

---

410) "a wretch whom nature is ashamed / Almost t'acknowledge hers." '자연'
(nature)은 <리어왕>의 중심 어휘이자 주제어이다. 리어는 코딜리어를 낳은 것이
리어 자신과 코딜리어의 어머니가 아니라, 자연이라고 선언하면서도 자연의 모든
질서에 어긋나기 때문에 자연이 낳았다고 하기에는 너무나 비천한 존재로 코딜
리어를 간주한다. 절대 복종을 요구하는 군주로서 리어는 자신의 뜻에 부합하는
자는 '자연적'(natural)으로, 그렇지 않은 자는 '자연에 반하는'(unnatural) 것으로
간주한다.

411) 프랑스 왕에게는 생각도 물어보지 않고, 코딜리어 말고 다른 여자를 찾아보라고
권유한다. 리어는 코딜리어, 켄트, 그리고 프랑스 왕에 의해 '세 번째'로 자신을
부정당하는 경험을 하게 된다.

412) 프랑스 왕은 리어의 태도가 세상에서 "가장 이상하다"(most strange)라고 말하면
서, 이런 경우는 보고 들은 적도 없고 처음 목격한다는 식으로 반응하며 리어를
반박한다.

413) 프랑스 왕은 코딜리어가 리어에게 어떤 딸이었는지를 리어에게 생생하게 상기시
킨다. 이 말을 듣고 있는 리어는 어떨까? 자신에게 그러했던 코딜리어가 눈앞에
선하게 보일까? 보지 않기 위해 듣지 않으려 들 것이 분명하다. 그럼에도 불구하
고 자신이 가장 사랑하는 코딜리어의 모습이 떠오르지 않을까?

414) <리어왕>은 "운명의 수레바퀴"(the wheel of furtune)에 의해 삶이 추락하거나
상승하는 인간들의 여정을 그린다. "인생사 새옹지마"와 비슷한 인생관이다.

415) 코딜리어를 향한 리어의 사랑은 "공언한 애정"이다. 아마도 리어는 프랑스 왕과
버건디 공작이 있는 자리에서 자신이 코딜리어를 얼마나 사랑하는지 참 많이도
자랑한 모양이다. 리어가 코딜리어를 얼마나 사랑하는지는 세상 누구나 다 아는
사실이었는데, 그것을 리어 스스로가 지금 부정하고 있다. 이는 곧 자신을 부정

없이 이성만으로는 절대로 있을 수 없습니다.416)

코딜리어

그래도 전하께 간청컨대, 행할 의도도 없이 입으로만 번드르르하게 말하는 기술이 제게 없으니ㅡ좋은 뜻이 있으면 전 말에 앞서 실천하니까요.417)ㅡ이것만은 직접 밝혀주셨으면 합니다.418) 전하의 은총을 제게서 앗아간 건 사악한 오점이나 살인 혹은 추잡함, 순결하지 못한 행위나 불명예스러운 발걸음419) 때문이 아니라는 것을 말입니다. 오히려 제가 그런 것들이 없기에 저는 더욱 부자입니다.420) 조르고 간청하는 눈, 그런 말을 담는 입을 가지고 있지 않아서 저는 기쁩니다. 비록 그것이 없다고 아버님의 사랑을 잃었지만요.

리어

나를 더 즐겁게 못 했으니 넌 아니 태어난 것만도 못하니라.421)

하는 것이 된다.

416) 프랑스 왕은 리어가 보이는 갑작스러운 변덕과 고집을 '이성적'으로 전혀 이해할 수 없다. 즉 '미치지 않고서는 믿을 수 없다'라고 완곡하게 돌려서 말한다.

417) 말보다 행동과 실천이 앞선다는 코딜리어의 성격을 드러내는 말이다. <리어왕>은 말만 일삼는 캐릭터와 행동하고 실천하는 캐릭터들을 대비시킨다. 겉과 속이 다르지 않은 캐릭터는 말도 행동도 그 사람의 사람됨을 드러내 주지만, 겉과 속이 다른 캐릭터에게 말은 항상 거짓이고 그들의 이율배반적인 행동이 그들의 본 모습을 드러내는 진실이 된다.

418) 아버지에게 다음에 이어지는 내용을 대신 말해 달라고 요청하는 것은 청혼자들 앞에서 자신의 명예를 지키려는 적극적인 행동이면서, 이를 말하는 아버지도 그런 점들을 인정해 주기를 바라고 요청하는 것이다.

419) 코딜리어는 인간을 추하고 악하고 부정한 존재로 전락시키는 행동들을 언급한다. 이러한 언급은 코딜리어가 단순히 어리고 순진한 존재가 아니라, 그 행동이 어떤 것인지 아는, 알기에 그렇게 살지 않으려고 실천하는 성숙한 존재임을 말해준다.

420) "없기에 더욱 부자이다"라는 코딜리어의 말은 더 갖고자 하는 다른 캐릭터들과 대비를 이룬다. 어떤 것은 가지는 것보다 가지지 않는 편이 인간을 더 나은 존재로 만든다는 인식을 보인다.

프랑스 왕

그뿐입니까?[422] 천성이 느린 탓에 하려고 하는 일을 얘기하지 않고 놔두는 그런 성향 말입니까? 버건디 공작께선 어찌하시렵니까? 본질에서 벗어나 이런저런 계산에 얽혀버린 사랑은 사랑이 아닙니다.[423] 맞이하시겠소? 그녀는 그 자체로 지참금[424]입니다.

버건디

왕이시여, 스스로 제안하신 그 몫만 주십시오. 그러면 제가 여기 손을 잡은 코딜리어, 버건디 공작부인입니다.[425]

리어

없소이다. 맹세했고 확고하오.[426]

---

421) "Better thou / Hadst not been born than not t'have pleased me better." 자식, 특히 딸이 태어난 이유와 존재 의미가 오로지 아버지를 기쁘게 하는 것뿐이라는 인식을 드러낸다. 자식이 부모에게 기쁨을 주는 것은 부모와 독립해 자신의 삶을 잘 살아갈 때이다. 부모는 결국 자식을 자신의 품에서 기꺼이 떠나보내기 위해서 낳고 키운다. 리어는 80이 넘은 나이에도 자식을 놓지 못한다. 그 자체가 '자연에 반하는' 것이다.

422) 프랑스 왕은 어이가 없다. 고작 그것 때문에 그토록 사랑하는 딸과 의절하다니 미친 짓이나 다름없다고 여긴다. 그러면서 또한 기쁘다. 코딜리어가 참다운 마음을 가지고 그에 걸맞은 말과 행동을 하는 존재라는 것을 알게 되어 기쁘다.

423) 버건디에게 하는 말이지만, 리어가 등장해서 시작부터 계속하던 사랑이 바로 "본질에서 벗어나 계산에 얽혀버린" 사랑이었기에 리어를 간접적으로 겨냥한 말이다.

424) "값으로 매길 수 없는 존재이다"라는 말이 된다.

425) 아버지를 거역하는 여자는 남편을 거역하는 여자로 여겨진다. 굳이 신부로 삼고 싶지 않다. 그럼에도 불구하고 버건디에게 코딜리어의 몫으로 남겨졌던 땅은 어마어마한 정치적, 경제적 가치를 가진 것으로 여겨진다. 그냥 포기하기에는 미련이 너무 크다. "버건디 공작부인"이라는 표현까지 써 가며 어필해 본다.

426) 확고하다는 리어의 말은 역으로 마음이 흔들리고 있다는 사실에 대한 반증이 될 수도 있다. 캐릭터가 무엇인가를 단호하게 말할수록—그것이 깊은 믿음이나 사랑

버건디

(코딜리어에게) 미안하오, 이렇게 부친을 잃었으니 남편 또한 잃게 됐소.427)

코딜리어

염려하지 마세요.428) 버건디의 사랑은 재산을 고려하니 난 그의 아내가 되지 않겠어요.429)

프랑스 왕

가장 아름다운 코딜리어여,430) 그대는 가난하나 최고 부자입니다. 당신이 내린 선택은 버림받고 당신의 사랑은 멸시받았으나 그대와 그대가 가진 미덕들을 내가 붙잡겠소. 버려진 것을 줍는 것이 합법적인 것이 되게 하소서! 신들이시여, 신들이시여!431) 신들의 무관심은 차디찬데 내 사랑은 존

에서 나온 말이 아니라면―오히려 내적으로 흔들리는 마음을 다잡기 위한 노력이 커져감을 말해준다.

427) 여자의 존재 가치는 결혼 전에는 아버지에 의해, 결혼 후에는 남편에 의해 결정된다는 시각을 보여준다. 이는 입센의 <인형의 집> 주제로 이어진다.

428) 우회적으로 이야기하고 있기는 하지만, 자신이 동정의 대상이 아님을 분명히 하고 있고, 버건디가 자신을 거부하는 것이 아니라 자신이 버건디를 거부한다는 것을 당당하게 밝히고 있다. 코딜리어의 기개와 지조가 선명하게 빛을 발하는 순간이다.

429) 코딜리어가 이 자리 이전에 버건디 공작을 몇 번이나 보았을지는 확실치 않으나 아예 처음 보거나 한두 번 본 것이 다일 것이다. 버건디 공작이 리어와 나누는 몇 마디 대화에서 그가 원하는 것은 아버지의 재산이라는 것을 쉽사리 알아차린다. 그리고 바로 그 이유 때문에 그를 남편감으로 원하지 않는다고 코딜리어는 이런 상황에서도 짧고 분명하게 말한다.

430) 셰익스피어 작품들에는 'fair'와 'foul'의 대비를 통해 '가장 아름다운(fair) 인간은 어떤 인간인가?', '인간이 짐승과도 같은 추악한(foul) 존재에서 벗어나 아름다운 존재로 도약하기 위해서는 무엇이 필요한가?'에 대한 질문들이 메아리친다. "아름다운 코딜리어"는 <햄릿>의 "아름다운 오필리어"를 생각나게 한다.

431) 리어를 포함해서 다들 신의 뜻을 따르고 신에게 의지하고 신을 이용하는 데 혈

경심에 불타다니 이상하지 않습니까?! 왕이시여, 아무 지참금도 받지 못한 그대의 딸은 나의 운명 앞에 던져졌고, 이제 나와 내 백성들의 왕비이자, 아름다운 프랑스의 왕비입니다. 희멀건 버건디의 모든 공작들을 다 합쳐도 아무런 상도 받지 못한 나의 소중한 여인 하나에 미치지 못할 것입니다. 그러니 코딜리어여, 몰인정한 저들과 작별하오. 더 나은 곳 찾으려고 이곳을 잃은 거요.432)

리어

그녀를 얻었소, 프랑스 왕. 당신 것으로 하시오. 짐에게 그런 딸은 없으며 얼굴 또한 다시는 보지 않을 테니까.433) 그러니 짐의 은총, 짐의 사랑, 짐의 축복을 못 받은 채 떠나시오. 고귀한 버건디 공, 갑시다.

　　(팡파르. 리어와 버건디, 콘월, 올버니, 글로스터, 에드먼드434) 및 시

안이 되어 있는 데 반해, 프랑스 왕은 신을 두 번이나 외쳐 부르면서, 이 모든 것이 신의 뜻이라면 자신은 그 뜻을 거역하겠다고 말한다.

432) 프랑스 왕은 7~8번의 대구법을 사용해서 사람들이 눈으로 무엇을 보고 무엇을 보지 못하는지, 코딜리어가 진정 어떠한 존재인지, 그리고 그녀를 나락에 떨어뜨린 리어의 결정이 얼마나 어리석은 것인지 대비와 역설을 통해 날카롭게 인식시키고자 한다. 대비는 상반된 것들을 더욱 뚜렷하게 만들기 때문이다. 대구법을 많이 사용하는 캐릭터일수록 더 선명한 시각과 인식, 더 깊은 통찰력을 가진 캐릭터가 된다. 프랑스 왕이 사용하는 대구법은 다음과 같다: rich vs poor, forsaken/despised vs seize upon, take up vs cast away, cold'st neglect vs inflamed respect, king vs queen, lose vs find.

433) 결국 리어는 코딜리어를 멀리 외국으로 시집보낸다. 보고 싶어도 멀리 있어 볼 수 없게 된다. 대개 "out of sight, out of mind"라고 하지만, 리어의 경우에는 보지 못해서 제대로 알아볼 수 있게 되고, 볼 수 없어서 더욱 보고 싶고 그리워하게 된다.

434) 에드먼드의 무대 위 현존은 다시금 의미심장하게 다가온다. 글로스터는 이 모든 광경을 놓쳐서 직접 보지 못했지만, 에드먼드는 거리를 두고 모든 것을 지켜보았다는 점이 바로 다음 장면에서부터 시작되는 두 캐릭터의 엇갈린 운명을 예고한다.

종들 함께 퇴장)435)

프랑스 왕

언니들과 작별하오.436)

코딜리어

아버님의 보물인 언니들을 코딜리어는 울면서 떠납니다. 난 언니들 정체를 알아요.437) 그렇지만 언니들의 잘못을 입에 담기는 정말로 싫답니다. 아버지를 부탁해요. 사람들 앞에 훤히 밝혔던 그 사랑에 걸맞게 아버지를 잘 사랑해 주세요. 그렇지만, 아, 아버님 은총을 받았더라면, 제가 꼭 더 나은 곳으로 모셨을 거예요. 그럼 둘 다 잘 있어요.

리건

우리가 지켜야 할 의무가 뭔지 네가 알려줄 일은 아니지.438)

---

435) 거너릴과 리건은 이때 함께 퇴장하지 않고 남는다. 둘 사이에 모종의 신호가 있었던 것일까? 둘이 남은 이유는 코딜리어와 작별하기 위해서라기보다는 둘이 몰래 상의해야 할 이야기가 있기 때문이다. 왕국을 절반씩 차지한 두 사람이다. 이제 다음에는 무엇을 해야 하는지를 고심하고 있을 것이다. 왕국을 양분한 순간부터 적이 된 두 사람이지만, 아직 공통의 관심사와 해결해야 할 문제가 있다. 바로 리어이다.

436) 코딜리어가 작별 인사 없이 떠나려고 하기 때문에 하는 말일까? 아니면 '언니들에게 작별인사를 해도 되겠냐'라는 제스처에 허락의 말로 하는 것일까? 아니면 프랑스 왕이 코딜리어의 마음을 먼저 읽었기 때문에 하는 말일까?

437) "I know you what you are." 우리가 연극을 보는 이유는 코딜리어처럼 자신과 타인과 삶을 제대로 볼 수 있기 위해서이다. 코딜리어의 눈과 귀와 심장을 갖기 위해서이다.

438) 이제 두 언니가 동생 하나를 협공한다. 관객은 앞서 공식 석상에서 리어 앞에서 말하고 행동하던 모습과 다른 모습의 거너릴과 리건을 만나게 된다. 지금 동생을 대하는 태도가 앞에서 두 캐릭터가 선보인 이미지와 전혀 딴판일수록 '대비'를 통해 거너릴과 리건이라는 캐릭터가 더 잘 드러난다. 더구나 장면 시작의 두 캐릭터와 지금의 두 캐릭터는 또 다른 차원에서 다른 캐릭터가 되어 있다. 이제 두 캐릭터는 국가를 '양분한' 권력자가 되어 있다. 절대군주로서 리어가 가졌던 오

거너릴

네가 힘써 챙길 일은 네 남편의 만족이다. 운명이 자선을 베풀어 너를 받아주게 하셨으니까. 복종을 게을리한 너는 네가 그렇게 받길 원했던 푸대접을 받아 싸다.439)

코딜리어

시간은 숨어 있는 흉계를 드러내 주고, 잘못을 감추는 자는 반드시 비웃음과 부끄러움을 사게 되지요.440) 잘 사시길 빌어요.

프랑스 왕

갑시다, 아름다운441) 나의 코딜리어.

(프랑스 왕과 코딜리어 함께 퇴장)442)

만함이 두 딸에게서 그대로 보인다.

439) 남편을 만족시키는 것, 아버지와 남편에게 복종하는 것이 여자의 삶이라고 말한다. 또한 언니들에 대한 복종도 강요하는 말이다.

440) 시간이 모든 것을 드러내 준다. 거짓과 가식은 영원히 감추어지지 않는다. 반드시 정체가 들통나게 되어 있다. 그것이 코딜리어가 믿는 정의(justice)이고, 작품이 말하는 시적 정의(poetic justice)이다.

441) 프랑스 왕은 다시 한번 코딜리어의 아름다움을 언급한다. 언니들과의 작별에서 프랑스 왕과 관객이 보아야 할 코딜리어가 가진 '특별한' 아름다움은 무엇일까? 그에 대한 답을 찾는 것이 코딜리어를 연기하는 배우가 코딜리어를 진정 아름다운 존재로 태어나게 하기 위해서 고민해야 하는 바이다. 관객은 코딜리어를 통해서 '아름다운 인간'을 보아야 한다.

442) 리어가 나간 방향과 프랑스 왕과 코딜리어가 나가는 방향은 무대 위에서 반대로 설정되어야 한다. 프랑스 왕과 코딜리어가 퇴장하고 나면, 무대 위에는 거너릴과 리건 두 캐릭터만 남는다. 나라가 양분된 상황을 무대에 두 캐릭터만 남기면서 시각화하는 것이다. 두 캐릭터의 대화가 어떻게 진행되는지를 지켜보면서, 관객들은 둘로 갈라진 나라의 향방과 운명을 가늠하게 된다. 두 자매는 표면적으로는 동맹을 맺고 있는 듯하다. 그러나 미묘한 입장 차이와 갈등의 기류가 밑으로 흐르는 듯이 보인다.

영어 원본에서는 여기서 두 캐릭터가 '시'(verse)가 아닌 '산문'(prose)으로 말

거너릴

동생,443) 우리 둘과 직접 관련되는 일에 대해 할 말이 적지 않아. 내 생각에 아버진 오늘 저녁 여기를 떠나실 거야.

리건

그건 너무 뻔한 일이야, 언니 집에 가시겠지. 다음 달엔 우리 집에 오실 거고.444)

거너릴

그 연세에 변덕이 얼마나 심한지 봤잖아. 지금껏 지켜본 것들이 결코 사소한 문제로 그치지 않을 거야. 아버지는 언제나 막내를 가장 사랑했어. 그런데 걔를 그렇게 쫓아내는 걸 보니 아버지의 어설픈 판단력은 너무 거칠고 형편없어.445)

하기 시작한다. 셰익스피어 극에서 산문은 주로 하층계급 캐릭터들의 말에 사용한다. 그런데 국가를 양분한 두 캐릭터가 여기서 산문으로 이야기한다는 것은 둘의 언어 그리고 그 언어를 구사하는 정신이 지위에 걸맞지 않음을 나타낸다고 할 수 있다. 그리고 앞에서 리어를 향해 쏟아내었던 현란한 시의 언어가 가식이자 연기였다는 것을 강조한다.

443) 거너릴은 리건을 '동생'이라고 부르는 것으로 시작한다. 둘은 이제 정치적으로 적이지만, 아직 공동의 과제가 남아 있기에 일시적으로 같은 편인 듯이 군다. 하지만 그 와중에도 거너릴은 리건에게 자신이 복종해야 할 언니임을 잊지 말라고 말하면서 우위를 점하고자 한다.

444) 리어가 거너릴의 집에 먼저 한 달을 묵고 난 후에 리건 자신에게 오게 된 상황에 대해 리건은 이런저런 고려와 계산을 하는 중이다. 리건에게 다행인 건 한 달의 시간 여유가 있다는 것이다. 그래서 이 두 자매만의 장면에서 거너릴은 마음이 조급해 보이면 반면, 리건은 상대적으로 여유 있는 듯한 인상을 준다.

445) 방금 전까지 있었던 일을 지켜보면서 거너릴은 아버지의 상태가 정상이 아니라고 판단한다. 그리고 언제든 아버지가 통제 불가능 상태에 빠질까 봐 두려워한다. 가장 사랑하는 딸조차 저렇게 내칠 수 있다면, 언제 어떤 일을 어떻게 벌일지 모르기 때문이다. 오늘 일만 해도 딸들과 잘 상의해서 처리했더라면 이런 일은 없었을 텐데, 첫째인 자기를 무시하고 아버지 멋대로 일 처리를 하다 일을 그

리건

늙어서 망령이 든 거야.446) 하긴, 전에도 아버지는 자신에 대해서는 아는 게 별로 없었지.447)

거너릴

최고로 건장했던 시절에도 아버지는 늘 성급하기만 했지.448) 거기다 이렇게 나이까지 드시니, 우리는 아버지가 원래 갖고 계신 고질적인 결함뿐만 아니라 오랜 세월을 심약한 상태로 성만 내며 보내시다 생긴 완고한 고집

르친 것으로 여겨진다. 나라를 양분한 상태에서 아직은 혼자 움직일 수 없다. 둘째와 동맹을 맺어서 함께 대처해야 한다. 그래서 문제의 심각성을 더욱 부각시키려고 한다. 그렇기 때문에 거너릴의 이 말들은 리어의 실제 상태에 대한 객관적인 진단이라기보다는 다소 과장된 측면이 없지 않다.

446) 리건은 거너릴만큼 아버지의 상태가 위협적이라고 생각하지 않는 듯하다. 그저 노망난 것이고 노망난 늙은이는 별로 두려워할 대상이 못 된다고 생각한다.

447) 인간은 자기 자신에 대해서 과연 얼마나 알 수 있을까? 이 말을 하는 리건은 과연 자기 자신을 알고 있을까? "너 자신을 알라"라는 소크라테스의 철학적 명령은 얼마나 유효하고 또 가능할까? 우리 자신을 알려면 어떤 과정이나 방법이 필요할까? 쉽게 답을 내놓을 수 없는 질문이다.

우리가 자신을 잘, 혹은 제대로 알 수 없는 첫 번째 이유는 우리가 '살아있는 인간'이라는 점 때문이다. 살아있는 존재는 정지해 있지 않기에 고정적으로 분석하거나 단정 지을 수가 없다. 하이젠베르크의 '불확정성의 원리'처럼, 하나를 알려고 하면 할수록 다른 하나를 더 부정확하게 알게 되거나 모르게 된다. 또 한가지 이유는, 우리는 오감을 통해서만 무엇을 감지하고 알 수 있는데, 오감은 우리 자신이 아니라 '밖'을 향해서 열려 있다는 점이다. 그래서 오감은 우리 자신을 제대로 아는 데는 매우 부정확하거나 전혀 도움이 되지 않는다. 그런 우리가 우리 자신을 제대로 볼 수 없는데, 어떻게 자신을 알 수 있을까? 극은 자기 자신을 볼 수 없는 인간이 자신을 보기 위해서 만들어 낸 예술일지도 모른다.

448) 거너릴의 증언에 따르면 리어가 오늘 보인 모습은 젊었을 때의 모습과 크게 다르지 않을 수도 있겠다. 큰 문제인 것처럼 처음에 말을 꺼냈으나, 사실 리어의 상태는 젊었을 때의 불같은 성미에 나이 들면서 고집이 더 세진 정도이다. 그것을 심각한 정신이상으로 몰아가고 싶어 하는 것 같다.

까지도 받아들여야 하는 지경이야.

리건

켄트를 추방한 것과 같은 갑작스러운 발작이 언제든 우리를 향할 수 있겠지.449)

거너릴

아버지는 아직 프랑스 왕과 작별 인사가 더 남아있을 거야.450) 부탁인데, 우리 같이 움직이자. 우리 아버지가 지금의 성미 그대로 자신의 권한을 행사하고 다닌다면, 오늘 우리한테 모든 것을 양도해 주신 결정이 되려 우리에게 해가 될 수도 있어.

리건

그건 좀 더 생각해 보자.451)

거너릴

무슨 조치를 취해야 돼. 지금 당장.452)

　　(함께 퇴장)

---

449) 리건도 아버지가 통제를 벗어난 행동을 할 가능성을 고려하는 듯하다. 하지만 리건은 날개가 꺾인 독수리가 무슨 사냥을 할 수 있겠나 싶은 생각으로 보인다.

450) 아마도 외교 관례상 남아있는 의전행사가 있을 것이다. 그 시간이 거너릴에게 주어진 유일한 대비 시간이다. 아버지가 자기 성에 도착하기 전에 방도를 찾아야 한다.

451) 짧지만 여기서 두 딸의 입장 차이가 분명히 나타난다. 리건은 조금 더 느긋하다. 아버지가 언니 집에서 어떻게 하는지를 지켜본 후에 얼마든지 결정할 수 있기 때문이다. 리건은 좀 더 대비할 시간이 있다. 내심 언니가 아버지를 한 달 모시고 살면서 아버지와 많이 싸우고 아버지를 많이 힘들게 하기를 바라고 있는지도 모른다. 그래야 자기한테 왔을 때, 조그만 것에도 아버지가 감사하게 될 테니까.

452) 리어가 미리 예고도 없이, 그래서 아무런 준비도 하지 않은 상태에서, 바로 백 명의 기사를 데리고 자신의 성으로 찾아오겠다고 선언한 상황이다. 거너릴에게는 비상 상황이다.

2장 글로스터 백작의 성 안

에드먼드, 편지 들고 등장.453)

에드먼드454)

---

453) 중요 캐릭터들이 거의 모두 등장하는 첫 장면이 끝나자마자, 관객은 무대 위에 홀로 선 에드먼드를 발견하게 된다. 셰익스피어는 첫 독백(soliloquy)을 에드먼드에게 부여하면서, 대규모의 첫 장면과 대비적으로 에드먼드라는 캐릭터 하나에 관객의 시선을 집중시킨다.

    무대 위에 혼자 있는 캐릭터는 주변에 다른 캐릭터들이 있을 때와는 전혀 다른 모습을 보이기 마련이다. 특히나 에드먼드, 거너릴, 리건처럼 사회적 가면을 쓰고 거짓과 가식을 일삼는 캐릭터들은 특히나 더 그렇다. 작품이 시작할 때 관객이 보았던 에드먼드와 지금 홀로 있는 에드먼드는 얼마나 다른 모습일까? 혼자 있는 지금이 가장 솔직한 에드먼드의 모습이다. 이어지는 에드먼드의 독백은 그의 매우 '사적인' 생각이다. 항상 '진실'은 '사적'인 것(privacy)에 있다. 캐릭터가 사적인 생각을 하고 있을 때, 사적인 생각 그 자체가 극적 행동이 된다. 사적인 것을 담아내지 못한다면, 배우는 극적 행동을 해내지 못하고, 따라서 캐릭터가 되지 못한다.

454) 독백은 혼잣말이기 때문에 상대가 없이 하는 말이라고 생각하기 쉽지만, 연기에서 모든 말에는 상대가 있다. 내가 보는 것을 보지 않는 상대를 내가 보는 것을 보는 상대로 바꾸기 위해서, 내 생각/마음과는 반대인 상대의 생각과 마음을 바꾸기 위해서 말하고 그것이 캐릭터의 독백을 '극적 행동'(action)이 되게 한다. 상대를 변화시키려는 절실한 의도 없이 어떤 말도 극적 행동이 되지 않는다. 에드먼드가 여기서 말하는 상대는 일차적으로 '자연'의 여신이고 이차적으로는 자연의 여신이 아니라 적자제도를 지지하는 모든 관객이 된다. 에드먼드가 자연의 여신을 진정 어떻게 생각하느냐, 즉 떠받들고 있느냐 아니면 여신이라고는 부르지만 사실 창녀같은 존재로 간주하고 있느냐, 아니면 어머니가 없는 그가 어머니한테 하소연하듯이 하고 있느냐에 따라서 그가 자연의 여신에게 어필하는 태도는 달라질 것이다. 독백 끝에 자연의 여신을 버리고 세상 모든 신에게로 옮겨가는 그를 보면 이와 같은 의문을 가지지 않을 수 없다. 또한 여신을 대하는 그의 태도는 그가 다른 여성 캐릭터를 대하는 태도와 연결될 것이고, 그를 통해 그의

자연이여, 너만이 나의 여신이다.455) 나는 너의 법칙에만 따르겠다.456) 무
엇 때문에 빌어먹을 관습에 복종하고 쓸데없는 소리에 구속되어 재산 상
속권을 박탈당해야 한담?457) 형보다 열두 달이나 열세 달쯤 늦게 태어났

여성관이 드러날 것이다.

455) 에드먼드는 먼저 자연을 자신의 여신이라고 선언하면서 생각과 이야기를 시작한
다. 언뜻 읽히는 것 이상으로 매우 '과격한' 선언이다. 왜 에드먼드는 다른 모든
신들을 제쳐두고 '자연'을 자신의 '여신'으로 삼는 것일까? 어머니가 부재하는
<리어왕>에서 에드먼드가 자연을 '여신'으로 삼는 것은 기존의 남성적 세계와
그것이 낳은 모든 '자연에 반하는', 즉 인위적인 제도를 거부하는 급진적 행동이
다. '아버지/왕'으로 대표되는 가부장적 체계와 기득권을 보호하는 모든 제도에
반기를 드는 행동이다. 에드먼드의 그와 같은 생각은 성장하면서 내적 불만으로
쌓여 오다가, 리어의 궁정에서 일어난 일을 보고 본격적으로 겉으로 표면화하기
시작한다.

456) 인간이 만든 모든 법과 제도를 거부하고, 자연적 질서와 섭리를 따르겠다는 선언
은 어떻게 보면 매우 멋진 일일 수도 있다. 적어도 이 시점에 에드먼드는 관객의
마음을 한껏 사로잡을 수 있다. 그리고 배우가 시작부터 관객의 마음을 사로잡아
야 에드먼드라는 역할을 제대로 해내고 있다고 할 수 있다.

그러나 인간적(자연에 반하는)인 것을 거부하고 자연적인 것만을 따른다는 것
은 사회적 관계를 거부하고 극단적 개인주의로 '약육강식'의 법칙만을 따르겠다
는 말이 된다. 인간적 법과 제도에 문제가 많은 것은 사실이지만, 그 인간적 법
과 제도의 한 가지 중요한 측면은 인간이 사는 세상이 약육강식의 세상이 되지
않게 하기 위한 모든 인간적 배려와 인간애로부터 태어났다는 점이다.

물론 곧 밝혀지지만, 에드먼드는 사회구조와 제도가 조장하는 '차별'에 불만을
가지고 그것에 저항하고자 한다. 드라마는 '거역'하는 자들을 다룬다는 측면에서
봤을 때, 에드먼드는 비극적 주인공으로서의 행보를 시작하는 것일 수도 있다.
그러나 그의 거역과 저항은 극단적으로 개인의 이익만을 추구함으로써 정당성을
잃는다.

457) '장자상속'의 관습에 따라, 서자인 자신이 재산 상속에 부당한 불이익을 당하고
있다고 생각한다. 아버지가 살아계신데, 재산 상속에 대한 욕심을 드러내는 이유
는 무엇일까? 연로하신 아버지가 돌아가시기 전에 선제적으로 어떤 조치들을 취
하는 데 그치지 않고, 에드먼드는 어떤 '상승'을 향한 강력한 욕망을 불태우고

다고?458) 왜 사생아란 말이냐? 무엇이 첩의 자식이란 거냐?459) 나 역시
균형 잡힌 육체에 정신은 고아하고 체격도 근사하다.460) 어디가 정실의
자식보다 못하냐? 왜 우리에게 서자라는 낙인을 찍는가? 왜 첩의 자식이
란 말이냐?461) 어째서 무엇이 비천하단 말이냐? 첩의 자식, 첩의 자식이
라고?462) 건강한 자연의 본능이 남의 눈을 피해 만든 인간이라 체력이며
기력이 월등한 것이 당연하지.463) 재미없고 김빠져 싫증 난 잠자리에서

있는 것처럼 보이다. 재산을 상속받아서 그 재산이 가능하게 하는 것, 혹은 그
재산을 이용해서 올라설 수 있는 곳을 에드먼드는 꿈꾸고 있다.

458) 에드먼드는 형 에드거와 겨우 한 살 차이밖에 나지 않는다. 나이 차가 적으니 거
의 쌍둥이나 다름없다고 느낄지도 모른다. 그러니 더더욱 나이 차이에서 기인하
는 모든 차별이 부당해 보인다.

459) 에드먼드가 차별받은 두 번째 이유는 자신이 정실부인의 자식이 아니라서이다.
정실부인의 둘째 아들과 서자는 큰 격차가 있다. 결혼제도의 모순에서 오는 이
부당함에 대해서도 에드먼드는 반기를 든다. 극이 밝히고 있지는 않지만, '사생
아', '서자'라는 것으로 인해, 에드먼드는 성장 과정에서 많은 서러움과 억울함과
외로움과 분함을 경험한 것으로 보인다.

460) 서자 콤플렉스와는 반대되게, 에드먼드는 타고난 몸도 그리고 그 몸 안에 깃든
정신도 세상 그 어느 누구보다도 뛰어나다는 자신감을 가지고 있다. 자신감을 넘
어서서 거의 오만에 가까워 보인다. 자기 몸에 대해 이렇게까지 자부심을 가지고
있는 캐릭터도 드물다. 그는 자신의 가장 큰 무기가 '외모'임을 잘 알고 있다. 그
런 관점에서 보면, 에드먼드는 '외모지상주의'를 대표하는 캐릭터인지도 모른다.

461) 출생과 태생에 의해서 모든 것이 결정되는, '낙인찍기'를 통해 '태어난 것' 자체
가 죄가 되게 하는 사회 구조와 제도와 관습에 대해 에드먼드는 강하게 반발한
다. 앞으로 이어질 그의 행동들은 정당화하기 어렵지만, 그의 동기 자체는 매우
타당하다고 할 수 있다.

462) 서자를 뜻하는 영어 단어는 bastard인데, bastard는 개자식, 개만도 못한 인간이
라는 뜻도 있고, 이는 매우 '혐오적인' 시선과 '비하적인' 태도를 담고 있는 표현
이다. 에드먼드는 bastard라는 '낙인'을 참고 용납하기 어렵다.

463) 에드먼드는 자신이 '건강한 자연의 본능'으로부터 태어났다고 생각한다. 즉 아버
지와 어머니의 열정적인 사랑의 결과로 태어난 생명이 바로 자기 자신이라는 것

생시인지 잠결인지 모르는 사이에 만들어진 바보들의 무리와는 다르다.464)
자! 그러니 적자인 에드거 형, 형의 영토는 내가 차지해야겠어. 아버지의
사랑은 적자나 마찬가지로 서자인 이 에드먼드에게도 차별이 없어.465) 적
자, 좋은 말이다.466) 자, 적자 형님, 만일 이 편지대로 일이 성공만 한다면
서자인 에드먼드가 적자를 누르게 되지. 나는 앞으로 반드시 성공하고 출
세한다.467) 아, 여러 신들이여, 서자 편을 들어주옵소서!468)

이다. 그 사랑이 자연이 허락하고 정당성을 부여한 사랑이라는 증거가 바로 자신
의 탁월한 몸이라고 제시한다. 자연의 본능은 결혼제도라는 인간의 제도를 거부
하고 부정한다. 자신의 출생 자체가 자연에 부합하고 사회제도에 반하는 것이라
고 자기 정체성을 규정한다.

464) 에드먼드는 허락되지 않았기에 더욱 불타는 사랑으로 태어난 자신과는 달리 적
자인 에드거의 출생은 결혼과 종속번식의 의무감으로 잉태되었고 따라서 월등한
자기 자신과는 달리 바보 같은 존재에 지나지 않는다고 하면서, 자신의 열등의식
을 우월의식으로 바꾸어 놓는다.

465) 앞선 생각의 과정을 통해서, 이 모든 것을 자기 나름대로 논리적으로 따져보았을
때, 에드먼드는 자기 자신이 에드거보다 나으면 나았지 못할 것이 없다는 결론에
도달한다. 앞서 오프닝 장면에서 자기를 왕궁에 데리고 간 것에서 알 수 있듯이
아버지의 사랑도 자기 자신에게 더 있는 것 같다고 생각하면서 자신감을 갖는다.
그리고 그 결론에 따라 지금 현재의 부당한 상태를 바꾸기 위해서 행동에 나선
다.

466) legitimate, 지금은 에드거로 대표되는 것이 '합법적이고 적법하며 정통'이지만,
에드먼드는 자기 자신이 합법적이고 적법하고 정통이 되는 세상으로 바꾸어 놓
겠다는 의지를 발휘한다.

467) 에드먼드가 생각하는 성공과 출세는 자기 자신이 legitimate한 존재가 되는 것이
다.

468) 독백을 시작할 때는 자연만이 자신의 유일한 여인인 것처럼 말하더니, 생각을 다
하고나서 이제 자기 계획을 실행할 때가 되었을 때 에드먼드는 모든 신에게 자
기 편이 될 것을 호소한다. 계획대로 모든 일이 진행될 수 있도록 세상 모든 신
이 자신을 지지하기를 바라면서, 또한 자신의 행보에 세상 모든 신이 반대하지
않으리라고 정당화하고 싶은 것이다.

(글로스터 등장)

글로스터

켄트는 그렇게 해서 추방당하고, 버건디 공작은 성이 나서 가버리고, 폐하께서도 밤사이에 왕권을 이양하고 떠나버리고 일정한 생활비만을 받게 되셨다! 그런데 이게 다 순식간에 일어났단 말이지?469) 에드먼드, 무슨 일이냐? 무슨 소식이냐?470)

에드먼드

(편지를 주머니에 넣으며)471) 아, 아버님. 아무것도 아닙니다.472)

---

469) 글로스터는 이 말들을 떠들면서 등장할 것이다. 자신이 프랑스 왕과 버건디 공작을 데리러 가느라 자리를 비운 사이에 궁정에서 일어난 갑작스러운 변화들이 어리둥절하고 이해가 되지 않기에 말로 요란을 떨고 있다. 아버지의 말소리에 에드먼드는 즉각 '연기 모드'에 돌입한다. 관객은 지금부터 에드먼드의 '연기'를 보게 되고, 그의 놀라운 연기력에 감탄 혹은 경악하게 된다.

470) 에드먼드는 마치 아버지의 소리를 듣지 못한 것처럼, 아버지가 온 줄도 모르는 것처럼 편지에 깊이 빠져 있는 모습을 의도적으로 아버지에게 보여주고 있다. 편지의 내용이 심상치 않다는 인상을 아버지에게 심어주는 것으로 연기를 시작한다. <오셀로>의 이아고나 <맥베스>의 마녀들과 마찬가지로, 에드먼드가 구사하는 전략은 다른 캐릭터들의 눈과 귀를 사로잡고 그들의 눈과 귀에 거짓 이미지를 흘림으로써 그 이미지에 눈이 멀게 하는 것이다. 셰익스피어가 놀라울 정도로 '현대적'인 이유는 이미지의 시대인 현대에 매체와 그 매체를 통해 퍼져나가는 조작된 이미지들에 의해 사람들의 인식이 지배를 받는 존재 상황, 이미지가 '실체'를 대체함으로써 허위의식을 조장하는 존재 상황을 이아고와 에드먼드와 같은 캐릭터들을 통해 섬뜩하게 예고하고 있기 때문이다.

471) 뒤늦게 아버지가 온 것을 알아차린 듯이 연기하면서, '급히' 편지를 감춘다.

472) 급하게 편지를 감추는 동작과 그것을 부인하는 시치미는 글로스터의 궁금증을 유발하고 증폭시킨다.

이아고, 마녀들, 에드먼드는 다 사람의 마음을 현혹하기 위해서, 사람들이 가지는 '궁금증'(모르는 것을 알고 싶어하는 마음)을 이용한다. 자신이 의도하는 이미지나 생각을 타인에 마음속에 일방적으로 심거나 강요하는 것이 아니라, 상대로 하여금 궁금하게 만들어서 그들 스스로가 거짓 이미지와 거짓 정보를 빨아

글로스터

왜 그렇게 기겁하며 편지를 감추려고 하느냐?

에드먼드

알려드릴 만한 일은 아무것도 없습니다.[473]

글로스터

지금 무슨 편지를 읽고 있느냐?

에드먼드

아무것도 아닙니다. 아버님.[474]

글로스터

아무것도 아니라고? 그럼 왜 그렇게 기겁해서 호주머니 속에 쑤셔 넣느냐? 아무것도 아니라면 감출 필요 없잖니. 어디 좀 보자. 아무것도 아니라면 안경도 필요 없겠구나.[475]

들이게 한다. 그러고 나면 거짓 이미지와 거짓 정보는 상대의 정신과 마음속에 바이러스처럼 퍼져나가면서 상대의 의식을 지배하게 된다.

[473] 에드먼드는 '고수'이기 때문에, 한 번에 바로 정보를 흘리지 않는다. 한 번 더 시치미를 뗀다. 그럴수록 상대의 궁금증은 급격히 커진다.

[474] "Nothing", 에드먼드와 글로스터의 대화에서 nothing은 세 번이나 언급된다. none이나 no까지 합친다면 6번이나 되풀이되며 그 여운이 메아리치게 된다. 에드먼드가 들고 있는 것은 '가짜'이기에 사실 nothing이 맞다. 에드먼드는 이 nothing을 '중요한 것'(something)으로 만든다. 글로스터는 nothing을 nothing으로 보지 못하고 something으로 여기는 오류를 범한다.

    세 번째로 시치미를 떼는 것에서 에드먼드가 최고의 고수임을 알 수 있다. 세 번의 부정, 절묘한 묘수이다. 3단계에 걸쳐 글로스터의 궁금증을 극에 달하게 만든다. 이제 글로스터는 스펀지처럼 에드먼드가 흘리는 거짓 정보를 빨아들일 것이다. 거짓인 편지의 내용을 글로스터 스스로가 진짜로 믿게 만들기 위해서 에드먼드는 세 번을 부정하는 거짓 연기를 한다. 거짓을 통해 거짓을 진실로 믿게 만드는 그 원리가 놀랍다. 어쩌면 연극과 연기의 원리도 그와 같은 것일지도 모른다. 셰익스피어는 그 원리를 극 중 캐릭터가 다른 캐릭터를 속이는 원리로 삼은 듯하다.

에드먼드

아버님, 용서해 주십시오.476) 실은 형님에게서 온 편지477)입니다. 아직 다는 안 읽어봤지만, 아버님께서 보시면 안 될 것 같습니다.478)

글로스터

그 편지를 이리 내놓아라.

에드먼드

안 보여드리자니 역정 내실 것이고 보여드려도 역정 내실 것이고479)... 아직 잘 모르겠습니다만 내용이 아주 좋지 않습니다.

글로스터

빨리 보자, 빨리.480)

---

475) 아이러니한 말이다. 글로스터는 에드먼드가 구사하는 전략과 술수에 그대로 넘어가서 이제 안경도 쓰지 않고 편지를 읽으려고 든다. 시력이 좋지 않은 그가 무엇이든 제대로 읽으려면 안경을 써야 하는데, 여기서는 안경도 쓰지 않고 에드먼드의 편지 내용을 확인하려고 든다. 글로스터가 안경을 쓰지 않는 것은 '실체'(reality)와 '진실'(truth)을 보지 못하는 자가 눈먼 자라는 극의 주제와 제대로 보기 위해 시력을 잃게 되는 '눈멂'(blindness)의 여정을 예고하는 것이다.

476) 에드먼드는 자신이 실제로 저지르는 잘못에 대해서는 아버지에게 용서를 구하지 않는다. 그런데 아버지를 '거역'하는 이 모략에서 용서를 구하는 거짓 행동을 이용한다. 먼저 용서를 구함으로써, 글로스터가 속아 넘어가게 만드는 결정타를 날리는 것이다.

혹시라도 에드먼드가 속으로 "아버지에게 지금부터 제가 하게 될 모든 행동에 대해서 미리 용서를 구합니다"라는 식의 생각을 한다면, 이 대사는 아이러니한 대사가 될 것이다.

477) 글로스터가 무엇이든 받아들이도록 완벽한 세팅된 후에 에드먼드는 드디어 이 모든 것이 에드거에 관련된 것이라는 거짓 정보를 흘린다.

478) "아버지에 관한 내용입니다"라는 뜻의 말을 돌려서 하는 것이 된다. 그리고 "보면 안 된다"라는 말은 더욱 보고 싶게 만드는 말이다.

479) 보지 않고는 견딜 수 없게 만들어 놓고는 약을 올리고 있다. 그러면서 불가피하게 아버지가 '원해서' 보여주는 것처럼 연기한다.

에드먼드

형님을 위해 변명을 해 두겠습니다만, 아마 이것은 저의 효심을 떠보느라
고 쓴 것 같습니다.

글로스터

(읽는다) '노인을 공경하는 세상의 관습 때문에 인생을 가장 향락할 수 있
는 청춘 시절을 외롭게 지내야 하고, 상속받을 재산도 쓰지 못한 채 늙어
서 인생의 참맛을 즐길 수 없게 된다. 나는 노인들의 포악한 압정에 복종
하는 것은 어리석은 것임을 통감하기 시작했다. 노인들이 우리를 지배하
는 것은 실력이 있어서가 아니라 우리가 감수하기 때문이다.481) 이 일에
관해서 의논해야겠으니 내게로 좀 와 다오. 다만 내가 잠을 깰 때까지 아
버지가 영원히 주무시기만 한다면,482) 아버지 재산의 절반은 너의 몫이
될 것이며 너는 나의 사랑을 받는 아우로서 지내게 될 것이다. 에드거로부
터.' 음! 음모로구나.483) '내가 잠을 깰 때까지 영원히 주무시기만 한다
면484) 아버지 재산의 절반은 너의 몫이 될 것이다.' 내 아들놈 에드거가,

---

480) 글로스터는 이제 거의 안달이 날 지경이다.

481) 이 편지를 실제로 쓴 것은 에드먼드이니, 이 편지의 내용이 에드먼드의 마음속
생각들을 그대로 드러낸다고 볼 수 있다. 그는 부모가 죽을 때까지 재산을 끌어
안고 자식들에게 내어주지 않고 그것으로 자식들을 컨트롤하려는 것을 몹시 못
마땅하게 여기는 것 같다. 부모가 그 재산을 미리 내어준다면 너무나 많은 것을
할 수 있는데, 그러지 못하고 부모에게 복종만 해야 하는 현실이 답답하고 부당
하다.

482) 글로스터의 눈이 돌아가게 만드는 표현이다. 자식이 부모가 죽기를 바란다니, 어
느 부모도 제정신이기 힘들다. 더구나 그것이 장남의 생각이라면 더할 나위 없는
큰 충격으로 다가오기 마련이다.

483) 음모인 것은 아나, 그것이 누가 꾸민 음모인지는 알아보지 못하는 인식의 한계를
보인다.

484) 이 표현으로 인해서, 글로스터는 이제 다른 것은 일체 눈에 들어오지 않는, 눈뜬
장님의 상태에 이미 도달했다고 볼 수 있다. 이제 에드먼드는 글로스터의 눈에

그놈이 이것을 썼단 말인가? 그놈이 이런 음모를 꾸밀 심장과 두뇌를 가졌던가?485) 이 편지는 누가 가져왔느냐?486)

에드먼드

누가 가져온 것이 아닙니다. 교묘하게 제 방 창가에 던져져 있었습니다.487)

글로스터

이것은 분명히 네 형의 글씨지?488)

에드먼드

좋은 내용이라면 형님 글씨라고 단언하겠습니다만 이래서야 그렇지 않다고 말하고 싶습니다.489)

무엇이든 씌울 수 있다.

485) 에드거가 그런 두뇌와 심장을 가지지 않다는 것을 글로스터는 필경 알았을 텐데, 편지의 내용에 나와 있는 이미지들과 그것이 자아내는 감정에 눈이 멀어 더 이상 아무것도 제대로 보이지 않는다.

486) 이 모든 것을 사실이 아니기를 바라는 마음이 아직 한 가닥 있다.

487) 아버지의 질문을 에드먼드는 예상 못 했을 수도 있지만, 편지를 보여주고 나면 아버지가 편지가 어디서 났는지 필히 물을 것이라고 예상했다고 보는 편이 더 타당해 보인다. 에드거에게 직접 받았다고 하지 않고 에드거가 '몰래' '교묘하게' 가져다 놓았다는 이미지를 글로스터에게 주입한다.

488) 안경도 쓰지 않은 글로스터는 에드거의 실제 필체와 대조해 보지 않고 에드먼드에게 묻는 것만으로 기정사실화하는 오류를 범한다. 합리적인 의심으로 전모를 밝힐 수도 있었으나, 에드먼드의 '교묘한' 대답에 이제 에드거 짓임을 100% 확신한다.

489) 좋지 않은 내용이기 때문에 형의 글씨가 아니었으면 한다는 식의 어법은 "형의 글씨가 맞다"라는 말을 교묘하면서도 훨씬 더 강력하게 말하는 것이 된다. 에드먼드는 형에 대해 아버지를 속이는 것 못지않게 또 하나의 중요한 미션이 있는데, 그것은 바로 자기 자신을 '착하고 마음이 깊고 효성이 가득한 아들'로 이미지 메이킹하는 것이다.

글로스터

분명히 네 형의 글씨다.

에드먼드

글씨는 형님의 글씨지만 형님의 본심은 설마 그렇지 않을 겁니다.490)

글로스터

그놈이 이 문제에 관해서 종전에도 네 마음을 떠본 일은 없었느냐?491)

에드먼드

그런 일은 한 번도 없었습니다. 허나 종종 이렇게 말하더군요. 자식이 성장하면서 노쇠한 아버지는 자식의 보호를 받고, 아버지의 모든 수입은 자식이 관리하는 것이 당연하다고 말입니다.492)

글로스터

오, 나쁜 놈 같으니라고! 편지의 내용이 꼭 그렇다! 자연에 반하는 혐오스러운 짐승 같은 놈! 짐승만도 못한 놈!493) 너 그놈을 찾아오너라. 그놈을 체포해야겠다. 극악무도한 악당 놈!494) 그놈이 지금 어디에 있느냐?

---

490) '그렇지 않을 것이다'로 '완전 그러하다'라고 생각하게 만드는 에드먼드의 술수는 정말 놀랍다.

491) 에드거가 도대체 언제부터 그런 못된 마음을 먹었느냐를 생각하느라 글로스터의 뇌는 분주히 돌아간다.

492) 단지 편지의 내용을 요약해서 한 번 더 말해주는 것에 불과하지만, 쐐기를 박는 수이다.

493) 글로스터는 마음의 평성을 더 이상 유지하지 못하고 감성적으로 폭발한다. 그리고 부모가 죽기를 바라는 아들을 짐승으로, 아니 짐승보다 못한 존재로 규정한다. 글로스터의 말은 에드거를 향한 것이지만, 관객의 눈과 귀에는 에드먼드가 짐승보다 못한 인간으로 보고 들린다. 관객은 지금 이 순간까지 에드먼드의 놀라운 전략과 술수에 넋이 나간 상태이다. 그 절묘함에 탄성을 지르거나 심지어 매료되었을 수도 있다. 에드먼드를 연기하는 배우는 극의 시작부터 짐승보다 못한 놈으로 규정된 자신을 어떻게 계속 관객의 눈과 귀와 마음을 사로잡는 캐릭터로 연기할 수 있을까를 고민해야 한다. 악은 매력적이어야 한다. 매력적이지 못하면 인간의 마음을 혹하게 할 수 없기 때문이다.

에드먼드

잘 모르겠습니다.495) 잠시 노기를 참으시고 확실한 증거를 잡을 때까지 형님의 마음을 살피시는 게 어떻겠습니까? 그것이 상책일 것 같습니다. 만일 형님의 뜻을 오해하시고 과격한 수단을 취하시면, 아버님 명예에 큰 흠이 생기고 형님의 효심을 산산이 짓밟게 될지도 모릅니다. 형님을 위해 제 목숨을 걸고 보증하겠습니다만, 형님은 저의 효심을 시험하려고 이런 편지를 쓴 것이 틀림없습니다. 결코 위험한 의도는 아닐 것입니다.496)

글로스터

너는 그렇게 생각하느냐?497)

에드먼드

아버님께서 괜찮으시다면 형님과 제가 이 일에 관해 의논하는 것을 엿들을 수 있는 곳에 안내해 드릴 테니, 숨어서 아버님 귀로 충분히 들어보심

---

494) 에드먼드는 서자=악당(bastard)이지만, 이제 자기 자신을 '착한 아들'로 그리고 에드거를 '혐오스러운 악당' 그리고 '자연에 반하고 가증스럽고 짐승 같은 악당'(abhorred villain & unnatural, detested, brutish villain)으로 만드는 데 성공한다. 리어가 코딜리어를 그렇게 불렀던 것처럼 글로스터도 에드거를 'unnatural' 하다고 여긴다.

495) 에드먼드의 계획이 성공하려면 아버지를 속이는 데 그치지 않고, 에드거에게도 작업을 해야 한다. 그러니 지금 아버지와 에드거를 대면하게 할 수 없다. 이제 에드거에게 작업을 걸 시간을 벌어야 한다.

496) 에드먼드는 아버지에게 형의 본심이 편지 내용과는 다를 것이라고 이야기한다. 어떻게 보면, 지금까지 했던 모든 거짓말을 소용없게 만드는 말처럼 보일지도 모른다. 그러나 에드먼드는 글로스터의 마음이 이미 되돌릴 수 없게 완전히 기울었다는 판단에서 다음 단계를 위한 사전 포석을 하는 것으로 보인다. 마치 이아고가 일단 오셀로의 마음에 데스데모나에 대한 의심을 심고 나니 그 의심은 어떻게 해도 지워지지 않도록 견고하게 바뀐 것처럼 말이다. 그리고 에드먼드는 진심으로 가족과 형을 위하는 것처럼 보이는 선한 이미지를 강화하면서, 에드거에 대한 작업 시간을 벌고 있다.

497) 에드먼드를 기특해한다.

이 어떻겠습니까?498) 오늘 밤이라도 안내해 드리겠습니다.499)

글로스터

설마 그놈이 그럴 수가!500)

에드먼드

절대로 그럴 리가 없습니다.501)

글로스터

이렇게 진심으로 저를 사랑하는 아비에게! 이런 일이 있을 수가!502) 에드
먼드야, 그놈을 찾아내서, 알겠니? 그놈의 진심을 알아내다오.503) 네 지혜
껏 수단을 부려 봐라.504) 내 지위나 재산을 희생해서라도 확실한 진상을
알아내야겠다.505)

에드먼드

염려 마십시오. 형님을 당장 찾아내겠습니다. 그리고 있는 수단을 다해 일
을 진행시켜서 곧 진상을 알려드리겠습니다.506)

---

498) 직접 귀로 들어보고 판단하라는 말처럼 솔깃한 말도 없다. 이제 글로스터는 자력
으로는 도저히 빠져나올 수 없는 구렁텅이에 빠진 신세이다. 이 시점에서 관객은
아버지는 이렇게 속인다고 해도 에드먼드가 과연 형까지 속이는 것이 어떻게 가
능할까를 생각하며 그의 다음 행보를 기다리게 된다.

499) 에드먼드는 이미 2단계 작전까지 모두 구상해 놓은 상태이다. 1단계가 성공하고
나면, 바로 다음에 무엇을 해야 할지를 정확히 알고 있다.

500) 에드먼드가 심어놓은 거짓 정보가 글로스터의 의식을 완전히 지배하고 있음을
나타낸다.

501) 에드먼드가 부정할수록 글로스터의 의심은 더 굳건해진다.

502) 거짓 정보에 글로스터의 마음은 상처 입었다. 마음의 상처가 불러일으키는 감정
이 그의 눈을 더 멀게 한다.

503) 에드거의 진심을 정말로 알고 싶은 것이 아니라, 에드먼드가 믿게 만든 것이 사
실임을 한시라도 빨리 확인하고 싶다.

504) 앞으로 에드먼드가 꾸미고 벌일 모든 일에 면죄부를 주는 것과 다르지 않다.

505) 극적 아이러니를 느끼게 하는 말이다. 결국 글로스터는 지위와 재산을 다 희생해
서 그리고 눈까지 잃고서야 모든 진실을 알게 된다.

글로스터

최근 일식과 월식은 불길한 징조다. 학자들은 자연의 법칙에 비춰서 이러 쿵저러쿵 이유를 붙이지만, 그런 변고 때문에 인간계는 확실히 재앙을 받 기 마련이지. 애정은 식고 우의는 깨지고 형제는 반목하거든. 도시에는 폭 동, 지방에는 반란, 궁중에는 역모 등이 일어나고 부자의 의는 끊어진 다.507) 이 흉악한 아들놈의 경우도 그 전조가 들어맞는 거지.508) 자식들 은 아비를 배반하고, 아비는 자식을 버리고, 임금은 자연의 도리에 어긋나 는 행동을 하고,509) 이제 세상은 말세다. 음모, 허위, 배신, 기타 모든 망 조510)가 무덤까지 귀찮게 우리를 쫓아오는구나. 에드먼드야, 이 악당을 찾

---

506) 여기서 에드먼드의 첫 번째 작전은 완성되고 마무리된다.

507) 글로스터가 미신을 믿는다고 폄하하기 쉽지만, 에드먼드가 아버지의 그러한 성향 을 잘 이용하고 있는 것은 맞지만 <리어왕>은 자연계에 일어나는 이상 현상이 인간 정신에 영향을 미친다고 보고 있는 듯하다. 인간의 심신이 하나이듯, 인간 은 자연의 일부이다. 인간의 생체 리듬이 달의 공전과 밀접하게 연결되어 있는 것에서 알 수 있다. 인간의 몸은 우주의 구성원리에 따라 만들어졌다. 폭풍우 속 의 리어와 에드거의 모습을 통해 <리어왕>은 자연과 인간 심신의 필연적 연결을 강하게 시각화하고 있다.

　　<리어왕>이 '가족극'의 형태를 취하고 있는 것은, 가족이라는 단위가 인간세계 의 축소판이고, 가족 안에서 일어나는 일들을 사회와 국가 전반에 일어나는 일들 의 집약판으로 간주하기 때문이다.

508) 일식과 월식은 세상을 비추는 '빛'을 가림으로써 사람들의 보기와 인식에 큰 변 화를 줄 것 같은 염려와 두려움을 불러일으킨다. 일식과 월식이 여기서 불길한 징조가 맞는 이유는 에드먼드가 이런 일들을 꾸미는 것을 예고한 것이나 다름없 기 때문이다. 그러나 글로스터는 그 불길한 징조가 절대 그럴 리 없는 에드거의 배신을 예고한다고 믿어버리는 인식의 한계를 보인다.

509) 글로스터는 리어가 켄트를 추방하고 코딜리어와의 연을 끊은 것과 지금 자신에 게 일어난 일이 무관하지 않다고 생각한다.

510) 인간세계를 지탱하는 '도리'가 무엇인지, 그 '도리'를 저버렸을 때 어떤 끔찍한 일이 일어나는지를 <리어왕>은 시험하고 있다. 그 도리가 사라진 세상은 더 이 상 인간세계가 아니다. 그리고 말세의 그 세계는 음모, 허위, 배신에 의해 지배

아오너라. 네게는 조금도 피해가 가지 않게 하겠다. 용의주도하게 해라.

　(퇴장)

에드먼드511)

참 우습군. 운수가 나쁘면 자신의 어리석은 소행은 생각지 않고 재앙의 원인을 태양이나 달이나 별의 탓으로 돌리거든. 이건 마치 인간은 필연적으로 악한이 되고, 천체의 압박으로 바보가 되고, 별의 세력으로 악당이나 도둑이나 모반자가 되고, 별의 영향으로 주정꾼이나 거짓말쟁이나 간신이 되는 셈이다.512) 호색한513)에게는 그럴싸한 책임 회피책이지. 음탕한 기

받는다.

511) 에드먼드의 두 번째 독백이다. 장면 끝에 하게 될 짧은 독백까지 포함해서 셰익스피어는 한 장면 안에서 그에게 세 개의 독백을 준다. 그만큼 작가가 공들인 캐릭터이다. 독백할 때의 에드먼드와 다른 캐릭터가 있을 때의 에드먼드를 비교해서 보는 것이 관극 포인트가 된다.

　이아고, 리처드 3세, 에드먼드처럼 셰익스피어는 가공할 악인 캐릭터들에게 좋은 독백을 부여하여 관객들의 생각과 마음을 사로잡게 했다. 이런 캐릭터들은 관객을 자신이 꾸민 음모의 '공모자'로 만드는 힘을 가지고 있다. 캐릭터들이 꾸미는 일이 잘못된 일인 줄 알면서도 캐릭터가 그것을 어떻게 성공시킬지 궁금해하게 만드는 것이다. 셰익스피어는 아마도 관객들이 연극을 통해 간접적인 악의 공모를 경험하게 함으로써 어떤 '정화'에 도달하기를 의도했는지도 모른다. 그리고 극 중 다른 캐릭터들뿐만 아니라, 관객들도 이 악인 캐릭터들에 의해 한바탕 생각과 마음의 혼란을 겪기를 바란 듯하다.

512) 에드먼드는 천체의 운행과 자연현상들에 대해서 아버지와는 전혀 다른 생각을 가지고 있다. 자신의 개인적 잘못으로 인정해야 될 것을 자연 핑계를 대며 책임 회피를 일삼는다고 보는 것이다. 인간의 문제가 자연에 의해서 발생된다고 한다면, 세상에 올바른 인간은 한 명도 존재하지 않을 것이라는 그의 견해는 자연과 인간사가 불가분의 관계에 있다는 글로스터의 견해만큼이나 혹은 그 이상으로 타당해 보인다. '자신의 운명은 자신이 열어가는 것이고 그 모든 책임은 자신이 진다'라는 태도는 멋있어 보이기까지 한다. 그렇다면 에드먼드는 결과적으로 '지각과 인식, 그리고 그에 따른 행동에 있어서 개인의 책임'을 관객에게 절감하게 하는 캐릭터로서의 역할을 한다.

질은 별 때문이라고 하면 그만이니까. 아버지는 드래곤 별자리의 꼬리 밑에서 태어난 것이 된다. 그러기에 별의 이치로 봐서 나는 난폭하고 음탕하기 마련이지.514) 하지만 쳇, 내가 사생아로 태어날 때 설사 하늘에서 제일 순결한 별이 반짝이고 있었다 하더라도 나는 지금과 조금도 다르지 않았을 것이다.515) 아, 에드거...516)

(에드거 등장)517)

---

513) 일반적인 호색한을 지칭하는 말일 수도 있지만, 아버지를 염두에 두고 하는 말일 수도 있다. 그렇다면 에드먼드의 눈에 글로스터는 늙은 나이에도 여자를 밝히는 남자이다. 그것이 지금 이 시점에서 글로스터의 도덕적 약점일 수 있겠다.

514) 아버지 식으로 생각한다면, 아버지가 태어날 때의 별이 음탕한 별이어서, 그 자식인 자신도 거칠고 음탕할 수밖에 없다. 즉 자신이 그런 사람인 것은 전적으로 별자리 탓이 되고 아무런 마음의 거리낌도 느낄 필요가 없어진다.

515) 그러나 에드먼드는 지금 자신이 별자리와는 아무 상관 없다고 원래 자신의 논리로 돌아간다. "나는 나이다"(I am what I am)라고 비극의 주인공들이 극 초반에 가지는 인식을 에드먼드는 그대로 가지고 있다. 비극의 주인공들은 혹독한 극적 시련을 거쳐 "나는 내가 아는 내가 아니다"(I am not what I was)라는 정서적 인식에 도달하고 인간성을 회복한다. 극 초반의 에드먼드는 비극의 주인공이 될 수 있는 자질을 가졌으나, 타인에게 시련을 주는 존재가 되어버림으로써, 한 인간으로서 완전히 추락해 버리고 만다.

516) 에드거의 등장으로 에드먼드는 두 번째 연기를 시작한다. 아버지를 속일 때의 연기와는 또 어떻게 다른 연기를 선보일지가 관극포인트가 된다. 에드먼드는 마음을 현혹시키는 힌트 흘리기, 정확한 정보를 주지 않고 질질 끌기, 걱정스러운 질문하기, 도움을 주려고 하고 지지해 주기 등의 술수를 사용한다.

　　극 중 다른 캐릭터를 감쪽같이 속이는 캐릭터들은 모두 뛰어난 연기력을 가진 배우나 다름없고, 능수능란한 변신으로 관객들을 매료시킨다.

　　에드먼드가 "하늘에서 제일 순결한 별이 반짝이고 있었다 하더라도"를 언급하자마자 에드거가 나타난 것은 에드거가 그런 별인 것처럼 생각하게 만든다.

517) 주인공 캐릭터 중에 관객들에게 제일 늦게 모습을 드러내는 것은 에드거이다. (바보광대가 아직 등장하지 않았지만, 바보광대는 주요 캐릭터이기는 해도 주인공 캐릭터라고 할 수는 없다.) 앞선 글로스터와 에드먼드의 장면은 에드거에 대

옛 희극의 마지막 장면처럼518) 때마침 잘 나타나는구나! 내 역은 미치광이 거지 톰519)처럼 우울한 표정으로 한숨을 몰아쉬는 데서부터 시작해야지. 아아, 요사이 일식, 월식은 그런 불화의 전조였구나.520) 파, 솔, 라,

한 궁금증을 더욱 증폭시킨다. 여기에는 셰익스피어의 어떤 의도가 담겨있는 것으로 보인다. 에드거가 극의 제일 마지막에 정의의 사도로 재탄생하고 그 늠름한 모습을 드러내는 것과 무관해 보이지 않는다. 에드거는 극 초반, 중반, 후반에 완전히 다른 모습을 한다. **극 안에서 가장 큰 변화와 성장을 보이는 캐릭터이다.** 늦은 등장만큼 기대가 커진 관객의 눈에 보이는 에드거의 첫인상은 어때야 할까? 그리고 그 첫인상이 극이 진행되며 변화하는 모습과 어떠한 대비와 차이를 보여야 할까?

에드먼드가 장면 끝의 독백에서 밝히는 바에 따르면, **에드거의 본성(nature)은 고귀하다(noble). 그것이 에드거를 극의 주인공이 되게 한다.** 에드거가 이후 시련을 겪는 것은 그의 고귀한 본성에 더해 **세상의 본질과 현상과 인과관계를 꿰뚫어 볼 수 있는 눈과 인간의 고통을 이해할 수 있는 심장**을 갖게 하기 위한 것이다. 수많은 캐릭터가 타락하는 극세계 안에서 **에드거의 여정은 인간 영혼의 고귀함이 완성되어 가는 여정이다.** 고귀한 에드거의 첫 등장과 첫인상은 어떠할까? 에드거를 연기하는 배우가 깊이 고민해야 하는 부분이다.

또한 모든 캐릭터의 등장에는 ① 어디에서 와서, ② 어디로 가고자 하며, ③ 지금 왜 여기에 머물러 있는지에 대한 정보가 담겨야 한다.

518) 당시 기준으로 구식 연극들은 갑작스럽게 끝이 났는데, 에드먼드는 그런 연극적 관습 자체가 우스꽝스럽다고 생각하는 듯하다. 여기서는 에드거의 '예기치 못한', 하지만 '환영할 만한' 등장으로 다음 연극이 바로 시작되어야 함을 말하는 것으로 보인다.

519) 나중에 에드거는 실제로 미치광이 거지 톰이 되는데, 에드거의 그런 선택은 이 장면에서 에드먼드가 연기하는 톰에게서 힌트를 얻은 것인지도 모른다. 에드먼드의 톰 연기와 에드거의 톰 연기의 차이는 에드먼드는 거지 톰을 그럴듯하게 흉내 내지만 에드거는 실제 미치광이 거지 톰이라고 해도 과언이 아닐 정도로 발가벗겨진 채로 거지가 된다는 점이다.

520) 에드먼드는 아버지 글로스터가 했던 말을 가지고 연기하고 있다. 에드거가 들으라는 듯이 말한다. 실제로는 그렇게 생각하지 않으면서, 아버지가 생각하고 말하듯이 연기하기로 한 선택의 이유가 궁금하다. 아마도 '점성술사'의 이미지를 에

미.521)

에드거

왜 그러니, 에드먼드. 뭘 그렇게 골똘히 생각하고 있어?

에드먼드

형님, 저는 요전에 읽은 예언을 생각하고 있어요. 요즘 있었던 일식, 월식
뒤에는 어떤 일이 일어나나 하고.

에드거

넌 그런 일에 흥미가 있니?

에드먼드

불행히도 그 예언서에 쓰여 있는 그대로 하나하나 실제로 일어나고 있는
걸요. 예를 들면 부자간의 불화, 변사, 기근, 오랜 우정의 파탄, 나라의 내
란, 왕이나 귀족에 대한 비난과 공격, 이유 없는 의혹, 친구의 추방, 군대
의 해산, 이혼 등등 이 밖의 여러 가지 흉사 말입니다.522)

에드거

대체 언제부터 점성술을 연구해 왔니?

에드먼드

그보다도 언제 아버님을 뵈었습니까?523)

드거에게 심어줌으로써, 자기 자신이 불가해한 일들이 일어나는 것을 내다볼 수
도 있고 그것에 대처할 능력을 가진 자라는 인상을 각인시키기 위함일 것이다.

521) 에드먼드는 이 음정들을 노래로 부른다. 엘리자베스 사람들에게 이 음계는 마음
  을 어지럽히는 음계로 여겨졌다고 한다. 그래서 어떤 사람들은 이 음계를 "악마
  가 깃든 음악"(devil in music)이라고 불렀다.

522) 거의 섬뜩한 '저주'에 가까운 에드먼드의 말을 통해, 리어가 통치한 나라에서 어
  떤 일들이 일어나고 있는지, 이제 왕권을 내려놓은 영국에서 어떤 일들이 벌어지
  고 있는지, 영국이라는 국가가 어떠한 세계인지를 알 수 있다. 질서정연하고 안
  정된 세계가 결코 아니다. 극세계에 대한 상상은 배우에게 가장 근본적이고 선행
  되어야 하는 상상이다. 인간이 시대와 사회의 산물이듯이, 극세계가 캐릭터를 낳
  는다. 극세계를 이해하지 않고 캐릭터를 제대로 파악할 수 없다.

에드거

지난밤에.

에드먼드

같이 이야기하셨어요?

에드거

응, 두 시간 동안이나.524)

에드먼드

좋은 기분으로 작별하셨습니까? 아버님의 말투나 안색에 화나신 기색은 안 보였습니까?

에드거

전혀, 그런 일은.

에드먼드

혹시 아버님의 비위를 거스르는 말씀은 안 하셨습니까?525) 잘 생각해 보세요. 아무튼 부탁입니다만 아버님의 노여움이 누그러지실 때까지 잠시

---

523) 에드먼드의 분위기와 태도가 돌변한다. 마치 신들린 것처럼. 마치 우주의 신비를 꿰뚫어 본 사람처럼. 그것이 그가 '미치광이 거지 톰'을 선택한 이유일 것이다. 에드거가 거부할 수 없는 어떤 강력한 기운을 가진 존재가 된 것처럼 연기하는 듯이 보인다.

524) 어젯밤에 글로스터와 에드거는 두 시간 동안이나 대화한 사이다. 대화가 단절된 부자가 아니라, 대화를 나누는 부자가 에드먼드의 모략에 쉽게 서로를 단절된 관계로 바꾸어 놓는 것이 안타깝다.

아버지와 형이 자기는 놔두고 두 시간이나 대화했다고 한다면, 에드먼드는 어떤 생각을 할까? 애초에 에드먼드가 이 모든 모략을 꾸미게 된 것이 아버지와 형 사이에 어떤 '기류'를 감지했기 때문은 아닐까?

525) 에드먼드는 네 번의 질문을 연달아 쏟아냄으로써, 타인의 의식을 어리둥절하고 '불확실한' 상태로 만드는 전략을 구사하고 있다. 아무 문제 없이 확신하고 있는 일이나 문제에 대해서조차 누군가 질문과 의문을 마구 쏟아내면 인간의 의식은 '불확실성'에 빠지게 된다. '불확실성'(uncertainty)은 에드먼드가 타인의 의식을 조종하는 전략적 도구이다.

피하십시오. 대단히 화를 내고 계시니 형님을 해치게 될지도 모릅니다. 그 노기가 그냥 있지는 않을 겁니다.526)

에드거

어떤 놈이 모략했구나!527)

에드먼드

그게 염려하는 점입니다.528) 그러니 아버님의 노기가 좀 가라앉을 때까지는 꾹 참고 계십시오.529) 우선 제 방에 가 계십시오.530) 그러면 기회를 봐서 아버님 말씀이 잘 들리는 곳에 안내해 드릴 테니까요.531) 자, 어서 갑시다. 열쇠는 여기 있습니다. 외출할 때는 무기를 지니고 다니세요.532)

에드거

---

526) 아버지의 화가 너무나 크다는 것과 그 화가 가져올 위험성만을 부각시킬 뿐, 무엇 때문에 화가 났는지에 대해서는 아무런 정보를 제공하지 않는다.

527) 에드거는 아버지가 자신에게 화가 났다는 에드먼드의 말에, 자신이 아버지를 화나게 할 일은 전혀 한 적이 없기 때문에 누군가가 모략으로 자신에 대한 거짓 정보를 아버지에게 주어서 그렇게 되었다고 판단한다. 그런데 그것이 에드먼드의 짓이리라고는 꿈도 꾸지 못한다. 에드거나 글로스터의 천성이 선하기 때문이기도 하지만, 그만큼 에드먼드의 '연기'가 뛰어나기 때문으로 보아야 한다.

528) 에드거의 입에서 "모략"이라는 말이 먼저 나왔다. 그 말이 나오기 무섭게 에드먼드는 크게 걱정하면서 모든 것이 모략 때문이라는 이미지를 강화한다.

529) "아무것도 하지 말고 가만히 있으라"라는 말이 된다. 음모와 계략을 꾸미는 모든 자들은 불확실하고 부정확한 정보로 사람들의 인식을 흐리게 하고 그로 인해 사람들이 아무것도 하지 못하게 함으로써 고립과 정지의 상태로 내몬다.

530) 사실상 에드거를 감금하는 것이다. 에드먼드는 에드거를 모든 정보로부터 차단된 상태로 고립시킨다. 정보가 차단되면 인간은 어떤 것도 올바로 판단할 수가 없다. 정보의 지배가 권력이 된다.

531) 고립시킨 상태에서 조작된 정보에만 노출시킴으로써, 타인의 인식을 지배하는 전략을 쓴다.

532) '흉기를 가진 위험천만한 자'로 만들기 위한 사전 포석인데, 자기 보호를 위해 무기를 지녀야 한다고 설득하는 놀라운 지략이다.

무기를?533)

에드먼드

형님, 진정으로 형님을 생각해서 하는 충고입니다.534) 형님께 호의를 가진 자가 한 사람이라도 있다고 한다면 저는 정직한 사람이 아닙니다.535) 저도 보고 들은 것을 그대로 얘기한 것뿐입니다. 하지만 무시무시한 진상536)을 도저히 입에 담을 수는 없습니다. 자, 어서 저리로!

에드거

곧 말해줄 거니?537)

에드먼드

이번 일은 제가 힘이 되어 드리겠습니다.538)

　　(에드거 퇴장)539)

---

533) 무기를 들라는 에드먼드의 제안은 에드거를 의아하게 만드는 말이다. 에드먼드에게는 위기의 순간일 수도 있다. 여기서 에드거는 계속 의심했어야 했다. 그러나 곧 형의 의심을 덮어버리려는 에드먼드에게 설득되어 버린다.

534) 자신만이 도움을 줄 수 있는 유일한 사람인 것처럼 생각하게 만든다.

535) "I am no honest man." 아이러니한 말이다. 에드먼드는 자신의 실체를 드러내는 말을 오히려 상대를 속이는 말로 사용하는 뻔뻔함과 여유를 보인다.

536) "nothing like the image and horror of it." 이미지 자체는 밝히지 않으면서, 그 이미지가 주는 공포만을 부각시킨다.

537) 에드거가 정보를 취득하는 유일한 통로가 에드먼드가 하는 말로 제한되어 버린다. 거짓 정보와 진짜 정보를 구별할 수 있는 능력이 없으면, 우리는 눈먼 존재나 마찬가지다. <리어왕>은 가짜 정보와 진짜 정보가 뒤섞여 있는 인터넷을 통해 정보를 습득하는 현대인들에게, 거짓 정보가 어떻게 의식을 지배하는지를 경고하는 작품이다.

538) 선악과 악, 적과 내 편을 구분하기 어려운 것은 악이 선처럼 보이고 적이 내 편인 것처럼 보이기 때문이다. 에드먼드는 그 점을 이용한다.

539) 에드먼드의 세 번째 독백이 시작된다. 이 마지막 독백에서 에드먼드의 모습은 앞의 두 독백에서의 모습과는 또 사뭇 달라야 한다. 왜냐하면 글로스터와 에드거를 자기 마음대로 요리하고 난 후이기 때문이다. 마치 리처드 3세가 앤을 얻고 난

속이기 쉬운 아버지와 고귀한 형이라.540) 타고난 본성541)이 남에게 해가
될 일은 못 하니 남을 의심하지도 않는단 말이야. 어리석을 정도로 정직한
면을 이용하면 내 계략은 쉽게 진행된다!542) 앞일이 훤히 내다보인다.543)
혈통으로 안 된다면 꾀라도 내어 영지를 차지해야겠다. 목적을 위해서라
면 수단을 가릴까 보냐.544)

(퇴장)

후처럼 말이다.

540) 부전자전을 생각나게 한다. 글로스터와 에드거는 부자로서 많은 공통점이 있다.
글로스터는 자신을 가장 닮은 아들을 알아보지 못하는 실수와 잘못을 저지른다.
에드먼드는 에드거가 '고귀한'(noble) 인간임을 인정한다. 하지만 인간이 가진 고
귀함이라는 것은 타인에게 이용만 당하게 만드는 쓸데없는 덕목이라고 비웃는다.

541) "nature." 자연과 인간의 타고난 본성을 나타내는 말이 똑같이 nature라는 점은
의미하는 바가 크다. 인간의 본성 자체가 자연적이라는 의미가 된다. 에드먼드는
장면의 시작에서 nature를 자신의 여신으로 삼았는데, 여기서 에드거의 nature는
다른 사람에게 해를 가하지 않기에 다른 사람도 자신에게 해를 가할 것이라고
생각하지 않는다고 한다. nature에 대한 태도가 오락가락하면서, 그때그때 자의
적으로 해석하는 것을 볼 수 있다.

542) 거짓과 진짜, 외관과 실체를 구분할 수 없는 상태에서 인간이 가지는 정직함은
스스로를 이용당하게 만드는 요인이 된다. 그와 같은 정직함은 정직함이라기보다
는 '순진함'에 더 가깝다.

543) "I see the business." '볼 수 있음'(sight)과 '볼 수 없음'(blindness)의 주제가 되
풀이된다. 에드먼드가 자신이 계획하고 상상한 것들 예견할 수 있는 것은 맞다.
그것이 그를 오만하게 한다. 이 시점에 벌써 모든 일이 자신이 원하는 대로 이루
어졌다고 생각한다. 그러나 어느 누구도 인간으로서 자신의 미래를 모두 볼 수는
없다.

544) 목적에는 그에 적절한 수단이 따라야 하나, 목적 자체가 합당한 것인가, 즉 이치
와 도리에 맞고 가치 있는 것이냐로 수단의 정당성이 달라지고, 때로는 정당한
목적을 위한 것도 부정한 수단에 의해서 그 정당성을 잃어버리게 된다. 에드먼드
는 목적도 방법도 정당성을 얻지 못한다. 그는 오로지 '전복'과 '탈취'를 꾀할 뿐
이다. 이 장면을 통해 에드먼드에게 매료되었을지도 모르는 관객들은 점차 그가
자신의 목적을 이루기 위해 동원하는 수단과 방법들에 경악하게 된다.

3장 올버니 공작 저택의 한 방

거너릴과 그의 집사 오스왈드 등장.545)

거너릴

바보광대546)를 나무랐다고547) 아버님이 집사를 때렸단 말이냐?548)

오스왈드

네, 그렇습니다.

거너릴

기가 막혀. 밤낮으로 내게 욕만 보이는구나. 매시간 이래저래 나쁜 짓만
하시고 그럴 적마다 집안이 온통 난장판549)이니. 이제는 더 이상 참을 수
없어.550) 아버님의 기사들은 난폭해지고551) 아버님은 사사건건 우리를 야

---

545) 에드먼드에 바로 이어, 관객은 또 한 명의 악한을 목격하게 된다. 바로 거너릴의
오른팔인 오스왈드이다. 관객의 눈에, 오스왈드는 어디서 듣도 보도 못한 완전히
새로운 유형의 악한이어야 한다. 오스왈드는 기존 사회의 법과 규범과 예의범절
이 규정하는 것과는 반대로 행동하며 리어는 물론 관객을 경악하게 만드는 캐릭
터다. 거의 소시오패스에 가까워야 한다.

　혼자서 일을 도모한 에드먼드와는 달리 거너릴은 오스왈드와 함께 아버지를
거역할 모의를 하고 행동 방향을 정한다.

546) 주요 캐릭터 중에서 아직 바보광대가 등장하지 않았다. 셰익스피어는 바보광대의
등장 시점을 모든 일이 어느 정도 진척된 다음으로 잡았다. 왜일까?

　이 순간 관객의 눈과 관심은 처음 보는 오스왈드에게 그리고 거너릴이 언급하
는 아직 보지 못한 바보광대에게 집중된다.

547) 영화 <조커>에서 볼 수 있듯이, 바보광대를 나무라고 학대하는 세상, 코미디를
허용하지 않는 세상은 가장 억압적이거나 편협하거나 부패한 세계이다.

548) 리어가 가진 폭력성을 간접적으로 드러내는 말이다.

549) "나쁜 짓"과 "난장판"을 관객이 보지 못한 상태이다. 이 짧은 말로 과연 어떤 나
쁜 짓과 난장판을 쳤을지 관객들이 상상하게 만들어야 한다.

550) "I'll not endure it." 거너릴의 폭탄선언이다. 1막 1장 이후 시간이 꽤 흘렀다. 그
사이에 리어는 기사 100명과 함께 거너릴의 집에 머물고 있다. 작가가 리어와

단만 치시는군. 사냥에서 돌아오셔도 나는 인사하지 않을 테야. 몸이 불편하다고 해.552) 이제부터는 전처럼 받들어 모실 필요 없어.553) 나무라신다면 내가 책임을 지겠다.

(무대 안쪽에서 뿔나팔 소리)

오스왈드

돌아오시는 모양입니다. 소리가 들립니다.

거너릴

될 수 있는 대로 냉담한 태도를 취해, 집사나 다른 하인들도 나는 그것을 계기로 삼을 테니까. 못마땅하면 동생에게 가시라지. 동생도 나와 같은 마음이니554) 잠자코 있지는 않을 거야. 망령 난 노인555) 같으니, 한번 양도

그의 기사들이 자신의 집에서 어떻게 지내는지를 관객에게 보여주었다면, 관객들은 거너릴의 심정을 이해하고 그녀를 동정하거나 심지어 그녀를 지지했을 것이다. 하지만 거너릴에게는 불리하게도 작품에서 그와 같은 장면은 보이지 않는다. 연출이 1막 2장과 3장의 장면 전환 사이에 리어와 기사들의 행태를 무언극이나 신체극의 스타일로 연출해서 집어넣을 수도 있겠다.

어쨌든 거너릴을 연기하는 배우는 관객이 실제 리어와 기사들의 행태를 눈으로 보지 않고도 자신의 불만과 화가 정당하다는 것을 관객이 인정하게끔 연기해야 한다. 물론 무척 쉽지 않다. 그렇기에 거너릴은 매우 연기력을 요하는 역할이다.

551) 리어의 기사들은 특별히 '할 일이 없는' 자들이다. 주인인 리어가 '왕'이라는 타이틀만 가진 존재이듯이, 이들도 이름만 '기사'이지 더 이상 '기사'의 역할을 하지 못하는 자들이 되어버렸다. 그들이 하는 일이라고는 놀고먹고 마시고 소란 피우고 난리 치는 일밖에 없을 것이라는 말은 쉽게 납득이 된다.

552) 일단 거너릴은 리어를 직접 상대하지 않기로 결정한다. 1단계 조치로 리어를 '외면하는' 방법을 택한다.

553) 거너릴은 앞으로 오스왈드가 할 행동에 미리 면죄부를 준다. 받들어 모실 필요가 없다는 것은 냉대와 하대를 해도 좋다는 말과 같다.

554) 아이러니한 말이다. 리어에 대해서 일시적으로 두 사람이 한 편이기는 하지만, 결코 리건의 마음이 거너릴의 마음과 같지 않다.

한 권력을 언제까지나 휘두르겠다고!555) 정말 늙으면 어린애가 된다니까.557) 비위만 맞춰줘선 안 되지. 떼를 쓰기 시작하면 나무라야지. 지금 일러둔 말 잊지 마.

오스왈드

네, 명심하겠습니다.

거너릴

아버님의 기사들에게도 냉정히 대해. 그 때문에 무슨 일이 일어나도 상관없으니까. 동료 집사한테도 그렇게 하라고 이르고 나는 이것을 트집 잡아서 하고 싶은 말을 다 할 테니까.558) 동생에게도 편지를 보내 나와 보조를 맞추라고 해야지. 식사 준비를 해 줘.559)

(퇴장)

---

555) 이 시점에 이르러 리어는 거너릴에게 더 이상 아버지가 아니라 "망령 난 노인"이다. 연출과 배우는 이제 등장하게 될 리어에게서 관객이 실제로 노망 난 모습을 보게 할지, 아니면 거너릴의 이 말이 부당한 폄하가 되게 할 것인지를 정해야 한다.

556) 붙잡고 있고 내치는 대신 지혜롭게 내려놓기와 놔주기는 어떤 것일까? <리어왕>이 던지는 또 하나의 질문이다.

557) 노망 난 노인과 떼를 쓰는 아이는 같은 존재가 되어버린다. 늙은 아버지를 공경하지 않는 자식들에 대한 비난만 늘어놓을 것이 아니라, <리어왕>은 늙어서 떼를 쓰는 아이가 되지 않기 위해서 인간은 어떤 노력을 해야 하는지에 관한 질문을 던진다. 한국 사회처럼 추한 어른과 어르신들이 많은 세상에서 젊은이들은 그런 질문을 스스로에게 한다. 하지만 정작 자신이 '진상'인 것을 모르는 이들은 예의를 모르는 싸가지 없는 젊은이들을 비난하기에 바쁘다.

558) 거너릴은 아버지를 '나무랄' 수 있는 '구실'이 필요하기 때문에 그 구실을 만들기 위해서 자기 자신을 포함해서 집안의 모든 이가 아버지와 기사들을 차갑게 대하도록 명령한다.

559) 아버지와 기사들을 위한 식사 준비는 제외한 명령일 것이다. 밥도 주지 않을 참이다.

4장 올버니 공작의 저택560)

변장한 켄트 등장.561)

---

560) 1막 1장에 이어 꽤 긴 장면이 시작된다. 마치 1막 1장의 제2라운드가 펼쳐지는
듯하다. 이 장면을 왜 이렇게 길게 가져가야 했을까 궁금하다. 흥미로운 점은 1
막 3장에서는 세 캐릭터의 등장이 '지연'되는데, 하나는 바보광대의 등장이고,
또 하나는 거너릴의 등장이며, 마지막 하나는 매우 뒤늦은 올버니의 등장이다.
세 캐릭터의 지연 등장이 가지는 극적 의미는 무엇일까? 셰익스피어는 폭풍전야
와 같은 효과를 의도했을까?

    분명한 것은 1막 3장에서 리어가 되풀이하는 주된 행동은 '찾고, 기다리고, 질
문하는 것'이다. 장면이 가지는 극적 의미는 그와 연관해서 생각해 보아야 할 것
이다.

561) 추방당한 켄트가 변장하고 재등장한다. 배우와 연출은 변장한 켄트가 재등장했을
때, 관객이 한눈에 켄트임을 알아보게 할지, 아니면 다른 캐릭터가 처음으로 등
장하는 것처럼 못 알아보게 할 것인지를 결정해야 한다. 연극적 관습에 따르면
얼굴에 점 하나만 찍어도 극 중 다른 캐릭터들이 알아보지 못하는 것으로 얼마
든지 약속할 수 있기는 하다. 그러나 켄트의 변장이 관객도 첫눈에 알아볼 수 없
는 정도라면 관객 입장에서는 다른 캐릭터들이 켄트를 알아보지 못하는 것이 더
욱 설득력 있을 것이고, 켄트를 연기하는 배우의 연기력에 탄복할 것이다.

    또한 켄트의 변장이 단순히 켄트임을 못 알아보게 하는 것에 그치지 않고, 그
변장 자체가 어떤 의미를 가질 수 있는지도 고민해 보아야 한다. 즉, 켄트가 선
택한 변장 차림이 어떠한 극적 의미를 가질 수 있느냐에 대한 고민이다. 에드거
의 변장은 에드거가 기존에 자신이 가진 모든 것을 벗어던지고 '무'(nothing)의
상태에서 진정한 자아를 되찾고 인간과 세상을 바라보는 눈을 얻게 된다는 주제
와 연결되어 있다. 켄트의 변장도 그와 같은 주제와 이야기에 기여하는 것이면
더욱 의미 있을 것이다.

    셰익스피어 극에서 매우 흥미로운 점 중 하나는, 겉과 속이 다른 캐릭터들, 즉
에드먼드, 거너릴, 리건 등은 변장 없이 사람들을 속이는 반면, 켄트와 에드거처
럼 정직한 캐릭터들은 자신을 알아볼 수 없게 하기 위해 정말로 변장한다는 점
이다.

켄트

다른 말투로 가장해서562) 나를 감출 수만 있다면 이렇게 변장한 목적은
충분히 달성될 테지.563) 한데 추방당한 켄트, 널 추방한 그분에게 봉사할
수 있다면, 네가 공경하는 주군께서 너의 노고를 인정해 주실 날이 반드시
올 것이다.564)

(안에서 뿔나팔 소리. 리어, 네댓 명의 시중드는 기사들565)과 함께
등장)

---

562) 셰익스피어는 배우에게 켄트로 변장함에 있어서 배우의 말투와 목소리 변화를
요구한다. 영국에서는 대개 West Country의 사투리 억양이 채택된다고 한다. 켄
트 역을 하기 위해서는 마치 두 가지 서울말과 사투리를 자유롭게 구사하고 두
가지 다른 목소리를 가진 것 같은 배우가 되어야 하는 것이다. 그리고 목소리와
말투의 변화가 단순히 소리의 변화만이 아니라, 켄트가 말하는 방식의 변화, 리
어를 대하는 태도의 변화와도 관련이 있는 것으로 보아야 한다. 모든 것에는 극
적인 의미가 담겨 있기 때문이다.

563) 1막 2장에서 에드먼드가 아버지와 형을 속이는 것과 3장에서 거너릴이 아버지에
게 반기를 들 구실을 찾을 궁리를 하는 것을 목격한 관객은 이제 켄트가 리어를
속이는 과정을 보게 된다. <리어왕>의 시작은 온통 속이고 속고의 연속이다. 다
만 켄트의 속이기가 에드먼드와 거너릴의 그것과 근본적으로 다른 것이 되게 하
는 것은 켄트가 가진 '선한 의도' 때문이다. 남을 해하지 않는 '선한 의도'에서
행해지는 속이기는 <리어왕>에서는 정당하다고 간주된다. 상대(리어)에게 직언과
직설이 통하지 않기에 우회적이고 간접적인 방법으로 상대에게 다가가고 상대를
지키고자 하는 목적과 의도가 켄트의 행동에 당위성을 부여한다.

564) '그대가 사는 것이 내가 사는 것이다', '그대가 나를 버릴지라도 나는 그대를 버
리지 않는다'는 극 안에서 한 캐릭터가 자기 자신보다 다른 캐릭터를 더 중요하
게 여기거나 사랑할 때 가지게 되는 덕목이자 태도이다. 캐릭터들은 크게 자기
자신을 더 중요하게 생각하는 캐릭터와 타인을 자기 목숨 이상으로 중요하게 여
기는 캐릭터로 나뉜다. 남의 피를 흘리게 하는 캐릭터와 스스로 자기 피를 흘리
는 캐릭터로 나뉘는 것이다. 존재의 의미가 나 자신에게 있는 것이 아니라 타인
에게 있는 캐릭터들을 통해서 극은 많은 메시지를 전한다.

565) 기사들은 시종으로 전락한 상태이다.

리어

곧 식사를 하겠다.566) 한시도 지체할 수 없다. 빨리 준비하라고 해라.567)

(시종 한 사람 퇴장)

여봐라! 누구냐, 너는?568)

켄트

남자입니다.569)

리어

넌 뭘 하는 자이냐? 왜 여기에 있는 것이냐?570)

켄트

보시는 바와 같은 사람입니다.571) 믿어주시는 분께는 진심으로 봉사합니

---

566) 리어는 들어오자마자 밥부터 찾는다. 바로 전 장면에서 거너릴이 식사를 준비하라고 했을 때 거너릴이 리어를 위한 식사 준비는 제외하고 한 말이라고 보는 것이 극에 더 부합하는 이유가 여기에 있다. 거너릴은 언제나 그렇듯 리어가 돌아오면 밥부터 찾으리라는 것을 알고 그렇게 지시한다.

567) 빨리 밥 달라고 보채는 모습은 거너릴이 말한 늙은이는 아이와 같다는 이미지를 강화한다.

568) 리어가 켄트를 발견하는 것은 켄트가 취하는 어떤 행동에 의해서여야 한다. 켄트가 가만히 있는데 리어가 발견하는 것이 아니다. 캐릭터는 능동적으로 움직인다. 켄트를 연기하는 배우는 능동적 행동으로 리어의 눈에 들어야 한다. 그리고 그 행동은 첫눈에 리어를 사로잡을수록 적절하고 훌륭한 행동이 된다.

569) "A man"이라고 켄트가 짧게 대답한다. 아무 수식어도 없는 이 대답은 과연 "인간이란 무엇인가?", "인간다운 인간은 무엇인가?"라는 철학적 질문을 던지는 대사이다.

570) 리어는 여전히 인간의 '쓰임새'가 먼저이고 중요하다고 여기는 듯하다.

571) "no less than I seem." "겉으로 보이는 그대로의 인간"임을 강조하면서 겉과 속이 다른 인간들과 자신을 구별하며, 리어도 그런 사람을 구별할 수 있는 눈을 갖기를 바란다.

변장하고 있는 켄트가 겉보기와 다르다고 할 수도 있지만, 어쩌면 켄트도 1장 궁정에서의 귀족과 고위관리로서의 자신의 겉모습을 다 내려놓고 '가장 꾸밈없는

다. 정직한 사람을 사랑하며 말수 적고 현명한 사람과 교제하고, 신의 심판을 두려워하며 부득이한 경우엔 싸움도 하는 사람입니다. 그리고 신앙에 따라 물고기는 먹지 않습니다.572)

리어

너는 대체 누구냐?573)

켄트

꽤나 정직한 심장을 가졌고 왕처럼 가난한 사람입니다.574)

리어

왕이 왕으로서 어울리지 않게 구차하다면 넌 여간 가난하지 않겠구나.575) 그래, 네 소원이 무엇이냐?576)

모습' 자체가 변장이 되게 했을 수도 있다. 수염이 있었는데 잘랐을 수도 있고, 화려한 귀족 의상 대신 평범하고 깨끗한 옷을 입었을 수도 있고, 안경을 썼었다면 안경을 벗었을 수도 있다.

572) 켄트는 자기소개를 하고 있지만, 단순히 한 개인에 대한 소개에 그치는 것이 아니라, 신의와 봉사, 정직과 사랑, 현명함과 소통, 신의 심판에 대한 경외, 싸워야 할 때는 싸우는 기개와 지조 등을 겉과 속이 다르지 않은 인간다운 인간의 덕목이자 행동 방식이라고 이야기한다.

573) 켄트가 지금까지 자신이 누구인지 어떤 사람인지를 밝혔는데, 리어는 그것에 대고 두 번째로 상대가 누구인지(what are thou?)를 묻는다. 아마도 리어 주변에 방금 켄트가 말하는 식으로 말하거나 자신을 소개하는 자는 아무도 없기 때문일 것이다. 또한 "이렇게 말하는 자는 켄트 말고는 아무도 없는데"라고 켄트 생각이 나서 묻는 말일 수도 있다. 은연중에 켄트를 그리워하고 있는 것이다.

574) "정직한 심장(마음)을 빼고는 아무것도 가지지 않았다. 치장할 것이 없기에 꾸밀수 없고 꾸미지 않았기에 있는 모습 그대로이다"라는 식의 답변이다. 그러면서도 모든 것을 내어준 왕에 대한 연민을 담은 말이기도 하다.

575) 모든 것을 내어준 리어도 자신이 가진 것이 없다는 사실을, 그래서 더 이상 줄수 있는 것이 없다는 사실을 깨닫고 있는 듯하다.

576) 줄 수 있는 것이 없는 자신에게 바라는 것이 무엇이냐를 묻는다.

켄트

받들어 모시고 싶습니다.577)

리어

누구를 받들어 모시고 싶다는 거냐?578)

켄트

당신.579)

리어

자네는 내가 누군지 아는가?580)

켄트

아뇨, 모릅니다. 그런데 당신 얼굴에는 어딘지 주인581)이라고 부르고 싶은 데가 있습니다.

리어

그것이 뭐냐?

켄트

위엄582)입죠.

리어

어떤 걸 할 줄 아느냐?

---

577) 달라고 하지 않고 주겠다는 켄트의 대답이 리어는 놀랍다.

578) 자신인 줄 알면서도 줄 것이 없는 자신에게 왜 봉사하려는 것인지 궁금하다.

579) '왕'이라고 부르지 않고 켄트는 그저 담백하게 "You"라고 답한다. 타이틀이나 지위가 아니라 그저 인간 리어에게 봉사하고 싶다는 마음의 표현인 듯하다.

580) "내가 뭐라고 나한테 대가도 없이 봉사를 해?"라는 식의 질문이다.

581) 상하관계에서의 master라는 의미에 국한된 것이 아니라, 기꺼이 봉사하고 싶은 인간적 자질을 가진 자라는 의미를 담고 있다.

582) "authority." 리어의 얼굴에 있다는 이 위엄과 권위는 왕이라는 지위에서 나오는 것이 아니라, 리어라는 특별한 인간에게서 나오는 위엄을 가리키는 말인 듯하다. 리어는 낯선 자가 자신의 권위와 위엄을 알아봐 주는 데서 어떤 위안을 얻을 것이다.

켄트

정당한 비밀은 굳게 지킬 줄 압니다. 말도 타고 달음질도 합니다. 꾸며댄 이야기는 엉망으로 만들지만 꾸밈 없는 전갈은 정직하게 전할 수 있습니다. 보통 사람이 하는 일은 무엇이든 합니다. 그리고 제일 좋은 장점을 말하자면 부지런한 점입니다.583)

리어

몇 살이냐?584)

켄트

노래 잘 부르는 여자에게 반할 만큼 젊지는 않지만, 여자에게 넋을 빼앗길 정도로 형편없이 늙지도 않았습니다.585) 이 잔등에는 사십팔 년586)의 세월을 짊어지고 있습니다.587)

---

583) 일 처리에 있어서 '믿고 신뢰할 수 있는 능력 있는 인간'이 갖추어야 할 모든 것을 갖추었음을 담백하게 이야기한다. 물론 자신의 이런 점이 그렇지 않은 인간과 자신을 '구분'한다고 강조하는 것이고, 왕이 주변에 자신과 같은 사람만을 가까이하기를 바라는 마음을 전하는 것이기도 하다.

584) 대답하는 태도나 내용이 예사롭지 않다. 나이가 궁금해진다. 켄트의 변장이 나이를 쉽게 가늠할 수 없게 되어 있을 수도 있다.

585) '불혹'(不惑)의 나이라는 말이다. 남자 나이의 구분을 여자에게 반하는 나이와 여자에게 넋을 뺏기는 나이로 구분한 것이 켄트의 여성관인지 의문을 갖게 된다. 여성을 남자를 유혹하는 존재로 보는 것인데, 젊어서 여자에게 반하는 것은 자연스러우나, 늙어서 여자에게 넋을 빼앗기는 것은 '제정신이 아닌' 상태라고 말하고 있다.

586) 48세는 켄트의 실제 나이일 수도 있지만 정체를 숨기기 위해 엇비슷하게 말한 것일 수도 있다. 몇 살이냐는 질문에 간단하게 대답하지 않고 답이 길어지는 것에서 후자에 더 가까울 것이라는 추측이 들게 한다.

587) 여기까지의 리어와 켄트의 대화는 왕과 충신의 재회를 넘어서서 인간 대 인간으로 서로를 마주하는 시간이 된다. 그것은 대화를 그렇게 끌고 가고자 한 켄트의 노력의 결과일 것이다. 리어에 대한 인간적 존중을 통해서 그가 리어에게 지위에 상관없이 진정한 충신임을 이 대화는 보여주고 있다. 켄트의 소박하고 겸허한 대

리어

따라오너라. 내 부하로 삼겠다. 식사 후에도 내 마음에 든다면 내 옆에 두지.588) 여봐라, 식사를! 식사를 가져와!589) 내 시종은 어디 갔느냐! 내 광대는?590) 너 가서 내 광대 좀 불러오너라.591)

   (시종 퇴장. 오스왈드 등장)

여봐라! 내 딸애는 어디 있느냐?592)

오스왈드

잠깐, 실례하겠습니다...593)

   (퇴장)

사들은 1막 1장에서 코딜리어의 대사들이 되풀이되는 듯한 여운을 준다. 비록 몸은 무대 위 리어 곁에 없지만, 켄트를 통해서 코딜리어도 리어와 함께하는 듯한 느낌이 든다.

588) 혹시 배가 고파서 자신이 조급하게 결정했을지도 모른다는 생각에 덧붙이는 말이다. 배가 부른 다음에도 마음에 든다면 자신의 바로 옆에 둘 정도로 켄트에게 믿음이 간다는 뜻이다.

589) 리어의 왕성한 식욕은 그가 아직 육체적으로 건강하다는 사실을 말해주는 것이기도 하다. 곧 두 딸에게 버려지고 그가 광기에 빠지게 되는 것이 적어도 육체적으로 허약하기 때문은 아니다.

590) 두 번째로 광대가 언급된다. 관객은 광대의 출현을 더욱 기다리게 된다. 몸의 '허기'가 식사를 찾게 하고, '정신적' 허기가 광대를 찾게 하는 것일까?

591) 리어는 계속 명령하고 지시하기에 분주하다. 마치 스스로는 아무것도 할 수 없는 사람인 것처럼.

592) 잠시 켄트에게 정신이 팔려 있어서 몰랐으니, 무언가 이상하다는 것을, 평소와는 다르다는 것을 리어는 감지하기 시작했다. 자기가 돌아왔는데도 아직 거너릴이 나와보지 않고 있다. 먹을 것, 광대에 이어 세 번째로 딸을 찾는 순서도 흥미롭다. 리어는 아마 오스왈드가 자신에게 가까워지기도 전에 질문을 던질 것이다.

593) 오스왈드는 리어를 속된 말로 '쌩까고 있다.' 그리고 목소리와 말투에 왕에게 대답하고 있다는 느낌이 하나도 없다.

리어

저놈이 뭐라고?594) 저 멍청이 놈을 불러!

　　(기사 한 사람 퇴장)

내 광대는 어디 있느냐?595) 여봐라! 세상이 다 잠들었느냐?596)

　　(기사 다시 등장)

어떻게 됐느냐! 그 개 같은 녀석은 어디 갔어?597)

기사

그놈 말이 공작부인께선 몸이 편찮으시다고 합니다.598)

리어

내가 불렀는데 그 노예 놈이 왜 안 와?599)

---

594) 리어는 방금 벌어진 일이 마치 비현실적인 일처럼 너무나 어이가 없고 믿기지
　　않아서 즉각적으로 반응하지 못한다.

595) 이해할 수 없는 일들이 벌어지기 시작하면서 리어는 더욱 광대가 필요해진다.
　　wit를 잃지 않는 것, 그것이 제정신을 유지하는 것이다. 광대는 리어의 'alter
　　ego', 즉 똑똑하고 현명한 버전의 리어일 수도 있다. 한 인간에게는 상반된 면들
　　이 함께 들어있다. 한 가지 면만 가진 인간은 없다. 우리 안에는 똑똑한 나와 바
　　보 같은 나, 용감한 나와 비겁한 나, 강한 나와 약한 나 등이 공존한다. 무대 상
　　에서 서로 상반된 캐릭터들을 보게 되면 마치 한 인간을 두 명의 캐릭터로 분리
　　해서 구현해 놓은 듯한 느낌이 들기 마련이다. <리어왕>에서 리어와 바보광대도
　　그러하다.

596) 왕이 왕이 되려면 수변에서 왕을 왕답게 받들고 왕에게 즉각적으로 반응해 줘야
　　한다. 혼자서 아무리 자신이 왕이라고 해 봐야 왕처럼 보이기 어렵다. 자신의 주
　　변 모든 인간이 자신의 요구와 명령에 즉각 즉각 반응해야 하는데 아무런 반응
　　이 없다. 그래서 리어는 세상이 잠들었느냐고 호통친다. "왕을 받들라"라고 소리
　　치는 것이다.

597) 오스왈드를 끌고 오기를 바랐는데, 혼자 돌아오는 기사의 모습에 더욱 노한다.

598) 리어의 노한 모습에 기사는 다른 답을 먼저 내놓는다. 이 보고가 더 중요한 보고
　　라고 판단했을 수도 있다.

599) 일개 노예에게 무시당하는 반응, 묻는 데 답하지 않고 오라는 데 오지 않는 '반

기사

몹시 냉정한 말투로 오기 싫다고 했습니다.600)

리어

오기 싫다고?601)

기사

폐하! 사정은 잘 모르겠습니다만 제 생각에는 이전과 비교해서 폐하를 대하는 접대가 후하지 않은 줄로 압니다. 모두 냉정하게 대하는 것처럼 보입니다. 공작 자신과 공작부인부터 시종들에 이르기까지 전부가.602)

리어

음! 너도 그렇게 생각하느냐?603)

기사

제가 잘못 생각했다면 용서하십시오. 하지만 폐하, 폐하께 소홀하다고 생각하면 신하로서 잠자코 있을 수가 없습니다.604)

응', 난생처음 경험해 보는 이 반응을 리어는 견딜 수가 없다. 왕권을 넘겨주기 전이었다면 있을 수도 없는 일이다.

600) 오스왈드가 기사를 대하는 태도는 리어를 대하는 태도 이상이었을 것이다. 이 기사도 그 모욕을 참기 힘든 상태이다. 보고는 하지만 보고하기 너무 어려운 내용이다.

601) 리어에게 첫 번째 '치명타'가 된다. 자신의 명령에 가장 낮은 신분에 있는 자가 '싫다'라고 답한 것이다. 일격에 그의 모든 권위가 무너진 것 같다. 조금 전에 켄트가 이야기한 위엄은 온데간데없는 것이 되고 만다. 그 정신적 충격이 너무나 커서 리어의 정신 상태에 첫 번째 치명타가 된다.

602) 거너릴의 명령에 모두 일사불란하게 움직이고 있다. 기사는 오스왈드 한 명이 아니라 저택에서 일하는 모든 이들의 차갑게 변화한 태도를 쉽게 감지한다. 리어만이 아니라 기사들까지도 분노하게 함으로써 거너릴은 꼬투리를 잡으려고 한다.

603) 리어는 이와 같은 상황이 벌어질 것을, 아니 이미 벌어지고 있다는 것을 직감하고 있었던 모양이다. 그렇지만 애써 아닐 것이라고 부정해 온 것으로 보인다. 지금 벌어지고 있는 일들이 갑작스러운 것이 아니라 이미 조짐을 보였던 일들이다.

604) 기사의 지금과 같은 태도를 보면, 리어의 기사들과 거너릴의 군사들이 한바탕 전

리어

네 말을 들어보니 나도 생각나는 바가 있구나.605) 요즘 소홀히 대하는 기색이 보였지만 이것은 그들이 정말로 불친절하다기보다는 나 자신이 의심이 많고 까다로운 탓에 그런 줄 알고 있었다.606) 앞으로 잘 살펴보기로 하자.607) 그런데 내 광대는 어디 갔느냐?608) 이틀 동안이나 못 봤구나.

기사

막내 공주님이 프랑스로 떠나고부터는 광대가 몹시 풀이 죽어 있습니다.609)

투라도 벌여야 할 것 같은데, 결국 그러지 못하고 그냥 해산되고 마는 것이 연출이 풀어야 할 또 하나의 숙제이다. 리어가 애초에 기사들을 100명으로 선별할 때 최정예 기사들을 선별했을 가능성이 크다. 영화 <300>처럼, 그들은 웬만한 군대와는 싸워서 지지 않는 전투력을 지녔을 것으로 추정된다. 그런데 거너릴이 기사를 절반으로, 그리고 리건이 4분의 1로 줄였을 때, 끝내 단 한 명의 기사도 허락하지 않았을 때, 왜 기사들은 들고 일어나지 않았을까?

605) 그동안 애써 외면하려고 했던, 아니라고 믿고 싶었던 일들이 뇌리를 스친다.

606) 리어는 자신이 의심 많고 까다롭다는 것 자체는 알고 있는 듯하다. 그런 자신을 모시는 일이 쉽지 않은 것을 알기에 거너릴이 자신에게 좀 소홀하더라도 자기합리화처럼 이해하려고 했었다. 그런데 그렇게 이해하고 넘어갈 일이 아니라는 판단이 든다.

607) 바로 즉각적인 판단을 내리지 않고 더 살펴보고자 하는 태도를 보면, 리어에게는 생각보다 신중하고 냉철한 측면이 없지 않다.

608) 리어가 세 번째로 광대를 찾는다. 하지만 광대는 보이지 않는다. '3'은 마법의 숫자이다. 삼고초려하듯이, 셰익스피어가 리어로 하여금 세 번씩이나 광대를 찾게 만든 이유가 뭘까? 세 번을 찾는 것은 광대에 대한 궁금증을 크게 증폭시키면서, 리어가 가지는 어떤 '절박함'을 느끼게 한다. 리어 안에서 불안정과 혼란이 커져가고 '균형'과 '안정', '침착'과 '냉정', '재치'와 '지혜'에 대한 무의식적 욕구가 광대를 찾게 하는 것으로 보인다. 뜨거워지는 자신의 머리와 몸을 식히게 하는 존재가 바보광대일지도 모른다. 마치 <여름과 연기>에서 존이 머리가 뜨거워질 때마다 앨머가 그것을 식혀주듯이 말이다.

609) 리어와 관객 모두에게 코딜리어를 떠올리게 하는 말이다.

리어

이제 그 말은 하지 마라. 그건 나도 알고 있다.610) 가서 딸애보고 내가 좀 할 얘기가 있단다고 그래라.611)

　　(기사 퇴장)

넌 빨리 가서 광대를 불러오너라.

　　(오스왈드 등장)

어, 여봐라, 너, 그래 너, 이리 좀 오너라. 내가 누구냐?612)

오스왈드

주인마님의 아버지입죠.613)

리어

주인마님의 아버지라? 주인의 종놈이... 이 개 같은 놈, 노예 놈, 들개 놈아!614)

---

610) 코딜리어가 없으니 바보광대가 풀이 죽는다는 것은 두 캐릭터 사이의 깊은 연결을 나타낸다. 만약 바보광대가 리어의 'alter ego'일 경우, 막상 코딜리어를 내쳤지만 코딜리어 없이 제대로 살 수 없는 자기 자신을 리어가 의식하고 있다고 볼 수 있다.

611) 리어는 문제를 대화로 해결하려는 매우 바람직한 태도를 보인다.

612) "Who am I, sir?" 아이러니하게 리어가 자신의 정체성을 묻는 질문이 된다. 리어는 더 이상 오프닝 장면에서의 '왕'이 아니다. 캐릭터들이 리어를 달리 대함으로써, 리어는 정체성의 혼란을 겪는다. 특히 오스왈드처럼 낮은 신분의 캐릭터로부터 냉대를 당함으로써 큰 충격과 함께 정체성이 심하게 흔들린다.

613) "자신의 주인은 거너릴이고 리어는 단지 주인의 아버지에 지나지 않는다. 그 이상도 그 이하도 아니다"라는 말이 되고, 스스로를 아직 왕이라고 여기는 리어는 이 말에 분노하게 된다. 자신이 부정당하는 데서 나오는 분노이다.

614) 분노한 리어는 오스왈드가 사람이 아니라 짐승이라고 일컫는다. '자연에 반하는' 인간은, 자신을 거역하는 인간은 짐승에 지나지 않는다는 무의식에서 나오는 표현이다.

오스왈드

실례지만 저는 그런 사람이 아닙니다.615)

리어

이 무례한 놈아! 나를 노려봐?616)

　(오스왈드를 때린다)617)

오스왈드

저도 맞고만 있지 않겠습니다.618)

켄트

누구한테 발길질이냐, 이 축구공 같은 놈아!619)

---

615) 자신을 짐승 취급하는 리어에게 오스왈드는 반기를 든다. 타인을 짐승 취급하는 인간이 오히려 못되 먹은 인간이라는 식의 태도를 취한다. 리어와 오스왈드의 기싸움에서 오스왈드는 전혀 밀리지 않는다. 기싸움과 눈싸움, 그리고 말싸움은 싸움의 기반이고 늘 상대를 제압하고자 한다.

616) 지금까지 이 세상 어느 누구도 리어를 그런 눈으로 바라본 자는 없었다. 오스왈드의 그 눈빛은 리어를 분노에 눈멀게 한다.

617) 짐승 때리듯이 때린다. <오이디푸스왕>에서 오이디푸스의 아버지가 길에서 만난 아들을 알아보지 못하고 짐승을 다루는 막대기로 때린 것처럼 말이다.

618) 1막 3장이 시작되기 전에 오스왈드가 리어에게 맞았을 때는 그는 분하지만 참았었다. 하지만 지금은 마치 오이디푸스처럼 오스왈드가 자신을 짐승처럼 때리는 리어에게 반격하려고 한다. 극적 긴장이 순간 급상승한다. 오스왈드가 거너릴의 명령에 충실하고 우리가 생각하는 것보다 훨씬 더 냉정한 캐릭터라면, 오스왈드는 여기서 리어를 더 자극하기 위해서 일부러 이렇게 행동하고 있을지도 모른다. 거너릴이 구실과 핑계와 명분이 필요하다고 하니, 그것을 만들기 위해서 의도적으로 리어를 더 모욕하고 더 분노하게 하기 위해서 말이다.

619) 일촉즉발의 순간, 켄트가 민첩하게 움직여 리어에게 발길질을 하려는 오스왈드를 제압한다. 켄트의 움직임은 중년의 나이에 어울리지 않을 정도로 놀랍도록 빠르고 멋있다. 지금까지 켄트에게 가지고 있었던 바른말만 하는 '점잖은' 충신이라는 이미지가 한순간에 뒤집어진다. 켄트는 '행동하는 인간'인 것이다. 이 움직임 하나로 켄트는 리어와 관객의 마음을 완전히 사로잡는다.

(그의 발꿈치를 찬다)620)

리어

참 잘했다. 믿음직하구나. 신세는 안 잊겠다.621)

켄트

이봐, 일어나 꺼져 버려! 이제 위아래 구별을 알았겠지. 나가, 나가! 또 한
번 길게 뻗고 싶거든 그냥 있고 그렇지 않으려면 꺼져! 아니, 이놈이 분
별이 있나 없나?622)

(오스왈드 퇴장)623)

리어

너는 친구 같은 자624)이다, 고맙다. 네 보수를 일부 선불해 주겠다.

(켄트에게 돈을 준다.625) 광대 등장)

---

620) 중심을 잃게 하여 오스왈드가 바닥에 완전히 뻗게 만든 것으로 보인다. 그러고
나서 켄트가 발로 목이나 가슴 주변을 밟아 오스왈드를 꼼짝 못 하게 제압하고
있다. 물론 액션 장면은 무술감독의 지도 아래 얼마든지 달라질 수 있다.

621) 하마터면 부하들 앞에서 개망신을 당할 뻔했는데, 켄트에 의해 모욕과 창피를 면
했다.

622) 전혀 생각도 못 한 상대에게 순식간에 제압당한 오스왈드는 바로 나가지 않고
"이 자식은 누구지? 어디 두고 보자. 널 가만두지 않겠다"라는 식의 태도를 취하
고 있다.

   "Have you wisdom?" "너에게 지혜가 있다면 가라"라는 식의 말이다. 하지만
영어로는 여러 가지 묘한 느낌을 주는 아이러니한 말이다. 오스왈드 같은 캐릭터
에게 지혜에 대해서 말하는 것이 그럴 필요가 있나 싶은 생각이 들게 만드는데,
일단 켄트가 wisdom을 언급하자 곧 바보광대가 등장한다는 점이다. 그리고 바
보광대는 지혜를 가진 자라면 리어를 돕지 않을 것이라고 말한다.

623) 거너릴에게 보고하러 간다.

624) 리어가 켄트를 "friendly knave"라고 부른다. knave는 고어로 아랫사람을 지칭하
는 표현이다. 켄트를 부르는 마지막 호칭 knave가 바로 등장하는 바보광대를 처
음으로 부르는 호칭이 된다는 점이 매우 흥미롭다. 그렇게 리어의 대사는 켄트와
바보광대를 마치 같은 캐릭터인 것처럼 연결시켜 준다.

광대[626]

내게도 이 사람 좀 빌려줘요. 자, 이 광대 고깔을 주지.

(켄트에게 광대가 쓰는 고깔을 준다)[627]

리어

이제야 오네, 예쁜 녀석![628] 어떻게 된 거냐?[629]

광대

(켄트에게) 어이 거기,[630] 당신은 광대 모자를 쓰는 게 좋을 거야.

---

625) 리어가 돈을 쓰는 모습과 태도는 리어의 경제적 사정에 대한 간접적 암시가 되어야 한다.

626) 드디어 광대가 등장한다. 바보광대(Fool)는 거리를 두고 인간의 행동을 관찰하는 관찰자로서 인간의 어리석음을 풍자하는 역할을 한다. 즉, 바보광대는 역설적으로 인간의 어리석음을 볼 수 있는 현자(Wisdom)가 된다.

바보광대의 대사들은 거의 난해한 수수께끼와 같은 말이다. 대사 자체를 하나하나 분석해서 그 의미를 알 수 있을 것처럼 연기하려고 해서는 안 된다. 바보광대가 무엇에 반응해서 무엇을 풍자하고 있는지 그리고 어떤 태도로 풍자하려고 하는지, 상대 캐릭터뿐만 아니라 관객에게 무엇을 인식시키려고 하는가를 파악하는 것이 중요하다.

배우와 연출 모두 바보광대의 '갑작스러운' 출현을 어떻게 처리할지 고심하게 된다.

627) 광대 고깔은 광대의 상징이다. 그런데 광대는 등장하자마자 켄트에게 광대 고깔을 주며 켄트를 바보광대로 만들어 버리려고 한다. 영화 <라라랜드>에도 나오지만 꿈꾸는 자들, 현실에 없는 것을 찾는 자들, 물질이 아니라 인간적 가치를 좇는 자들은 바보나 다름없다.

628) 리어는 바보광대를 "my pretty knave" 그리고 바로 이어서 "my boy"라고 부른다. knave는 고어의 또 다른 의미로 '사내아이'를 뜻한다. 바보광대는 미소년 느낌이 나는 배우가 연기한 듯하다.

629) 웬일인지 광대는 들어오자마자 그렇게 애타게 찾은 리어는 거들떠보지도 않고 바로 켄트에게로 가서 그에게만 관심을 보인다. 코딜리어와 켄트가 연결되었던 것처럼, 켄트와 바보광대가 연결되는 것이다. 다들 켄트의 정체를 알아보지 못하지만, 바보광대만은 알아보는 것일까?

리어

왜, 이 녀석아?

광대

왜냐고? 쇠락해 가는 사람 편을 드니 그렇지. (켄트에게) 당신도 바람 불어오는데 웃지 않으면631) 감기에 걸려요. 자, 이 광대 고깔을 받아요. (리어왕을 가리키며) 저분은 두 딸을 내쫓고 셋째 딸에게는 마음에도 없는 축복632)을 해줬어요. 이런 사람 밑에 있으면 아무래도 이런 모자를 쓰게 돼요. 그런데 어때요, 아저씨!633) 나는 광대 고깔 둘하고 딸 둘만 가졌으면 좋겠어요!

리어

왜 이놈아?

광대

재산은 딸에게 다 내주어도 광대 고깔만은 내가 가지고 싶으니 그렇죠. 이것은 내 거야. 가지고 싶거든 당신 딸들보고 하나 더 달라고 해요.634)

---

630) "Sirrah." 아랫사람에게 말을 걸 때 쓰는 경멸스러운 표현이다.

631) 시류에 편승하지 않으면 손해를 입는다. 그런 관점에서 시류에 역행하는 드라마의 많은 주요 캐릭터는 바보나 다름없는 존재가 된다. 사사로이 개인적인 이득을 취하지 않기에 바보라고 말하지만, 그들이 더 훌륭한 인간이 되기에 바보광대의 비난은 사실 반어법적인 '칭찬'이다.

　　바보광대는 이 시점에 이미 리어가 두 딸들에게 박대를 받게 되리라는 것을 다 알고 있다. 어떻게 보면 바보광대가 거너릴 등장 전까지 하는 모든 말은 리어에게 앞으로 닥칠 일들에 대해 미리 마음의 준비를 시키는 것인지도 모른다.

632) 바보광대는 직설적인 언어가 아니라, 반대로 말하기(반어법)와 돌려 말하기, 간접적 말하기(비유법) 등의 방식으로 비꼬고 조롱하고 따끔한 일침을 놓는다.

633) 바보광대가 리어를 처음으로 부르는 말이 "nuncle"(=uncle)인 점이 흥미롭다. 왕이나 주인이라 부르지 않는다.

634) 딸들에게 모든 것을 준 리어도 바보이기 때문에 광대 모자를 써야 한다는 것이지만, 하나의 왕관을 리어가 올버니와 콘월에게 나눠 쓰라고 한 것을 풍자하는

리어

말조심해, 이놈아. 채찍으로 얻어맞기 전에.635)

광대

진리는 개와 같으니까 정직한 개는 매를 맞고 개집으로 쫓겨가야 하고, 아첨쟁이 암캐는 따뜻한 난롯불 옆에 누워 방귀만 뀌고 있거든요.636)

리어

아픈 데만 찌르는구나...637)

광대

교훈을 하나 가르쳐줄까요.

리어

말해봐.

광대

그럼 잘 들어 봐요, 아저씨!

(노래)

겉으로 드러내는 것보다 더 많은 것을 가지고 있고,

알고 있는 것보다 말을 적게 하고,

가진 것보다 적게 꾸어 주고,

것으로 보인다. 리어가 왕관(왕권)은 내주지 말았어야 한다고 말한다.

635) 맞더라도 진실과 정의를 위해 말조심을 하지 않는 것이 '광대'의 역할이고, '예술가'의 역할이다. 매질이 무서워 입을 닫는다면, 더 이상 광대가 아니다.

636) 예나 지금이나 '진실'은 불편하다. 사람들이 진실과 마주하려고 하지 않는 것은 진실이 혼란과 고통을 가져오기 때문이다. 그래서 진실보다는 거짓 환상을 주는 것/자들을 더 가까이하게 된다. 혼란과 고통을 좋아하지 않는 것은 인지상정이지만, 진실과 마주할 수 없는 인간은 <백설공주>에 나오는 "거울아, 거울아, 세상에서 누가 제일 예쁘니?"라고 묻는 왕비와 같은 삶, 영화 <매트릭스>에 나오는 '이미지의 감옥'에 갇힌 삶을 살게 될 뿐이다.

637) 찌르는 부분을 아파한다는 것은 리어가 자신이 진실을 내치고 거짓을 포용했다는 사실을 안다는 의미이다.

걷는 것보다는 말을 더 많이 타고,

들은 걸 전부 다 믿지는 말고,

딴 돈보다 적게 걸고,

주색을 멀리하고,

그리고 집에 들어앉아 있으면

열의 곱인 스물보다도

더 많은 것을 가지게 된다638)

켄트

아무것도 아닌 헛소리구나,639) 바보야.

광대

그럼 무료 변호사의 변론 같네. 제게 아무 보수도 안 주셨으니까요. 아저씨, 아무것도 아닌 것이라도 아무것이 되게 할 순 없을까요?640)

리어

그야 안 될 말이지. 아무것도 아닌 것에서는 아무것도 나올 수 없으니까.641)

---

638) 거짓과 허위의 세계 속에서 인간이 어떻게 처신해야 하는지를 바보는 말하는 듯하다. 바보광대가 하라는 대로 하지 못하는 사람들이 항상 가장 이용당하는 '호구'가 되는 세상이기 때문이다. 물론 바보광대의 말은 속는 자를 탓하는 것 이상으로, 사람들을 이용해 먹는 거짓과 가식과 위선의 인간들을 비난하는 말이기도 하다.

639) "This is nothing, fool." 켄트에 의해 또다시 "무"(nothing)가 언급되고 바보광대는 켄트가 던진 "무"(nothing)를 활용해서 리어와 논쟁한다.

640) "Can you make no use of nothing, nuncle?" nothing은 아무 쓸모 없다 혹은 nothing으로는 할 수 있는 것이 아무것도 없다는 사실을 리어가 깨닫고 시인하게 만들려고 던지는 말이다. 리어는 아무것도 없는 아무것도 아닌 존재이다.

641) "nothing can be made out of nothing." '무'로 할 수 있는 것은 아무것도 없다. 아무것도 없는, 아무것도 아닌 자기 자신도 할 수 있는 일이 아무것도 없다는 것이 되어 버린다. 바보광대는 리어 스스로 이 말을 하게 만들려고 한 듯하다. 리

광대

(켄트에게) 제발 저 사람에게 좀 말해 주세요. 자기 영토의 소작료도 그 꼴이 되었다고요. 바보 말은 곧이듣지 않는다니까요.

리어

쓸쓸한 바보로군!642)

광대

당신은 쓸쓸한 바보와 달콤한 바보를 구별할 줄 아나요?

리어

몰라, 좀 가르쳐 줘.

광대

영토를 줘버리라고 당신께 권고한 사람을 내게 데리고 와요. 없으면 당신이 그 사람 노릇을 대신해요. 그러면 달콤한 바보와 쓸쓸한 바보가 당장에 나타나리다. 달콤한 바보는 여기 있고 또 하나는 그쪽에 있어요.643)

리어

이놈이 나보고 바보라고?

광대

다른 칭호는 전부 내주고 남은 것은 타고난 것뿐이니까요.644)

어가 자기 자신을 똑바로 볼 수 있도록 말이다.

642) "a bitter fool." 약은 입에 쓴 법이니, 바보광대가 하는 말은 하나같이 쓰라린 말이다. 쓴 말을 싫어하고 달콤한 말에 쉽게 넘어가는 것은 우리 인간이 거의 공통적으로 가지고 있는 약점이다.

643) 자기 자신은 달콤한(sweet) 바보이고 리어가 쓸쓸한 바보라는 말이다. 리어가 자기를 쓸쓸한 바보라고 했지만, 사실은 리어 자신이 쓸쓸한 바보라고 뒤집어 하는 말이다.

644) 바보가 현자가 되고 현자가 바보가 되는 역설적 존재 상황 속에서, 리어가 타고난 본연의 것 이외에는 아무것도 남지 않은 바보가 되었다는 것은 진정한 자신을 찾는 여정의 출발 선상에 서 있다는 것을, 그래서 다시 바보에서 현자가 되는 여정에 오르게 된다는 것을 의미하기도 한다. 자신을 치장한 모든 것을 내려놓을

켄트

이놈이 아주 바보는 아닌데요.645)

광대

그야 영주님이나 훌륭한 분들이 내가 바보 노릇을 하게 놔둬야죠. 나 혼자 광대의 전매특허를 가지려고 해도 너도나도 몰려와서 한몫 끼겠다지 뭡니까. 귀부인네들646)까지 끼어들어서 나 혼자 광대 짓을 하게 놔둬야 말이죠. 아저씨, 달걀 하나만 주세요, 관을 두 개 드릴 테니까.

리어

무슨 관을 두 개?

광대

달걀 한가운데를 쪼개어 속을 먹으면 관이 두 개 남잖아요.647) 당신이 왕관을 둘로 쪼개서 두 개 다 줘버렸을 때는, 자기가 탈 당나귀를 업고 진흙길을 걸어갈 셈이었지요? 왕관을 줘버린 것은 그 대머리 골통 속에 지혜가 없어서지. 내가 하는 말을 바보 같은 소리라고 한다면 그렇게 여긴 놈648)부터 먼저 매를 맞아야 되지.

(노래)

올해는 바보가 손해 보는 해.

현자가 바보 되어

─────────────

때 진정한 자아와 만나게 된다.

645) 우리 모두는 자신 안에 '똑똑한 나'와 '바보 같은 나'를 같이 가지고 있다. 어느 한쪽만 있는 사람은 없다. 다만 둘 중 어느 하나가 때와 상황에 따라 더 드러나고 더 활동적이 될 뿐이다.

646) 리어의 두 딸을 가리키는 말일 것이다. 세상 사람들이 온통 바보짓만 하니 자기가 바보광대 노릇을 할 수가 없다는 너스레이다.

647) 달걀은 깨뜨리지 않으면 온전한 하나의 상태로 있지만, 깨뜨리는 순간 속은 비어버리고 빈 껍질만 남게 된다. 빈 껍질은 쉽게 부서진다. 리어의 신세에 참으로 어울리는 비유이다.

648) 리어를 가리킨다.

지혜가 잘 안 돌아

하는 짓이 온통 실수뿐이네.

리어

넌 언제부터 그렇게 노래를 불렀냐?649)

광대

당신이 따님들을 어머니로 삼던 그때부터죠. 당신은 그때 따님들에게 회초리를 내주고 바지를 벗어 엉덩이를 돌려댔으니까요.650)

(노래)

그때 그들은 기뻐서 울고

나는 슬퍼서 노래 불렀지.

왕께서 술래잡기 놀이를 하다가

바보들 축에 끼어들었네.

아저씨, 당신의 광대에게 거짓말을 가르칠 선생 좀 불러 줘요. 거짓말을 좀 배우고 싶으니.651)

---

649) 말이 통하지 않는 세계, 말이 거짓이 되는 세계, 말이 지배이데올로기가 되는 세계에서 말로 할 수 없는 것은 어떻게 표현 가능할까? 셰익스피어는 노래에서 그 가능성을 찾는 것처럼 보인다. 말로 할 수 없는 것을 '노래'하는 캐릭터들은 노래를 통해 더 큰 존재로 거듭난다. <리어왕>에서는 바보광대와 미친 거지 상태의 에드거만이 노래한다. 남성적 세계인 <햄릿>에서는 미친 오필리어 혼자만 노래한다.

650) 바보광대는 리어와 딸들의 관계를 어린애와 어머니의 관계로 바꾸어 풍자한다. 바보도 리어를 아이에 비유하지만, 늙으면 애가 된다고 생각하는 거너릴과는 다른 관점으로 봐야 한다. 바보는 딸들에게 매를 쥐어 주면 딸들이 부모가 되어버린다는 '역할 전도'에 대해 언급하는 것으로 보인다. 딸들이 어머니가 된다는 풍자는 또한 '어머니 부재'를 인식하게 한다. 만약 어머니가 있었다면, 이 모든 상황은 완전히 달라졌을 것이다.

바보광대는 리어가 이제 두 딸에게 매질을 당하리라는 것을 미리 알고 예고라도 하고 있는 듯하다.

651) 거짓을 말하는 자가 잘 되는 세상이니 거짓말하는 법을 따로 배우기라도 해야

리어

거짓말하면 매 맞는다.652)

광대

당신하고 당신 따님들은 어떤 관계인지 모르겠군요. 따님들은 내가 참말을 하면 때린다고 하고653) 당신은 내가 거짓말을 하면 때린다고 하고,654) 또 아무 말 안 하면 안 한다고 때리고. 아, 이제 광대 노릇은 집어치우고 무엇이든지 좋으니 다른 짓을 해야겠군. 하지만 당신같이 되기는 싫어. 당신은 지혜의 양쪽 끝을 너무 잘라내 버려서 가운데는 아무것도 남은 게 없으니까.655) 저기 잘라낸 조각 하나656)가 마침 오는구먼.

할 상황이다. 리어가 거짓을 말하는 자들에게 정말로 벌을 주었다면 지금 세상이 이렇게 어지럽지는 않을 것이다.

652) 리어는 거짓말하는 두 딸에게 상을 주었고 참말을 하는 딸은 내쫓았다. 그렇다면 리어의 이 말은 거짓말이다. 그러나 만약 리어가 코딜리어를 쫓아내면서 한 모든 모진 말이 마음에도 없는 말을 뱉어낸 것이었다면, 리어는 거짓말을 한 셈이 되고 그 결과로 마음의 고통이라는 벌을 받고 있는 것이 된다. 그렇게 보면 이 말은 '뼈아픈 자기 인식과 자기 고발'의 말이 된다.

653) 1막 3장 시작 때 거너릴이 '바보를 나무랐다고 리어가 오스왈드를 때린 것이냐'고 묻는데, 아무래도 바보광대가 거너릴 눈 밖에 난 것은 바보광대가 리어로 하여금 보지 못하는 것들(= 거너릴의 입장에서는 리어가 보지 않으면 좋겠는 것들)을 보게 하기 때문일 것이다.

654) 거짓과 진실의 충돌, 거짓과 진실의 경계, 허위와 실체의 구분, 감추기와 드러내기, 그리고 "여러분은 거짓 이미지를 알아볼 수 있는 눈을 가지고 있습니까?"는 <리어왕>이 관객에게 묻는 가장 기본적이고 중요한 질문이다. 거짓(허위)과 진실(실체)을 구분할 수 없다면 당신은 '문맹'과 다름없다.

655) "nothing." 양쪽 끝을 잘라냈는데 가운데가 텅 비게 된다는 비유가 재미있다. 지혜 자체는 직접 가질 수 있는 것이 아니라 양 끝을 통해서 가운데로 쌓이게 된다는 원리이다. 지혜를 갖거나 혹은 제정신을 유지하기 위해서 인간에게 필요한 양 끝은 무엇일까?

656) 가운데를 아무것도 없이 텅 비게 만든, 즉 '리어를 nothing의 상태로 만든'이라는 의미이다.

(거너릴 등장)

리어

애, 왜 그러냐? 왜 그렇게 이맛살을 찌푸리고 있느냐? 요샌 줄곧 얼굴을
찡그리고 있는 것 같구나.657)

광대

당신도 딸의 찡그린 얼굴에 신경을 쓰지 않았던 시절엔 좋은 사람이었는
데요.658) 이제는 아무것도 없는 숫자 영이 됐구먼. 당신보다는 내가 오히
려 낫지. 나는 이래 봬도 광대 바보지만 당신은 아무것도 아니거든.659)
(거너릴에게) 네, 아무 말도 안 하지요. 말씀은 아니 하셔도 얼굴빛으로
알아볼 수 있으니까요.660) 쉿, 쉿!

제아무리 뜬세상이 싫다고 해도

빵이 없어 봐라, 배가 고프지.661)

(리어를 가리키며) 저것은 알맹이 빠진 콩깍지요.662)

---

657) 거너릴이 등장하자 리어는 거너릴의 눈치를 살피기에 바쁘다. 1막 1장 궁전에서
의 장면 이후 처음으로 딸과 대면하는 모습을 관객에게 보여준다. 적어도 지금
이 순간의 모습만 보면 리어는 약간 딸바보 같은 태도를 취한다. 딸 앞에서 마냥
기분대로만 행동하는 캐릭터가 아님이 보인다.

거너릴 등장까지의 장면이 꽤 길게 이어진 것은 역으로 그만큼 거너릴이 '늦
게' 나타나고 있다는 사실을 말해준다. 리어가 도착하자마자, 아니 도착도 하기
전에 리어를 기다리고 있는 것이 아니라, 시간이 이렇게 흐른 뒤에서야 나타나는
것이다. 그것 자체가 거너릴의 메시지이고, 리어는 이 불길한 메시지가 의미하는
바가 무엇인지를 알아내기 위해 마음을 졸이고 있다.

658) 리어가 딸의 눈치를 살피고 있다는 것을 바보광대는 한눈에 알아챈다.

659) "I am a fool, thou art nothing." '0 = nothing = 無'의 주제와 관련해서 <리어
왕>에서 가장 중요하고 유명한 대사이다.

660) 아마도 리어의 질문에 거너릴이 답하려고 했는데, 중간에 바보광대가 끼어든 것
으로 보인다. 눈빛으로 거너릴은 바보광대를 때리고 있다.

661) '무엇인가를 쥐버린 자는 반드시 그것을 돌려받고 싶어진다'라는 의미를 내포하
고 있다.

거너릴[663]

무슨 소릴 해도 상관없는 이 광대뿐 아니라,[664] 데리고 계신 다른 기사들도 모두 뭐라고 하면 곧 트집을 잡고 시비를 하며, 마침내는 망측하고 난폭해지는 것이 참을 수 없을 지경입니다. 실은 한번 확실히 말씀드려서 안전책을 강구하려고 생각했는데, 요즘의 아버님 말씀이나 행동에는 이상한 점이 많습니다. 혹시 아버님이 그런 난폭한 행동을 옹호하시고 선동하고 계신 것이 아닙니까?[665] 만일 그렇다면 그 과오는 당연히 비난받아야 하며 또 저희들로서도 어쩔 수가 없습니다. 아버님은 화를 내시겠지만 국가의 안녕[666]을 위해서도 무슨 조치를 취해야 하겠습니다. 다른 때라면 저희도 불명예스럽겠지만 이런 부득이한 사정이라면 현명한 처사라고 세상

---

662) '빈껍데기'의 이미지는 nothing을 시각화하는 이미지로 바보광대가 계속 되풀이 사용하는 이미지이다.

663) 영어로는 오랫동안 산문(prose)로 이어지던 대화가 거너릴에 의해 다시 '시'(verse)로 바뀐다. 일단 거너릴은 차분히 이야기를 시작하는 듯이 보인다. 이 모든 상황은 자기 자신이 아니라 아버지 리어에게 문제가 있기 때문에 벌어지는 일이라는 것을 명확히 해야 하기 때문에, 거너릴은 최대한 절제한다. 성내는 놈이 지는 것이고 문제가 있는 것이다. 따라서 이어지는 거너릴의 말들은 최대한 깍듯이 예를 갖추고 부드럽게 말하는 것 같지만 모두 리어를 모욕하고 도발하는 말이다. 거너릴은 절대 허투루 행동하지 않는다. 리어는 거너릴이 놓은 덫에 걸려든다.

664) 광대는 의도하지 않았겠지만, 거너릴은 자신과 리어 사이에 끼어든 광대부터 언급한다.

665) 거너릴의 1차적 논리는 리어 주변의 모든 캐릭터가 '통제 불가능' 상태인데, 그것이 리어가 방조하고 조장했기 때문이라고 몰고 간다. '통제 불가능한 것은 어떤 것도 허용하지 않겠다'라는 단호한 태도를 보인다.

666) 리어와 그의 주변 캐릭터들의 행동이 국가의 '안녕', 즉 국가의 '안보'에 큰 해를 끼치고 있다는 식으로 결론을 내리고, 국가 안보의 문제이기 때문에 어떠한 이의도 제기하지 못하게 하는 결론으로 만든다. 대화를 청했던 리어에게 거너릴은 거의 리어를 심판하는 판결문처럼 내용을 일방통보한다.

도 인정할 겁니다.

광대

아저씨, 아시겠죠?

참새가 모르고 뻐꾸기를 길렀다가

끝내는 뻐꾸기 새끼에게 먹혀 버렸지.

그리하여 촛불도 꺼지고

우리는 캄캄한 어둠 속에 남게 됐지.667)

리어

네가 내 딸이냐?668)

거너릴

아버님께서는 본래 현명하시니 그 좋은 지혜를 좀 잘 써주세요. 그리고 요
사이 같은 아버님답지 않은 광기는 좀 버리세요.669)

광대

수레가 말을 끌면 당나귀인들 모르겠소? 아줌마! 나는 당신에게 반했
어.670)

---

667) 거너릴의 무시무시한 결론에 리어의 세계가 빛을 잃고 무너져 내린다. 그것을 바
보광대는 언어적으로 풀어놓고 있다.

668) 극세계 안에서 극적 사건이 회오리바람처럼 몰아칠 때, **캐릭터에게 친숙한 세계는
낯설어지고 타인들은 믿을 수 없을 만큼 딴 사람처럼 보이기 마련이다.** 거너릴이
방금 한 말이 믿기지 않는다. 그것이 자기 딸 입에서 나온 말이라고는 도저히 믿
어지지 않는다.

　리어는 감정적으로 즉각 반응하지 않는다. 흔히 오해하듯이, 리어는 성급한 성
격의 소유자가 아니다.

669) 거너릴은 리어가 원래 지혜(wisdom)을 가진 사람이라고 추켜세우면서도 그가 지
금 제정신이 아니라는 인식을 교묘하게 퍼트리고 있다. 그러니 자신의 말에 그대
로 따르는 것이 합당하다고 말하고 있다.

670) "I love thee." 바보광대는 거너릴의 교묘한 방식과 태도에 감탄하듯이 비꼰다.
수레가 말을 끌면 가장 지능이 떨어지는 당나귀도 알아본다는 것은 거너릴이 아

리어

여기 누가 나를 알아보는 자가 없나?671) 이것은 리어가 아냐. 리어가 이렇게 걷고 이렇게 말하나? 리어의 눈은 어디 있어? 머리가 둔해지고 분별력이 줄고 있나? 하! 깨어 있나 깨어 있지 않나? 내가 누군지 누가 좀 말해 줄 수 없나?672)

광대

리어의 그림자요!673)

리어

아름다운 귀부인, 당신의 이름은?674)

무리 그럴싸하게 포장해도 거너릴이 지금 하려고 하는 것이 무엇인지 누구나 다 알 수 있다고 말하는 것이다.

671) "Does any here know me? This is not Lear." 리어의 정체성이 흔들린다. 자기 자신이 누군지 모르게 된다. 인간의 정체성은 주변 세계와 타인의 '반응'에 의해서 형성된다. 아무도 왕을 왕으로 대하지 않는다면, 그는 더 이상 왕이 아니다. 혼자서는 아무리 왕이라고 우겨봐야 소용없다.

672) "Who is it that can tell me who I am?" 정신을 차릴 정도로 혼란스러운 리어는 주변의 도움을 요청한다. 그는 무너지지 않으려고 안간힘을 쓴다.

673) "Lear's shadow" 바보광대의 명언이다. 허깨비 같은 존재로 전락했음을 두 단어로 집약하고 있다. 이 말을 끝으로 바보광대는 장면 끝에 퇴장할 때까지 아무런 말이 없다. 바보광대가 갑자기 침묵하는 이유는 무엇일까? 그리고 리어가 퇴장할 때까지는 바보광대는 무엇을 하고 있을까?

　비단 바보광대의 침묵뿐만 아니라, 거너릴의 말에 이의를 제기하거나 반기를 드는 캐릭터가 아무도 없다. 그것은 무엇을 말하는 것일까? 거너릴이 보이는 준엄한 '여왕'과 같은 위엄과 관련이 있을까? 왜 켄트조차 아무 말도 하지 못할까? 거너릴 등장 전에 마치 리어에게 가해지는 부당한 대접에 가만히 있지 않을 것 같던 기사들은 어떻게 된 것일까?

674) "네가 나를 아버지로 대하지 않으니 나도 네가 딸이 아닌 모르는 남으로 보인다, 대체 너는 누구냐?"라는 식의 말이다.

거너릴

그렇게 놀란 체하시는 것이 바로 아버지의 망령[675]이에요. 제발 저의 뜻을 올바르게 이해해 주세요.[676] 아버지는 존경받는 노인이시니 현명하셔야 해요. 아버지가 거느리고 계시는 백 명의 기사와 시종들은 정말 난폭하고 음탕하고 방종한 사람들이라 저의 저택은 무뢰한들의 여인숙만 같아요. 폭식과 음욕으로 이 위엄 있는 저택이 천한 주점이나 색시집 꼴이 되었어요.[677] 그러니 시종들을 좀 줄여 주셔야겠어요. 만약 이 요청을 들어주시지 않는다면 제가 임의로 조치하겠어요.[678] 아버지를 시중들 사람들은 연로하신 아버지께 알맞은, 분별 있고 아버지의 처지를 잘 아는 사람들만으로 남겨 두겠습니다.

리어

지옥의 악마 같으니![679] 말을 준비해라! 내 시종을 다 불러! 돼먹지 못한 계집년[680] 같으니, 네 신세는 안 지겠다. 내게는 아직 딸이 하나 남았

---

675) 거너릴은 리어가 연기를 하며 자신을 몰라보는 척하고 있다고 하면서, 그런 점을 이용해 리어의 정신상태가 정상이 아니라는 식으로 계속 몰고 간다.

676) 거너릴을 연기하는 배우는 자기 캐릭터를 단순 악녀가 되게 하지 않기 위해서 여기에 나오는 말들로 관객들을 최대한 설득해야 한다. 거너릴의 어필 자체는 타당성을 가지고 있어야 한다. 자신을 오로지 '딸'로만 규정하는 리어에 대항해서 이제는 한 나라의 절반을 책임지고 있는 자로서의 면모가 보여야 한다.

677) 기사들에 대한 거너릴의 원색적인 고발이 실제 사실인지 아니면 과장된 것인지는 정확하지 않다. 하지만 '정치적'으로 충분히 문제 삼을 만하고 누구도 이의를 제기하기 쉽지 않은 것은 맞아 보인다. 거너릴의 입장에서는 자기 집에 '군대'와 다름없는 기사들이 상주하는 것은, 나라로 치면 한 나라의 수도에 외국 군대가 주둔하는 것과 마찬가지인 상황이다. 이는 거너릴에 입장에서는 안보에 늘 잠재적인 불안 요인이 될 것이다. 거너릴은 다른 무엇보다도 이 안보적 불안을 해결하려고 하는 것이다.

678) 요청이나 부탁이 아니라 통보이다. 거너릴은 자기 마음대로 할 수 있고 리어도 이를 막을 수 없다는 것을 알고 있다.

679) 리어는 딸을 악마라고 일컫는다. 과도하다.

어.681)

거너릴

아버지는 저의 부하들을 마구 때리고 아버지의 난폭한 시종들은 마치 윗 사람을 하인 취급하듯 해요.682)

(올버니 등장)

리어

이제 와서 후회해도 소용없지! (올버니를 보고) 아, 왔는가? 이것은 자네 뜻인가?683) 대답해 봐!684) 말을 준비해! 배은망덕하고 돌 같은 마음을 가 진 악마년. 네가 자식의 탈을 쓰고 있으니 바다의 괴물보다 더 흉악하구 나.685)

---

680) 리어는 거너릴을 여자임에도 불구하고 "bastard"라고 부른다. 남자에게 사용하는 욕인데도 말이다. bastard를 통해서 거너릴과 에드먼드가 연결된다.

681) 여기서는 리어가 리건을 지칭하는 말이지만, 리어에게 남은 유일한 딸은 늘 코딜 리어이다.

682) 거너릴은 자신을 인간으로 대하지 않는 리어 앞에서 끝까지 평정을 잃지 않고 자신의 관점과 요구를 관철시키려고 한다.

683) 올버니는 이 분단된 국가의 왕이다. 그러나 리어는 그를 왕으로 대하지 않는다. 그저 이 모든 일이 올버니의 뜻이라고 단정 지어 버린다. 자기 딸이 저렇게 하는 것은 그 딸이 원래 못되어서가 아니라, 남편 때문이라고 생각하기 마련이다. 그래서 리어는 더 이상 올버니는 거들떠보지도 않는다.

684) 올버니는 상황 파악이 되지 않아 대답하지 못하는데, 리어는 이것이 암묵적 동의라고 여기는 것으로 보인다.

685) 리어는 퇴장 전까지 계속해서 거너릴에게 '저주'를 퍼붓는다. 1막 1장에서 코딜 리어에게 보였던 모습이 다시 나타나지만, 그때보다 훨씬 더 심하다. 이것이 리 어가 앞으로 보일 '광기'의 전조가 된다. 하지만 1막 1장에서와 마찬가지로, 리 어가 이렇게까지 반응한다는 것은 역으로 리어가 거너릴에게 가졌던 믿음, 거너 릴에 대한 마음씀이 작지 않았다는 것을 의미한다. 코딜리어만큼은 아니었을지 모르나, 리어는 거너릴을 믿고 나름 거너릴을 위해 마음을 썼던 것이다. 그 서운 함이 리어가 지금 이렇게까지 저주를 퍼붓게 한다.

올버니

부디 고정하십시오.

리어

(거너릴에게) 가증스러운 솔개야, 거짓말 마라!686) 내 부하는 모두 엄선한 사람들뿐이다. 신하의 본분을 잘 지키고 만사를 소홀히 않고 명예를 무엇보다도 존중하는 사람들이다. 아, 아주 작은 허물이었는데 코딜리어의 경우엔 어째서 그렇게 추악하게만 보였을까. 그 허물은 고문하는 도구처럼 나의 마음으로부터 모든 애정을 없애고 증오심만 늘게 하였구나. 오, 리어, 리어, 리어!687) (자기 머리를 치면서) 못난 생각만 끌어들이고 귀중한 분별은 쫓아버린 이걸 때릴 수밖에. 자, 부하들아, 가자.

   (기사들과 켄트 퇴장)

올버니

저는 아무 죄가 없습니다. 왜 역정을 내시는지 모르겠습니다.688)

리어

그럴지도 모르지. 자연이여, 들어보십시오! 여신이여,689) 들으소서! 만약

---

686) 리어는 자신의 기사들에 대한 거너릴의 고발을 뒤늦게 반박하기 시작한다. 명예를 중시 여기는 기사들이 명예가 훼손당했는데도 즉각 반박하지 않았기 때문에 그의 변호가 얼마나 타당한지는 의문이다. 더구나 리어가 하는 것은 변호보다는 감정적 반발에 더 가까워 보인다.

687) 리어는 마치 가출한 자기 자신을 불러서 되찾기라도 할 것처럼 자신의 이름을 세 번 외치면서 자기 머리를 때린다. 비로소 리어는 1막 1장에서 거너릴이 말한 사랑이 모두 거짓이었음을, 그리고 코딜리어를 그렇게 떠나보낸 것이 자신이 저지른 가장 큰 잘못이었음을 인정한다.

688) 모르면 죄가 없는 것인지에 대한 문제가 제기된다. 올버니는 통치자이다. 무엇을 알아야 하고 무엇을 몰라도 되는 것인가?

689) 리어는 여기서 1막 2장의 에드먼드와 마찬가지로 자연을 자신의 여신으로 삼는다. 리어는 자신을 거역하는 것을 가장 '자연에 반하는'(unnatural) 것으로 여기기 때문에, 자연의 여신에게 그것을 바로 잡으라고 하소연하고 있다.

저 인간의 몸에서 자식을 낳게 할 뜻이었다면 그 뜻을 거두십시오. 제발 저년의 배는 자식을 못 가지게 하소서. 저년의 몸속에 있는 생식력을 말려버리고, 그 타락한 육체로는 어미의 명예가 되는 자식을 낳지 못하게 하소서! 부득이 아이를 낳아야 한다면 가증스러운 자식을 낳아 그 자식이 성장하여 부모를 배반하고 평생 어미한테 고생의 씨가 되게 해주소서. 그 애로 인해 젊은 어미 이마에는 깊은 주름이 생기고 볼에는 눈물의 골이 패게 하소서. 자식을 생각하는 어미의 노고와 은혜는 죄다 모멸과 조소 거리가 되게 해주소서. 그리하여 은혜를 잊는 자식을 갖는 것이 독사의 이빨보다 무섭다는 것690)을 깨닫게 해주소서! 비켜라, 비켜!

(퇴장)

올버니

대체 어떻게 된 영문이오?

거너릴

당신은 모르셔도 괜찮아요. 실컷 마음대로 하게 놔두세요. 망령691)을 부리시는 거예요.692)

(리어, 미친 듯한 모습으로 재등장)

리어

뭐야, 나의 시종을 단번에 쉰 명이나 줄여? 두 주일도 채 안 돼서?693)

---

690) "How sharper than a serpent's tooth it is / To have a thankless child." 리어가 아버지로서 느끼는 아픔을 잘 집약하는 말이다. 리어의 저주는 그 정도가 심해 보이기는 하지만 "너도 너 같은 자식 나아서 고생해 봐라"라는 부모들의 일반적인 태도와 크게 다르지 않다.

691) 리어의 분노를 '망령'으로 쉽게 치부해 버린다. 리어의 감정적 반응은 거너릴에 의해 쉽게 이용된다. 감정적인 캐릭터는 이용당하기 쉽다.

692) 거너릴은 이미 여기서부터 올버니를 '패스'하고 독자적으로 움직인다는 것이 드러난다. 그녀가 남편을 어떤 존재로 보고 있는지 엿보인다.

693) 퇴장했던 리어가 거의 바로 다시 등장한다. 퇴장해서 자신의 기사가 백 명에서 오십 명으로 줄었다는 사실을 발견한 것이다. 거너릴은 장면에 등장하기 전에 리

올버니

대체 어떻게 된 겁니까?

리어

말해주지. (거너릴에게) 에이, 가증스러운 것! 너 같은 것 때문에 대장부가
이렇게 흥분하여 우는 게 창피하다. 너 때문에 이렇듯 뜨거운 눈물을 흘려
야 하다니.694) 너 같은 건 독기 찬 안개에나 싸여라! 애비의 저주가 네 몸
뚱이에 구멍을 뚫어 모든 감각을 마비시켜 버려라! 어리석은 늙은 눈아,
두 번 다시 이런 것으로 울면 너를 뽑아서 헛되이 흘리는 눈물과 함께 내
던져 땅이나 적시게 하겠다.695) 끝내 이렇게 되고 마나?696) 하! 상관없다.
내게는 또 딸이 있지. 그 애는 친절하게 날 위로해 줄 거다. 네가 이렇게
했다는 걸 들으면 그 애는 너의 이리 같은 낯짝을 손톱으로 할퀴어 놓을
거다.697) 두고 봐라, 너는 내가 영원히 왕위를 내던져 버린 거라고 생각하
겠지만 나는 다시 예전같이 되어 보일 테다.698)

어의 허락을 구하지 않고 이미 필요한 모든 조치를 취해 놓았다.

694) 리어는 눈물을 흘린다. 용의 눈물이다. 눈물은 대개 '영혼의 눈물'이라고 불리듯
이, 벌어지고 있는 일들이 그의 영혼에까지 영향을 주고 있다는 것을 말해주는
'증거'이다. 또한 눈물은 캐릭터가 인간으로서 가지는, 무디고 무감각한 인간이
아님을 말해주는 vulnerability의 표시이기도 하다.
　리어에게 기사란 무엇이길래 이렇게 눈물까지 흘릴까? 애초에 두 딸에게 모든
것을 내어주면서도 자기 자신에게는 백 명의 기사를 남겼다. 리어의 자존감과 존
재 가치는 기사의 숫자에 있는 듯하다. 그에게 기사란 무엇일까? 기사가 반으로
줄었다는 것은 도대체 리어에게 어떻게 다가오는 것일까?

695) 두 번 다시 울지 않겠다고 다짐한다. 눈물을 흘리지 않을 수 없는 상황에서 눈물
을 흘리지 않으려는 노력, 관객이 봐야 하는 가장 중요한 것은 항상 캐릭터가 하
는 '노력'이다.

696) 이렇게 되지 않기 위해 리어가 나름대로 노력해 왔다는 것을 엿보이게 해주는
말이다.

697) 거너릴을 통해 리건의 실체를 깨닫기는커녕 리건을 더 믿는 오류에 빠진다.

698) 되돌아올 수 없는 강을 건넜다는 것을 리어는 아직 인정하지 못하고 있다. 그가

(퇴장)

거너릴

지금 보셨지요?699)

올버니

물론 당신은 나의 소중한 아내지만 편파적으로 사물을 판단할 수는 없소.700)

거너릴

당신은 좀 가만히 계세요.701) 이봐! (광대에게) 넌 바보라기보다는 악당이지. 네 주인이나 따라가라!702)

광대

리어 아저씨, 리어 아저씨. 기다리세요! 광대를 데리고 가요.

　　이것이 만약 여우라면

　　그놈이 이런 딸이라면

　　틀림없이 목매달아 죽이련만,

　　내 모자 팔아서는 밧줄도 못 사니

정말로 능력이 있다면 이 자리에서 바로 기사 백 명을 되찾을 수 있었을 것이다. 하지만 그는 리건에게로 도망치는 것 말고는 할 수 있는 것이 없다. 리어가 왕권을 되찾겠다고 언급한 것은 거너릴에게는 "역시 이렇게 조치하기를 잘했다"라고 더 생각하게 만든다.

699) "보고도 모르겠어요?"라는 비웃음과 질타가 담겨 있다.

700) 올버니는 한쪽 이야기만 듣고 사태를 판단하지는 않는 캐릭터로 보인다. 그것이 거너릴에게는 무능하고 행동력이 부족해 보일 수도 있지만, 올버니를 사리판단에 있어서 진중한 캐릭터가 되게 한다.

701) 거너릴은 올버니와의 대화를 중단시킨다. "당신은 잠자코 내가 하자는 대로만 해요"라는 의미가 담겨 있으면서, 동시에 무대 위에 올버니와 단둘이 있는 것이 아니기 때문에 취하는 조치이기도 하다. 바로 바보광대가 아직 거기에 있는 것이다.

702) 바보광대는 왜 이때까지 침묵하고 있다가, 리어가 퇴장하는데도 따라가지 않았을까?

그래서 광대는 뒤만 쫓아간다오.703)

(퇴장)

거너릴

아버님한테는 좋은 충고가 됐지요. 그야 무장한 기사를 백 명이나 두는 것
은 안전한 정책이겠지요. 꿈자리가 좀 사납거나 뜬소문, 공상, 불평, 불만
이 있으면 언제든지 그들을 방패 삼아 아버님을 옹호하며 우리들의 생명
을 위협할 수 있을 테니까요.704) 오스왈드! 거기 없어?

올버니

그건 너무 지나친 염려가 아닐까.705)

거너릴

과신하는 것보다는 안전하죠. 해를 입지 않을까 두려워하는 것보다는 걱
정거리가 되는 위험물을 제거하는 게 상책706)이에요. 아버지 속셈은 빤히
들여다보여요. 아버지가 하신 말을 동생에게 편지로 알려주기로 했어요.
만일 그렇게 설명해 줘도 동생이 못 알아듣고 노인과 시종 백 명을 부양
한다면...707)

(오스왈드 등장)

오스왈드, 어떻게 됐어? 동생에게 보낼 편지는 다 썼나?708)

---

703) 한마디로 "참 못됐다"라는 말이다.
704) 리어가 기사를 무기로 삼아 언제든 자신에게 준 것을 빼앗아 갈 수도 있다는 점,
   심지어 자식의 생명까지 앗아갈 수 있다고 거너릴은 간주한다. 권력이란 그렇다
   고 여기는 것이다. 눈엣가시 같은 기사들을 절반으로 줄여 아버지가 떠났으니 이
   제 거너릴은 아주 느긋한 상태가 된다.
705) 아버지가 딸에게 그렇게까지 하지는 않을 것이라는 말이다.
706) 자신의 권력과 재산에 잠재적 위협이 될 만한 것들은 선제적으로 제거하는 것이
   권력과 재산을 지키는 길이라고 믿는다.
707) 리건을 전적으로 믿지 못한다는 것이 엿보인다. 현재로서는 그것이 유일한 불안
   이다. 그래서 오스왈드로 하여금 다음 조치를 하는 데 서두르는 것이다.
708) 거너릴은 등장하기 전에 이미 오스왈드에게 동생에게 보낼 편지를 작성할 것을

오스왈드

네, 다 됐습니다.

거너릴

동행을 데리고 곧 말을 타고 떠나! 동생에게 내가 특히 걱정하고 있는
점709)을 낱낱이 이야기해. 더욱 신빙성 있게 하기 위해서710) 그대의 의견
을 적당히 덧붙여도 좋아. 어서 떠나. 그리고 속히 돌아와.711)

(오스왈드 퇴장)712)

여보, 당신의 친절한 방법을 나쁘다고 말할 수는 없지만, 그래도 세상은
당신을 온건하다고 칭찬하기보다는 분별이 없다고 비난할 거예요.

올버니

당신의 눈이 어디까지 내다볼 수 있을지 의문이구려.713) 잘하려고 서두르
다가 오히려 나쁘게 되는 일도 종종 있으니까.

지시해 놓았다.

709) 거너릴이 특히 걱정하는 점은 무엇일까? 그 걱정은 현재 국가를 양분함으로써
불안한 힘의 균형을 이루고 있는데, 만일에 하나 동생이 아버지를 업고 자신을
공격해 올 가능성을 배제하기 어려운 데서 생기는 걱정이다. 그래서 아마도 거너
릴은 아버지의 상태에 대해서 리건이 실제 이상으로 위협적이라고 생각하게 만
들고자 할 것이다.

710) 리건이 자기 이야기를 믿지 않을 수도 있는 가능성을 염두에 두고 있다.

711) 최대한 신속하게 일처리를 하고 그 결과를 알리라는 지시이다. 그런데 거너릴은
2막에서 참지 못하고 아버지와 리건에게로 찾아간다. 아마도 오스왈드가 켄트에
게 제지당하면서 지체되기 때문에 조바심이 났을 것이다.

712) 올버니와 거너릴, 두 부부만 남았다. 두 부부가 어떤 부부인지 잠깐이지만 관객
들은 엿볼 수 있게 된다. 두 캐릭터를 연기하는 배우는 이 짧은 장면을 통해 관
객에게 부부 '관계'를 보여주어야 한다. "milky gentleness"는 올버니가 가진 덕
목처럼 보인다.

713) "How far your eyes may pierce I cannot tell." 예상과 예측을 하는 것은 매우
중요한 인간적 능력이다. 하지만 모든 것을 볼 수 있다는 듯이 구는 것은 오만이
다.

거너릴

그럴 일 없어요.714) 그렇게 된다면ㅡ715)

올버니

알았소, 알았소 어디 어떻게 되나 두고 봅시다.716)

　(두 사람 퇴장)

---

714) 거너릴에게 잔소리처럼 느껴지는 말이다. 아마도 더 이상 들으려 하지 않고 나가 기 시작할 것이다.

715) 만일의 경우에 대비해 플랜B까지 거너릴은 세우고 있을 것이다.

716) 어떻게 될지 관객들이 궁금해하고 기대하게 만드는 말이기도 하다. 또 하나의 긴 장면이 마무리되었다. 이제 리건과의 또 다른 라운드가 기다리고 있다. 하지만 마찬가지로 아주 길어질 이 장면은 바로 이어지지 않는다. 2막의 마지막까지 기 다려야 한다.

5장 같은 저택의 안뜰

리어, 변장한 켄트와 광대 등장.

리어

너는 이 편지를 가지고 나보다 한발 먼저 글로스터에게 가라. 딸이 이 편지를 읽고 나서 묻는 말 외에는 네가 아는 이야기라도 하지 마라.717) 빨리 가지 않으면 내가 먼저 도착하게 될 거다.

켄트

이 편지를 전할 때까지는 잠도 자지 않겠습니다.

(퇴장)718)

광대

사람의 뇌가 발뒤꿈치에 달려 있다면 트지 않을까요?719)

---

717) 두 개의 편지가 두 메신저에 의해 리건에게 보내지는 상황이 벌어진다. 누구의 편지가 먼저 당도할 것인가? 거너릴은 오스왈드에게 리건을 설득하기 위해 필요한 말을 하라고 명령하지만, 리어는 켄트에게 아무 말도 덧붙이지 말라고 한다.

718) 셰익스피어는 사건을 급박하게 진행시키지 않고 1막의 끝을 리어와 광대의 대화로 마무리한다. 켄트에게는 서두르게 하고 정작 리어 자신은 꾸물거린다. 극적인 이유가 있을까? 리건을 만나기 전에 리어는 정신을 가다듬으려고 하는 것처럼 보인다. 그래서 광대가 필요한 듯하다. 리어는 바보광대와의 장면 동안 광대의 말에 반응하는 것 같기도 하고 혼자만의 생각에 빠져있는 것처럼 보이기도 한다. 연출의 해석에 따라서 두 캐릭터는 호흡이 잘 맞는 코미디 콤비처럼 굴 수도 있고, 광대가 깊이 자신만의 생각에 빠진 리어의 주의를 거의 끌지 못할 수도 있다.
　　바보광대는 리어의 기분을 나아지게 하려고 애쓰기도 하고, 리어에게 저지른 실수들에 대해 비판하기도 한다.

719) 바보광대는 리어가 뭔가 골똘히 생각하는 것을 보고 이 말을 던진다. 리어에게서 한 번도 본 적이 없는 눈빛과 표정이다. "혼자서 그렇게 골똘히 생각한다고 지금 상태에서 제대로 생각할 수나 있겠어요? 내가 도와줄까요?"라는 식의 말인 듯하다.
　　리어가 시무룩하고 풀이 죽어 보여서 하는 말이라고 해석한다면, 바보광대는

리어

그야 트겠지.

광대

그럼 안심하세요. 당신의 뇌는 거기에도 없으니 슬리퍼가 필요 없거든요.

리어

하, 하, 하!720)

광대

또 다른 딸도 천성대로 할 걸요. 말하자면 두 자매는 밭사과와 산사과 정도의 차이뿐이거든요.721) 난 다 알고 있어요.

리어

뭘 알아?

광대

이쪽과 저쪽은 맛이 같죠. 사과는 다 맛이 같아요. 그런데 인간의 코가 왜 얼굴 한가운데에 있는지 아저씨는 알아요?

리어

아니.722)

광대

그야 코 양쪽에 눈을 붙여 놓기 위해서죠. 그렇게 해서도 냄새를 맡지 못할 때는 눈으로 알아보게 하기 위해서죠.723)

리어를 웃기기 위해서 이 말을 꺼낼 것이다. 그리고 실제로 리어를 웃게 하는 데 성공한다.

720) 헛웃음일 수도 있고, 진짜 웃음일 수도 있다. 그것은 바보광대가 하기에 달렸다.

721) 광대는 리건과 거너릴의 천성이 같아서, 리건도 거너릴처럼 굴 것이라고 리어에게 미리 알린다.

722) 리어가 짧게 하는 대답들은 리어가 광대의 말을 제대로 듣고 답하고 있다기보다는 다른 생각에 사로잡혀서 건성으로 대답하는 말처럼 들린다.

723) 보는 만큼 알 수 있고, 아는 만큼 보인다. 모든 감각을 동원해서 알고자 해야 한

리어

내가 그 애한테 잘못했어.724)

광대

굴은 어떻게 껍질을 만드는지 아세요?

리어

아니.

광대

저도 몰라요.725) 하지만 달팽이가 왜 집을 이고 다니는진 알아요.

리어

왜?

광대

머리를 감춰 넣기 위해서죠, 뭐.726) 그것을 딸들에게 내주지 않고 또 뿔을 넣을 장소를 잃어버리지 않기 위해서죠.727)

리어

이제 내 자연과 본성은 잊어버려야지!728) 이렇게 친절한 아버지가 어디 있다고! 말 준비는 다 됐나?

다.

724) 바보광대에게 짧게 짧게 대답하던 리어는 뜬금없이 이 말을 내뱉는다. 아마도 코딜리어에 대해 생각하고 있었던 모양이다. 거너릴에게 이런 대접을 받고 나니 모든 것이 명확해진다. 이제서야 코딜리어가 왜 그렇게 행동했는지 이해가 간다.

725) 리어의 반응이 시큰둥해서 질문을 바꾸는 것이다. 아니면 웃기려고 그러는 것일 수 있다.

726) 리어는 3막 폭풍우 속에서 자신의 머리 하나 건사하지 못하게 된다.

727) 굴 껍질이나 달팽이 집처럼 인간이 스스로를 보호하기 위해서 준비할 수 있는 것은 무엇일까? 꿰뚫어 보는 눈과 지혜이지 않을까?

728) "I will forget my nature." 리어는 혼자서 열심히 생각한 결과, 자신의 nature를 잊어버리고 따지지 않기로 한다. 이것은 어떤 결심일까? 더 이상 좋은 아버지가 되지 않겠다는 의미일까?

광대

당나귀 같은 바보 하인들이 준비하러 갔어요. 북두칠성이 일곱 개밖에 없는 데는 재미있는 이유가 있죠.729)

리어

그야 여덟 개가 아니니까 그렇지.730)

광대

맞았어. 당신도 제법 그럴듯한 광대가 될 수 있겠는걸.

리어

영토를 도로 빼앗아야지! 배은망덕한 것 같으니!731)

광대

아저씨, 당신이 내 광대라면 내가 좀 갈겨 주겠어요. 나이보다 너무 빨리 늙어버렸으니까.732)

리어

그게 무슨 소리냐?

광대

똑똑해지기 전에 늙어버리면 안 되잖아요.733)

---

729) 인간의 타고난 이성과 판단력의 한계를 지적하는 말일 것이다.

730) 리어도 그런 사실을 아는 것일까? 지금 생각한다고 모든 것을 다 생각해 내고 그것에 대비할 수 있을까? 무엇을 상상하든 상상 이상의 상황이 벌어지지는 않을까?

731) 리어는 자신의 왕권과 영토를 되찾을 수 있다는 어리석은 결론에 도달한 것처럼 보인다.

732) "아직 정신 못 차렸네"라는 식의 일침이다.

733) "생각한 대로 안 될 거다"라는 식의 말이다. 인간이 나이가 든다는 것은 지혜를 얻어 현명해진다는 것을 의미하고 그렇지 못할 경우 그냥 늙어버린 것이 된다. 바보광대의 이 말은 이어지는 리어가 미치지 않고 제정신을 유지하려는 노력과 연결된다.

리어

아! 하늘이여, 미치지 않게, 제발 미치지 않게 해주십시오. 정신 차리게 해주십시오. 미치광이가 되고 싶지는 않습니다.734)

　　(시종 등장)

어떻게 됐느냐! 말 준비는 다 됐느냐?

시종

준비는 다 됐습니다.735)

리어

자, 가자.

　　(리어와 시종, 함께 퇴장)

광대

내가 떠나는 것을 보고 깔깔 웃는 숫처녀는 조심해요. 머지않아 숫처녀가 아니게 될 테니까. 금방이라도 이것들을 싹둑 잘라내지 않는다면.736)

　　(퇴장)

---

734) "O, let me not be mad, not mad, sweet Heaven! / Keep me in temper, I would not be mad." 이 말을 하면서 리어는 비로소 출발 준비가 되어 떠난다. 산문으로 말하다가 리어는 이 말만큼은 시로 말한다. 리어는 숨을 고르면서 앞으로 어떻게 대처할 것인지를 생각한 것으로 보인다. 심장이 터질 것 같다. 리어는 만에 하나라도 리건이 자기 뜻을 따르지 않는다면 자신이 걷잡을 수 없는 상태에 빠지게 될 것이라고 직감하는 듯하다. 그래서 어떻게든 흥분하지 않고 정신 차리고 냉철하게 대응하고자 한다.

735) 리어도 마음의 준비가 된 것처럼 보인다.

736) 1막의 마지막 대사는 광대가 하는 성적인 농담으로 되어 있다. 왜 셰익스피어는 혼자 남은 광대로 하여금 관객에게 성적 농담을 던지게 했을까? 이 장면이 정말 코믹한 장면으로 연출된다면, 광대가 떠나면서 이어질 내용은 결코 코믹하지 않으리라고 알리는 대사가 될 것이다. 진지한 장면으로 연출된다면, 이어질 장면들은 훨씬 더 심각하고 암울하리라고 경고하는 말이 될 것이다. 그럼에도 불구하고 셰익스피어가 그것을 굳이 성적인 농담으로 할 필요가 있었는지에 대해서는 잘 이해가 가지 않는 결말이다.

▌삼등분과 힘의 균형

'3'이라는 숫자는 셰익스피어의 극세계 속에서 항상 마법과도 같은 숫자이다. <리어왕>에서도 셰익스피어는 리어에게 '세' 딸이 있게끔 설정한다. 그리고 그 딸들을 위해 자기 자신과도 같은 국가를 '삼'등분하고자 한다. <맥베스>의 '세' 마녀처럼, 여기서 국토를 삼등분한다는 것은 그 자체로 뭔가 예사롭지 않고 상서롭지 않은 기운을 불러일으키는 선택이다.

리어는 세 딸 중 누구에게 왕위와 영토를 물려줄 것인지 고민한 지 벌써 오래다. 가장 넘겨주고 싶은 딸은 의심의 여지 없이 코딜리어이다. 그런데 문제는 코딜리어가 막내라는 데 있다. 아직 결혼도 안 한 코딜리어에게 나라 전체를 주고 싶어도 줄 수 있는 명분이 없다. 그래서 고심 끝에 생각해 낸 방법이 코딜리어를 결혼시키는 것과 동시에 국토를 삼등분해서 언니들 부부에게 맞먹는 혹은 내심 그보다 더 좋은 땅을 물려주는 것이다. 세 딸 중에 자신을 가장 사랑하는 딸은 코딜리어가 분명하기 때문에 전적으로 코딜리어에게 유리한 경연 방법을 택한다. 바로 "누가 누가 나를 가장 사랑하는가?"이다. 코딜리어가 자신을 가장 사랑한다는 것이 공개석상에서 입증되고, 그와 동시에 코딜리어의 결혼이 성사된다면, 코딜리어에게 국가 3분의 1을 줄 수 있는 좋은 명분이 생기는 것이다.

하지만 리어는 공개석상에서의 모든 발언은 일종의 '정치적'인 발언이지 솔직한 인간의 감정을 이야기하는 발언이 될 수 없다는 것을 간과한다. 그래서 자신을 가장 사랑하는 코딜리어는 공개석상에서 아버지에 대한 자신의 사랑을 '정치적'인 언어로 표현할 수가 없다. 두 언니는 자신이 원하는 것을 갖기 위해 경쟁하며, 그것을 얻는 데 가장 적절한 '정치적' 발언을 쏟아내지만, 자신은 그렇게 할 수 없다는 것을 코딜리어는 시작부터 잘 안다. 하지만 리어는 그것을 몰랐다. '정치적 인간'은 정치적 가면, 사회적 가면 없이 공개석상에 나타나지 않는다. 코딜리어의 죽음은 가장 비정치적인 인간을 '삼등분'이라는 극도의 정치적 상황에 놓이게 한 리어의 결정이 낳은 예고된 비극이다.

코딜리어가 리어에게 어떤 딸이었길래 리어가 그렇게까지 했느냐에 대해 작품은 상세한 설명을 제공하지 않는다. 다만 코딜리어 없이 미쳐버렸던 리어가 코딜리어를 보고 제정신을 되찾는 모습을 보면서, 코딜리어의 죽음 앞에서 딸을 안고 오열하는 리어를 보면서, 그녀가 리어에게 어떤 딸이었을지를 간접적으로 알 수 있을 뿐이다.

리어는 자신이 판단하기에 삼등분이 가장 '힘의 균형'을 유지해 줄 수 있는 구도라는 결론에 도달했기 때문에 그렇게 하기로 결정했을 것이다. 3과 균형은 우리에게 매우 친숙한 이미지이다. 카메라 삼각대를 생각해 보라. 삼각대는 매우 효과적으로 그리고 안정적으로 균형을 유지해 준다. 우리나라의 삼국시대나 중국의 삼국지를 생각해 보라. 둘보다 셋이 더 오래 힘의 균형을 유지한다. 그래서 리어는 공식 석상에서 영토를 삼등분하고 각각 3분의 1이 '영구히' 각 자식과 그 후손들의 것임을 천명함으로써 3등분이 가능하게 하는 힘의 균형을 영원한 것으로 만들고자 했다. 물론 세상에 어떠한 것도 영원하지 않다. 하지만 둘보다는 셋이 더 오래 가는 것은 분명하다. 문제가 시작되는 것은 리어가 매우 '충동적'으로 국토를 '이분화'하는 결정을 내리면서부터이다. 켄트가 격렬하게 반대에 나서는 것도 리어가 충동적으로 영토를 이분화하는 결정을 내리고서부터이다. 이분화는 곧 전쟁이 임박했음을 알리는 결정이 된다. 전체를 차지하기 위해 거너릴과 리건은 전부를 건 싸움을 시작할 것이다.

코딜리어의 배우자를 간택함에 있어서도 리어는 프랑스 왕과 버건디 공작 사이에서 깊이 고민한 것으로 보인다. 프랑스 왕에게 결혼시킨다면, 영토의 3분의 1을 외국에 내어주는 것 같아 마음이 썩 내키지는 않지만 힘 균형의 관점에서 보면 언니 둘이 프랑스와 하나가 된 코딜리어를 호락호락하게 넘보지 못할 것이 분명해 보인다. 버건디 공작은 첫째 사위 올버니와 둘째 사위 콘월과 비교해 보면 크게 뒤떨어질 것은 없으나 월등히 나은 점도 없다. 그래서 리어는 쉽게 결정을 내리지 못한다.

거너릴의 입장에서는 왕국 전체를 자신과 올버니에게 주어야 마땅하다. 아들이 없는 상황에서 장자 상속의 권리는 당연히 첫째인 자신에게 주어진 것이다. 그런데 그것을 나눈다고? 이 무슨 말도 안 되는 상황인가? 더구나 나라를 셋으로 똑같이 나눈다고? 첫째인 나에게 더 안 주고? 더 좋은 땅을 주지 않고?

둘째 입장에서는 첫째라는 이유로 언니가 나보다 더 많이, 더 좋은 것을 가져야 한다는 사실이 부당하게 느껴진다. 그러면서도 코딜리어가 자신과 똑같은 크기의 영토를 갖는다는 것은 또 허용할 수 없다. 서브플롯, 평행플롯인 글로스터와 두 아들 이야기에서도 에드먼드가 장자에게 모든 것을 상속하는 데 부당함에 느껴 그것에 반발해서 들고 일어나는 이야기가 진행된다. 에드먼드의 입장은 리건과 콘월의 입장에 그대로 상응한다.

서울을 삼등분한다고 생각해 보자. 똑같은 크기로. 먼저 큰언니에게는 경복궁과 청와대가 있는 강북의 중앙과 동쪽을, 둘째에게는 강북의 서쪽과 강서를, 막내 코딜리어에게는 강남과 강동·송파 땅을 준다고 생각해 보자. 크기는 같을지 모르지만, 절대 똑같은 땅이 될 수 없다.

애초에 리어가 첫째 거너릴에게 가장 좋은 땅을 주었더라면, 거너릴에게 야박한 대접을 안 당했을지도 모른다. 원래 모두 다 자기 소유인 것을 삼등분하는 것도 받아들일 수 없는데, 아버지는 제일 좋은 땅을 코딜리어에게 배정한다. 다행히 코딜리어가 아버지의 미움을 받아 땅을 빼앗기고 그것을 둘째와 이등분해서 갖게 되었다. 하지만 이것을 둘째와 반으로 나눠야 한다는 사실도 여전히 너무나 부당하다. 둘째는 호시탐탐 이 강남땅에 해당하는 좋은 지역을 자신이 독차지하게 된다면, 무능한 언니를 몰아내고 자신이 나라의 주인이 될 수도 있다고 생각한다.

나눌 수 있는 것을 나누는 것인가? 나눌 수 없는 것을 나누려고 하는 것인가? 애초에 나눌 수 없는 것을 나누고자 한다면 그것은 어리석은 잘못을 범하는 일이 된다. 리어가 정말로 나누려고 하는 것은 무엇인가? 나누어서는 안 되는 그 무엇은 무엇일까? 나눈다는 행위는 '수량적으로 계측 가능하다'라는 의미를 내포한다.

리어가 코딜리어에게 그렇게까지 화를 내는 것은 결코 쉽지 않은 일을 자신이 무리해서 '마음을 몹시 써서' 준비했는데, 코딜리어가 그것을 알아봐 주지 않고, 그 마음에 대한 보답을 자신에게 되돌려주지 않기 때문이다. 그의 화는 '서운함'에서 기인하고, 서운함이 가능하려면 '마음을 아주 많이 써야 한다.'

▌ 사랑 시험

누군가를 '시험'하려고 하는 것은
언제나 자기 자신을 '시험'하게 되는 결과를 낳는다

리어는 세 딸의 사랑을 구술시험 형태로 시험하려고 하지만, <리어

왕>이라는 비극은 딸들을 시험하려고 하는 리어를 시험하는 극이다. '타인을 시험하려고 하는 자' 그리고 그에 따라 '타인을 판단하려는 자'를 <리어왕>은 극의 시험 대상으로 삼아 탐구해 나간다. 그리고 그 와중에 타인의 판단을 흐리게 하는 자들, 스스로 오판하는 자들에 대한 탐구도 같이 이어간다.

▌ 캐릭터의 능동성: 코딜리어의 경우

배우들은 코딜리어와 같은 캐릭터를 만나면 그녀가 가진 선함과 사랑을 쉽게 알아보면서도, 매우 '수동적'인 캐릭터로 상상하는 성향을 보인다. 코딜리어가 리어를 진실하게 사랑하는 캐릭터는 맞으나, 그 사랑을 그냥 심장과 마음에 담아둘 뿐 스스로 아무것도 하지 않고 아버지 뜻에만 따른다고 생각하는 오류를 범한다. 코딜리어에 대한 그와 같은 인상은 여성을 수동적인 존재로 보는, 남성에 의해서만 그 존재가 규정된다고 보는 시각에서 기인하거나, 캐릭터는 행동하기에 능동적이고 배우의 연기는 항상 능동적이어야 한다는 사실을 망각하거나 알지 못해서 생겨난다. 코딜리어는 과연 아버지를 사랑하면서도 사랑한다는 말 한마디 제대로 하지 못하는 연약한 캐릭터일까? 아버지가 자신을 위해 남겨둔 영토의 3분의 1을 가지려 하지 않는 것이 그저 못나서일까?

강력한 치유와 정화의 힘을 가진 코딜리어는 언뜻 아버지와 프랑스 왕의 뜻에 따라 움직이는 듯하지만, 스스로 생각하고 움직이는 '능동적' 존재이다. 가슴 안에 담고 있는 사랑으로 마음을 쓰고 사랑하는 사람을 위해 항상 무엇인가를 하고자 한다. <리어왕>의 소재가 되는 리어왕 전설에서 코딜리어에 해당하는 캐릭터는 아버지가 자신이 있는 곳으로 올 때 미리 돈을 보내 아버지가 왕에 어울리는 옷과 하인들을 갖추어 도착할 수 있게 한다. 사랑은 캐릭터의 심장을 뛰게 하고 뛰는 심장은 캐릭터로 하여금 '행동'하게 한다. 극에서는 많은 경우 사랑하는 사람을 위해 목숨까지 걸고 행동한다. 그렇기에 사랑을 하는 캐릭터는 항상 가장 능동적인 캐릭터다. 첫 장면에서 자신의 모든 것을 걸고 코딜리어는 사랑하고 있다. 자기 자신을 위해서 '고집'을 부리는 것이 아니다. 아버지를 대하는 모든 순간에 아버지를 향한 깊은 사랑이, 그리고 아버지를 위한 사랑의 용감한 행동이 담겨 있다. 코딜리어는 아버지를 지키고 싶어 한다. 아버지가 계속 왕이기를 바란다. 이 모든 상속 문제는 아버지가 돌아가시고 나서 시행할 문제이다. 코딜리어는 아버지의 선위 혹은 왕권 포기를 그냥 지켜볼 수 없다.

열정의 꿈

메소드연기의 창시자 리 스트라스버그가 한 말들을 엮은 책의 영어 제목은 *A Dream of Passion*이다.737) 이 제목은 햄릿이 한 말을 그대로 가져온 것이다. 말인즉슨, 메소드연기의 원리가 '열정의 꿈'에 있다는 뜻이다.

햄릿

정말 놀라운 일이 아닌가? 아까 그 배우는 그저 허구 속 꿈과 같은 열정일 뿐인데 그의 온 영혼을 자신의 상상에 쏟아부으니, 그 상상으로 인해 얼굴은 창백해지고, 눈에는 눈물이 가득 차고, 표정은 고통으로 일그러지고, 목이 메고, 온몸의 기능이 그 상상에 형상을 입히지 않던가? 무엇을 위해? (중략) 만약 그에게 내 마음속 정열을 끓어오르게 하는 것과 같은 원인과 이유가 있었더라면, 그는 어떻게 했을까? 눈물의 홍수로

---

737) 『연기의 방법을 찾아서』라는 제목으로 번역·출판되었다.

무대를 집어삼키고, 무시무시한 대사로 관객의 귀를 찢어놓고, 죄 있는 자는 미치게 하고 죄 없는 자는 공포에 떨게 하며, 아무것도 모르는 관객은 혼돈에 빠뜨려서 눈과 귀를 마비시켰을 거야.

햄릿의 생각과 말은 메소드연기를 보고 나서 일어난 반응, 메소드배우가 지향하고 구현하고자 하는 연기를 본 것에 대한 반응이다. 상상이 스스로 그 형체를 형성하며738) 머리끝에서 발끝까지 배우의 온몸을 변화시키고 그것이 배우의 영혼을 뒤흔들어 놓는 연기이다. 햄릿은 그와 같은 연기적 상상에 자신이 가지고 있는 것과 같은 절실한 마음과 진짜 동기가 결부된다면, 세상을 충격적으로 뒤집어 놓을 가공할 영향력과 파급력을 가진 연기가 가능하리라고 생각한다. 메소드연기의 원리는 햄릿의 생각을 그대로 가져온 것이다.

우주에 존재하는 별개의 개체들이 하나로 융합하기 위해서는 열과 압력(강한 중력)이 필요하다. 지구의 핵에 존재하는 열과 압력 그리고 그것이 만들어 내는 뜨거운 용암을 생각해 보면 쉽게 이해가 될 것이다. 지구 핵의 축소판인 뜨거운 용광로 안에서 모든 것은 **녹아 하나가 되며 흐른다**. 극과 캐릭터와 배우가 하나로 결합해 살아 움직이는 인간이 탄생하기 위해서도 열과 압력이 필요하다. 그 열과 압력을 우리는 배우의 **예술적 열정과 삶의 의지**라고 부를 수 있다. 열정과 의지가 배우의 '심지'(心地이자 心志)가 되며 진실과 리얼리티를 끝 간 데 없이 찾고 모색하게 하는 원동력이 된다. 배우는 모든 것을 품고 예술적 열정을 불태우는 불꽃 같은 존재이며, 어느 누구도 꺾거나 식힐 수 없는 삶과 진실을 향한 올곧은 의지를 뿜어내는 활화산 같은 존재이다. 햄릿은 "우수한 독방들과

---

738) 그래서 어떠한 인위성, 전형성, 상투성, 진부함이 발붙일 틈이 없는 연기이다.

거대한 병동들, 캄캄한 지하 감방"으로 된 "커다란 감옥" 같은 세상에서 "배우들은 겸손하게 나귀를 타고 성문을 들어섰도다"라고 선언하며 "배우들을 나귀를 탄 예수, 곧 거짓과 첩자들로 가득 찬 세상에서 자신을 구해줄 '구세주'에 비유"한다.739)

그와 같은 존재로 거듭나기 위해 배우는 늘 습관과 싸워야 한다. 몸의 습관만이 아니라 인식의 습관, 사고와 언어의 습관, 심리적 습관, 정서의 습관, 보호막을 넘어 갑옷처럼 두꺼워진 습관을 벗고 투명성을 되찾아야 한다. 자신을 가두고 멈춰 있게 하는 모든 벽과 틀을 허물어야 한다. 안전하게 머무는 것이 아니라 모든 경계의 너머를 향해 거침없이 뻗어나가야 한다.

햄릿

습관이란 인간의 지각을 좀먹고 그 자리에 악마의 옷을 입히는 괴물이지요.

배우는 자신에게 요구되는 예술적 소명을 다하기 위해서 불꽃 같은 열정과 강철 같은 의지로 습관을 허물고 생각·상상·정서·행동의 범위, 그 폭과 깊이와 크기를 무한히 확장해 나가는 개척가여야 한다. 셰익스피어는 그 모든 것을 허락한다. 셰익스피어는 인간을 시험하는 고도의 극적 상황과 사건들을 통해서, 그리고 특출난 폭과 깊이와 크기를 가진 캐릭터들을 통해서 배우가 한 번도 가보지 않은 곳에 가볼 수 있게 해준다. 배우가 자신의 모든 지평을 마음껏 넓힐 수 있는 터전을 마련해 준다.

습관을 뛰어넘은 배우는 "열정의 꿈" 속에서 무한한 상상력이 발휘

---

739) 강태경 역, <햄릿>(서울: 새문사, 2013), 78쪽 각주.

되며 상상 속에서 모든 것을 가능하게 하고 모든 것을 다 겪어 낼 수 있는 존재로 거듭난다. 그로부터 세상 모든 것의 현 상태를 송두리째 뒤흔들어 놓을 수 있는 거대한 존재로 우뚝 서게 된다. 그것이 메소드배우가 지향하고 도달하고자 하는 지점이다. 그곳을 향하는 길에 기꺼이 나서고 끝까지 나아가고자 하는 배우들의 여정을 메소드연기는 한없이 지지하고 응원한다.

메소드연기의 지평도 메소드배우들의 시도와 도전 그리고 실천을 통해서 계속 확장될 것이다. 메소드연기의 어떤 것도 고정되어 있지 않다. 메소드연기의 어떤 것도 경전(經典)시 될 수 없다. 멈추지 않고 뛰는 심장처럼 메소드연기는 열정의 꿈을 가진 배우들이 경계를 뛰어넘으며 구현한 살아있는 연기를 통해서 계속 뻗어나갈 것이다.

독백과 장면 연습을 위한 체크리스트

연기의 여정은 그 여정의 끝까지 함께 할 질문들을 마련하는 것으로 시작된다. 진정한 답은 여정의 끝에 찾아올 것이다. 질문(question)이 없다면 추구(quest)하고 모색(seek)할 것도 없다. 질문이 촉발하는 추구와 모색의 여정이 마침내 보고(see) 알고(know) 이해하는(understand) 인식의 단계에 도달하게 한다.

장르

– 극의 장르는 무엇인가?
– 극을 지배하는 보이지 않는 법칙은 무엇인가? (물리적 법칙, 법과 질서, 가치체계, 윤리체계, 권력구조와 신분제도, 경제구조와 분배제도, 문화 등)

나(캐릭터)

- 어떤 나가 되려고 하고 어떤 나가 되지 않으려고 하는가?
- 전면에 내세우는 얼굴은 어떤 얼굴인가?
- 겉과 속이 일치하는가? 일치하지 않는다면 감추고 있는 얼굴은 무엇인가?
- 나는 무엇을 걸고 무엇에 대항해서 무엇을 위해서 싸우는가?
- 내 목숨만큼 혹은 목숨 이상으로 중요한 것은 무엇인가?
- 내가 사랑하는 것은 무엇인가?
- 내가 갈망하는 것은 무엇인가?
- 나의 남다른 점, 특출난 점은 무엇인가?
- 내가 두려워하는 것은 무엇인가?
- 심리적으로 무엇에 쫓기는가?
- 나에게 일어나는 변화는 무엇인가?

상대

- 눈앞에 있는 상대는 나와 어떤 사이인가?
- 눈앞에 있는 상대를 안 지 얼마나 되었는가?
- 눈앞에 있는 상대에게서 지금 내가 아는 것과 알지 못하는 것은 무엇인가?
- 눈앞에 있는 상대에게 묻고 싶은 것은 무엇인가?
- 눈앞에 있는 상대가 말하지 않는 것은 무엇인가?
- 눈앞에 있는 상대에게 차마 할 수 없는 말은 무엇인가?
- 눈앞에 있는 상대의 말과 행동 중에서 이해가 되지 않는 부분은 무

엇인가?
- 눈앞에 있는 상대에게서 내가 반박하고 싶은 것은 무엇인가?
- 눈앞에 있는 상대에게서 내가 지켜주고 싶은 것은 무엇인가?
- 눈앞에 있는 상대에게서 내가 변화시키고 싶은 것은 무엇인가?
- 눈앞에는 없지만 내 마음에 있는 상대는 누구인가?
- 눈앞에 없는 상대에게 내가 하지 못한 말, 전하지 못한 마음은 무엇인가?

시공간

- 지금 여기는 어디인가? (물리적 시공간)
- 현실의 공간인가? 기억의 공간인가? 아니면 상상의 공간인가? 혹은 기억과 상상의 결합한 공간인가?
- 계절과 날씨는 어떠한가?
- 지금 이곳은 나에게 심리적으로 어떠한 영향을 주는가?
- 지금 이곳에서 내 눈길을 끄는 것은 무엇인가?
- 지금 이곳에서 내 마음과 일치하는 외적 풍경은 무엇인가?
- 지금 이곳에 결부된 기억과 상상은 무엇인가?
- 지금 이곳은 나에게 무엇을 하게 하고 무엇을 하지 못하게 하는가?
- 나는 어디에서 와서 어디로 가려고 하며, 여기 왜 머물러 있는가?
- 지금 이곳에 부재하는 것은 무엇인가?

상태

- 나의 몸상태 · 정신상태 · 심리상태 · 정서상태는 어떠한가?
- 독백과 장면 안에서 나의 상태에는 어떠한 변화가 일어나는가?

생각의 흐름과 마음의 움직임

- 독백과 장면 안에서 나의 생각 · 기억 · 상상은 어떻게 흘러가는가?
- 그에 따라 마음이 어떻게 움직이는가?
- 상상의 그림판에 투사하는 그림 혹은 영상은 무엇인가?

activity와 behavior

- 어떤 사물을 조작하며 어떠한 activity를 하는가?
- 상대를 상대하며 어떤 behavior를 하는가?
- 무의식적으로 드러나는 심리 제스처는 무엇인가?

장애(obstacle & handicap)

- 무엇이 나를 막아서는가?
  내 밖에서 나를 막아서는 것은 무엇인가?
  내 안에서 나를 막아서는 것은 무엇인가?
- 나를 놀라게 하는 것은 무엇인가?
- 나의 약점과 단점은 무엇인가?
- 내가 깨뜨리려고 하는 벽과 틀, 경계 혹은 한계는 무엇인가?

action

- 나는 상대에게서 무엇을 알고자 하는가? 그것을 어떻게 알 수 있는가?
- 상대의 몸(눈빛과 표정), 몸짓과 몸가짐, 움직임, 행동, 옷차림과 스타일에 나타나는 신호는 무엇인가? 그 신호는 무엇을 의미하는가?
- 나는 상대에게 무엇을 보게 하려고 하는가? 무엇을 생각·기억·상상하게 하려고 하는가?
- 가장 깊은 곳에 있는 동기·목적·의도는 무엇인가?
- 내가 넘으려고 하는 선은 어떤 선인가?